教育数字化转型

人工智能、区块链和机器人技术如何赋能

经济合作与发展组织 编

李永智 主译

OECD Digital Education Outlook 2021:
Pushing the Frontiers with Artificial Intelligence,
Blockchain and Robots

教育数字化转型的战略构想与实践探索

李永智

人类社会正在从工业时代进入数字时代。社会数字化转型是技术进步和生产力发展的必然，也是新生产关系和人类命运共同体建构的基础。社会发展中教育的基础性、先导性、全局性作用，更加赋予教育数字化转型战略意义。当前，贯彻国家关于数字中国、教育强国战略部署，聚焦"更新教育理念，变革教育模式"，推进教育数字化转型战略行动势在必行。

一、教育数字化转型的战略意义

教育数字化转型不同于教育信息化。正确推进教育数字化转型，必须准确理解和把握信息化、数字化、数字化转型的本质不同。

信息化，是教育教学过程在物理空间闭环完成，信息技术辅助。数字化，是建立物理空间映射而成的孪生数字空间，教育教学过程在数字空间建立逻辑闭环，调用物理空间元素实现。数字化转型，是以数据要素为基础，统筹物理空间和数字空间教育教学元素，实现育人全过程深度优化融合，基于数字空间，更新教育理念，建构教育教学新范式，建立教育新体系。

教育信息化在中国发展30多年来，不断将信息技术融入人才培养，深化教育改革，提升教育质量，促进教育均衡，造就了一大批高层次信息技术人才，培养了一代又一代具有一定信息素养与技能的社会主义建设者和接班人，奠定了网络强国的人力资源基础。但是，受限于技术发展和观念更新普及还处在进程中，教育教学仍是工业时代建立的传统学校范式，总体上看，教育信息化还基本停留在对教育内容呈现、传播、存储、检索、统计等方式的优化，主要是教育手段的信息化，是对传统教育的局部进行表面形式上的改善。

随着数字技术迅猛发展和日益普及,物理空间全部可数字化,教育全过程全要素可数字化标识、可计算、可存储,教育数字化转型将是围绕"更新教育理念,变革教育模式"的教育深层改变。从改善到改变,如果说教育信息化是技术推动教育发展的量变过程,教育数字化转型则是多年量变积累基础上的质变过程。

教育数字化转型是新时代技术进步和生产力发展的必然。工业时代,资本发挥功能性与社会性统一的作用,统筹社会资源,提升社会效率,推动技术进步和生产力发展。随着数字技术的发展和日益普及,数据担负起统筹社会资源、提升社会效率的责任,形成生产和消费扁平化连接。数据驱动数字社会发展的新格局正在形成。教育数字化转型是社会数字化转型的一个部分。

技术进步作用于教育,分宏观和微观两个层面。从宏观看,一方面,数字技术代表先进生产力,推动人类社会进入数字时代,形成以数字经济为核心的新经济基础,进而影响作为上层建筑组成部分的教育随之改变。另一方面,数字技术作为一种新媒介,将物理空间的人与物开创性地完全数据化并联结一体,建立了任意两者间相互联系和作用的可能。而在人类历史上,"一种新媒介的长处,将导致一种新文明的产生"[①]。最终占据主导地位的新媒介都会引发社会变革,建构新的社会关系和社会结构,开创新的社会生活和社会行为方式,重塑新的教育形态。[②]

从微观层面看,教育是一种传播实践,数字技术是一种新媒介。作为新媒介的数字技术改变作为传播的教育,是发展的必然。这种改变一般分两个阶段:第一阶段,新技术直接作用于教育教学的具体传播过程,局部改善教育传播效率和效果;第二阶段,新技术优化整个教育教学流程,形成教与学的新范式,全面改变教育传播效率和效果。

总之,新时代的技术进步和生产力发展对教育数字化转型提出了要求,也提供了可能。

---

① 哈罗德·伊尼斯.传播的偏向[M].何道宽,译.北京:中国人民大学出版社,2003:28.
② 李永智.媒介环境学视域下的教育信息化2.0[J].新闻爱好者,2018(9):46.

教育数字化转型是新时代教育强国战略的要求。百年大计，教育为本。新中国成立70多年来，教育为国家经济、科技、社会发展培养大量人才，厚植人力资源基础，发挥了不可或缺的基础性、战略性、先导性重要作用。但是随着发展也出现一些深层次矛盾，在传统教育理念和体系下，虽持续努力和深化改革仍难以解决，甚至因深入发力造成边际效益为负的内卷。

究其根源，这些问题和矛盾是工业时代的教育理念和教育体系无法适应数字时代发展造成的。工业时代的教育理念服务于扩大再生产及社会财富最大化。工业时代的教育体系，一方面通过筛选机制让优质资源集中在精英培养上，另一方面通过标准化、知识复制来实现大规模社会化生产协作所需要的大量同质化、功能化劳动力的生产。义务教育阶段受教育者需要统一储备全部可能用到的基础知识。

数字化转型是解决上述深层次矛盾的基础。具体而言，就是要以数字时代教育理念指导建立新时代高质量教育体系，建构新的教育教学范式，提升全体国民数字素养与技能，培育创新策源能力，促进社会公平，落实教育强国战略。

教育数字化转型是办好人民满意的教育的需要。教育是民生之基，关系到千家万户的幸福和每个人的成长。所有人都希望教育越办越好。近年来，教育综合改革实践证明，有些难题靠单纯"发力"已难以破解。例如：教育质量提升的同时，家长焦虑也在提升；义务教育普及、教育底部有效托举的同时，社会阶层固化也在加剧。究其原因，除教育内部有改革改善空间外，一方面是教育外部社会矛盾综合投射所致；另一方面，根本原因还是当前沿用的工业时代的教育理念、教育体系和教育内容已经不适应数字时代发展。

人们对美好未来的向往和日新月异的技术进步，不断对教育提出更高要求。形成于工业时代早期的传统学校教育体系已无法适应数字时代发展，具体表现在四个"脱节"：一是学科间脱节，学科越分越细，相互之间衔接不够；二是学段间脱节，师生主要精力聚焦于中高考，不同学段间完整的知识、能力、思维训练贯通不够；三是知行间脱节，比较典型的有价值观和品德教育；四是理论与实践（教学与应用）脱节，缺乏对综合运用各科知识解决问题能力的培养。四个"脱节"严重影响教育成就美好人生梦想的实现,影响办好人民满意的教育。

随着数字技术发展,数据驱动因材施教,为更高质量的教育公平提供可能。传统教育公平主要是指教育机会的公平。让每个学生享有同样高质量的受教育机会,是典型工业时代教育理念下的教育公平。但是,每个学生"适合学什么""适合学到什么深度""适合什么学习方式"各不相同。最适合的教育才是真正高质量的教育,同等的教育机会未必是最适合的教育。运用数字技术,发掘学生潜质,让适合学数学的学生对数学更感兴趣,更深入学习数学,安排更高水平的教师辅导;对适合学艺术的学生,降低数学学习深度,节约时间和资源,请更高水平的艺术教师辅导。在享有均等选择机会的基础上,为每个学生人生出彩提供适合其本人的教育,并指导其实现,是数字技术独有优势能力的展现,也是教育数字化转型下更高质量教育公平的核心要义。

二、教育数字化转型的战略构想

教育数字化转型,不能简单理解为对传统教育的改善,不是微观局部技术应用的迭代升级,而是围绕理念更新和模式变革的系统性改变。应该强调,尽管是系统性甚至革命性改变,教育促进人的发展和社会发展的宗旨不会变,教育培养社会主义建设者和接班人的根本任务不会变,按教育规律办事,依人才成长规律育人,必须坚持。

教育数字化转型的战略构想主要包括:

提升全民数字素养与技能。教育的根本任务是立德树人。全面提升社会主义建设者和接班人的数字素养与技能,是教育数字化转型的根本目标。

数字素养与技能是数字社会公民学习工作生活应具备的数字获取、制作、使用、评价、交互、分享、创新、安全保障、伦理道德等一系列素质与能力的集合。提升全民数字素养与技能是建设网络强国、数字中国的一项基础性、战略性、先导性工作。[①] 培养具有数字意识、数字化逻辑思维、终身学习能力和社会共同体责任感的数字公民,激发全民建设网络强国和数字中国的积极性、主动

---

① 中央网络安全和信息化委员会.提高全民数字素养与技能行动纲要[EB/OL].(2021-11-05).
http://www.cac.gov.cn/2021-11/05/c_1637708867754305.htm.

性、创造性，提升全民数字化适应力、胜任力、创造力，是开启全面建设社会主义现代化国家新征程和向第二个百年奋斗目标进军的动力源泉。

提升广大学生数字素养与技能教育水平，一是加强顶层设计。围绕系统化培育数字意识、数字化逻辑思维，在国民教育体系内将相关内容全面融入各个学科。同时，建立大中小幼一体化课程体系，设立必修课程，编写专门教材，打造实习实训基地，开展相关课外活动，创新跨学科数字人才培养机制，鼓励学生运用数字技术创新创业。二是不断优化学生数字素养与技能发展环境。提升教师运用数字技术改进教育教学的意识和能力。全面推进数字孪生学校建设。不断丰富全社会数字资源供给。三是完善数字技能职业教育培训体系。建设数字技能认证体系与终身教育服务平台。四是强化数字道德伦理规范。引导科学合理使用数字产品和服务，深化网络诚信建设，培育数字获取、制作、使用、交互、分享、创新等过程中的道德伦理意识，形成良好行为规范。

创建高质量个性化终身学习体系。一个适应新时代发展需要的高质量教育体系，是教育数字化转型的具体呈现。创建基本遵循：办好人民满意的教育，让每个孩子享有人生出彩的机会。核心是"以人为本"，关键在"因材施教"，动力源于"学习者兴趣"，数据驱动大规模因材施教成为新的教育核心范式。为每个人提供最适合的教育，不仅成为可能，而且成为首要指向。

——聚焦人的全面健康快乐成长，设计更具弹性的个性化学制。根据人的成长规律和认知规律，在学生身心成长过程中，基于实践和基于教材的认知过程应该交错，身心健康强壮应该并重，德智体美劳"五育"应该知行合一。读万卷书，行万里路。探索面向个人生涯设计的弹性学制。如通过以天、周、月甚至年为单位，个性化统筹，系统安排时间。幼童期围绕身体发育，建立对生命空间更加系统的感性认知；儿童期在阳光下，建立对自然空间更加系统的感性认知；少年期在社会实践中，建立对社会空间更加系统的感性认知。在建立系统化感性认知的基础上，根据个人成长和社会发展需要，有针对性地深化理性认知，将工业社会学校教育体系最终升级为个性化终身学习体系。

——建构大规模个性化自主探究学习范式。学校可能不会消失，模式将会改变。跨年级、跨班级、跨学科、跨时空的学习共同体取代传统班级成为常态化的基本教学单位。基于数字空间，根据教或学的需要，特定学习共同体可以随时建立，随时解散。充分满足学习社会性与个性化结合的要求。通过更适合的学习生态，为每个学生提供更适合的教育。通过为每个学生提供适合的教育，实现更高质量的基本公共教育服务均衡。

——以学习者为中心。不再像工业社会教育工厂那样以教师为中心。在以学习者为中心的新体系中，通过数字技术，教师帮助学习者发掘个人潜质，激发学习兴趣，指导、督促学习者在最具天资、最感兴趣的领域，用最科学、最有效的方式自主学习，争取成就个人在社会中的最大价值。需要强调的是，在现有人工智能科学和脑科学获得革命性突破前，尽管教师不再是教学过程的主体和中心，但是仍然起着无法替代的主导作用，数字技术还难以替代教师在教学过程中的智慧。简而言之，人工智能无法取代教师，但可以赋能教师。

——将工业社会备用式知识学习升级为学习者能力建构。目前，基础教育内容组成还是沿用工业时代建立之初的方式，即让所有学生共同学习储备可能用到的几乎全部基础知识。知识爆炸时代，新知识大约每两年翻一番，教育教学压力越来越大，改革腾挪空间越来越小，解决教育内容质量与容量间的矛盾越来越迫切。

随着数字技术深入广泛应用，可即用即查（学）的知识将逐渐从教育内容中被剥离。数字意识、计算思维、数据治理和综合创新能力构成新的教育内容主体。新媒介技术建立新的教育传播符号及组合，进而建构新的教育内容。数字技术发展引发知识的聚变现象和裂变现象，进一步推动教育内容革命性重塑。需要注意的是，教育内容的冗余和碎片化会带来新的隐忧。

深入推进教育教学变革。教学是教育的核心。教学变革是教育数字化转型的核心。数据驱动大规模因材施教是教育教学变革的核心。教育数字化转型下的教育教学变革，通过数据链接物理空间和孪生数字空间，基于数字空间建立逻辑闭环，建构教育教学新范式。具体主要包括：

——数据驱动大规模因材施教。首先是基于数据开展有针对性的教研教学。以伴随式、无感知、守伦理、保安全方式，采集教育教学的内容数据、行为生理数据、环境数据。通过深入挖掘分析数据，提升课前教研、课堂教学、课后作业的针对性和科学性。其次是注重激发学生学习兴趣。就像叫不醒一个装睡的人一样，教师无论如何都教不好一个对所学内容不感兴趣的学生。数据可以帮助教师，从发现学生固有兴趣出发，激发学生对所学知识的兴趣。事实证明，效果明显。最后是注重发掘学生潜质。通过数据，针对学生的天资优势，为每个学生提供适合的教育，助其走上更具潜力的发展路径。

——数据驱动的全过程全要素评价。传统教育评价主要采用考试方式，以样本代表全部，以某一时点代表常态，从某一时刻局部定量分析，推出常态整体定性结果，不可避免地存在一定误差。大量异化考试的针对性方法积弊日深，成为影响教育健康发展的一大难题。

根本解决上述问题，需要实现全过程全要素评价。完整的数据和有效的模型是必要条件。通过教育数字化转型，加强教育评价数据治理。建立学生成长、教师发展数字画像。基于大数据，优化评价模型，重构教育评价机制。改进结果评价，强化过程评价，探索增值评价。

——数字技术驱动教育教学场景创新。发展基于人工智能的探究式、个性化教学，基于增强现实和虚拟现实等技术的沉浸式、体验式教学，基于新一代通信技术的远端多点协作式教学，基于区块链技术的优质资源分享机制，基于元宇宙技术的游戏化学习范式，基于低代码轻应用的用户参与建构的教育教学新生态，基于人技协同赋能教师。学前教育聚焦健康饮食、科学作息、积极沟通的游戏化应用；基础教育聚焦丰富认知、激发兴趣、养成良习的生态型应用；职业教育聚焦基于真实职场环境与完整工作流程的虚拟仿真实训平台；高等教育一方面聚焦提升人才培养和科学研究效率的数字化应用，另一方面聚焦深化数字化转型的前沿科技理论和应用研究，以及高层次数字人才培养。

系统建设教育数字资源。教育数字资源比普通教育资源的内涵和外延更丰富，包括教材、教案、教辅、习题、教学（课上与课下）实录等，也包括数字化的工具、平台、应用等。广义上，包括数字化教育体系下一切服务学生学习的人员、软件、硬件和环境等。形式上,包括图形、文字、语音、视频,也包括基于虚拟现实、增强现实等数字化技术呈现形式。本质上,教育数字资源具有明显优于传统教育资源的特征。

——基于系统化的知识点逻辑关系网络建立知识图谱。传统教育内容一般由越分越细、相对独立的一个个知识点无序集合组成。知识点在教材中被人为设定了学习顺序,只能是线性的,难以全面准确体现知识点间的逻辑关系。实际上,知识点间存在着至少是网状立体结构的复杂逻辑关系。教育数字资源可以完整地体现这种复杂逻辑关系。从认知原点出发,学习每个知识点都有若干需要预先掌握的基础知识点,可以称之为前序知识点。前序知识点又可以简单分为必须提前掌握的必学前序知识点和辅学前序知识点。每个知识点同时是前序知识点的后序知识点。所有知识点依照逻辑关系组成一个系统化关系网络,称为知识图谱。知识图谱是数字化教育体系下以学生发展为中心的自主学习的基础。其跨学科属性从根本上纠正了传统学科过度细分带来的教育异化。据此特征,传统教育资源的电子化并不是真正的教育数字资源。

——以超现实呈现方式,赋能资源,提升教学效果。传统教育内容呈现形式主要是描述,编码解码主体方式是文字和语言,辅之以图表和视频。增强现实(AR)技术,让学生直接看、听、感受到原本能力不及的真实样态和本质。如豌豆种子在土壤中发芽过程,时间跨度21天,空间局限在无法观测的土壤中。但是通过特殊设备摄录,在一两分钟内快速播放,学生可以非常清晰直观地看到其真实完整过程。类似地,虚拟现实(VR)技术通过数字技术模拟真实场景,学生可以非常清晰直观地了解到人体内血液流动工作情况、天体间相对运动轨迹与规律、各种金属放入王水中反应的过程与原理等。总之,教育内容经过数字技术加工,让学习者能更准确感知本来样态,更容易把握真实本原。

——数字化教育内容还是学习者建立学习共同体的平台节点。教学过程中,与特定教育内容建立关系的学习者形成动态的学习共同体。这种现象将学习者的特性不断附着在相应教育内容上,赋予其活力和成长性。

——优质资源和应用共享可有力促进高质量的校际均衡和区域均衡。数字化内容分享和应用系统复用的边际成本极低，迁移与使用对技术和设备的要求相对也不高，利于优质内容资源大规模覆盖薄弱校，利于成熟好用的应用系统广泛复用到空白校，对于抬高底部、促进高质量教育均衡效果明显。在疫情下上海大规模的在线教育中还发现，优质教育资源共享在促进薄弱校教师教学水平和激发强校教师活力方面同样效果明显。但是需要清醒认识到，优质资源和应用的共享，并不能解决教育发展到工业时代与数字时代交汇期面临的矛盾和深层次问题。

整体推进教育管理与服务业务流程再造。与传统业务流程优化不同，教育数字化转型下教育管理与服务的业务流程再造，首先需要全面梳理物理空间的传统业务流程，然后抽象建立业务的完整数据流程，运用智能技术，统筹数据的处理、流转、存储，以数据治理简化业务流程，最终在数字空间建立新的业务逻辑闭环，调用必要物理元素，完成业务流程再造。

以在上海申领中小学教师资格证为例。2019年以前，申领者需要提供10份材料，至少跑7个地方，与11个部门打交道，两次到现场。数字化流程再造后，经过数据治理，目前全部材料在线调档，自动化比对处理，申领者只需要到一个地方体检，其他流程不必到现场即可完成。业务人员工作效率和工作质量大大提升，业务流程减少了15个工作日。

发挥数据要素资源作用，实现部门联动、数据互通、应用集成、资源协同，以数字化提升教育政务服务和学校管理能级，促进管理的精细化、服务的精准化、决策的科学化，不仅可以提升效率，更可以提升质量。

三、教育数字化转型的实践探索

教育数字化转型是一项创新、复杂的社会系统工程，关系民族复兴大业，涉及千家万户，实施难度大、风险高，理应先立后破，谋定而动。一是需要统一认识和明确目标。二是应围绕育人为本，强化顶层设计，加强行业、区域统筹规划。从上到下规划，从下到上建设。以学校为最小单位推进实施。三是坚持系统推进，整体规划，分步实施，试点探索，示范引领。四是坚持多元协同。充分调动政产学研社各方力量,协同推进教育数字化转型理论研究、技术攻关、实践创新、社会协同。五是坚持安全稳妥。围绕数据、技术、系统、网络等方面安全,加快构建与教育数字化转型相适应的安全生态。虽势在必行、迫在眉睫,但也要认识到,教育数字化转型需要一个过程,任重道艰。必须把握好几个关键点。

以"数据治理"作为教育数字化转型的核心。教育数字化转型,从物理空间到数字空间都离不开数据。数据是数字空间的基本构成,也是物理空间的重要资源,更是连接二者的纽带。以数据为核心要素,以数据治理为核心工作,是教育数字化转型的核心。

——数据是连接一切的核心。互联网将计算设备连接在一起,物联网将物理空间各种元素连接进来,移动网络将人连接进来,最终自然空间、社会空间、生命空间连接一体,投射形成数字空间。所有这些连接都是通过数据。

信息化过程中形成一些应用的孤岛、系统的孤岛、数据的孤岛,根源主要在于数据没有联通。如果将所有孤岛的数据汇聚成一个湖,孤岛也就连接一体了。这样才能形成一体化数字空间。一体化是数字空间的本质特征。

上海教育数字化转型是在大量信息化建设和数字化建设基础上规划的。《上海市教育数字化转型实施方案(2021—2023)》要求:原则上,所有系统和平台的数据,源自学生、教师、教育机构三个核心数据库,加工处理后最终返回三个原来的数据库,一数一源。通过数据一致性,实现应用一体化。

——数据是唯一能最终沉淀下来的财富。无论是信息化过程还是数字化转型,随着科技迅猛发展,无论多么先进和高成本的硬件和软件最终都会如浮云飘过般被迭代升级,只有数据历久弥新,最终沉淀成为宝贵财富,并且随着挖掘、加工、计算、应用能力提升,不断焕发新的价值。未经有效索引和存储的数据,不能保证未来可被开发,甚至可能沦为"垃圾"。可见,无论当下还是未来,数据治理是实现数据价值的前提条件。

——统一数据标准、统一管理是数据治理的基础。通过数据将数字空间连接一体,首先要统一数据标准,统一数据管理。这是数据治理的基础,也是教育数字化转型的基础。统一数据标准，统一数据管理，是政府应担负的责任。

上海教育数字化转型特别强调标准规范引领。为此，成立"上海教育数字化转型标准委员会"，由政府、行业、企业和一线专家组成，负责制定一系列数字化建设标准。已印发覆盖全部学段的学校信息化（数字化）建设标准或指南，已初步建立教育数据规范体系，发布《上海教育数据管理办法（试行）》《上海教育管理基础信息分类与代码（试行）》《上海教育数据质量管理规范（试行）》《上海教育数据安全管理规范（试行）》《上海教育市级数据资源管理技术平台数据集成技术规范（试行）》《上海教育市级数据资源管理技术平台数据服务管理规范（试行）》等。此外，研究制定了约30万字的上海《学校数字基座需求说明与建设标准》。

——数据治理是解决现实问题的关键。数字化转型，建立数字空间，根本指向是更有效地解决现实教育问题。

通过学习资源数据治理，运用增强现实和虚拟现实技术，激发学习兴趣，解决学生动力不足问题；建立基于知识点逻辑关联的全息知识图谱，推动个性化自主探究学习，解决学生学习能力不足和创新能力不强的问题。

通过学习行为数据治理，以大数据驱动大规模因材施教，为每个学生提供适合的教育，实现高质量基本公共教育服务均衡，解决社会和家长焦虑问题。

通过教育管理服务数据治理，推进基于全过程全要素数据、面向学生成长的伴随式综合素质评价，推进基于大数据的教育质量监测评估，解决不科学的教育评价导向问题；抽象教育业务流程，抽取关键特征因素，运用智能算法算力，匹配典型教育场景，构建业务数据模型，基于数据自动处理、优化、升级、再造业务流程，驱动教育"放管服"改革深化，提升教育管理服务能级和效率。

——数据安全是数字化转型的基础要求。数据的非实物特性，使其更容易被无痕篡改、盗取、损毁。随着数据应用日益广泛，作用日益重要，价值日益凸显，数据安全问题越来越突出。

解决数据安全问题，运行监管保障固然重要，规划和建设更为关键。这就像一栋大楼的防盗、防震、防火、防水，如果规划不合理、建设不到位，运行中补救，无论如何都很困难。

《上海市教育数字化转型实施方案（2021—2023）》对数据安全作出规定。根据《中华人民共和国数据安全法》《中华人民共和国个人信息保护法》《上海市数据条例》，加强教育数字化转型数据管理。教育数据所有权归教育用户和行政管理部门。教育数字化应用和服务中，无论定制开发还是购买服务或租用，相关设备厂商、应用开发商、运维运营机构都不拥有数据产权，只能根据用户授权在用户监管下使用、存储和销毁相关数据。教育用户和行政管理部门内部，严格依法依规科学设置数据收集、存储、使用、加工、传输、提供、公开等权属。

以"基座联结"作为建构教育数字空间的关键节点。教育数字化转型在省市、县区、学校层面分别如何实施？各区域各校如何一体化建设和应用？《上海市教育数字化转型实施方案（2021—2023）》提出学校数字基座设计。县区数字基座和省市数字基座都是以学校数字基座（简称"基座"）联结为基础的。通过使用同款基座或接口标准一致，各县区内学校联结一体，省市内学校亦如此。一般省市、县区建立管理平台，称为省市教育数字基座和县区教育数字基座。

基座是标准化的数字学校中枢，也是现实学校与孪生数字学校的联结点，是各方协同的中枢、数据共享的中枢、优质应用广泛复用的基础、数据安全保护的屏障。如果将数字学校比作一个复杂的计算机系统，基座相当于该系统功能全面的操作系统+，承担物联设备统一接入管理、机构人员统一认证管理、数据融通一数一源管理、各类应用统筹衔接管理、机构人员及功能模块通信管理等功能。

原则上数据独立存储在基座和各应用之外，在学校和师生授权与监管下使用。全市采用统一标准的学校数字基座，各项教育教学应用可在不同学校复用，也可在不同企业基座产品间通用。建设运维方面，采用"政府定标准、企业做产品、保运维，学校买服务"方式。

按照上海《学校数字基座需求说明与建设标准》，基座包含五个中心。一是数据中心。所有数据独立存储在基座和应用之外。通过基座，在学校或数据所有权人（一般是师生）授权和监管下，应用系统采集、调用、加工、使用、返还必要数据。二是组织中心。负责设立所有数字化的人员、群组、机构等，授予相应身份及权限，进行日常认证和管理。三是物联中心。所有硬件设备统一连入基座，统一管理，共享调用。四是应用中心。所有系统应用以插件方式，通过标准接口连入基座，调用必要的数据、设备和认证服务，实现各自功能。五是消息中心。通过基座，实现所有人员、组织和设备间的信息互动。此外，将数字学校的数据、功能汇于一屏，以驾驶舱形式建立基座管理平台，在物联、数联、智联的基础上，实现数据通、用户通、设备通、应用通、消息通（一屏五通）。

以"生态培育"作为教育数字化持续发展的基础。教育数字化转型是复杂的社会系统工程。必须充分调动政产学研社各方力量，通过生态培育，奠定基础，注入动力，激发活力，形成持续发展的基础。包括但不限于：探索建立以5G技术为代表的网络基础设施新环境、个性化终身学习新体系、数字基座为关键节点的应用新平台、数据驱动因材施教的教学新模式、全过程全要素的人才新评价。

政府负责目标、制度、标准制定及基础设施建设。教育数字化转型是3亿多师生的集体行动，不仅要明确战略目标，而且要明确阶段性、领域性、地域性目标，建立统一协调的组织制度，制定统一科学的技术标准。这样才能把握方向大致正确，防止混乱和偏差，降低改革成本；才能形成合力，把海量用户转化为发展优势；才能形成一体化建设和发展。教育数字化基础设施建设，应当积极融入国家新基建工程，推动电信运营商建立数字校园基础设施整体解决方案，目前重点深化教育逻辑专网建设、云网融合及IPv6和5G应用。

企业负责开发数字基座、基础应用，提供相应运维运营服务。学校负责资源建设、应用统筹、用户管理。科研部门负责教育数字化转型理论研究、技术攻关、方法迭代创新。

《上海市教育数字化转型实施方案（2021—2023）》要求，提供数字基座的企业，同时提供"低代码、轻应用"的教育应用开发平台、开发工具和功能模块库。支持非专业的一线教育工作者，以搭积木方式参与教育教学应用场景开发。推动各类教育应用在数字基座上百花齐放。从而构建由应用开发者、应用市场、应用开放平台、学校数字基座、教育基础数据以及运营服务规范等组成的教育应用良好生态。

以"购买服务"作为实施的基本方式。一直以来，教育信息化建设的通常模式是定制开发。由政府投资，学校提出需求，企业开发特定功能系统。定制开发模式下，资金投入较大，效果难达预期，运维升级更难保障，而且沉淀出一些问题，困扰学校和管理者，影响建设信心和决心。首先是学校间信息化建设失衡不断加剧。由于定制开发成本较高，有限的信息化经费只能支撑少数学校。最初选择投入教学基础好的学校，之后考虑到深化建设打造示范，往往形成惯性投入，造成学校间差距加大，不利于教育均衡和公平。其次是校内信息化建设比较盲目。一方面，宏观区域科学规划多不明确，校内信息化建设缺乏整体设计和长远考虑，头痛医头脚痛医脚，碎片化、随意性建设严重；另一方面，学校与企业沟通存在专业壁垒，在定制开发中很难提交完整、规范、专业的需求报告，企业难以将学校模糊的定性需求转化为适切的产品，无法保证学校需求完整准确实现。屡屡难见实效伤了抱有良好初衷和期待的建设者和支持者的信心，影响了教育信息化的常态化和系统化应用。再次是学校信息化应用的运维运营难以保证。拿到系统开发的尾款后，定制开发团队往往转做其他业务，甚至解散。中小学校缺乏专业技术能力，无法支撑有效的运维运营，无法保障后续的完善升级需要，造成一些应用系统交付即搁置。最后是无法保证真正有实力的开发者中标。因定制产品的验收和定价不具可比性，非技术因素严重干扰招投标。最终承接建设的企业中，明显存在劣币驱逐良币的现象。

为解决上述问题，激发企业参与教育数字化建设的积极性，发挥其创新和专业能力，提升信息化建设和应用实效，《上海市教育数字化转型实施方案（2021—2023）》提出以购买服务作为教育数字化转型实施的基本方式。具体包括：

政府负责顶层设计，整体规划，制定建设目标，建立购买服务的政策制度保障。在统一标准和充分兼容的基础上，上海市招标三个学校数字基座产品，各区各校择优以购买服务方式选用。通过购买服务方式，原本只够少数学校数字化建设的经费，基本可以支撑全部学校同步实施数字化转型。

发动和鼓励大企业开发基座产品，提供运维运营服务，提供轻应用开发工具与平台及运维运营服务。基座产品开发周期较长，投入较大，技术和实力要求较高，收入回款周期相对较长，一般中小企业望而却步，减少了非技术因素对基座招投标的干扰，降低了不确定性风险。不超过三个基座产品备选，保障大企业开发的基座产品拥有较充足的市场容量。通过足量学校购买基座服务，大企业可以获得稳定的现金流收入，建立稳定开发升级和运维运营队伍，支撑基座产品持续好用。三个大企业间形成一定竞争，为基座升级及运维运营注入了活力。

发动和鼓励中小企业开发典型应用，提供相应运维运营服务，参与支持轻应用开发。无论典型应用还是轻应用，因附着在标准化学校数字基座，方便广泛复用，可形成快速可观的市场营收。适合中小企业基于自身优势集中精力参与教育数字化应用建设。

购买服务方式下，有利于学校集中精力基于基座开展资源建设，基于基座开发轻应用，更加全面精准地开展基础数据治理和安全保障。

以"育人为本"作为校正教育数字化转型方向的标杆。人才培养是教育的第一任务。教育规律是教育数字化转型必须遵守的第一规律。离开教育规律，数字化转型可能迷失方向，甚至犯买椟还珠、舍本逐末的错误。教育信息化建设中，曾经出现热衷于新技术新设备新应用迭代和覆盖、忽视育人初衷的技术驱动的异化，也出现过热衷于智能智慧等概念炒作、将信息化停留在论坛论文的概念驱动的异化，还出现过利益驱动的异化。

教育数字化转型实施中，判断规划是否科学，方案是否可行，技术与设备是否适切，应用是否有效，根本的标准是看是否有利于学生德智体美劳全面发展，是否有利于新时代社会主义建设者和接班人的培养。

教育数字化转型，如果方向偏差，且不论资源损失和社会影响，涉及学生的损害可能是难以挽回的一生遗憾。因此，盲目实践是不合适的。

数字化推动全球化，为新时代教育发展提供了新的可能，提出了更高的社会需求。站在工业时代迈向数字时代的转型时刻，面向数字时代，更新教育理念，变革教育模式，提升全民数字素养与技能，构建高质量个性化终身学习体系，立足为每个学习者提供最适合的教育、成就其最大的社会价值，运用数字技术发掘学习者潜质、激发学习兴趣、深化数据驱动大规模因材施教、培养综合创新能力，是教育数字化转型的目标，也是教育工作者和全社会共同的责任与追求。

序

2020年初，为应对新冠肺炎大流行，各国纷纷关闭学校，学习从线下转到了线上。在那以后的一年里，教师、学生和管理人员共同有效地完成了仓促上马的数字教育课程。它有许多严重的弊端，比如容易引发"屏幕疲劳"，对压力适应的要求较高，数字学习能力欠缺或尚未准备好自学的学生甚至跟不上学习进度。但这推动一直以来在创新上较为落后的教育系统在原本发展缓慢的智能学校教育方面快速进步。

然而，远程教育与智能教育并不相同。更确切地说，远程教育只是一种维持学习的权宜之计，它保留了而不是变革现有的教育实践。因此，远程教育很少能够达到线下课堂的教学水平，而且也不适合那些尚未在技术或心理上做好准备的学生。

在疫情流行前的两年，由经济合作与发展组织（以下简称"经合组织"）发布的教师教学国际调查（Teaching and Learning International Survey，简称TALIS）结果显示，只有一半的教师经常让学生在项目或课堂任务中应用技术。但需求是发明之母，无法线下授课使许多教师正在赶上数字化浪潮。

对学校而言，涉足数字化可谓恰逢其时。许多人对"无时不在、无处不在"的远程教育青睐有加。越来越多的教育工作者已经做好了准备，那么技术呢？

事实证明，教育技术也已经准备好了。本书向我们展现了已在教育系统投入使用的三个技术领域：人工智能（AI）或机器学习、机器人及区块链。

持续不断的数据供给，使软件和教育机器人对教学与学习具有最大的颠覆潜力：这不仅仅是技术，而是教学与技术的结合，我们称之为教育技术学。如今，当我们在计算机上学习数学时，计算机可以研究我们是如何学习的，从而使我们的学习体验更细腻、更具适应性、更具交互性。在与传感器和学习管理系统结合应用的过程中，人工智能可以让教师真正了解不同学生的学习方式，知道学生对什么感兴趣，对什么感到无聊，在哪里取得了进步，在哪里遇到了困难。教育技术学有助于使学习适应不同学生的需求，让学习者对学习内容、学习方式、学习地点和学习时间拥有更大的自主权。

人工智能可以帮助教师（特别是新手教师）更好地把握教学，更自如地加快或放慢教学速度，或在冷场时突然抛出一个问题。学习分析可以告诉正在制定第二天教学计划的教师，谁的羧酸衍生物家庭作业完成得很好，谁还需要复习。教育机器人可以把加布里埃尔和伊诗塔带到教室角落进行10分钟的西班牙语对话，其他学生则在座位上继续练习行为动词。

当然，人工智能也正在推动评价和考试取得飞跃式发展，无论是基于模拟的评价、职业环境中的实训评价，还是运用机器学习算法给论文评分。过去的几个世纪里，工业化背景下的教育所犯的一个最严重的错误就是将学习与评价割裂开来；也就是说，让学生不断地学习大量知识，然后——有时是几年后——测试他们能否在短时间内重现这些知识的一小部分。现在，技术可以重新整合学习和评价，利用实时数据和反馈帮助学生更好地学习、教师更好地教学，使教育系统变得更有效。

但要想使教育技术学真正得到普及，它对用户来说必须是友好的。如果教师不得不停止授课去查阅数据，那么无论是周晗对二次方程单元的掌握程度，还是埃米莉亚是否觉得战后社会福利史无聊，这些数据都是没什么用的。数据应该是直观的。教育行政部门可以鼓励开发者与教师和学生共同创建相关的、可负担的、可互操作的、易于使用的数字工具。除非将教学纳入这些工具设计的一部分，否则技术不太可能对学习有帮助。

另一个从智能教育工具中获益的群体是有特殊需要的学生。智能软件和机器人导师可适应赫克托的学习需求或法里德的学习节奏。它们可以帮助教师发现和诊断那些常被忽视的问题，尤其是小学阶段的问题。它们还可以帮助教师定制符合每个学生需求的课程学习路线。

序

这种数据驱动的技术有助于实现公平竞争（在课堂上！），除了针对有特殊需要的学生之外，还适用于眼前的情况。对那些在疫情期间努力学习的年轻人来说，我们所面临的可能是一个追赶期。指明他们需要哪些帮助及擅长哪些方面，正是个性化教育技术可提供的支持。

在本书涵盖的三个技术领域中，区块链是最成熟的技术，尽管目前尚未在教学与学习中应用。作为一种可靠的、对用户友好的认证系统，区块链看起来前途无量，它可以取代那些笨重而昂贵的学位（证书），并帮助人们摆脱学位颁发通常带来的机构垄断。经传统学术机构之外的教育和培训项目（如在职培训和慕课）认证的结业证书，是帮助我们更接近终身学习、全方位学习的一个重要方面。如果每个人都能独立于自己的工作，提升旧技能，学习新技能，并拥有经区块链验证的资格证书，那么跳槽将变得更快、更顺利，焦虑感也会大大降低。

但回到教学与学习，更多的技术并不能自动转化为更好的学习成果。事实上，经合组织最新发布的国际学生评估项目（Programme for International Student Assessment，简称PISA）结果显示，课堂上技术应用的强度与15岁学生的数字阅读、数学和科学技能之间呈持续负相关的关系。那些花费更多时间在学校网站发布任务、在学校里玩模拟游戏、使用学习应用程序和网站或在学校电脑上做作业的学生，在评价中往往表现更差。

当然，有很多原因可以解释校内较多的技术应用与较低的认知表现之间的联系。也许表现较差的学生只是在家庭作业上投入了更多的时间，或者他们在电脑上花费了更多的时间，因为他们被引导去做更实用的数字作业。也许数字世界有助于培养不容易被当前评价捕捉到的知识和技能。但我们不应该排除这样一种可能性，即低质量的数字学习工具取代了那些在没有数字设备的情况下可更好完成的有价值的教学活动，或者取代了那些教师更了解如何在模拟世界中开展的活动。更重要的是，有效的数字化学习对学生自主性（包括自主学习能力、执行能力和自我监控能力）的要求很容易被低估。这些假设获得了以下事实的支持：技术的使用和学习成果之间的关系在各国之间差异很大。

显而易见，要想让机器人、班件、预测性分析等技术有效发挥作用，就需要重新定义教师的角色。技术和人工智能并不是魔法，它们只是提升速度和准确性的加速器和放大器。人工智能既可以放大好的教育理念和实践，也可以放大坏的教育理念和实践。它既有助于消除教育实践中的偏见和歧视，也能在教育实践中传播和扩大偏见。它可以赋能教师识别出有风险的学生，也会使教师失去判断能力。在这种情况下，人工智能将引起范式转变，从一种结果性教育（教师帮助学生理解他们是谁及他们想成为怎样的人）转变为相关性教育（技术所做的只是回顾过去发生在具有类似特征的学生身上的事情）。虽然技术在伦理上是中立的，但它将始终掌握在非中立的教育工作者手中。真正的风险不是来自人工智能，而是来自其应用的后果。当早期预警系统标记出有学生遇到麻烦时，应该由人类来评估原因并帮助他们回到正轨。

人类总是更善于发明新工具，而不是明智地使用它们。只有通过培养教师，技术才能将他们从日常的管理和教学任务中解放出来，为他们提供机会和支持，使他们成为优秀的教练、导师、榜样、激励者和领导者。教育只有在人们能够参与其中，而不是交给设备（无论是否是他们自己的设备）去做的情况下，才能发挥出最好的效果。

这场疫情带着我们的教育系统以光速从19世纪冲向21世纪，从"一刀切"、工厂式的学校发展为更加个性化、自由式的学习。在某种程度上，疫情揭示了创新的巨大潜力，而这种潜力在教育系统中一直处于休眠状态，因为教育系统通常被强调奖惩制度的等级结构所主导。

但要想摆脱危机，就需要为学校的创新提供一个更公平的竞争环境。政府可以赋予教师和学校领导更多的专业自主权，打造一种协作文化，让一切好的想法得以完善和分享。政府也可以为激励措施提供资金，提高人们对有效措施的关注和需求。但政府本身能做的只有这么多。硅谷之所以成功，是因为政府为创新创造了条件，而不是因为政府进行了创新。同样，政府不能在课堂上进行创新；它们只能通过开放教育系统，创造一种基于证据、利于

序

创新的环境,使变革性的想法能够开花结果。这意味着教育系统内部应鼓励创新,并向外界伸出橄榄枝。

我们如何知道教育系统是否已经开放?当它们传达变革的需求并为其建立支持时;当它们对能力开发和变革管理技能进行投资时;当它们释放信号,表明教师不再是被动地实施技术与社会创新,而是也参与到其中的设计时;当它们让创新者更愿意承担风险和提出新想法时;当它们帮助创新者找到更有效的方法来普及和推广他们的技术时。

在疫情期间,我们学到了很多东西。诀窍是当一切回归"正常"时,不要忘记它们。人工智能、机器人和区块链正时刻准备着改变我们的教学、学习和办学方式。技术已经准备就绪,我们呢?学校停课迫使我们涉足数字领域,而对一些学生和教师来说,这并没有那么糟糕。随着本书所探讨的这些智能教育工具的迅速发展,我们中的许多人可能已经准备好全力一搏了。

安德烈亚斯·施莱歇尔
教育与技能司司长
秘书长教育政策特别顾问
Andreas Schleicher

致　谢

本书由经合组织高级分析师兼副司长斯特凡·文森特－朗克林（Stéphan Vincent-Lancrin）编辑，同时邀请宾夕法尼亚大学副教授瑞安·肖恩·贝克（Ryan S. Baker）担任科学顾问，确保本书融合了每个领域最新的科学知识。

在此也向所有其他作者表示由衷的感谢，他们不但为本书撰写了高质量的稿件，而且整个过程气氛融洽，每个人所提供的反馈意见及图表、图片和视频资料，使这些技术的发展对读者而言更加可见、可感、可触摸。

本书是经合组织教育与技能司下的教育研究与创新中心（Centre for Educational Research and Innovation，简称CERI）"教育中的智能数据和数字技术：人工智能、学习分析及其他"项目的成果之一。斯特凡·文森特－朗克林提出构想并主导了本书的编写。

在经合组织内部，诚挚地感谢教育与技能司司长兼经合组织秘书长教育政策顾问安德烈亚斯·施莱歇尔（Andreas Schleicher）为本书提出的宝贵意见及贡献的智慧，也感谢他全程不断地给予我们鼓励。感谢经合组织教育研究与创新中心高级顾问兼代理主任德克·范达姆（Dirk Van Damme）对本书的支持。经合组织分析师卡洛斯·冈萨雷斯－桑乔（Carlos González-Sancho）在为本书奠定基础方面发挥了重要作用，之后他在经合组织内承担其他工作。实习生维维恩·刘（Vivien Liu）、马蒂亚斯·布卡尔特（Mathias Bouckaert）、凯西·黑格（Cassie Hague）、科恩·范利斯豪特（Koen Van Lieshout）、昆廷·维达尔（Quentin Vidal）和经合组织分析师雷耶·范德弗利斯（Reyer van der Vlies）在本书中列举了多个国家的例子，并负责书中一些专栏的撰写。统计师格维纳尔·雅克丁（Gwénaël Jacotin）和经合组织前实习生蒂尔索·马丁（Tirso

Martin)、谢云泽(音译)也以不同方式作出了贡献,特别是针对教育技术行业的分析。马德琳·格瑞克(Madeleine Gereke)在整个过程中提供了出色的协助,尤其感谢她在本书的完稿和发行方面所作出的努力。卡桑德拉·戴维斯(Cassandra Davis)、索菲·利摩日(Sophie Limoges)、德拉·辛(Della Shin)、亨利·皮尔森(Henri Pearson)、杰森·法洛(Jason Fallow)和亚历克西斯·切尼(Alexis Cheney)负责本书的出版和联络工作。克拉拉·杨(Clara Young)负责审稿及其他工作,其中第五章是在珍妮弗·阿兰(Jennifer Allain)的帮助下完成的……我们也对经合组织就业、劳工和社会事务局的格伦达·昆蒂尼(Glenda Quintini)和经合组织技能中心的玛丽克·范德维耶(Marieke Vandeweyer)的意见和建议表示感谢。

感谢教育研究与创新中心理事会就本书最初的计划提出了非常有益的意见,并对最终书稿作出了反馈。特别感谢英国的奥萨玛·拉赫曼(Osama Rahman),他在阐明、简化分析框架方面提出了很有帮助的建议,同时感谢爱沙尼亚的奥内·沃克(Aune Vaulk)在项目初期给予的详尽意见。

我们也邀请经合组织外的同事给予反馈。微软的亚历克莎·乔伊斯(Alexa Joyce)和玛丽亚·兰沃西(Maria Langworthy)对书稿提出了详细且非常有用的建议。

最后,非常感谢格哈德·里希特(Gerhard Richter)及其工作室慷慨地允许我们使用他1971年的著名画作①作为本书的封面图片。除了让人联想到二进制和像素化的数字化世界,它还展示了严肃、严谨如何与色彩、幻想、能量和美丽共存。

谨以本书献给全世界所有的学习者、教师、教育管理人员和领导者,希望他们能够抓住技术带来的机遇,使教育变得更加有效和公平。

---

① 《1024种颜色》(*1024 Colours*)是德国画家格哈德·里希特著名的色表画之一。这幅画是通过一个预先确定的数学系统创作的,颜色随机分布在网格上,形成网格的白线是等距的,每种颜色在画中占据相等的空间。——译者注

目　录

第一章　智能教育技术前沿：机遇与挑战 ..1
 智能数字技术与数据在教育中的应用 ..2
 教育数字化应用的前沿 ..3
 关键机遇 ..7
 政策导向 ..13
 结语 ..27
 译后感 ..28
 参考文献 ..29

第二章　教育中的人工智能：技术整合 ..35
 引言 ..36
 智能教育技术：定义和使用场景 ..37
 人工智能在教育教学和教育管理中的应用 ..40
 未来趋势 ..46
 译后感 ..48
 参考文献 ..49

第三章　个性化学习：走向人机协同 ..55
 引言 ..56
 人类–人工智能混合系统：教师与技术的角色定位 ..57
 对未来的预测：人工智能的终极作用 ..61
 基于学生知识的个性化 ..66
 基于自我调节学习的个性化学习 ..72

未来个性化学习面临的挑战 ..75
译后感 ..77
参考文献 ..78

第四章　使用数字学习技术促进学生参与 ..87

引言 ..88
参与的重要性 ..88
"参与"的定义 ..90
参与度的测量 ..93
提高参与度 ..101
结论和未来趋势 ..110
译后感 ..111
参考文献 ..113

第五章　课堂分析：从学生行为到课堂生态的变焦 ..131

引言 ..132
愿景：课堂是一个数字系统 ..133
"课堂即系统"的概念是如何产生的 ..134
作为输入端的课堂 ..137
作为输出端的课堂 ..140
系统的功能 ..143
观点 ..152
致谢 ..153
译后感 ..154
参考文献 ..155

第六章　数字技术为有特殊需要的学生提供更好的服务 ..161

引言 ..162
教育、技术与特殊需要之间的关系 ..163
以学习者为中心的智能技术实例 ..166

目　录

未来展望 ..178

致谢 ..183

译后感 ..184

参考文献 ..185

第七章　教育机器人 ..193

引言 ..194

为什么要让社交机器人成为教育工作者 ..195

机器人的不同教学角色 ..196

机器人作为教学和学习的远距临场设备 ..199

机器人在不同年龄段和学习领域的有效性 ..202

对教育机器人的技术探讨 ..205

教师的态度 ..206

商业产品 ..207

前景展望 ..209

译后感 ..210

参考文献 ..212

第八章　学习分析技术在学校管理中的应用 ..219

引言 ..220

学习分析技术为教育机构管理带来的益处 ..221

三个案例 ..222

在管理层面应用学习分析技术面临的挑战 ..226

学习分析技术的未来走向 ..228

结论 ..229

译后感 ..231

参考文献 ..233

第九章　高中生辍学的早期预警系统和指标：数字技术的新应用 ..239

引言 ..240

早期预警系统和指标 ..240

对辍学的准确预测 ..241

新兴数字技术的应用：模式分析与数据科学 ..247

结论和未来发展趋势 ..255

译后感 ..260

参考文献 ..261

第十章　基于游戏的教育评价 ..275

引言 ..276

为什么要在教育中使用基于游戏或模拟环境的评价 ..276

如何构建基于游戏的评价 ..280

三个教学应用案例 ..284

应用前景及实现方式 ..287

译后感 ..288

参考文献 ..290

第十一章　教育中的区块链：一种全新的认证生态 ..297

引言 ..298

了解区块链技术 ..299

区块链助力教育认证 ..314

现实世界的应用 ..321

推动变革 ..329

结论 ..333

专业词汇表 ..334

译后感 ..335

参考文献 ..336

作者简介 ..358

译后记 ..367

第一章

智能教育技术前沿：机遇与挑战

斯特凡·文森特-朗克林，经济合作与发展组织

作为导言，本章介绍了全书的一些主要结论与政策启示。在强调数字化这一社会发展趋势对教育的重要性之后，本章介绍了全书的重点内容：对教育技术前沿的探索。人工智能和学习分析正在改变（或有可能改变）教育实践，机器人、区块链等其他智能或先进技术也是如此。它们是如何改善课堂教学并优化教育机构和系统的管理的？本章首先介绍本书的目标和各章内容，随后强调智能技术为教育系统带来的机遇，指出一些新出现的政策问题和需要考虑的层面，最后做出一些展望。

智能数字技术与数据在教育中的应用

数字化为教育提供了新的可能性。虽然教育一直是一个数据密集型（包括各种成绩或管理类信息）领域，但利用这些数据来帮助学生更好地学习、教师更好地教学，并为教育管理部门的决策提供信息，则是最近的事情。即便如此，教育的利益相关方总是密切关注着新兴技术及其彻底改变教育的可能性。无线电、电视，以及近年来的计算机和互联网的发明都是如此。然而，大多数创新技术的使用都是为了保护现有的教育实践，有时也会丰富和发展它，但很少去改变它。数字技术，尤其是基于人工智能、学习分析、机器人及其他的智能技术，是否会像改变社会其他领域那样彻底改变教育（OECD, 2019[1]；OECD, 2019[2]）？如果真是如此，那将会是什么样子？

关于教育"数字化"，有两个重要方面需要探讨。

第一个方面涉及技术给教育——从学前教育到成人教育——带来的变化，这是本书所要探讨的内容。在本书中，我们提出了一系列问题。从短期、中期、长期而言，数字化将如何改变教育领域？人工智能、学习分析、机器人技术等的快速发展将如何或可能如何改变教师和学生教与学的方式？教师做的哪些工作有可能会被计算机或机器人所取代？这些技术进步也可能在机构或部门层面催生出新的工作和管理流程，有时是为了追求成本效益和提高生产力，有时是为了提升部门实现其传统目标（学习结果、公平性、结业等）的效率。数字化是否会改变基础教育、高等教育或终身学习？教学过程中的许多任务是否将由计算机来承担？可供学生、教师、管理者与政策制定者使用的数字基础设施是否应有所区别？计算机、数据、智能设备、机器人（包括机器人驱动技术）的广泛应用能否优化学习成果，更好地实现教育公平，提高教学效率与效果？未来又有哪些新的可能性、机遇和挑战？在过去几年里，这些问题对教育政策制定者来说变得更具战略意义。2015—2019年，经合组织的17个成员国或地区出台了教育数字化战略（另外16个成员国或地区的教育数字化战略被涵盖在新发布的国家或地区数字化战略中）（van der Vlies, 2020[3]）。

关于数字化的第二个重要问题涉及教育如何充分应对新兴的社会和劳动力市场需求。这指向了教育界关于21世纪技能的讨论，以及那些较难实现自动化且有助于促进创新的技能——如创造力、批判性思维、沟通与协作能力——是何其重要（Vincent-Lancrin et al., 2019[4]）。社会的数字化及未来劳动力市场需求的转变，使教育的内容和性质问题变得越发重要：在一个高度数字化、受人工智能影响的世界里，人们需要怎样的知识、技能、态度和价值观？虽然这不是本书最为关注的内容，但我们将通过一些分析展现智能技术是如何为这些技能的习得与评价提供支持的，比如通过游戏化的活动或新的评价形式。

本章首先介绍本书的目标和各章内容，随后强调智能技术为教育系统带来的机遇，指出一些新出现的政策问题和需要考虑的层面，最后做出一些展望。

教育数字化应用的前沿

鉴于本书的目标是贴近教育技术的"前沿"，评估这些技术在教育领域已经发展到什么程度，因此书中提及的技术仅限于那些已证明有效，且目前正在某些司法管辖区、机构或实验室使用的技术。我们将尽可能地提供与其有效性相关的证据。

本书根据教育目标或问题而非技术来编写，由此我们将发现解决类似的问题有多种技术（可供选择或互相补充）。粗略地说，本书涵盖了三大类技术：人工智能（在它目前包含的所有含义中）与学习分析、机器人（为人工智能添加了物理实体）、区块链。专栏 1.1 为这些技术提供了初步的定义。本书聚焦于技术已（或将）带来颠覆性影响的两个领域：一是课堂上的教与学，二是教育机构与系统的管理。

各章介绍了智能技术是如何解决（或可能可以解决）一些教育问题的，以及它们如何工作、擅长什么、目前有哪些缺点、未来在国家教育系统中可能发挥什么作用。书中选择的应用领域或是技术已足够成熟，且好处唾手可得的，或是最近取得了突破，但政策制定者和广大受众可能知之甚少的。本书分析的重点是从基础教育到高等教育的正式教育，不涉及非正式和非正规教育，侧重于特定学科（如外语、数学、阅读等）的教与学，以及技术（如编程）本身的教与学。第二章由美国宾夕法尼亚大学的瑞安·贝克（Ryan Baker）撰写，概述了人工智能在教育中的应用。在阐明不同的术语和定义，以帮助读者理解不同技术与术语之间的关系（有时也有共同之处）后，贝克简要介绍了当前在教育中使用的技术、其核心应用及推动教育发展的潜力。第二章还介绍了一些能够改变教与学的核心应用程序（如学习的个性化），强调了人工智能技术在其他领域的潜力，如形成性评价、数字游戏和模拟，以及为教学提供数据支持。同样地，除了强调一些用于管理教育机构和系统的技术应用（如早期预警系统）之外，本章还提到了许多其他的应用程序，比如实时家长报告、录取系统或监考系统。

本书的第一部分（第三至第七章）主要聚焦于智能技术在课堂上的应用，从最常见的技术（如智能辅导系统）到技术的最新发展（如课堂教学统筹、教育机器人、学习参与），涵盖了智能技术的多种应用。

专栏 1.1　相关数字技术的描述

人工智能： 人工智能系统是一种基于机器的系统，可针对一组给定的人类定义的目标做出预测、建议或决策，对真实或虚拟环境产生影响。人工智能系统以不同程度的自主性运行，其生命周期分为四个阶段：(1) 设计、数据与模型，这是一个与环境相关的序列，包含规划和设计、数据采集和处理、模型建构；(2) 验证与确认；(3) 部署；(4) 运行与监控。这些阶段通常以迭代的方式进行，不一定按顺序。在运行与监控阶段的任何时候，都可做出让人工智能系统退出运行的决定（OECD, 2019[1]）。

学习分析： 学习分析是数据科学领域的一个新兴学科。它研究如何利用数据挖掘、机器学习、自然语言处理、可视化和人机交互等方法为教育工作者和学习者提供优化学习过程、改善教学实践的建议。

物联网/智能装置： 物联网包括所有可通过互联网改变自身状态的装置和物体，无论是否有个体积极参与。"智能"装置、设备、机器和基础设施正在为自动化和实时交互创造机会。在数据分析的帮助下，为物联网打造的应用和服务将变得无处不在，教育机构和教室也有望实现"互联"。

机器人： 机器人是一种具有传感、计算和驱动能力的物理机器，能够自动执行动作。通常情况下，机器人可自主决策，并根据先前的知识和传感器输入的内容调整这些决策。教育领域使用的大多数机器人属于"教育机器人"，可与学习者进行交互。

区块链： 从根本上说，区块链是现有技术的组合运用，能够在原本不可能彼此信任的个体或团体之间共同创建起可信任网络。这些技术的结合赋予区块链网络某些关键特征，可使用户减少对信任的依赖，进而实现各方之间价值和数据的安全传递。具体而言，它利用分布式账本技术，在一组用户中存储加密验证后的信息。这些信息是通过预定义的网络协议商定的，通常不受中央授权机构控制。你可以把分布式账本想象成一本记录簿：它按时间顺序记录、存储用户之间的所有交易。该账本并非由一个权威机构（如银行）控制，网络上的所有用户（称为节点）都持有一个与其完全相同的副本。除了自身的哈希值之外，每个区块还会存储前一区块的哈希值。哈希值是通过数学公式创建于文本的由字母和数字组成的唯一字符串。就这样，区块被"链接"在一起，分布式账本也因此变得（几乎）不可更改或无法更改（OECD, 2017[5]）。

资料来源：ECHOES picture and video database（经许可复制）

第三章由荷兰拉德堡德大学的英格·莫莱纳尔（Inge Molenaar）撰写，主要介绍了个性化学习的前沿应用。自适应学习技术可谓是教育技术中起步最早的研究之一，也是该领域一项成熟的研究。现有的学习技术主要集中于诊断学生的知识，并在任务层面（下一个任务是什么）、步骤层面（给定任务的下一步是什么）和课程层面（下一个主题或课程是什么）对反馈或问题进行调整。该领域的技术前沿是依托计算机将更广泛的学习者特征（如自我调节、动机和情感）纳入考虑范围。本章采用个性化学习六级自动化模型对这一技术的发展水平进行描述，厘清了人工智能、教师和学习者的角色分工，呈现了人类－人工智能混合解决方案是如何结合人类和人工智能的优势来开展个性化学习的。

第四章由美国科罗拉多大学博尔德分校的西德尼·德梅洛（Sidney D'Mello）撰写，主要聚焦于个性化的另一个前沿领域——学习参与。本章简要介绍了一些在数字技术支持下可自动测量学生学习参与度的可行途径，以及当学生开始学习或游离于课堂之外时这些技术是如何提高他们的参与度的。在探讨了参与对学习的重要性之后，本章提出了多种运用数据和技术提高学生参与度、优化学生学习效果的方法，如面部特征分析、视线分析或眼动追踪，这些方法有时是针对线上的，但大多数情况下是针对线下教学的。

第五章由瑞士洛桑联邦理工学院的皮埃尔·狄隆伯格（Pierre Dillenbourg）撰写，他将重点放在学习分析和人工智能技术的应用上，侧重于此类技术对教师统筹开展教与学活动的支持。本章将课堂视作一个整体，发生在课堂上的事情被视为分析单位。在配备了传感器、摄像头或连接设备之后，课堂就变成了一个物理－数字混合空间，计算机负责分析学生和教师的行为，并为教师提供基于不同类型参数的反馈。通过不同类型的仪表盘和显示端，教师可获得诸如何时进入课程下一阶段的实时信息，或者在课后收到关于其专业发展及后续备课的反馈。

第六章由荷兰阿姆斯特丹大学的朱迪思·古德（Judith Good）撰写，展现了技术在教育中将如何为有生理障碍或心理健康问题的学习参与者提供特定服务。其中一些技术可帮助学生绕过学习的障碍（例如，将文本转为语音或将语音转为文本，主要面向失明或视力受损的学生）。一些简单的应用程序为成年人提供特殊需要的初步诊断结果，比如书写困难。本章强调了人类－人工智能系统在诊断和学习过程中的重要性。因为与人类相比，智能技术的能力仍然是有限的，所以它们只能在某些场合把有特殊需要的学生与教师或其他人（如数字学习环境的操作员，他们可帮助患有自闭症谱系障碍的学生学习）联系起来。此外，本章还指出让有特殊需要的学生参与开发这类旨在支持他们的技术具有极大的价值。

第七章由比利时根特大学的托尼·贝尔帕米（Tony Belpaeme）和日本筑波大学的田中文英（Fumihide Tanaka）共同撰写，介绍了机器人在教育中可能承担的角色及发挥的作用。虽然它基于一种不同类型的技术（机器人技术），但前几章谈到的一些智能技术也可以嵌入机器人中。本章介绍了机器人的两个主要角色：一是作为教育者和导师（通常是一对一），二是作为同伴学习者（由学生教机器人自己学习的内容）。一般来说，教育机器人是针对教师监管下的学习环境而设计的。机器人也可充当远程呈现装置，支持教师远程授课（或学生远程上课），并且提供比视频会议更多的机会。虽然研究表明，机器人在执行某些限定任务时相当有效，但在可预见的未来，它们似乎不太可能取代教师。机器人的成本也是导致其很难成为教育主流的一个因素。

本书的第二部分主要聚焦于智能技术在教育机构和系统管理方面的应用。

第八章由德国曼海姆大学、澳大利亚科廷大学的德克·伊芬塔勒（Dirk Ifenthaler）撰写，首先概述了学习分析多种可能的用途，包括对高等教育机构的管理，以及为教育决策者提供各种有关管理与组织流程的信息，比如预测未来的教育和提高生产力。尽管在组织（或人员）层面进行变革管理有一些有趣的应用案例，但系统运用学习分析的案例却很少。随后，本章指出组织层面的一些挑战同样适用于系统层面，并提出了几项可在组织和整个系统内强有力地推进学习分析技术应用的通用准则。大多数关于学习分析在组织管理方面的研究主要聚焦于高等教育机构，是否适用于学校还有待探讨。

第九章由美国哥伦比亚大学的亚历克斯·鲍尔斯（Alex Bowers）撰写，阐述了智能技术与数据是如何帮助大多数经合组织成员国或地区理解并解决高中生辍学问题的。这是管理类数据最直接的一种用途，目前正在不断增长，智能技术在这方面的应用也相对普遍，至少在某些国家是这样的。第一步非常重要，即要具备良好的预测指标。对此，本章不仅提到了各种早期预警指标（以及使用这些指标的系统）为何无法达到其宣称的目标，还展现了如何通过先进的数据技术更准确地识别有辍学风险的学生。这需要开放数据和开放算法，允许第三方对算法的质量和公平性进行验证。最近的分析表明，辍学学生的情况各不相同，因此需要更加多样的政策干预，而当前的相关政策无法覆盖所有面临辍学风险的学生。

第十章由美国英贝勒斯公司（Imbellus）的杰克·巴克利（Jack Buckley）、劳拉·科洛西莫（Laura Colosimo）、丽贝卡·坎塔尔（Rebecca Kantar）、马蒂·麦考尔（Marty McCall）和埃丽卡·斯诺（Erica Snow）共同撰写，探讨了数字技术的最新发展如何催生新一代基于游戏的标准化评价，并为教育系统提供有关学生高阶思维或社会情感能力的反馈。无论是否使用计算机处理，这两种能力都很难通过传统的标准化测试来评价。基于游戏的测试可以分析眼动数据、音频记录，除了分析任务或模拟使用时长等信息之外，还可以处理自然语言。但考虑到其成本、开发的复杂程度及一些内在的局限性，它们并不会取代传统的标准化测试，而是作为一种有益补充，在评价某些知识和技能方面发挥自身的优势。

第十一章由美国海兰公司（Hyland）的纳塔莉·斯莫伦斯基（Natalie Smolenski）撰写，重点介绍了如何利用区块链技术提高认证过程（也可能是其他一些需要认证的教育管理过程）的效率。为让大家更好地理解这种技术的功能，本章先从加密货币的区块链历史谈起。凭证是区块链技术一个很好的应用案例，许多针对凭证的区块链新举措正在全世界进行。区块链使安全透明地共享资格证书、学分及徽章成为可能。在国家层面（在国际层面更是如此），区块链的应用有助于解决学位或证书造假问题，为教育记录的传递和小型学习单位（如慕课或公司提供的专业发展）的认证提供便利。推动区块链技术成为主流的人力与法律基础设施仍有待完善，包括开放标准和互操作性。与现有的流程相比，这将是一个非常经济有效的解决方案。

关键机遇

智能技术能够以不同的方式改变教育系统的管理与教学。它们不仅增加了学习者受教育的机会，提高了他们的学习质量，还能提高机构的成本效益。下文将重点阐述智能技术是如何促成（或有可能促成）这些目标的达成的。

有效性

我们都希望从学校学到许多知识，但事实并非如此。经合组织的国际学生评估项目调查显示：同样是上学，各国学生的学业成就水平却截然不同。尽管高等教育领域尚未出现类似的证据，但结果可能也是如此。智能技术的一个重要前景就在于它能够提高教与学的有效性，让学生享受更优质的教育。

在课堂上，直接支持学生学习的应用程序早就显示出其应用前景。个性化学习的目的是为所有学生提供适切的课程或任务，并基于对学生知识和知识差距的诊断为他们提供支架。它不再仅仅聚焦于知识层面的"是什么"，还越来越多地考虑到学生的学习方式及自我调节、动机、努力等因素（Molenaar，2021[8]）。参与是学习的关键。目前，研究人员正在开发可让学生在数字或现实学习环境中保持参与的解决方案，以识别学生在学习过程中的情感状态，并在学生兴趣减退时推动他们重新参与到学习中（D'Mello，2021[9]）。教育机器人则以不同的方式执行类似的任务：既可借助自适应学习技术，用自然语言指导学生，也可以开展教学，或通过扮演同伴的角色来激励学生学习。这类机器人还可以帮助教师实施不同类型的教学策略（Belpaeme and Fumihide，2021[10]）。最后，智能技术还为有学习障碍或特殊需要的学生提供了获取课程资料的途径，让他们能够以前所未有的程度参与到学习活动中，从而再次提高了教育的有效性（Good，2021[11]）。

这些解决方案在课堂外也可以使用，且依然有效，比如用于家庭作业，作为自动化个人辅导或练习解决方案，抑或用于终身学习。事实上，教育科技公司最大的市场是直接针对学生和家长的消费市场——无论是用于娱乐性学习活动，还是用于辅导或备考。

学习有效性的第二个应用前景是课堂分析，它可支持教师更有效地开展教学。虽然目前仍处于试验阶段，但很多应用程序已证明可通过多种不同的解决方案帮助教师更好地利用课堂时间，比如提醒教师何时进入下一个教学活动，哪些学生最需要关注，如何让所有学生参与到协作学习活动中。课堂统筹管理方案不仅可以实时地帮助教师开展教学，还可以围绕他们的教学实践提出反馈意见，比如他们说了多少话，对谁说，或他们是如何分配活动时间的（Dillenbourg，2021[12]）。实时反馈和事后反馈都类似于为相关教师提供了个人专业学习的机会，并且有一个显著优势，即针对的是被观察到的特定教师的实践，而不是理论上的或一般意义上的教学实践。从这个意义上说，智能技术具有真正的潜力，可以改善所有教师的教学实践，进而提升学生的学习效果。

在机构与系统层面，智能技术也有望提升教育的有效性。尽管相对来说应用得很少（Ifenthaler，2021[13]），但智能技术还是能够整合学校活动的大多数维度，为管理者、教师和学习者提供反馈，从而优化学校资源的管理，提高教学的有效性（见专栏1.2）。由人工智能驱动的新一代评价的兴起，也为识别和评估那些难以通过纸笔测试来评价的能力开辟了新途径。随之而来的是大多数教育系统开始转向强调技能（除了一贯强调知识之外）。基于游戏的评价与模拟不仅能使评价变得更真实，还可以通过全新的方式来评价诸如复杂问题解决能力、创造力或协作能力等技能（Buckley et al.，2021[14]）。

最后，可跟踪学生学习过程的纵向教育数据系统的出现，使我们能够采取更有效的政策与机构干预措施，并对教育产品的设计进行优化。例如，对美国社区大学的毕业率、"补救课程"的学生安排策略，以及全日制或非全日制学生的学习模式进行分析，有助于我们重新审视社区大学学生的教育经验，对社区大学进行"重新设计"（Bailey, Smith-Jaggars and Jenkins，2015[15]）。与其他领域一样（OECD，2019[16]），数据为政策设计和干预提供了支持。

专栏 1.2 中国：将人工智能和学习分析技术融入学校

越来越多的学校将在建筑上配备传感器、摄像头和计算机，为学校管理和教育教学赋能。一些学校已在尝试和设计将智能技术融入日常教学与管理的创新方法。以下案例来自中国上海。

上海市黄浦区卢湾一中心小学是一所公立学校，它将人工智能融入学校资源管理和教与学中，形成了一种可以推广到其他学校的数字模型。校园管理及教与学活动都依赖于智能技术。依托物联网传感技术，具备采集和分析校园数据功能的"数字校园"不仅可以自动控制和管理诸如安全、照明、水质、空气质量等环境因素，还可以采集校园活动数据，如走廊人员的密度。结合可穿戴设备，学校还可以采集诸如学生体温、心率等生理数据，以及学业数据和学习过程数据，为教与学提供支持。"数字学生"应用程序运用学生数据勾勒出详尽、全面的学生画像。数据的收集使教师增进了对学生学习状态与成长的了解，为教师因材施教提供数据支持。这些数据覆盖学科、学业水平、身心健康、审美情趣和社会实践。诸如学习参与和情感状态等社会情感方面是通过语音和面部识别技术来测量的。最后，"数字教学"系统为教师提供"课堂导航""智能测评""智能作业审阅"等功能，在教学五环节（备课、上课、作业、辅导与评价）方面提供支持。智能辅导系统为学生获取资源、工具、路径与个性化指导提供直接支持。截至 2021 年 6 月，该模型已被上海、青海、陕西、贵州等地 250 多所学校研究和采用。

图 1.1　上海市黄浦区卢湾一中心小学的数字化探索

注：左图是该校数字校园管理系统的截图，右图是一名学生正在课堂上使用可采集过程数据的手写板。

资料来源：Courtesy of the municipal government of Shanghai

同济大学第一附属中学也在将智能技术融入教学方面有所探索，该校在英语、地理和生物学科中采用"数字课堂"系统支持教与学。系统采集到的学生数据是改善教与学的基础。课前，教师运用数字交互"练习"工具来评估学情。课中，教师可以不时地用短小精悍的课堂练习来获取学生的实时学习数据，这为教师课中调整教学策略、课后制定个性化干预策略提供了支持。基于这些信息，教师将设置在线作业，系统会自动评分并为学生个性化"知识分析"报告的生成提供基础（见图 1.2）。基于这些个性化卡片，系统会推送一些微教学视频资源和练习来满足学生的个性化学习需求，教师还会收到关于有针对性的课后作业和辅导方面的提示，以便后续根据学生需求有针对性地开展教学。该系统还允许学生之间开展协作学习，教师能查看并评论学生们的进展。

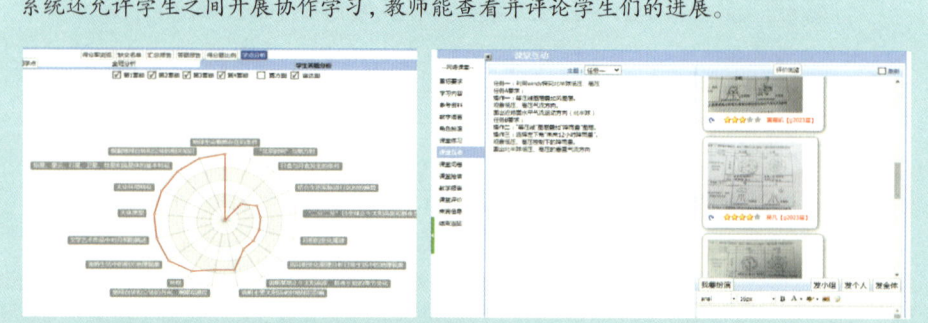

图 1.2　同济大学第一附属中学的"数字课堂"系统

注：左图展示了一名高中生获取的某单元化学知识的可视化界面，右图展示了该系统在合作学习中的应用，学生和教师可查看、评价每个人的作业情况。
资料来源：Courtesy of the municipal government of Shanghai

以下是其他数字技术应用示范校在智能技术应用方面的探索。

上海市徐汇中学秉承"崇尚科学"的办学理念，拥有 18 种 22 个工程科技创新实验室。作为率先将 5G 引入校园的学校之一，该校开发了基于混合现实技术的"全息"科学教育模式，将晦涩难懂的知识轻松直观地呈现出来，提高了学生的学习热情和积极性。截至 2021 年 6 月，该校已与远在云南的红河州元阳第一中学共同开展了两堂课（"探索太阳系的奥秘""认识人体的骨骼"），实现了双向同步教学。

上海市工业技术学校依托先进的混合现实与仿真技术来支持学生学习如何制造。基于仿真的培训项目是在一个三维虚拟环境中进行的，包括一系列工作站，如图形绘制、工件搬运，以及数控机床装卸等工作单元。

公平性

智能技术可以帮助教育系统提供更加公平的学习机会。在这一点上，智能技术是比较矛盾的。一方面，它们通过增加所有人的学习机会，以及提升那些需求最为迫切的人的学习效率，显然确实或可能有助于减少不公平现象；另一方面，如果智能技术无法得到广泛、公平的使用，不公平现象也会加剧。智能技术还有可能保持甚至拉大学生之间的成绩差距，这取决于它们对不同学习者的影响程度。

让我们先分析一下眼前的困难。技术有可能对公平性产生负面影响至少有两个原因。第一个显而易见的原因在于不同群体的学生，尤其是那些社会经济背景较差的学生在设备使用与网络连接方面存在差异。这些学生可能在他们就读的学校或家里缺乏可以访问和使用智能技术的设备、网络或资源。第二个原因在于如果技术（如个性化学习)对每个人的作用都是一样的,那么知识基础较好的人可以保持自己的优势,或甚至比那些知识基础较差的人取得更大的进步。由此可见,尽管技术也能为那些知识基础较差的学生提供帮助,但它对优秀学生的帮助显然更大,这将有可能拉大而非缩小成绩差距。

当然,我们也有充分的理由相信智能技术能够促进教育公平。

首先,学习技术能够增加学习机会。那些主张开放教育资源的教育平台(Orr, Rimini and van Damme, 2015[17])或大规模在线开放课程(massive open online course,简称MOOC,也称慕课)平台就是很好的例子。它们为学习者提供了获取优质学习资源的机会,而这可能是他们无法在当地获得的。虽然很多研究表明,由于使用率低,且大多数用户受过良好的教育,平台访问量的增长并没有大规模地减少不公平现象,但最近一篇研究综述对技术给公平性带来的影响持乐观态度,尤其是在非英语的慕课或开放教育资源方面(Lambert, 2020[18])。

同样重要的是,智能技术可以通过促进特殊需要学生的融合教育和适应不同类型的学习来减少不公平现象。例如,技术让我们更容易诊断出学生是否存在学习障碍(如书写困难),而且对应的补救性数字反馈技术也已经被开发出来。应用于学习解决方案的各种智能技术,不仅为盲人或视障学生、失聪或听障学生获取学习资源提供了极大的便利,还使他们能够轻松完成其他学生提出的教育任务。最典型的例子是人工智能可将语音转为文本(反之亦然)或字幕。学习技术还可用于解决更棘手的问题,为自闭症儿童的社会情感(以及随后的学业)学习提供支持。它们提供越来越多的解决方案,帮助患有注意力缺陷多动障碍的儿童进行自我调节,使他们可以更好地从学校教育中获益。这里需要注意的是,融合不仅仅是个体"适应"的问题,还是社会对差异更加开放包容的问题(Good, 2021[11])。技术鼓励有特殊需要的学生在传统(和融合)的学习环境中学习,这也改变了人们对障碍和特殊需要的看法。

其次,早期预警系统等解决方案一直致力于通过帮助有辍学风险的学生从高中(或大学)毕业来减少不公平现象——这些学生通常属于弱势群体或具有少数民族背景。早期预警系统还可以通过识别最有可能预测辍学的因素或指标来设计适当的干预方案(Bowers, 2021[19])。如果教育机构特别关注不公平问题,可以在机构中使用一些学习分析技术,比如监测学生的参与度或重新设计学习项目,这些技术可能也会达到相同的效果(Ifenthaler, 2021[13])。

最后,那些聚焦于个体层面个性化学习分析技术的应用,无论是运用智能辅导系统还是运用学习分析技术来保持学生学习的参与度,都有望减少不公平现象,尤其是支持那些学习基础较为薄弱的学生按照适当的步调学习。专栏1.3给出了一个在线解决方案的例子，该方案在干预一开始就缩小了数学学习好和数学学习差的学生之间的成绩差距。然而，鲜有证据表明自适应学习通常能缩小学生之间的成绩差距。课堂分析也可为教师提供如何改进教学的反馈；具体而言，就是根据学生的知识水平、性别、种族等，确定如何及何时对班级中不同的学生群体给予更多的关注。在智能辅导系统的支持下，自适应学习技术还有助于学生在家里或课堂外进行练习并不断取得进步。这对于那些家长无法切实帮助（无论是直接地还是间接地）其完成学校作业的学生来说可能尤为重要。

> **专栏1.3　美国：数学家庭作业的个性化有助于缩小成绩差距**
>
> 很少有研究表明，自适应技术（或个性化学习）能够缩小学习基础较好和学习基础较弱的学生之间的成绩差距。但对智能辅导系统而言，这的确是一个目标。经过随机对照试验的评估，美国缅因州的一项干预措施表明技术有可能做到这一点（Murphy et al., 2020[20]）。干预组的教师被要求使用ASSISTments软件来布置数学家庭作业。该软件能够在学生做数学作业时提供反馈，并自动向教师发送有关学生日常作业表现的报告。教师们也进行了有关形成性评价的培训与辅导。研究发现，与对照组的学生相比，使用ASSISTments软件的学生学到了更多内容且效果显著，这一点在那些数学基础较为薄弱的学生身上尤为明显。该评估证实了罗斯切尔等人（Roschelle et al., 2016[21]）的初步研究结果，他们发现有证据表明该平台的使用不仅能提升学生的数学成绩，还能缩小学生之间的成绩差距。

效益

在大多数非教育领域，智能技术作为优化运营成本效益的工具，特别是通过实现任务与流程的自动化，能够提升服务速度，降低运营成本（OECD, 2019[16]）。尽管教育在这方面可能落后于其他大多数领域，但随着利益相关方和教育机构之间的互动日益自动化，数字化也使许多教学流程变得更加高效。如前文所述，在教学方面，某些程度的自动化已经取得了一些进展。那么，数字化将在多大程度上提高教育的成本效益和生产力呢？

每当谈到成本效益时，我们都应谨记技术的购买与维护需要资金，必须将其与当前的预算进行比较。过去，数字技术之所以不能总是达到预期的成本效益，是因为人们有时会忽略一点——除了最初的投入之外，技术的持续升级与维护等通常也需要经费的保障。

然而，和其他领域一样，我们有充分的理由相信智能技术会提高教育的成本效益。

教育机构的招生就是一个例子。越来越多的招生开始通过数字平台进行，尤其在高等教育领域，"匹配"（或选择）的过程通常是必不可少的。在实行开放录取政策的机构中，如果对选择不作要求，整个过程实现无缝自动化就更容易了。以韩国为例，国家教育信息系统（National Education Information System，简称 NEIS）这一电子政务系统的应用，可实现学生学业记录的校际数字转移（以及从高中转移到大学），估计韩国 2010 年全年可节省 2.37 亿美元（KERIS, 2010[22]）。

第二个数字化可能提高成本效益的领域是依托区块链技术提供可验证的学位和其他证书认证服务。数字凭证基础设施的日益发展和开放标准的采用将带来一种全新的认证和学位持有方式，使每个人都能自己管理自己的资格证书。这是本书所研究的以不同数字解决方案提高成本效益的最有力、最直接的论据之一。

第三个具有成本效益的领域是系统层面统计数据的采集。虽然信息的统计往往是基于统计小组（由个体或机构中具有代表性的样本组成）的设立，并且通常涉及对同样数据的多次处理，但管理类数据的使用及不同系统之间的互操作性，让我们从业务部门近乎实时地获取统计信息变得更加容易（González-Sancho and Vincent-Lancrin, 2016[23]; n.d.[24]）。

总之，通过成本效益分析，将智能技术的益处——包括前文提到的非经济方面的益处——与现有解决方案的益处进行比较，将明确新技术在某项服务（或教育目标）中的成本效益如何。

政策导向

智能教育技术的出现或由人工智能、学习分析、算法及其他技术驱动的解决方案带来了许多机遇。与此同时，它们也引发了一系列政策问题。政府如何才能最大限度地发挥教育技术的优势，同时规避其潜在的风险？这需要从技术和政治两个维度充分理解机遇和风险。成功的因素之一在于采用这些技术的社会意愿。下文将从政策角度出发，对本书中一些重要的经验与教训进行总结，同时强调智能技术的一些关键特征，这对政策制定和智能技术在教育领域的有效部署至关重要。

作为社会技术系统的智能技术

无论是已经投入使用的还是正在开发的，本书中涉及的大多数用于教学的智能教育技术都不是为了取代教师或人类。实际上，这些技术都是在考虑到当前教育模式的情况下开发的。书中所有分析的一个共同之处在于大多数教学解决方案都被设计成人类-人工智能混合系统,需要师生之间进行互动,以及在不同阶段对机器进行人工监督。莫莱纳尔(Molenaar, 2021[8])提出了一个模型①,有助于我们更好地理解全人工教育与全自动化教育之间的连续变迁。大多数先进的个性化解决方案都需要教师的干预,并在教师应该干预时提醒他们,比如当学生遇到困难或需要进入下一个学习环节时。大多数支持课堂统筹管理的解决方案也是混合的,只是为了支持教师为学生提供丰富的学习场景。正如狄隆伯格(Dillenbourg, 2021[12])所说:"教师也是系统的重要组成部分。"课堂分析旨在帮助教师统筹课堂上的教与学,尽力提供丰富的学习场景,而不是取代他们。

与其他领域经常出现的机器人相反,贝尔帕米和田中文英(Belpaeme and Tanaka, 2021[10])提到的社交机器人也不是为了取代教师,而是为了支持学生完成具体的学习任务,这与个性化工具的内涵是一致的。当然,这并不意味着机器人永远不可能取代教师。截至2021年,社交机器人的作用主要体现在完成范围较窄的限定任务上。它们扮演着教师助手的角色,就像计算机以不同的方式所做的那样。至于远距临场机器人,它们可以使真人教师远程呈现在学生面前。古德(Good, 2021[11])提供了一个很好的案例,说明了针对特殊需要学生的智能技术事实上能够在学习者和负责为他们提供适切的学习任务的人之间创建新的社会关系,而非压制这种关系。

在系统和组织层面,智能技术的使用遵循同样的模式。早期预警系统有助于预测辍学,但也需要通过人工干预来防止"有辍学风险"的学生辍学(Bowers, 2021[19])。教育机构内用于支持决策的其他类型的学习分析技术也只是为行动的开展提供信息,并不会代替管理者或教师做出最终的决定(Ifenthaler, 2021[13])。

这并不是说智能技术从来不做决策或其设计目的不是实现全自动化。个性化学习系统、课堂分析和早期预警系统都会就下一步行动或向人们提供哪些建议做出一些决策,但它们通常只为决策提供意见。基于游戏的标准化评价则不只是提供建议,它们会自动给学生打分,并评估他们的技能——就像传统的基于计算机的标准化评价一样。区块链技术并不做决策,它只是基于不同的社会过程真实地记录各种(通常而言)人类行为者所做的事情:认证机构,授予资格或凭证,将凭证存储在一些区块链上,与其他各方共享凭证,验证凭证的真实性,等等(Smolenski, 2021[25])。但这两个案例也强调了将智能技术视作社会技术系统的意义,即系统是在社会和技术特征相互作用下共同塑造出来的。

---

① 个性化学习六级自动化模型,详见第三章。

就像传统的标准化评价那样，基于游戏的标准化评价如果得不到充分的信任，面临的挑战之一是获得社会认可。巴克利等人（Buckley et al., 2021[14]）指出，建立有效、可靠、公平的基于游戏的评价要比设计传统的标准化测试更复杂、更具挑战性。尽管区块链在解决单个问题上成效显著，但将其广泛用于认证的挑战之一还与社会变革和法律调整有关：证书认证本身并不是新事物，并非所有人都愿意改变过去的认证习惯，或愿意应对任何新的解决方案所带来的不确定性。

对于大多数智能技术是人类－人工智能混合系统这一事实，每个人有不同的认识。从更普遍的意义上来说，智能技术应被定义、理解为社会技术系统。要明确的一点是，技术尽管有可能在未来发挥更大的作用，但在目前的大多数情况下需要由人类来控制和干预。认识到当前这些事实的方法如下所示：

● 让教师、学生和其他终端用户作为共同设计者参与到研发过程中，将确保智能数字解决方案的实用性和可用性。这也有助于相关人员了解和营造能够使智能教育技术得到良好应用的社会环境（如教室、家里等）。即使让终端用户（例如有特殊需要的学生）参与进来具有挑战性，这也应该是一个目标。

● 政府与大学、公司里的技术研究人员，以及教育技术产业之间的公私合作关系，应该是该领域大多数研发项目的一个关键特征。这类研究应该超越技术功能，分析如何在具体情境中使用技术，同时也有必要就那些影响技术普及应用的社会和法律方面的调整开展研究。

算法的准确性

智能技术的发展突飞猛进，日新月异，本书阐述了智能技术在教育领域广泛应用的潜能，包括其在教与学和管理方面的应用。因为拥有更强大的算法，智能技术通常优于传统的数据分析与技术。基于游戏的评价可对那些难以通过传统的计算机或纸笔测试来评价的技能作出评估。个性化教学正在以以往个性化方法无法做到的形式适应学习者的特点，甚至有可能做得和人类教师一样好。早期预警系统中的新算法不仅在预测能力上优于传统的回归算法，还使那些以往人类管理者或教师难以发现的辍学模式可视化。

尽管如此，书中介绍的许多智能技术尚未完全成熟。例如，虽然一些早期预警系统当前的预测能力已接近良好，但鲍尔斯（Bowers, 2021[19]）表示，大多数早期预警系统所依赖的预测指标和随机猜测的效果差不多。在学生参与度方面，德梅洛（D'Mello, 2021[19]）指出，为更好地测量学生的学习参与度，研究者采用面部图像分析和其他方式开发了许多新方法，但他也注意到该领域所使用的不少测量方法都不够准确。在课堂分析方面，一些解决方案能够以非常高的准确性（90%）识别出学习者是在独自学习还是合作学习，但识别教学活动的类型对其而言仍具有相当大的挑战性（准确性为67%）。这三个例子让我们备受鼓舞，因为可以达到很高的准确性，但这也说明并非所有人工智能驱动的教育应用都有如此出色的表现。

在目前的技术状态下，一项政策上的挑战是确保已开发的技术解决方案能够准确地执行任务，或对准确性有清晰的认识。尽管智能技术的发展非常迅速，但计算机和智能教育技术仍然不够完美——尽管不一定比人类更不完美。其中一些有望很快得到解决，另外一些则需要更久的时间。我们一直认为这些技术正处于教育技术前沿，而令人惊讶的是现实情况恰恰相反。对于某些任务而言，智能技术甚至有可能永远无法达到完全准确，并且一直被误报等问题所困扰。然而，真正的问题是它们与人类相比表现如何。毕竟，人类在执行这些任务时也存在一些不足之处，因为他们要解决的问题通常是复杂的。完全准确是否应成为预期标准有待商榷。也许这应当取决于与任务相关的社会风险。在许多情况下，"足够准确"的诊断或决策就够了。

鉴于智能技术尚未发展成熟，仍存在某些内在的局限性，因此对用户和政府来说，关键是要对这些局限性保持清醒的认识，同时不要阻碍这些技术在实际运用过程中不断地改进和发展。以下是一些政策实施建议，有助于我们发挥智能技术的优势，同时缓解其局限性。

● 虽然智能教育技术在达到完全准确之前（甚至在不完全准确的情况下）就可以发挥作用，但当用于支持决策时，它们应在预测和诊断方面表现出一定的准确性——或者只在发挥作用时足够有效。应该请教育科技公司展示其技术解决方案的准确性或有效性水平，并根据所支持的决策的利害关系（当用于支持一项决策时）对准确性提出具体的要求。理想情况下，这些技术解决方案的准确性应与当前的人类教师和管理者旗鼓相当。

● 在准确性方面仍然不够完美的情况下，智能教育技术应该仅仅为人类的决策和反思提供信息，而不是做出全自动化的决策或支持那些很少偏离其建议的决策过程，尤其对那些至关重要（高利害）的解决方案而言。对这些技术的要求中应包含降低风险而不是无风险政策，承认智能技术即使在不完全准确的情况下也是有益的。这可能意味着当涉及高利害时，最后的控制权还得由人类来掌握。

为使用而设计

有时，教育技术解决方案的设计和提出是因为它们具有可行性，而不是因为它们有用或能为教育领域的终端用户带来明显的益处。大多数教育科技产品只不过是为其他领域设计的解决方案的教育衍生品。即使这些技术应用程序是有用的、有益的,一些教师、学生和用户可能对使用它们也并不感兴趣。尽管课堂教学中技术应用的增加已经成为2010年代课堂上最大的变化之一(Vincent-Lancrin et al., 2019[28]),但因为使用率不高且缺乏实用性,教育技术已受到了一些批判(Cuban, 1986[26]; Reich, 2020[27])。

如何才能解决这一问题?书中多章谈到的智能技术解决方案可能因不够实用而无法被普及应用(考虑到利益相关方的常规工作方式)。造成这种情况的一个原因在于智能技术解决方案的设计,或对教师如何在专业实践中利用这些方案进行教学(而不是被方案所干扰)理解得不够到位。例如,当课堂分析能够让教师看到一些不可见的或不容易看到的内容(无论是实时还是课后),并为他们提供可付诸行动、作出解释的信息时,它就是有用的(Dillenbourg, 2021[12])。

智能技术对用户的有用程度,部分取决于如何向终端用户呈现最终的信息。技术与人类之间的交互界面至关重要。例如,研究表明,在支持教师与学习者方面,不同类型的仪表盘或多或少都是有效的,或在某些情况下使用效果更好(Molenaar, 2021[8]; Dillenbourg, 2021[12])。仪表盘通常采用不同的形式(如集中式、分布式、环境式)、不同的显示设备来呈现分析的最终输出(结果)。教育机器人的外表看起来影响不大,但其效果却优于虚拟代理,因为用户能够以不同的方式与机器人(而不是虚拟形象或计算机)产生联系(Belpaeme and Fumihide, 2021[10])。以 ECHOES 这一为自闭症儿童探索和学习社交技能提供支架的学习环境为例,解决方案的有效性在某种程度上体现为创设一个环境,促进自闭症儿童与负责监控软件和学习环境的成人之间的沟通。事实上,这一重要的维度是在测试和改进工具的过程中发现的,而不是预先就设想好的,这充分体现了与终端用户一起设计和调整技术解决方案的重要性(Good, 2021[11])。

但在某些情况下,教育技术的用处可能超出了为具体问题提供技术解决方案的范畴。这就解释了为什么可用性和算法准确性并不总是相关:一个拥有一套可准确执行任务的算法的解决方案可能并不那么实用,而在准确性方面表现一般的算法可能反而是有用的。这种用处可能是改变某些利益相关方的思维模式,也可能是推动一个机构或教育系统内发生更广泛的变革。一般来说,创新是专业学习和变革的动力(Avvisati et al., 2013[29]; Vincent-Lancrin, 2016[30]; Vincent-Lancrin et al., 2019[28]),智能技术也起到了同样的作用。

伊芬塔勒(Ifenthaler, 2021[13])指出,很多大学和机构在全校或整个机构范围内引入学习分析,主要是为了改变其组织文化或流程,有时也可能是为了促进机构内不同利益相关方之间新的合作和工作方式。针对某个具体问题提出解决方案或实现其流程的自动化可能只是次要目标。无论在降低学生辍学率方面的效果如何，早期预警系统（及其相关研究）带来的一大好处是教师对导致学生辍学的因素有了更细致、全面的了解。

鲍尔斯（Bowers，2021[19]）认为，传统意义上具有辍学风险的学生（即那些成绩差、不喜欢学校的学生）实际上只占美国辍学生的38%——可见传统的干预措施漏掉了大多数辍学的学生。除了提供实时信息之外，课堂分析还可以为教师提供反馈，告知他们课堂上发生了什么，其优点之一是能够引发教师的专业反思与学习，进而有可能促使他们改变教学行为，提高教学水平（Dillenbourg，2021[12]）。

除了设计（包括最终向学习者及其他用户呈现的信息）之外，成本效益分析是思考"使用"这一问题的最后一种方式：如果在预算、时间、认知负荷（或任何相关指标）方面有更经济实惠的选择，与人类或旧的技术解决方案相比，新的智能技术解决方案可能仍然缺乏吸引力。当学习分析预测、诊断或运行的准确性很低时，这很容易理解；但对那些完全准确或算法有效的数字解决方案来说，这可能也是事实。许多支持教师和管理者的数字工具可以帮助他们解决非常具体的问题，但有时现有的解决方案可能比新的解决方案更好。例如，在系统层面，对于由一连串问题组成的传统的标准化评价来说，基于游戏的评价与模拟可能只是一种补充而非替代；它们的设计成本更高，通用性更差，而且只是更适用于评价那些难以（或无法）通过相对便宜的传统方法来评价的复杂能力（Buckley et al.，2021[14]）。斯莫伦斯基（Smolenski，2021[25]）表示，区块链有可能使个人认证过程更简单、更具成本效益。在可能出现欺诈的情况下，该技术的表现优于其他技术，但这并不代表它适用于所有情况。

最后，可用性与公共机构和个人对智能技术的负担能力有关。通常来说，教育系统中的数字技术必须足够便宜，是大众负担得起的，然后才是有用的，有机会被真正应用。正如古德（Good，2021[11]）所指出的，面向特殊需要学生的智能技术应该可在低成本和广泛可用的平台（或设备）上运行。虽然情况并非总是如此，但这仍是技术得以被使用（及其潜能得到充分发挥）的条件之一。斯莫伦斯基（Smolenski，2021[25]）在区块链的案例中还强调了开放标准的重要性，这样做的部分原因是降低长期成本，确保解决方案对终端用户（包括机构和个人）而言更具可持续性。许多其他技术也是如此：开放标准不仅有助于提高互操作性，保持可持续性，还能促进供应商之间的竞争，降低用户成本。能在广泛可用的平台上运行的技术解决方案也比那些运行于专用设备上的更经济实惠，更容易使用。

在提高智能教育技术的实用性和可用性方面，有以下几个关键点：

- 成本效益分析应广泛用于指导针对不同类型问题设计并应用的智能数字解决方案，也应认识到效益和成本不仅仅是金钱方面的。
- 尽管任何一个解决方案的收益可能都会超过学生直接在学习中得到的收获，且其成本也不仅仅是经济层面的，但我们仍需要明确并估算智能技术的预期成本和收益，或通过已有的研究证据，或通过某个良好的行动理论（或变革理论）。
- 由学习分析和其他技术呈现（或交互）的信息影响着学生、教师和决策者使用智能技术。更广泛地说，智能教育与人类之间的交互界面设计，往往是决定数字解决方案在学习或其他预期目标上可用性和影响力的关键因素。
- 智能技术解决方案应以低成本为目标，并在广泛可用的平台或设备上运行，通过采用开放标准（及互操作性标准），力求让每个人都负担得起。建议各国政府应支持这些标准的发展，最好是在国际层面推动。关注可负担性，对让智能技术惠及所有人，以及避免扩大数字鸿沟来说非常重要。确保智能技术解决方案可以使所有学习者或机构受益，是实现公平和包容性的关键。

智能技术和数据治理：透明度、公平性和伦理问题

任何社会技术系统的一个关键要素是该系统运行所处的社会大环境，包括其价值观和原则。由于系统依赖于大量的教育数据，比如生物标记、面部识别或表情等个人数据，或需要对学习者、课堂、机构等进行长期监控和追踪，因此智能技术的开发与使用成了人们普遍关注的热点，其中既涉及数据保护与隐私，也涉及伦理和政治问题。教育机构和系统能否（或是否应该）以学习成绩提高为由成为新版"老大哥"？我们能否相信政府或其他各方只是为改善教育而使用这些信息，同时执行强有力的数据保护制度？如果使用不当，现在或将来会出现哪些不良后果？例如，数据密集型教育技术是否会延续并强化偏见和不公平？拥抱智能技术，意味着对其使用方式给予一定的信任，为其提供可靠的保障措施，并在某种程度上理解、接受其过程和输出。

大多数经合组织成员国都有严格的数据保护法规，可确保个人教育数据不在教育过程之外与第三方共享（或被第三方使用），除非满足某些隐私条件。欧盟的《通用数据保护条例》（General Data Protection Regulation，简称GDPR）和美国的《家庭教育权和隐私权法案》（Family Educational Rights and Privacy Act，简称FERPA）就是这种例子，两者对其他许多国家制定的数据保护法律产生了影响。大部分数据涉

及管理方面的微观数据（González-Sancho and Vincent-Lancrin, 2016[23]; n.d.[24]）。这些数据保护制度通常也适用于那些为学校和教育管理部门提供技术解决方案的供应商。值得注意的是，数据保护法规的执行与实施力度在每个国家各不相同（甚至在一个国家内也会因地而异）。尽管拥有以上强有力的保障措施，但隐私与数据保护问题仍然是公众讨论的热点话题，这可能表明人们对数据在教育系统内外的使用（或可能被使用）方式缺乏信任。

不过，数据保护只是数据治理的一个方面。一个重要的问题是政府、数据主体（通常是教育服务的用户，这些服务有时是强制性的）和通常开发智能教育技术的私营企业之间的关系。这涉及数字世界中的数据所有权和竞争类政策问题：教育科技公司和公共研究人员之间以何种方式共享教育管理类和其他教育类数据，才更有利于促进智能教育技术领域的进步和充分竞争？在这种情况下，如何正确维护学习者和其他个体的利益？来自非教育领域的一些解决方案可能也适用于教育（OECD, 2019[31]; 2019[1]）。

伦理讨论通常应探讨那些不受国家监管，从而在个体和政府层面具有较大自由度的方面。这就是本书解读教育人工智能"伦理"问题的方式。

对算法的监管通常不像对数据保护的监管那样严格。一个值得担忧的问题是：算法可能存在偏见，并对某些人群产生不良的社会影响（基于性别、种族、社会经济地位等）；它们也可能是有缺陷的，或只是强化了以往人们的偏见，而不是反映当前的社会价值观。对算法的一般要求是确保透明、公开，每个"决策"具有可解释性，且允许用户对自动化决策质疑。就欧盟的《通用数据保护条例》而言，关于算法监管的描述是模棱两可的（第13—15条、第22条和"说明部分"第73条），律师们对这些条款在"解释权"（透明度）和公民选择退出或质疑"自动化决策"的可能性方面意味着什么仍持有不同意见。在欧盟，只有法国和匈牙利有关于"解释权"的明确法律（法国法律要求以一种可理解的方式进行事前和事后的解释，匈牙利法律则要求进行某种程度的解释）（Malgieri, 2019[32]）。在美国，《家庭教育权和隐私权法案》（或其他法规）中没有关于算法及其要求的规定。截至2021年，大多数经合组织成员国都没有对算法作出明确的监管要求。

由于基于机器学习的算法是通过历史数据训练出来的，许多观察者担心它们会重现过去带有偏见的（人类）做法，一些国家的非教育领域（金融、司法等）显然已经出现了这样的情况（O'Neil, 2016[33]）。为克服这些缺陷，一些准则已被提出，用于规范现在流程的不同步骤：测量（数据采集或标注）、模型学习（当涉及机器学习时）和行动（当算法用于检测、诊断和运行时）。不同的公平性测量措施有可能使问题变得更为复杂（Kizilcec and Lee, 2020[34]；Baker and Hawn, 2021[35]）。伊芬塔勒（Ifenthaler, 2021[13]）提到了几个有关学习分析良好实践和可用于规范伦理的检查清单。鲍尔斯（Bowers, 2021[19]）在谈到早期预警系统领域的"开放算法"运动时，特别提到了可确保算法透明度、可验证性和可复制性的双重标准——4A（accurate, accessible, actionable and accountable，即准确、可获取、可操作、可问责）原则和FAIR（findable, accessible, interoperable and reproducible，即可查找、可获取、可互操作、可复制）原则。莫莱纳尔（Molenaar, 2021[8]）也指出了透明度对学习分析和算法治理的重要性。正如2019年在大学入学考试和分数分配上遇到的一些困难所表明的那样，当涉及高利害的自动化决策时，透明度还和向不同利益相关方（从专家到终端用户和其他社会团体）发起关于智能算法的标准、预期社会成果、相关性和接受度的对话有关（见专栏1.4）。在某些情况下，算法可由人类编写，不涉及任何人工智能技术。

专栏1.4 关于疫情期间毕业成绩预测的争议

2020年夏天，围绕算法在教育中的应用引起的争议成为国际文凭组织（International Baccalaureate Organization，简称IBO）和英国资格与考试监管办公室（Office of Qualifications and Examinations Regulation，简称Ofqual）的关注焦点。为遏制疫情蔓延而采取的地区封锁和封校措施导致高利害的高中毕业考试（A-level考试和IB考试）被取消。这些考试的结果决定了大学的录取名额，因此需要采用其他方式来判定学生的成绩。

IBO和Ofqual都选择根据教师评价、学生以往表现及其他各种因素等数据来开发算法，以实现成绩的标准化。IBO使用以往考试的历史评价数据和部分来自学校的数据。在英国的A-level考试中，教师需要提供一个中心评分等级，代表学生在教学照常进行（没有受到疫情的干扰）的情况下最有可能取得的成绩。教师还须提供每个学生的年级排名和分数。Ofqual发现，与2019年相比，中心评分等级的复合效应可能导致某些等级的分数增长高达13%。一个统计标准化模型因此被开发和验证，根据学校或学院在特定学科上的历史表现，以及考生先前成绩的变化、中心评分等级和排名、学生人数规模等因素来生成学生的成绩（Ofqual, 2020[36]）。

对A-level考试和IB考试来说，这一标准化过程导致预测成绩和最终成绩之间出现了巨大的差异，这意味着大学录取可能会被取消，特别是在录取前提是学生必须取得特定成绩的情况下。例如，2020年8月13日A-level考试成绩公布后，媒体报道称约40%的成绩比教师预测的低，这意味着很多学生没有达到他们的第一或第二志愿的录取要求（BBC, 2020[37]）。一些人声称，这对一些表现不佳的学校（往往位于贫困地区）里的高分学生造成了严重的影响，因为该算法通过使用学校之前成绩的平均值来避免出现"分数膨胀"的现象。这引发了来自英国皇家统计学会等科学协会的请愿及各种抗议和媒体报道，他们抱怨所使用的算法、模型和流程缺乏透明度，并声称那些已深受疫情影响的学生将因此陷入更为不利的境地（Studemann, 2020[38]；Adams and McIntyre, 2020[39]）。

截至2020年8月中旬，有消息称A-level考试和IB考试结果将调整为教师预测的成绩，而非算法生成的成绩，从而确保学生在这两类考试中都能取得最好的成绩。

这些例子凸显了智能技术的社会技术属性，以及在推动智能技术成果为社会所接受的过程中政府与利益相关方之间进行政治对话的必要性。在上述两种情况中，没有人质疑算法的准确性，因为算法根据编程语言的要求执行每个步骤，人们主要是对预测或调整分数的参数设计、可观察或感知的结果（特别是对某些亚人口）及不够透明的过程提出了异议。考试和评分是经过数十年、数百年所建立起来的社会制度，目前已被人们广为接受，成为"精英主义"观念的一部分（Sandel, 2020[40]）。未来智能技术应用的一大挑战将是形成类似的协商式社会认同机制。正如这两个例子所展现的那样，当算法导致高利害的决策时尤其应该这样做。

例如，鉴于早期预警系统可以通过最低限度的信息作出预测（Bowers, 2021[19]），不依赖于性别、种族和社会经济地位等指标，那么通过将此类指标纳入系统来诊断学生是否辍学可能被认为是不道德的（甚至是不必要的），除非它们能够显著提升算法的性能。另一方面，不包含学习者任何个人信息的结果仍然有可能导致带有偏见或我们不期望看到的结果。因此，伦理方面应包括验证和讨论智能技术对不同群体的影响，并确保它们符合各国的社会和政治原则。由于在实践中很少有人能够验证算法的效果和影响，因此这项任务可能会由一些独立的利益相关方团体负责，甚至被指派给他们。尽管任何人都有权在一个开放的算法文化框架下做这件事（至少当算法促成了一个决策或准决策时），但教育研究人员、非政府组织抑或是独立的政府机构，可能会在该领域发挥更大的作用。

另外，对于那些基于个人数据持续监控（如参与、自我调节、课堂教学统筹、基于游戏的评价）的最先进的学习分析应用程序，即使它们（的数据来源和算法）是合法的，利益相关方是否对应用程序的某些方面感到满意也是一个问题。虽然跟踪和数据采集对推动关注学生参与度、自我调节或课堂教学统筹的学习分析而言非常必要，但其做法必须符合本国的数据保护法规（以及算法法规，如果有的话），并与执行这些法规的国家的政治价值观保持一致。这可能需要在数据保护规划方面发挥一些想象力（比如数据一旦处理完立即删除）。就像前文提到的考试案例一样，这也需要与所有利益相关方进行社会协商，包括数据采集和使用方面的透明度。这不仅仅是一个监管问题，甚至不仅仅是伦理问题。即使在同一个国家，某些社区可以接受的东西，其他社区未必就能接受，这具体取决于智能技术是如何被引入的（见专栏1.5）。

专栏 1.5　关于学校中智能技术应用在社会接受度上的争议

教师在课堂上监测学生的注意力、行为或情绪，可能有助于使学生保持对学习的参与度。然而要想实现这一目标，隐私保护及让家长和其他利益相关方参与进来是关键因素。以下两个来自中国的例子表明，社会接受度、利益相关方的参与和透明度对此类技术的部署至关重要。

2019 年，中国浙江省金华市孝顺镇中心小学试用了一款名为 FocusEDU 的头带。该款头带与一个软件平台相结合，具有脑电波追踪功能，可通过脑电图技术测量学生在课堂上的注意力。三个水凝胶电极（一个在前额，两个在耳后）负责检测学生的脑电信号，人工智能算法则将其转换成注意力得分。通过 FocusEDU 软件的仪表盘，教师可实时了解课堂上每个学生的注意力水平。此外，头带前面配备的小灯可根据学生的注意力水平显示出不同的颜色，告诉教师哪些学生注意力不集中。2019 年 10 月，该市教育局考虑到隐私问题暂停了该头带的试用。

另一个基于行为和情绪对学生进行监测的例子是在中国浙江省杭州第十一中学开展的试验。总部位于杭州的一家视频监控设备制造商海康威视开发了一款名为"智慧课堂行为管理系统"的摄像头，它配备了面部识别技术，可监控学生的课堂行为和面部表情。一种人工智能算法将课堂行为分为 6 种（阅读、书写、听讲、起立、举手、趴在桌子上），并可区分 7 种面部表情（中性、高兴、难过、失望、愤怒、害怕、惊讶）。教师可以通过屏幕实时查看这些分类，并最终得到一个计算出来的总体注意力得分。考虑到家长们的担忧，2018 年 5 月，学校暂停使用评估面部表情的技术。此后，学校主要将面部识别摄像头用于考勤管理和校园支付。

这两个例子展现了智能技术在监测方面遇到的困难。在研究方面，一大困难在于用来识别情绪并将其与学习结果相联系的理论模型的质量。（据我们所知，目前还没有关于这些试点及用于测量参与度的基本模型的公开研究。）上述两个试点项目所提出的解决方案与其他一些中国学校使用的解决方案并没有太大区别（见专栏 1.2），它们的中止主要和当地的接受度与沟通有关；在隐私和数据保护法规可能不像某些经合组织成员国那样严格的地方，这一点也很重要。

资料来源：Focus EDU (Standaert, 2019 [41]); Wang, Hong and Tai, 2019 [42]); Hikvision (Li and Jourdan, 2018 [43]); Yujie, 2019 [44] ; Lee, 2018 [45])

另一个切合实际的伦理问题涉及数据分析所产生的关于教师和其他工作人员的信息的使用。通常情况下，一所学校的教职工并不像学生和其他用户那样受益于同样的数据保护和隐私规定。虽然智能技术和学习分析有可能为教师和其他教育利益相关方提供反馈和支持，便于他们做出更好的决策，改进自己的专业实践，但这些技术也有可能被用来对付他们自己，并在无意中导致不良的社会行为。课堂分析可用于监测教师的专业行为，有时还能发现他们在课堂教学组织方面的一些不足之处（Dillenbourg，2021[12]）。这些信息应该被用来约束还是支持他们？对有辍学风险的学生而言，一种可能的干预措施还包括发现这种风险后将他们开除或转校，而这最终会增加学生退学的可能性（Bowers，2021[19]）。考虑到这种潜在的侵入性监控性质，采用智能技术时必须建立一定程度的信任，秉承积极的、为人类赋能的伦理准则。如果这类技术的自愿使用会对教师、校长和决策者产生负面影响，技术可能就不太会被接受，甚至会遭到抵制。关于使用这些技术的伦理规范，可能要求对技术分析的结果完全保密，或者讨论并明确披露技术会对教职工产生哪些影响（这也可能取决于技术预期的准确性和有效性）。就像纵向信息系统提供的信息一样，可能存在两种不同的理念：一些人主张把这类信息当作一种问责机制，用于奖励或惩罚利益相关方，这也是敦促他们关注所提供信息的一种方式；其他人则认为这类信息不应该被用来奖励或惩罚利益相关方，因为这可能会导致他们反对使用这类信息，或鼓励他们试图钻系统的空子，从而出现不道德的行为。最好的策略是什么，目前尚无定论。

基于智能技术是社会技术系统这一事实，其采用和应用通常需要对教师、学校、政府和其他利益相关方有一定程度的信任，并对可能产生的负面影响给予一定的关注。信任的建立应以监管和道德规范为基础，包括以下几种治理机制：

● 围绕数据保护和隐私制定法规，并结合法规提供以不同类型数据、不同级别资源和能力实施这些条款的实践指南。

● 围绕数据治理制定法规并推荐优秀的做法，特别是采取策略使那些通过智能技术采集的数据可供研究人员（也可能是为数据采集提供技术解决方案的供应商的竞争对手）使用。

● 围绕算法透明度、开放性和可复制性制定法规或指南，并对验证算法设计和最终结果的第三方予以资助和支持。

● 对数据保护和算法监督采取风险管理方法，在风险承担和数据或技术使用的敏感性之间取得适当的平衡；认识到过于规避风险的法律法规（或伦理准则）将阻碍某个国家或地区的智能教育技术的发展，并阻止其获得可能的利益。随着智能技术的不断发展，有必要对上述法律法规进行更新；同时，数据保护和智能技术领域的研究人员间的密切合作可能有助于协同设计出好的解决方案。

基础设施和公共服务

智能技术通常需要强大的互联网、计算机和数据基础设施。人工智能系统、为教师和学习者提供实时信息的自适应学习系统、基于游戏的评价、区块链及教育机器人，不仅需要学校具备充足的计算机硬件（包括"自带设备"政策下的学生硬件），家里也越来越需要相关设备,以及能够支持稳定、可接受的数据传输速度的带宽和网络容量。这也意味着需要增加信息技术人员,做好教育机构内(或跨机构)的硬件维护。硬件是一个必要的基础,但数字学习基础设施远不止这些。

政策制定者还需要从数字资源(包括内容和工具)的角度来考虑基础设施,应该以补贴或资助机构的方式将这些资源公开地提供给公民、学生和教育机构使用。尽管这些愿景可能受限于预算,但重要的是要确定面向大众的数字资源中哪些是核心资源,以及允许个人使用的资源有哪些。一个新的问题是智能技术应该在多大程度上成为核心数字教育基础设施的一部分。是向公众公开提供一些教育资源就够了,还是说这些教育资源也应该具备一些智能辅导系统所拥有的个性化学习功能?

数字基础设施的最后一个方面在于人们的"数字技能",也就是将使用数字资源的能力纳入教师专业发展体系。就教师和教授而言,数字技能与其说是掌握技术,不如说是将技术工具、资源和输出的结果整合到教学中。除非实现全自动化,否则技术解决方案不过是人类教学、学习或管理教育系统的工具。因此,通过培训和有组织的持续专业学习,为教职工提供专业学习机会,是强大的数字基础设施不可或缺的一部分。

虽然来自大学和公共技术机构的研究人员也许有能力开发一些智能技术,但政府、学校和大学通常依赖私营教育科技公司来提供和维护这些技术(如上所述,最好是通过公私合作模式)。除了对面向所有人的数字基础设施和设备连接性能进行投资之外,政府在与私营企业打交道时还肩负着以下三项重要的责任:

- 通过采购政策和其他激励措施,确保学校能够以可承受的成本获得政府资助或购买的智能技术。
- 确保这些智能教育技术的一些关键技术或发现成为或保持其公共、国际化的属性,并允许更多的国际参与者开发新的可互操作的解决方案,从而帮助改善全球各地的教育。
- 确保教职工有合理使用智能技术和数字资源的学习机会。

研究和开发

本书展示了智能技术如何以各种方式为教育带来益处。同时,贯穿全书各章的主线是目前没有充分的证据能够证明智能技术各种应用的有效性。如上所述,尽管技术解决方案中实际算法的准确性相对而言缺乏证据和透明度,但仍应提供更多证据来证明它们在现实教育环境中的应用是有效的。教育机器人是为数不多的几个领域之一,在这些领域中,可以通过元分析和一些强有力的证据结果说明某些技术的特定用途能够改善学习成果（Belpaeme and Fumihide，2021[10]）。

教育研发虽然是必要的，但可能需要一些新的方法。

政策制定者和研究资助者应该意识到，技术本身是不需要验证的。由于工具只是社会技术系统的一部分，合适的研究问题很少是关于某些特定的技术是否"有效"，更多的是确定和验证某些特定具体的应用是否产生了积极的结果。通常而言，当涉及教学时，研究问题将聚焦于教学本身，以及技术如何支持这种教学，而不是技术。同样，当涉及教育管理过程时，研究问题可能是关于智能技术所支持或引发的干预措施，而不是技术本身。

一些关于智能技术的特定技术应用程序已经通过稳健的实验研究设计开展研究了。然而，随着智能技术（和计算能力）的快速发展，有关智能技术有效性的证据可能很快就会随技术的更新换代而变得过时且无关紧要。

与其他数字技术一样，智能技术允许在线进行新型的快速研究：A/B测试。通常情况下，这指的是在两个不同的群体中尝试对一项给定的技术进行两种不同的设计（A和B），以快速确定哪种设计最有效（当出现大量的在线使用和接触时）。这种方法可以推广到课堂教学中，用以评估某一给定智能技术（或多种可实现相似目标的不同智能技术）在课堂或系统层面的有效性，同时将与使用这些技术相关的人类复杂行为考虑在内。

是否应该在拥有充足的证据之后再将技术应用到教育中？在实践中，这种方法可能限制性过多。在推行任何创新方法之前要求首先提供有力的证据，往往是保护那些实践现状的一种方式，这些实践的有效性同样难以得到证明。严谨的创新也可以通过其他方式开展，尤其是适当地使用有效性证据。对于某些智能技术，常见的评估流程可能不是最合适的，有时甚至很难实施。例如，我们很难通过随机对照试验来评估早期预警系统的有效性——原因之一可能是系统为适应各地的情况而有所不同，很难开展这类试验。技术的发展日新月异，这往往意味着哪怕试验结果产生了，也只是对已经过时的技术解决方案进行证实或证伪，因为原有的解决方案已被新版本或新技术取代了。也许另一种方法是围绕以某种方式使用的技术解决方案系列作出评估。

不同类型的解决方案所需要的证据标准也许取决于解决方案可能产生的利害关系和危害程度。由良好的"行动理论"或"基础理论"支持的智能技术，即便缺乏有力的证据基础，也可以用于低利害的应用中。如果某一技术几乎没有基础理论，也没有明确的行动理论和相关的证据基础，政策制定者和利益相关方应该不会愿意允许其在公共场所被使用。最后，尽管我们应该将算法有效性与人类执行类似任务时的有效性证据进行比较，但在高利害的情况下，仍然需要采用最高的证据标准。

为进一步解决这个问题，各国政府可以这样做：
- 对教育研究进行投资，了解技术在现实生活环境中的使用情况，重点关注教育教学或教育管理过程，而不是技术本身。
- 针对教育技术的各种用途和不同的教育技术系列开发本国（或国际）证据库。
- 针对何谓好的教育研究和教育技术开发制定通用标准，并认识到该领域的一些特殊性。

结语

能够变革教育的智能技术已然存在。有些技术比其他技术更成熟，但一系列的解决方案可以并且将会在未来使教育教学和教育管理的运作方式有所不同。其中一些工具和个性化学习有关（智能辅导系统），能够让学生对学习保持积极性和参与度，让有特殊需要的学生充分从课程中受益。技术也可以为教师提供支持。基于课堂分析的智能技术有助于教师实时或事后对教学进行统筹管理，而教育机器人能够以教学助手、导师甚至学伴的身份来支持学生学习。技术在支持教育系统管理方面也取得了较大的进步，在系统和组织层面提供了大量解决方案，用以管理预算、学习路径、与外部利益相关方的关系等。有助于防止学生从高中（或大学）辍学的早期预警系统的开发就是一个很好的例子。

智能技术的一些前景与教育的有效性相关。它们既能帮助学生取得更好的学习成绩，也能帮助教师更好地开展教学（和专业发展）。另一个前景在于它们能够提高教育的公平性：技术使教育变得更具全纳性，能为来自弱势群体的学生提供额外的学习机会——前提是这些技术可获取且已被广泛使用。在数字化的背景下，社会诸多领域开始通过自动化寻求成本效益，教育领域也不例外。与此同时，由于技术的开发和维护成本可能很高，因此必须平衡好公共服务的成本与收益。

即使上述前景都没有实现，数字化仍然可以为正式教育开辟新的途径，使学习变得更方便、更愉悦，或者只是有所改变，与现代生活保持一致。创新本身就是教师专业发展和学生学习的源泉：它是一种在系统内创造新能力的手段，只因人们必须适应它所提倡的新要求（Cohen and Moffitt, 2009[46]; Vincent-Lancrin, 2016[30]）。在中小学和大学引入数字化工具可能不是一个狭隘的目标，而是一个引发变革和完善教育的工具。这也是一种推动正式教育成为数字化时代一部分的方式。无论教育领域发生什么，中小学和大学应该如何面对数字化（数字化正在经合组织成员国或地区逐渐普及),是抵制还是拥抱?虽然正式的教育系统应该使每个人都能享受、获得和学习人类已开发的所有知识和经验,但教育不应该只是一个包罗万象的博物馆。

数字化与教育的结合与发展存在以下几种可能的情况。此外还有一些已出现的情况,针对日常教学场景见 OECD(2020[47]),针对数字化场景见 HolonIQ(2018[48])。

第一种可能的情况是教育不作大的改变,在教与学中依旧很少采用技术和数字资源。这可能意味着大多数智能技术将被提供给那些负担得起的人,供他们在校外学习使用。教育技术市场的供应对象将继续以非正式教育市场和企业培训为主。在这种情况下,一个长期存在的问题是教育系统是否还会像以往那么重要,以及校外学习是否会变得与校内学习一样重要甚至更重要。

第二种情况是教育从表面上看与以前差别不大,但其实已变得完全不同,就像今天的汽车或飞机看起来与40年前差不多,但因配备了传感器和计算设备而变得大不一样。教育机构也有望成为拥有摄像头、传感器和数字装置的互联建筑,帮助学生、教师和管理人员做出改善他们学习、教学和管理实践的决策。随着越来越多的智能辅导资源等可供大家使用,技术在居家学习中的应用也可能变得日益普遍。

第三种情况是教育可能以智能技术和其他与数字化相关的社会趋势为基础,重塑一种社会制度。人们可能会越来越多地远程办公,更多的学校作业可能需要在家里完成,有时也伴随更多的家长和社区参与,而学校的社交时间可能主要用于个人辅导和集体学习。例如,学生可以选择去学校或在家里单独完成一些任务,其他活动则必须与学校里的同伴一起在教师的指导下完成。

后面两种情况不仅会对教师和教学的主要方面产生影响,也会对学生如何认识自己及父母如何支持孩子产生影响。在教育系统和组织的管理方面,预计也会出现类似的情况。例如,从评价到将学生分配到不同的高校,许多管理流程有可能实现全自动化。

当然,未来可能会出现完全不同的情况或各种情况的任意组合。但现在是时候该考虑一下什么是可能的,以及数字技术如何最大限度地赋能教育了。

译后感

本章作为开篇,不仅对全书涉及的前沿智能技术在教育中的应用进行了总结,让我们看到人工智能、学习分析、机器人及区块链技术在近期或未来十年内将给教育教学和教育管理带来的重大变化,还让我们意识到将技术应用到教学中存在的风险与挑战,有没有用、准不准确、公不公平、安不安全等问题日益凸显。

第一章　智能教育技术前沿：机遇与挑战

除了以上两点，更重要的是作者从教育出发分析技术应用的思路，让我们明白了技术在教育中的应用应该从教育出发，应该在充分了解技术的可能性与边界的基础上，运用技术重构教育教学生态，形成新的教育理念指导下的新体系、新模式、新方法与新内容。这种思路同样适用于教育数字化转型，教育新基建应围绕教学场景和管理场景去建设，教师助手等也应符合教师教育教学的使用习惯，有助于教师开展教学。

我们在翻译本章的过程中，一直在思考以下两个问题。

一是在教育数字化转型的大背景下如何看待人，尤其是教育工作者与人工智能、教育机器人等新兴技术之间的关系。毫无疑问，我们和本章的作者都坚信技术再先进，也无法取代教师在教育中发挥的作用，我们更相信未来是一个人技协同的时代，人与技术分工明确，各司其职。新兴技术将教育工作者从重复性的教学和管理中解放出来，并为他们进行教学决策和管理决策方面的数据支持；教育工作者则把更多的时间放在对每一个学生的关心和培养上。换句话说，技术为教师因材施教赋能，为教师培养德智体美劳全面发展的社会主义接班人赋能。

二是我们应该如何积极主动地应对这些新变化和新挑战。教育数字化转型增加了很多不确定性，教师比任何时候都面临着"现实的困惑和困惑的现实"。尽管都知道要培养学生的核心素养，但在具体的教学实践中，他们"不确定什么是当前有用的知识"，"不确定如何作合理的价值取舍"，"不确定什么是真正的学生发展"，"不确定教师职业的未来预期性"。然而在众多的不确定性下，译者认为有两点是确定的：首先，今天的教师比任何时候都要肯定自己的价值，尤其是在育人和对学生的情感关怀方面；其次，教师要认识到数据是教育数字化转型的核心，要想胜任工作，提升自身的数据素养，尤其是运用数据开展教学决策、因材施教，在所难免，势在必行。

最后，译者还有一点感触：教育数字化转型改变的是整个教育生态，影响的是整个社会，它的成功需要所有利益相关方的共同努力。教育数字化必将到来！

（张怀浩译，梁力萌校）

参考文献

Adams, R. and N. McIntyre (2020), *England A-level downgrades hit pupils from disadvantaged areas hardest (The Guardian)*, https://www.theguardian.com/education/2020/aug/13/england-a-level-downgrades-hit-pupils-from-disadvantaged-areas-hardest (accessed on 19 May 2021). [39]

Avvisati, F. et al. (2013), "Review of the Italian Strategy for Digital Schools", *OECD Education Working Paper*, Vol. 90, http://www.oecd.org/education/ceri/Innovation%20Strategy%20Working%20Paper%2090.pdf. [29]

Bailey, T., S. Smith-Jaggars and D. Jenkins (2015), *Redesigning America's Community Colleges: A Clearer Path to Student Success*, Harvard University Press. [15]

Baker, R. and A. Hawn (2021), *Algorithmic Bias in Education*, Center for Open Science, http://dx.doi.org/10.35542/osf.io/pbmvz. [35]

BBC (2020), *A-levels and GCSEs: U-turn as teacher estimates to be used for exam results*, https://www.bbc.com/news/uk-53810655 (accessed on 19 May 2021). [37]

Belpaeme, T. and T. Fumihide (2021), "Social Robots as Educators", in *OECD Digital Education Outlook 2021: Pushing the frontiers with AI, blockchain, and robots*, OECD Publishing. [10]

Bowers, A. (2021), "Early Warning systems and indicators of dropping out of upper secondary school: The emerging role of digital technologies", in *OECD Digital Education Outlook 2021: Pushing the frontiers with AI, blockchain, and robots*, OECD Publishing. [19]

Buckley, J. et al. (2021), "Game-Based Assessment for Education", in *OECD Digital Education Outlook 2021: Pushing the frontiers with AI, blockchain, and robots*, OECD Publishing. [14]

Cohen, D. and S. Moffitt (2009), *The ordeal of equality: Did federal regulation fix the schools?*, Harvard University Press, Cambridge, MA. [46]

Cuban, L. (1986), *Teachers and Machines: The Classroom of Technology Since 1920*, Teachers College Press. [26]

D'Mello, S. (2021), "Improving Student Engagement in and with Digital Learning Technologies", in *OECD Digital Education Outlook 2021: Pushing the frontiers with AI, blockchain, and robots*, OECD Publishing. [9]

Dillenbourg, P. (2021), "Classroom analytics: Zooming out from a pupil to a classroom", in *OECD Digital Education Outlook 2021: Pushing the frontiers with AI, blockchain, and robots*, OECD Publishing. [12]

González-Sancho, C. and S. Vincent-Lancrin (2016), "Transforming education by using a new generation of information systems", *Policy Futures in Education*, Vol. 14/6, pp. 741–758. [23]

González-Sancho, C. and S. Vincent-Lancrin (n.d.), *Transforming education by using a new generation of information systems*. [24]

Good, J. (2021), "Serving students with special needs better: How digital technology can help", in *OECD Digital Education Outlook 2021: Pushing the frontiers with AI, blockchain, and robots*, OECD Publishing. [11]

HolonIQ (2018), *Building Scenarios for Education in 2030*, https://www.holoniq.com/2030/building-scenarios-education-in-2030 (accessed on 19 May 2021). [48]

Ifenthaler, D. (2021), "Learning Analytics for School and System Management", in *OECD Digital Education Outlook 2021: Pushing the frontiers with AI, blockchain, and robots*, OECD Publishing. [13]

KERIS (2010), "The Future of Education: NEIS (National Education Information System)", *Presentation at OECD/SSRC/Stupski Workshop on Educational Information Systems for Innovation and Improvement*, https://www.oecd.org/education/ceri/46182781.ppt (accessed on 19 May 2021). [22]

Kizilcec, R. and H. Lee (2020), "Algorithmic Fairness in Education", in Holmes, W. and K. Porayska-Pomsta (eds.), *Ethics in Artificial Intelligence in Education (forthcoming)*, Taylor & Francis. ArXiv E-Prints, https://arxiv.org/abs/2007.05443. [34]

Lambert, S. (2020), "Do MOOCs contribute to student equity and social inclusion? A systematic review 2014–18", *Computers & Education*, Vol. 145, p. 103693, http://dx.doi.org/10.1016/j.compedu.2019.103693. [18]

Lang, C. et al. (eds.) (2017), *Handbook of Learning Analytics*, SOLAR, https://solaresearch.org/wp-content/uploads/2017/05/hla17.pdf. [7]

Lee, D. (2018), *Must Reads: At this Chinese school, Big Brother was watching students — and charting every smile or frown (Los Angeles Times)*, https://www.latimes.com/world/la-fg-china-face-surveillance-2018-story.html (accessed on 19 May 2021). [45]

Li, P. and A. Jourdan (2018), *Sleepy pupils in the picture at high-tech Chinese school (Reuters)*, https://www.reuters.com/article/us-china-surveillance-education/sleepy-pupils-in-the-picture-at-high-tech-chinese-school-idUSKCN1 ‖ 123 (accessed on 19 May 2021). [43]

Malgieri, G. (2019), "Automated decision-making in the EU Member States: The right to explanation and other 'suitable safeguards' in the national legislations", *Computer Law & Security Review*, Vol. 35/5, p. 105327, http://dx.doi.org/10.1016/j.clsr.2019.05.002. [32]

Molenaar, I. (2021), "Personalisation of learning: Towards hybrid human-AI learning technologies", in *OECD Digital Education Outlook 2021: Pushing the frontiers with AI, blockchain, and robots*, OECD Publishing. [8]

Murphy, R. et al. (2020), "Investigating Efficacy, Moderators and Mediators for an Online Mathematics Homework Intervention", *Journal of Research on Educational Effectiveness*, Vol. 13/2, pp. 235–270, http://dx.doi.org/10.1080/19345747.2019.1710885. [20]

O'Neil, C. (2016), *Weapons of Math Destruction: How Big Data Increases Inequality and Threatens Democracy*, Penguin Books. [33]

OECD (2020), *Back to the Future(s) of Education*, OECD, http://dx.doi.org/10.1787/178ef527-en. [47]

OECD (2019), *Artificial Intelligence in Society*, OECD Publishing, Paris, https://dx.doi.org/10.1787/eedfee77-en. [2]

OECD (2019), *Enhancing Access to and Sharing of Data: Reconciling Risks and Benefits for Data Re-use across Societies*, OECD Publishing, Paris, https://dx.doi.org/10.1787/276aaca8-en. [31]

OECD (2019), *Going Digital: Shaping Policies, Improving Lives*, OECD Publishing, Paris, https://dx.doi.org/10.1787/9789264312012-en. [1]

OECD (2019), "Using digital technologies to improve the design and enforcement of public policies", *OECD Digital Economy Papers*, No. 274, OECD Publishing, Paris, https://dx.doi.org/10.1787/99b9ba70-en. [16]

OECD (2018), "IoT measurement and applications", *OECD Digital Economy Papers*, No. 271, OECD Publishing, Paris, https://dx.doi.org/10.1787/35209dbf-en. [6]

OECD (2017), *OECD Blockchain Primer*, https://www.oecd.org/finance/OECD-Blockchain-Primer.pdf. [5]

Ofqual (2020), *Research and analysis: Awarding GCSE, AS & A levels in summer 2020: interim report*, https://www.gov.uk/government/publications/awarding-gcse-as-a-levels-in-summer-2020-interim-report (accessed on 19 May 2021). [36]

Orr, D., M. Rimini and D. van Damme (2015), *Open Educational Resources: A Catalyst for Innovation*, Educational Research and Innovation, OECD Publishing, Paris, https://dx.doi.org/10.1787/9789264247543-en. [17]

Reich, J. (2020), *Failure to Disrupt: Why Technology Alone Can't Transform Education*, Harvard University Press. [27]

Roschelle, J. et al. (2016), "Online Mathematics Homework Increases Student Achievement", *AERA Open*, Vol. 2/4, p. 2332858416673968, http://dx.doi.org/10.1177/2332858416673968. [21]

Sandel, M. (2020), *The Tyranny of Merit: What's Become of the Common Good?*, Allen Lane. [40]

Smolenski, N. (2021), "Blockchain for education: A new credentialing ecosystem", in *OECD Digital Education Outlook 2021: Pushing the frontiers with AI, blockchain, and robots*, OECD Publishing. [25]

Standaert, M. (2019), *Chinese primary school halts trial of device that monitors pupils' brainwaves (The Guardian)*, https://www.theguardian.com/world/2019/nov/01/chinese-primary-school-halts-trial-of-device-that-monitors-pupils-brainwaves (accessed on 19 May 2021). [41]

Studemann, F. (2020), *A-level results chaos will have lasting impact on class of 2021 (Financial Times)*, https://www.ft.com/content/0e86d8c1-cb47-4965-bef2-6f694352235a (accessed on 19 May 2021). [38]

van der Vlies, R. (2020), "Digital strategies in education across OECD countries", *OECD Education Working Papers*, Organisation for Economic Co-Operation and Development (OECD), http://dx.doi.org/10.1787/33dd4c26-en. [3]

Vincent-Lancrin, S. (2016), "Innovation, Skills and Adult Learning: Two or three things we know about them", *European Journal of Education*, Vol. 51/2, pp. 146–153. [30]

Vincent-Lancrin, S. et al. (2019), *Fostering Students' Creativity and Critical Thinking: What it Means in School*, Educational Research and Innovation, OECD Publishing, Paris, https://dx.doi.org/10.1787/62212c37-en. [4]

Vincent-Lancrin, S. et al. (2019), *Measuring Innovation in Education 2019: What Has Changed in the Classroom?*, Educational Research and Innovation, OECD Publishing, Paris, https://dx.doi.org/10.1787/9789264311671-en. [28]

Wang, J., S. Hong and C. Tai (2019), *China's Efforts to Lead the Way in AI Start in Its Classrooms (The Wall Street Journal)*, https://www.wsj.com/articles/chinas-efforts-to-lead-the-way-in-ai-start-in-its-classrooms-11571958181 (accessed on 19 May 2021). [42]

Yujie, X. (2019), *Camera Above the Classroom (Sixth tone)*, https://www.sixthtone.com/news/1003759/camera-above-the-classroom (accessed on 19 May 2021). [44]

第二章

教育中的人工智能：技术整合

瑞安·肖恩·贝克，美国宾夕法尼亚大学

人工智能已在教育领域掀起了新一轮技术革命，无论是教育教学还是学校管理，人工智能在推动教育发展的过程中都有着巨大的潜力。本章对目前正在使用的技术、其核心应用及未来的发展潜力进行了概述，并对一些贯穿全书的关键术语作出了定义。本章最后讨论了技术整合后可能拥有的潜力、对学习者的支持从单一维度向更全面的系统维度发展的思考，以及未来政策和研发的一些关键发展方向。

引言

几十年来，教育工作者和研究人员一直认为计算机具有变革教育的潜力。今天，计算机在教育中的许多使用仍然缺乏革命性——很多学习依旧以一名教师同时教许多学生的形式呈现，大量基于计算机的学习还在复制传统教学实践（如操练和练习）中的课程和技术。然而，计算机在教育中的最佳实践似乎远不止于此。数以百万计的学习者在数学课上使用智能辅导系统——该系统可识别学生的知识水平，按照掌握学习法（即在学生证明自己已理解某一主题之后再提供新的学习内容）来提供合适的内容，并在学生需要时提供一些提示类信息（VanLehn，2011[1]）。世界各地数以百万计的学习者通过慕课观看讲座、完成练习，学习主题多达上千种，而这可能是本土教育机构所无法做到的（Milligan and Littlejohn，2017[2]）。越来越多的儿童和成人在模拟、游戏、虚拟现实、增强现实等高级在线交互中学习（甚至在其中接受评估）（De Jong and Van Joolingen，1998[3]；Rodrigo et al.，2015[4]；Shin，2017[5]；De Freitas，2018[6]）。也许这些系统没有一个能完全达到它们当初所设想的复杂性（Carbonell，1970[7]；Stephenson，1998[8]）。但另一方面，它们与正式教育系统整合的深度和广度也已远远超出了人们在21世纪初的设想。

日积月累，基于计算机的教育已逐渐发展为人工智能教育。在20世纪80年代、90年代和21世纪的第一个十年，人工智能的进步已转化为推动许多领域学习技术发展的动力。从2004年至今，人工智能的核心技术使人工智能在教育中，特别是有关学习分析和教育数据挖掘的研究和实践有了更专业化的应用。随着研究领域的拓展，新的方法逐渐渗透到大规模使用的系统中。今天，人工智能被用于识别学生的知识（以及他们的参与度和学习策略），预测他们未来的学习轨迹，从多个维度评价学生，最终帮助人们和计算机做出如何更好地支持学生的决策。

随着这些技术的不断发展、日趋成熟、规模扩大，我们需要思考这样一个问题：我们将走向何方？我们能走向何方？如果我们能够了解人工智能在教育领域的前沿和潜力，我们也许可以通过周密的政策设计来影响未来十年的研究与开发，从而实现这一目标。

在本书各章中，作者们利用他们在特定领域的专业知识，探索人工智能在教育领域面临的挑战和发展潜力。哪些技术和教学方法刚从研究走向课堂，并且很快将为更多学生所用？从学术指导到证书认证，人工智能将如何更广泛地影响教育系统，使其更好地适应学习者的需求？在研发得到正确的指导和支持的情况下，十年后我们将处于什么水平？能够一步步正面影响学习者的机遇在哪里？能够从根本上改变教育和学习体验的机遇又在哪里？

首先，本章将阐明一些与本书相关的术语和领域，其次将在更广泛的趋势和机遇（包括作者们没有明确提及的一些趋势和机遇）的背景下介绍本书的各章内容，最后将探讨即将到来的更广泛的机遇，以及政策转变带来的人工智能学习技术的飞速发展。

智能教育技术：定义和使用场景

这部分将介绍书中一些术语的定义和使用场景，这些定义和使用场景是理解智能教育技术的关键。

教育技术

从表层含义看，教育技术可以指代任何一种在教育中使用的技术，包括使用的机械或设备。在过去的100年里，从业人员和研究人员有时会过度热衷于寻找新技术在教育中的应用。例如，库班（Cuban, 1986[9]）在报告中指出，教学人员在一架早期的飞机上为学生授课，但采用的仍然是传统的讲授法。

今天，尽管诸如广播、电视等较早的技术仍然发挥着重要作用，尤其对新冠疫情期间的许多中等收入国家而言（OECD, n.d.[10]），但大多数关于教育中技术的讨论仍聚焦于计算机和数字化。教育技术可以指一系列的技术。我在这里提供几个例子（其他例子见本书各章）。

- **计算机助手或智能辅导系统**为学生们提供了这样一种学习体验——学习系统将根据某个模型或对学生的持续评价、正在训练的学科领域模型及如何教学的模型对演示进行调整（Wenger, 1987[11]）。这些模型可以是比较复杂的，也可以是比较基础的。贝克（Baker, 2016[12]）指出，当代智能辅导系统往往仅在某个领域趋于复杂（不同系统之间存在差异），其他领域则非常简单。

- **数字学习游戏**是指将学习嵌入一种类似于游戏的有趣活动中。游戏化程度不尽相同：有些是比较明显的学习活动，学生成功后可获得奖励（如在《数字射击》中，学生答对一道数学题后可以向猴子扔香蕉）；有些将学习嵌入游戏中，看起来甚至不像是学习活动（如《模拟城市》和《文明》）。①

---

① 《数字射击》（*MathBlaster*）是一款休闲益智类游戏，《模拟城市》（*SimCity*）是一款城市建造的模拟游戏，《文明》（*Civilization*）是一款回合制策略游戏。——译者注

● **模拟**是通过计算机对现实世界中较难实现或成本较高的过程或活动进行模仿。当前，越来越多的学生使用虚拟实验室来进行一些危险、昂贵或困难的实验，并在完成活动时获得反馈和学习支持。

● **虚拟现实系统**将学习者嵌于由 3D 技术复刻的真实世界的活动中。和模拟一样，这类系统使学习者可在家中或计算机实验室开展那些昂贵、危险或根本不可能开展的活动。增强现实技术将额外的信息和体验嵌入真实世界的活动中，包括弹出对象和周边环境的细节信息（这类信息在环境中都有，无须特别关注），以及在当前世界的基础上叠加一个完全不同的世界。增强现实和虚拟现实通常都要借助头部设备来向学习者呈现可视化信息。

● **教育机器人**具有物理外表，可通过在真实世界的活动中与学生交互来支持他们的学习。尽管早在 20 世纪 80 年代，机器人就作为教育自主动手类（DIY）工具包出现了，但能够起到辅导作用却是最近的事情。

● **大规模在线开放课程（也可称为慕课）**为学生提供了基本的学习体验，通常包括视频和测验。慕课的创新不在于学习体验，它通常是一场大型讲座的简化版，而在于让全世界的学习者都能获得国际知名大学教师开发的内容，这些内容的主题往往非常专业。

教育数据

简单地说，数据就是收集到的事实。虽然仅凭收集到的一些事实不太可能推理出信息之间的关系，但把大量信息积累起来确实可以办到，这就是大数据的现代力量。过去，教育数据是分散的，难以收集，规模也很小。个别教师可能会保留纸质的成绩单，学校可能会把学生惩戒记录存放在贮藏室，课程开发人员对教材如何被使用及学生们学习的重难点可能了解有限。如今，教育数据的收集规模要大得多，成绩单、惩戒数据、测评数据、缺勤数据等由地方教育机构（或通常由国内的甚至跨国供应商）集中存储。课程开发人员通常广泛收集用户学习过程和学习状态的相关数据。截至目前，各国在处理、存储和使用教育数据方面的规定有很大不同，一些国家有非常严格的做法（特别是在欧洲大陆），另一些国家则限制较少。这些数据都可用于提高教育质量并支持学习，包括支持人工智能与机器学习及帮助人类改进学习内容和优化学习体验。

第二章　教育中的人工智能：技术整合

人工智能与机器学习

人工智能是指计算机能执行一直以来被认为涉及人类智能的任务或最近一些被认为超越人类智能的任务。它源于20世纪60年代相对简单、通用的系统。今天的人工智能通常目标更为具体，能够完成对数据或真实世界进行推理的特定任务，并与真实世界进行交互（较常见的是通过电话或计算机接口，而非实际的物理交互）。机器学习（越来越多的人称其为数据科学，也叫数据挖掘和分析）是人工智能的一个子领域，创建以来一直处于较低的发展水平，但自20世纪90年代起逐渐成为大家关注的重点。机器学习是指系统从数据中发现模式——可用的数据越多，系统的效率就越高（更全面或更具代表性的数据越多，越是如此）。机器学习的方法有很多种，主要分为监督学习（试图预测或推断一个特定的已知变量）和非监督学习（试图发现一组变量的结构或关系）。目前，机器学习大致已发展到第二代：第一代方法相对简单且可解释；第二代方法要复杂、精密得多，且很难解释。

人工智能教育

作为一个跨学科的子领域，人工智能教育（Artificial Intelligence Education，简称AIED）出现于20世纪80年代初，每年召开两次（现在是每年一次）会议，并办有同行评议期刊，而在此之前就已经有人工智能教育研究的相关案例了。人工智能教育早期大多与智能辅导系统有关，但随着时间的推移，现在已扩大到整个教育系统或上文提及的所有类型的交互，并且衍生出多个独立会议和学术期刊。人工智能教育的发展也受到来自机器学习和数据挖掘革命的影响，尤其是在2010年左右。受一个新出现的科学会议——国际教育数据挖掘大会（Educational Data Mining）的影响，人工智能教育越来越倾向于采用这类方法。今天，人工智能教育系统不仅包含一系列识别学习者各方面能力的功能，还涵盖了一系列与学习者交互并作出反馈的方式。

学习分析

学习分析，也被称为教育数据挖掘，自2008年以来已经成为一个专门的领域，涉及两大国际会议，并办有同行评议期刊。学习分析的目标是利用来自教育领域的海量数据，更好地理解和推断学习者的学习。学习分析和教育数据挖掘将机器学习和数据科学的方法应用于教育领域，一些方法与问题都是该领域所特有的。诸如实时推断学生的知识水平及预测未来的辍学率等一系列挑战已引起人们的特别关注,但这些方法还可应用于其他方面,比如推断数学等学科先修课程之间的关系,了解导致学生厌学的因素等。有学者对学习分析的方法和应用进行了分类(Baker and Siemens, 2014[13]; DeFalco et al., 2017[14])。学习分析模型最常用于两种技术:智能增强系统和个性化学习系统(将在下文展开讨论)。

智能增强系统,也称为决策支持系统,以支持决策过程的方式与教师等利益相关方进行信息交互。它们通常提供从机器学习模型、预测或建议中提炼的信息,而不是简单地提供原始数据。智能增强系统通常借助预测分析系统对学生的未来成就进行预测——理想情况下,也对这些预测作出合乎情理的解释。目前,预测分析系统已大规模地投入使用,试图了解哪些学生面临高中辍学或无法完成大学学业的风险,并着眼于提供干预措施,让学生回到正轨。智能增强系统往往以仪表盘的形式向利益相关方传达各类信息,用户可以通过仪表盘提供的图表来深入了解特定学生的信息。今天,个性化学习系统和预测分析系统经常使用仪表盘与教师进行信息交互,偶尔也为学校辅导员、学术顾问和学校领导提供仪表盘的使用,但很少为家长们提供。在不同的学习系统中,仪表盘所呈现的数据质量差异较大。

人工智能在教育教学和教育管理中的应用

本书聚焦于新兴教育技术和方法在教育教学和教育管理中的应用。这些新技术通常(但并非总是)涉及人工智能。本部分将对这些应用进行总结,包括但不限于本书各章中提到的内容。

新教育技术与方法的课堂应用

随着师生越来越多地接触到基于计算机的教育技术,人们普遍意识到这类技术不仅为教师提供了便利,为学生提供了有趣的替代活动,还能推动教学方法与学习方式的转变。

1. 个性化学习

在这些技术的驱动下,学习的一个主要趋势是个性化学习达到了新的高度。个性化学习的源头并非计算机技术,从某种意义上来说,从数千年前(如果不是更早的话)第一次使用一对一辅导开始,个性化学习就已经存在了。然而,随着100多年前学校教育和教学系统化、标准化水平的提升,人们逐渐意识到"一刀切"式的课程难以满足众多学生的学习需求。诸如掌握学习法（每个学生须认真学习材料，熟练掌握后才能进入下一主题）等课堂教学方法虽然已发展成熟，但因对教师要求较高，已被证实难以扩大规模。针对这个问题，教育技术提供了一个现成的解决方案——计算机能够满足一些个性化学习的需求，识别出每个学生对知识的掌握程度，并提供与他们在目前课程中所处位置相关的学习活动。

教育技术使个性化学习变得更有效的第一个维度在于可以提供学生知识水平与学习状态的相关信息。莫莱纳尔（Molenaar，2021[15]）在本书第三章详细地阐述了为学习者开发更合适的个性化学习系统所付出的努力，并提供了一个可评估个性化学习系统自动化程度的框架。她还对教师驱动式系统如何转变为基于计算机的技术进行了探讨——这些技术可在即时决策中发挥更大的作用，尽管仍需由教师给出具体的指令与目标。

教育技术使个性化变得有效还体现在学生自主学习的差异化支持上。若学生能在学习过程中做出正确选择，学习的效果和效率就会有所提高。莫莱纳尔（Molenaar，2021[15]）在第三章也谈到了这一点。在很多情况下，现代教育技术能够识别出学生何时采用了无效或低效的学习策略，并建议或引导他们重回正轨。

当代教育技术正朝着识别和适应学生的参与度、情感和情绪的方向发展，主要还是围绕课堂开展研究，而非大规模地运用。正如西德尼·德梅洛（Sidney D'Mello，2021[16]）所述，通过学生在系统中的交互和行为，或通过物理和生理传感器，这些系统可识别出学生体验中的参与度、情感和情绪。以几种教育技术（尤其是智能辅导系统和游戏）为例，它们已经能够识别出一个学生是否感到无聊、沮丧或正在欺骗系统（试图找到不用学习就能完成任务的方法），并重新让他们有效地参与到学习中（DeFalco et al.，2017[14]）。

越来越多的研究还着眼于通过个性化来激发学生更广泛的动机或兴趣。就时间跨度而言，这项工作有别于对学生参与度和情感的研究。参与度和情感通常在短时间内（短至几秒钟）就能表现出来，而动机和兴趣是学生学习体验中更为长期稳定的方面。例如，克孜尔塞克及其同事（Kizilcec et al.，2017[17]）试图将学生的学习经历与他们的价值观联系起来，从而提高学生在线课程的完成率。沃金顿及其同事（Walkington，2013[18]；Walkington and Bernacki，2019[19]）则根据学生的个人兴趣优化了学习系统的内容，使学生学得更快、更多、更积极。

2. 新的教学法

得益于个性化学习，人工智能类教育技术带来的影响是显而易见的，但与此同时，新的教学法和教学实践也出现了。这些教学法和做法使教师能够支持学生发展，或以在技术开发前通常不可能的方式向学生提供学习体验。

技术引入后最大的转变也许是教师可获得的信息。仪表盘为教师提供了一系列涉及学生表现和学习情况的数据，这促使家庭作业的运用方式发生了重大转变。过去，家庭作业由学生带到课堂上，随后教师对作业进行打分（这意味着作业反馈和学习支持将会延迟）。学生也可以在大组中与教师一起为作业打分，但这很耗费时间。相比之下，教师可通过当前的技术实时获取作业数据，这意味着教师甚至在上课前就能确认哪些学生在学习上遇到了困难，哪些材料对学生而言充满挑战。这样教师就可以采取一些教学策略——例如，在确定哪些学生容易出现常见的错误后，请学生演示正确和错误的解题思路，供全班讨论。对于那些完成任务速度较慢的学生，教师还可以向他们发送信息（甚至在开始学习材料前），帮助他们步入正轨（Arnold and Pistilli, 2012[20]）。

形成性评价系统也有类似的用途，它正越来越多地出现在学生的高利害评价——期末考试中。就涉及关键技能和概念的广度和全面性而言，这类系统往往胜过教师设计的家庭作业。越来越多的教师运用形成性评价系统来决定在课堂上复习哪些主题，以及为特定学生提供哪些额外的支持。

专栏 2.1 形成性评价系统

形成性评价系统在全球基础教育领域的应用日益广泛。最常见的形成性评价系统，如美国西北测评协会（Northwest Evaluation Association，简称 NWEA）的学术进步测评（Measures of Academic Progress，简称 MAP）（Finnerty, 2018[21]），通过传统的多项选择题来测量简单的数学和语言艺术能力——本质上相当于为学生提供了另一种测试，教师可从中获取与将来标准化测试要求相关的能力的有用数据。少数新兴的形成性评价系统可用于评估更复杂的概念或将评估嵌入游戏等更复杂的活动中（Shute and Kim, 2014[22]）。

形成性评价系统中的数据可与专门提供补充资源（针对具体技能、概念和主题）的平台一同使用。尤其在后疫情时代，无论是国家、地区政府还是教育机构，都在努力地开发各种平台，为学生和家长提供补充性学习资源。然而，目前这些平台通常未与形成性评价系统直接相连，所以当学生遇到某一能力方面的困难时，教师或家长仍然需要专门去查找相关资源。

对于形成性评价系统的一种担忧是花在系统上的时间并不是用来学习的，这对教学时间而言是一种损失。为此，出现了一种新的趋势，也就是将形成性评价嵌入个性化学习。MATHia、Mindspark、Reasoning Mind、ASSISTments[①] 这些常见的个性化学习系统便为教师提供形成性评价数据，指出哪些能力是学生欠缺的（Feng and Heffernan，2006[23]；Khachatryan et al.，2014[24]）。这些信息是从学生平时的学习活动中提炼出来的，并不会浪费教学时间。

有效的信息有助于教师实时了解课堂上发生了什么，狄隆伯格（Dillenbourg，2021[25]）在第五章对此进行了具体的探讨。课堂分析可为教师提供有关课堂表现的各类信息，包括个体处理材料时遇到的困难和小组协作学习的相对有效性。教师不可能时刻注意到每个学生（或每个小组）——在数据的帮助下，他们将认识到应该把精力集中在哪里，以及哪些学生可从当前的对话中受益。

除了更好地提供数据之外，技术也许还能为学生带来许多别样的体验，这在二三十年前是不可能实现的。贝尔帕米和田中文英（Belpaeme and Tanaka，2021[26]）就在本书第七章探讨了机器人在课堂上与学生交互的可能性。

通过模拟和游戏，教师能够在课堂上向学生演示复杂难懂的系统，学生也可自行探索系统并与之交互。把这两者组合在一起，对教育而言似乎大有裨益——在体验了一场丰富的模拟或游戏后，学生将形成非正式的、实践性的理解，然后再通过教师的讲解，帮助学生从非正式的理解过渡到更正式的对学术概念的理解（Asbell-Clarke et al.，2020[27]）。这些现代技术也为协作学习提供了新的机遇，比如有的系统可构建有效的协作策略（Strauß and Rummel，2020[28]），有的系统（如交互式平板电脑）可营造丰富的协作体验（Martinez Maldonado et al.，2012[29]）。

3. 公平性

新教育技术的设计目的通常是改善师生的学习体验和学习成果。然而，这些系统的设计者常常忘了考虑如何全方位地影响学习者。通常情况下，系统是特定群体的一

---

① MATHia 是一款来自美国的智能数学学习软件，可为学生提供简单易用的一对一个性化学习体验。该软件不仅支持那些在学习上有困难的学生，也为想要学得更多、更好的学生提供挑战性资源。Mindspark 是一款来自印度的教育科技创新软件，可根据学生当前的学习进度进行动态测试，提供数学、语言的个性化和自适应学习程序，让学生能够按照自己的节奏学习。Reasoning Mind 是一个美国非营利性教育组织，由该组织设计的在线混合型数学互动学习程序可提供卓越的数学教育资源，培养学生的高阶思维能力，激发学生对数学的兴趣。ASSISTments 是一个基于计算机环境的智能导学系统，可为学生提供适应性的学习支架和多样化的诊断报告，为教师提供不同材料或教学策略的有效性对比信息。——译者注

员（通常具有较高的社会经济地位，没有特殊需求，在种族、民族、国家上属于多数群体）为自己群体的成员设计的（并非总是故意的），这可能会导致其他群体成员的教育有效性大大降低。

例如，朱迪思·古德（Judith Good，2021[30]）在第六章阐述了为何没什么人尝试开发针对具有学习障碍或特殊需要的学生的教育技术。她列举了几种可支持患有自闭症、书写困难和视觉障碍的学习者的技术。科学界和技术开发者对具有特殊需要的个体缺乏关注，是造成这一群体面临教育不公平问题和错失受教育良机的主要根源。要想解决不公平问题，我们可能需要制定一系列政策，为适用于特殊需要人群的系统开发（例如，在保护学生隐私的同时，优化学习障碍数据的获取方法）提供便利，同时制定激励措施，鼓励大家为特殊群体开发相关技术。

另一种不公平表现在对弱势群体的支持不够，包括在民族、种族和语言上属于少数群体的人。大多数教育技术是由过去受到良好支持的群体成员开发的，并往往先在这些人中进行试验。对历史上代表性不足的人群进行有效性测试通常只出现在开发阶段后期（或最终的大规模有效性评估），此时再进行重大的设计变更为时已晚。越来越多的证据表明，从多数群体中获得的教育研究设计结果和算法可能并不适用于其他学习者群体，或者效果较差（Ocumpaugh et al., 2014[31]；Karumbaiah, Ocumpaugh and Baker，2019[32]）。

新教育技术与方法在教育管理中的应用

现代教育技术（人工智能和机器学习）的优势不仅限于为教学提供支持。现代教育技术（并非总是人工智能）可通过一系列其他方式帮助学生学习和学校发展。德克·伊芬塔勒在第八章重点论述了该领域（Ifenthaler，2021[33]），其他几章亦有强调。

1. 早期预警系统

教育预测分析的一个主要用途是创建早期预警系统。亚历克斯·鲍尔斯在第九章对此进行了详细的介绍（Bowers，2021[34]），他指出这些系统可用于预测哪些学生面临负面结果的风险，最常见的是辍学和无法毕业，但有时也可能是一门课不及格。这些预测往往会附加一些信息，说明为什么一个学生有可能出现这种负面结果，比如在班级里成绩较差或屡次违反纪律。

同类数据也可用于全校报告系统，对学生的学习情况或奖惩情况进行跟踪。这些学校（或地区）层面的数据可视化工具有助于学校和地区领导对学校氛围和成就形成大致的了解。在美国，少数供应商逐渐承担起为各地区提供这些系统的任务，他们不仅可获取学校信息系统数据（往往位于一组互不相连的多个数据库），还能创建有效的数据可视化界面。通过这些供应商，数以百万计的学生开始使用这种人工智能技术。

2. 家长报告

许多学校、学区和其他地方教育机构向家长提供关于学生学习情况的报告。这些报告通常由传统的成绩单不断扩充形成，最初只是提供每个学科的分数，现在则向家长提供和学习者有关的各种信息。

> **专栏 2.2　家长报告**
>
> 越来越多的家长开始收到关于孩子在学校学习和活动的报告。在这些报告中，呈现的数据各有不同，家长获得的信息也差异较大。报告的内容范围很广，涉及宏观层面（学生有可能辍学或挂科）、中观层面（学生有 7 次缺勤或数学成绩为 C）和微观层面（学生在第 6 题选了"D"，错误原因如下所示）。
>
> 提供报告的方式是多种多样的。许多学校、学区和地方教育机构仍然通过纸质信件为家长提供信息，在发出各种警告和提醒时，还会采用发短信和打电话的方式。一些学习平台和学习管理系统设置了可供家长登录查看的门户网站，这些平台往往能够提供相对较多的数据。例如，ASSISTments 平台（Broderick et al., 2011[35]）提供的数据包括学生最近做了哪些题目、成绩如何，以及正确答案是什么。Edgenuity 平台则向家长提供了学生在每个学科上花的时间及其本学期各科学习落后或超前的数据。
>
> 人们普遍认为向家长提供数据是有益的，至于家长对这些报告和数据的重视程度，目前仍存在争议（Broderick et al., 2011[35]）。有研究项目正在开发更便于家长使用的报告。如果设计得当，数据报告将对家长的参与和学生的学习结果产生积极影响（Bergman and Chan, 2017[36]; Kraft and Monti-Nussbaum, 2017[37]）。

3. 录取与学校分配

录取与学校分配实质上过程是一样的，都决定着一个学生是否进入某所特定的学校或大学就读，但角度有所不同。录取通常是指在学生可被多校录取的情况下某所学校做出的决定，分配则涉及某个集中决策机构。不管怎样，两者都是通过算法来分配有限的资源（学校或大学的名额），符合制度性价值观（无论是公平性还是选择性）。从美国的特许学校网络到法国的公立高中系统，再到匈牙利的高等教育系统，越来越多的国家已开始采用这种方式。

4. 监考系统

受新冠疫情的影响，几乎全球的学校都采取了临时或长期停课的措施，这让人们对如何保障考试安全产生了担忧——例如，学生会通过请人代考的方式来作弊，或在考试中查看未经许可的资料。这导致监考系统出现了爆炸式增长。举个例子，学生须在考试开始时出示身份证照片，随后在考试中保持网络摄像头开启，监考人员则通过一组学生的摄像头画面对考试过程进行实时监控。其间，一些监考系统还会监控学生电脑上的其他活动及其周围的环境。在许多情况下，人工智能也可辅助用于人工监考。

5. 证书认证的进展

计算技术的最新进展推动了证书认证的发展，其中最值得关注的也许是区块链在教育领域的应用，纳塔莉·斯莫伦斯基（Smolenski，2021[38]）在本书第十一章对此进行了讨论，指出区块链提供了一种可减少认证欺诈和简化证书验证的安全方法。

随着供应方提供的证书认证出现重大转变（新证书的可用性），以上进展也变得更具价值。越来越多的机构开始提供证书，如思科、微软或美国计算机行业协会（Computing Technology Industry Association，简称 CompTIA）提供的技术证书。此外，慕课供应商与一系列大学合作开发了在线课程和证书。综观慕课供应商的生态系统，其中不乏 edX、Coursera 和 FutureLearn 等大型国际供应商，它们与全球多所大学合作提供大量的课程，另外还包括一系列区域、国家层面的或更专业的供应商。这使区块链认证有了新的用武之地。

6. 客户关系管理系统

客户关系管理系统起源于教育之外的领域，最初用于销售，现在也用于教育系统的管理。这种系统对学习者与教育机构一段时间内的互动进行跟踪，包括他们与谁互动、如何互动。一些在线大学和项目还将其融入早期预警系统，用于跟踪调查高风险学生具体是如何得到支持的。在某些大学，学术顾问会定期联系学生。以南新罕布什尔大学和利伯缇大学为例，学术顾问可能会通过这种系统来了解学生每周的最新进展，查看学生与导师或其他学术顾问过去的互动情况，并在和学生通话后记录下彼此之间的互动。

7. 资源分配和规划

现在，越来越多的学区和地方教育机构使用算法系统来预测未来对设备、人员和其他资源的需求。这类系统通常需要咨询公司的支持，也可用于确定如何在适当的时候申请或借助政府资金等资源来填补未来的资源缺口。

未来趋势

近年来，人工智能已成为一种改善教育的有力工具。尽管发展速度和发展方式不同，但这些技术的应用范畴得到了不断的拓展。有些技术的应用范畴迅速扩大，前几年早期预警系统在美国呈爆发式增长就是一个很好的例子。有些则是逐步扩大的,比如个性化学习技术的应用表现出缓慢、反复、分级的特点。还有一些技术,特别是用于研究课堂互动、支持课堂统筹的技术,已慢慢走出研究的困境,应在技术开发(以及更好地保护隐私)方面给予更多的支持,推动其更好地发展。

本书讨论了人工智能在教育领域众多不同的应用和用途。书中是在相互孤立的情况下来对它们进行讨论的——作为独立的、可分离的新兴趋势。这是有原因的:它们虽然来自同类技术,但在很大程度上呈现出不同的发展趋势。不同的利益相关方带着不同的目标,将这些技术一个个地引入教育领域,有时目标之间甚至是相互对立的。例如,各种形式的个性化学习技术往往在销售额和接受率方面相互竞争,而不是试图找到协同工作的方法。

这样做的结果是学习生态系统变得支离破碎。一所学校可能会使用几种不同的人工智能技术,但这些技术不能同时使用。一名学生甚至可能一个学期在一个班级的课上使用五六种不同的技术。技术上缺乏整合会带来巨大的代价——每种学习技术可能会各自发现学生的一些信息,而这对教师来说都是此前已经掌握的。正如本章所呼吁的那样,促进人工智能教育领域各类学习技术之间的整合,可减少效率低下的问题,并改善学生的学习体验(Baker, 2019[39])。

更进一步说,如果我们能够开发一个生态系统,使各种人工智能技术相互协调,并将信息传达至教师和其他利益相关方,我们就能大大改善学生的学业成就。不断收集有关学生使用个性化学习系统的数据,将有助于预测一名学生是否存在辍学的风险。把形成性评价与课堂统筹技术相结合,将有助于测量学生的 21 世纪技能,并为教师提供有关专业发展的实时信息。这些可能性是交织在一起的——当本章所讨论的技术被整合在一起时,几乎每一种可能的配对都会创造出新的机会。未来的学校有可能为学生提供综合性的学习体验,其中数据的结合不仅可突破平台的限制,还可涵盖学习体验的各个方面。在这种情况下,不同班级的教师可相互配合,帮助学生发展 21 世纪技能,并与各种学习平台协同工作,创造综合的、统一的学习体验。例如,对于那些努力寻求帮助的学生,可鼓励他们在课堂小组活动中适当地使用个性化学习平台(原本用于家庭作业)和教育机器人。教师们可一同研究集成仪表盘,了解学生的学习情况及其对学生高中辍学可能造成的影响。评价系统可从形成性评价和总结性评价两方面,评价学生在习得 21 世纪技能方面的发展情况。要想实现以上愿景,我们须解决几个难题——或许首要任务是制定政策和激励措施,鼓励不同系统的开发人员通力合作。最后,我们还须对平台设计、学校实践、教师专业发展等多个系统进行重塑,以适应新技术带来的各种机遇。

教师对高质量的数据和有关学生表现与进步的报告越来越感兴趣,这可能是跨技术整合信息背后的重要推力。随着疫情期间学生开启"居家学习"模式,这种 2020 年前就已形成的趋势不断扩大。尽管包含学生学习重难点等信息的仪表盘已成为一些高级学习平台的常见功能,但离全面部署与普及应用还很远。当教师无法与学生当面交流时,这类信息就变得越发重要。随着我们对这类功能的需求不断上升,连接数据源及为教师提供更好的信息未来可期。同时,我们也需要制定新的政策,对教师在数据驱动决策方面的专业发展给予更大的支持。一般来说,最常使用仪表盘的是具有较高数据素养的教师。要想充分利用这个机会,我们必须改进仪表盘的设计,使其更容易为非专业用户所理解,更好地支持教师在数据素养方面的专业学习(包括职前和在职),从而引导教师将仪表盘的使用纳入教学实践。

随着技术日趋成熟,这种转变与该领域对人工智能和教育应用更宽泛的思维转变是一致的。通常情况下,我们很难看出思维是如何改变的;对大多数研究人员和从业人员而言,人工智能教育将完全取代教师这一想法显然是错误的,而且很难相信这种观点曾占主流。举个例子,就在 15 年前,针对人工智能教育系统的教师仪表盘设计的研究还很罕见(Feng and Heffernan, 2006[23])。这是一种更广泛的转变,即不再把人工智能教育系统看作只有学生才能使用,而是把它视为一个更大的生态系统的一部分,这个系统也涉及教师、学校管理者和家长。例如,舒特和普索特卡(Shute and Psotka, 1996[40])在 25 年前曾提出人工智能学习系统的五大愿景,其中每一个都包含引人入胜的、丰富的学习体验,但没有一个包含教师或家长(除了在去往虚拟现实场所的路上遇到的打招呼的人之外)。人们逐渐意识到,不必非得在人工智能和人类教师之间选其一,二者可以一起工作。

未来 20 年,教育实践的变化在很大程度上将取决于人工智能的广泛应用。为了更好地发挥这一转变的潜力,我们既要通过技术和研究来推动人工智能发展,也要与教师、学校管理者和学习者充分合作。只有把各项正确的政策落到实处,我们才能开创一个美好的未来——一如书中所描绘的令人乐观的前景,甚至远胜于它(OECD, 2021[41])。

译后感

"人工智能将会怎样改变我们的教育?"为了回答这一问题,本章围绕教育中的人工智能这个话题展开，以"人工智能"与"教育技术整合"为关键词，对贯穿本书的关键术语进行了定义，概览式地描述了如何利用人工智能的优势推动教育教学与教育管理的发展，并提出如何帮助学生发展新技能以适应日益自动化的经济社会。

本章作者提出了一个假设，即如果有了正确的指导与支持，人工智能技术将从根本上改变教育和学习体验。人工智能将时常被嵌入各种教育技术中，用于开发各种形式或目标的学习分析、建议及评估的创新工具，在特殊需要学生学习、学生辍学问题的应用及文凭审查等方面发挥巨大作用。未来人工智能技术将为学生、教师和家长带来无限可能：在技术驱动下，学生的个性化学习达到新的高度，教师的教学方法与策略得以调整与更新，家长对孩子的了解将更加及时与全面。

教育的改变不是一蹴而就的，人工智能促进教育的转变不仅需要技术和研究的驱动，还需要与教师、学校管理者、家长和学习者充分合作。我们可以畅想在未来，各种人工智能技术相互协调，向学生、教师和家长传递相关信息。未来的学校将成为为学生提供综合学习体验的场所，让学生找到自己最感兴趣的内容，用最科学的方式成才。未来的教师也将改变过去工业社会传统教育体系下的形象，站在学生的角度，用欣赏的、发展的眼光，陪伴学生学习、成长。未来的家长能深入了解学生在学校的学习状态、具体表现，配合学校的工作，实现家校深度合作，发挥家校整合的育人功能。

未来我们要摆脱简单的技术思维方式，以服务建设为核心，推进技术架构的演进，使各种生态主体进一步紧密协同，加快数字化转型的生态体系建设。

（景超、顾成译，张怀浩一校，梁力萌二校）

参考文献

Arnold, K. and M. Pistilli (2012), "Course signals at Purdue", in *Proceedings of the 2nd International Conference on Learning Analytics and Knowledge - LAK '12*, http://dx.doi.org/10.1145/2330601.2330666. [20]

Asbell-Clarke, J. et al. (2020), "The Importance of Teacher Bridging in Game-Based Learning Classrooms", in *Global Perspectives on Gameful and Playful Teaching and Learning*, IGI Global. [27]

Baker, R. (2019), "Challenges for the Future of Educational Data Mining: The Baker Learning Analytics Prizes", *Journal of Educational Data Mining,* Vol. 11/1, pp. 1-17. [39]

Baker, R. (2016), "Stupid Tutoring Systems, Intelligent Humans", *International Journal of Artificial Intelligence in Education,* Vol. 26/2, pp. 600-614, http://dx.doi.org/10.1007/s40593-016-0105-0. [12]

Baker, R. and G. Siemens (2014), "Educational Data Mining and Learning Analytics", in Sawyer, R. (ed.), in *The Cambridge Handbook of the Learning Sciences*, Cambridge University Press, Cambridge, 2nd Edition, http://dx.doi.org/10.1017/cbo9781139519526.016. [13]

Belpaeme, T. and F. Tanaka (2021), "Social Robots as educators", in *OECD Digital Education Outlook 2021: Pushing the frontiers with AI, blockchain, and robots*, OECD Publishing. [26]

Bergman, P. and E. Chan (2017), "Leveraging technology to engage parents at scale: Evidence from a randomized controlled trial", *Working paper*. [36]

Bowers, A. (2021), "Early warning systems and indicators of dropping out of upper secondary school: The emerging role of digital technologies", in *OECD Digital Education Outlook 2021: Pushing the frontiers with AI, blockchain, and robots*, OECD Publishing. [34]

Broderick, Z. et al. (2011), "Increasing parent engagement in student learning using an intelligent tutoring system", *Journal of Interactive Learning Research,* Vol. 22/4, pp. 523-550. [35]

Carbonell, J. (1970), "AI in CAI: An artificial-intelligence approach to computer-assisted instruction", *IEEE Transactions on Man-Machine Systems,* Vol. 11/4, pp. 190-202. [7]

Cuban, L. (1986), *Teachers and Machines: The Classroom of Technology Since 1920*, Teachers College Press. [9]

D'Mello, S. (2021), "Improving Student Engagement in and with Digital Learning Technologies", in *OECD Digital Education Outlook 2021: Pushing the frontiers with AI, blockchain,* and robots, OECD Publishing. [16]

De Freitas, S. (2018), "Are games effective learning tools? A review of educational games", *Journal of Educational Technology & Society*, Vol. 21/2, pp. 74-84. [6]

De Jong, T. and W. Van Joolingen (1998), "Scientifc Discovery Learning with Computer Simulations of Conceptual Domains", *Review of Educational Research*, Vol. 68/2, pp. 179-201, http://dx.doi.org/10.3102/00346543068002179. [3]

DeFalco, J. et al. (2017), "Detecting and Addressing Frustration in a Serious Game for Military Training", *International Journal of Artificial Intelligence in Education*, Vol. 28/2, pp. 152-193, http://dx.doi.org/10.1007/s40593-017-0152-1. [14]

Dillenbourg, P. (2021), "Classroom analytics: Zooming out from a pupil to a classroom", in *OECD Digital Education Outlook 2021: Pushing the frontiers with AI, blockchain, and robots,* OECD Publishing. [25]

Feng, M. and N. Heffernan (2006), "Informing teachers live about student learning: Reporting in the assistment system", *Technology Instruction Cognition and Learning*, Vol. 3/1/2, p. 63. [23]

Finnerty, D. (2018), "The Predictive Utility and Longitudinal Student Growth of NWEA MAP Interim Assessments in Two Pennsylvania Schools", *Unpublished doctoral dissertation*, Lehigh University. [21]

Good, J. (2021), "Serving students with special needs better: How digital technology can help", in *OECD Digital Education Outlook 2021: Pushing the frontiers with AI, blockchain, and robots,* OECD Publishing. [30]

Ifenthaler, D. (2021), "Learning analytics for school and system management", in *OECD Digital Education Outlook 2021: Pushing the frontiers with AI, blockchain, and robots*, OECD Publishing. [33]

Karumbaiah, S., J. Ocumpaugh and R. Baker (2019), "The Influence of School Demographics on the Relationship Between Students' Help-Seeking Behavior and Performance and Motivational Measures", in *Proceedings of the 12th International Conference on Educational Data Mining,* pp. 99-108. [32]

Khachatryan, G. et al. (2014), "Reasoning Mind Genie 2: An intelligent tutoring system as a vehicle for international transfer of instructional methods in mathematics", *International Journal of Artificial Intelligence in Education,* Vol. 24/3, pp. 333-382. [24]

Kizilcec, R. et al. (2017), "Closing global achievement gaps in MOOCs", *Science*, Vol. 355/6322, pp. 251-252, http://dx.doi.org/10.1126/science.aag2063. [17]

Kraft, M. and M. Monti-Nussbaum (2017), "Can schools enable parents to prevent summer learning loss? A text-messaging field experiment to promote literacy skills", *The Annals of the American Academy of Political and Social Science,* Vol. 674/1, pp. 85-112. [37]

Martinez Maldonado, R. et al. (2012), "An Interactive Teacher's Dashboard for Monitoring Groups in a Multi-tabletop Learning Environment", in *Intelligent Tutoring Systems, Lecture Notes in Computer Science*, Springer Berlin Heidelberg, Berlin, Heidelberg, http://dx.doi.org/10.1007/978-3-642-30950-2_62. [29]

Milligan, C. and A. Littlejohn (2017), "Why Study on a MOOC? The Motives of Students and Professionals", *The International Review of Research in Open and Distributed Learning*, Vol. 18/2, pp. 92-102, http://dx.doi.org/10.19173/irrodl.v18i2.3033. [2]

Molenaar, I. (2021), "Personalisation of learning: Towards hybrid human-AI learning technologies", in *OECD Digital Education Outlook 2021: Pushing the frontiers with AI, blockchain, and robots,* OECD Publishing. [15]

Ocumpaugh, J. et al. (2014), "Population validity for educational data mining models: A case study in affect detection", *British Journal of Educational Technology,* Vol. 45/3, pp. 487-501, http://dx.doi.org/10.1111/bjet.12156. [31]

OECD (2021), *Digital Education Outlook: Pushing the frontiers with AI, blockchain, and robots*, OECD Publishing. [41]

OECD (n.d.), *Education Continuity Stories from the Coronavirus Crisis,* https://oecdedutoday.com/coronavirus/continuity-stories/ (accessed on 24 May 2021). [10]

Rodrigo, M. et al. (2015), "Igpaw: intramuros—design of an augmented reality game for Philippine history", in *Proceedings of the 23rd International Conference on Computers in Education.* [4]

Shin, D. (2017), "The role of affordance in the experience of virtual reality learning: Technological and affective affordances in virtual reality", *Telematics and Informatics,* Vol. 34/8, pp. 1826–1836, http://dx.doi.org/10.1016/j.tele.2017.05.013. [5]

Shute, V. and Y. Kim (2014), "Formative and stealth assessment", in *Handbook of Research on Educational Communications and Technology*, Springer. [22]

Shute, V. and J. Psotka (1996), "Intelligent tutoring systems: Past, Present and Future", in *Handbook of Research on Educational Communications and Technology*, Scholastic Publications. [40]

Smolenski, N. (2021), "Blockchain for Education: A New Credentialing Ecosystem", in *OECD Digital Education Outlook 2021: Pushing the frontiers with AI, blockchain, and robots*, OECD Publishing. [38]

Stephenson, N. (1998), *The Diamond Age*, Penguin, London, UK. [8]

Strauß, S. and N. Rummel (2020), "Promoting interaction in online distance education: Designing, implementing and supporting collaborative learning", *Information and Learning Sciences*, Vol. 121/5/6, pp. 251–260, http://dx.doi.org/10.1108/ils-04-2020-0090. [28]

VanLehn, K. (2011), "The Relative Effectiveness of Human Tutoring, Intelligent Tutoring Systems, and Other Tutoring Systems", *Educational Psychologist*, Vol. 46/4, pp. 197–221, http://dx.doi.org/10.1080/00461520.2011.611369. [1]

Walkington, C. (2013), "Using adaptive learning technologies to personalize instruction to student interests: The impact of relevant contexts on performance and learning outcomes", *Journal of Educational Psychology*, Vol. 105/4, pp. 932–945, http://dx.doi.org/10.1037/a0031882. [18]

Walkington, C. and M. Bernacki (2019), "Personalizing Algebra to Students' Individual Interests in an Intelligent Tutoring System: Moderators of Impact", *International Journal of Artificial Intelligence in Education,* Vol. 29/1, pp. 58-88, http://dx.doi.org/10.1007/s40593-018-0168-1. [19]

Wenger, E. (1987), *Artificial Intelligence and Tutoring Systems: Computational and Cognitive Approaches to the Communication of Knowledge,* Morgan Kaufmann Publishers Inc. [11]

第三章

个性化学习：走向人机协同

英格·莫莱纳尔，荷兰拉德堡德大学社会科学学院

　　本章主要概述了经合组织成员国或地区在实验室和学校进行个性化学习研究与发展的情况。首先，本章采用个性化学习六级自动化模型描绘了个性化学习的技术发展现状，阐明了人工智能、教师和学习者各自的角色定位。在阐述人类－人工智能混合解决方案（也可称为人机协同解决方案）如何结合双方优势来实现个性化学习之后，本章指出现有的学习技术主要聚焦于诊断学生的知识和基于此开展的反馈、任务或课程层面的调整。最后，本章指出个性化学习的未来发展在于考虑到更广泛的学习者特征，如自我调节、动机和情感。

引言

人工智能可以在多种情况下改善教学和学习。研究人员、企业家、政策制定者和教育专家之间通过对话，提出了许多可用于教育领域的极富前景的人机协同解决方案。本章将重点讨论这些解决方案是如何应用于个性化学习的。在个性化学习中使用技术反映出这样一种趋势——教育正日益适应学习者的个人需求（Alevenet et al.，2016[1]）。其基本假设是只有当学习环境适应学习者的需求时，每个学习者的潜能才可以得到充分发挥（Corno，2008[2]）。在传统的课堂上，所有学生学习同样的课程，接受同样的指导，完成同样的任务，并在很大程度上得到相似的反馈。这种"工业化"的教育模式饱受诟病（Robinson，2010[3]），人们也提议技术的发展应该转向为个性化提供更多的支持。然而，即使有了可根据学习者需要进行调整的学习技术，如计算机辅助教学（Computer Assisted Instruction，简称 CAI）、自适应学习技术（Adaptive Learning Technologies，简称 ALT）、智能辅导系统（Intelligent Tutor Systems，简称 ITS）和教育游戏，它们在学校的应用进程也很缓慢（Tondeur et al.，2013[4]）。

然而，在过去的五年里，有三项发展推动教育进一步向个性化学习转变。第一，在许多情况下，现在的学生人手一台电子设备，这使课堂上技术的持续使用成为可能，也进一步推动了技术与学校日常实践的融合。第二，随着学习分析领域的不断发展，数据对学习的支持作用愈发凸显。这里需要强调的是，数据的价值不仅体现在学习技术中，还体现在它能够被直接提供给教师和学习者使用。第三，包括学习分析与人工智能在内的学习技术已开始在学校大规模使用。

目前这一代个性化学习技术大多是基于对学习者领域知识的预测来适应学习者的（Aleven et al.，2016[1]）。通常情况下，这些技术可对要学习的主题、要解决的问题或对学生回答作出的反馈进行调整（Vanlehn，2006[5]）。然而，个性化除了基于对学习者的知识进行预测之外，诸如情感、动机、元认知、自我调节等其他一些学习者特征也可作为一种输入，以适应学习者的个人需求（Winne and Baker，2013[6]；D'Mello，2021[7]）。

为拓宽思路，使学习分析和人工智能在个性化与丰富教育内涵方面发挥出潜能，本章将汽车行业的自动驾驶六级模型引入教育领域。在该模型中，教师和技术之间的控制权转换被明确建立在结合人类和人工智能优势的基础上。这与混合智能的观点，即强调人类与人工智能交互的重要性相一致（Kamar，2016[8]）。该模型指出了个性化学习当前的技术发展水平，并为我们探讨未来的人工智能与教育应用场景留出空间，对展望个性化学习的未来发展，明确个性化学习的不同水平，厘清人工智能、教师和学习者的相应角色至关重要。

本章首先概述了个性化学习的自动化水平，并在该模型的基础上，对当前经合组织成员国或地区在实验室中开发的最先进的个性化学习技术进行了描述。接着，本章结合学校层面大规模使用学习技术的案例，概述了学习技术在学校中的实际应用情况。最后，本章对个性化学习的前沿技术进行了探讨，尤其是使用多数据流的应用程序，为检测和诊断更广泛的学习者特征、实现高阶个性化学习提供了新的方法。尽管可大规模使用的教育技术不断涌现，但能实现高阶个性化学习的先进技术尚未在学校层面得到广泛使用。适合传统学校组织模式及支持教师能动性的技术在学校内使用的频率更高。为更广泛地发挥先进技术的作用，本章为政策制定者总结了三条建议：（1）在设计、透明度、数据方面构建伦理规范；（2）通过公私合作改善学习技术；（3）让教师和教育专家参与到这些变革中。

人类－人工智能混合系统：教师与技术的角色定位

随着技术采集到越来越多的数据，变得越来越智能，一个人类与人工智能交互的新时代正在到来（Kamar，2016[8]）。学习将越来越多地根据学习者的个人特征进行调整。许多人对个性化学习的发展趋势满怀期待（Holmes et al.，2018[9]）。与此同时，人类与人工智能将不断融合，在众多领域形成所谓的人类－人工智能混合系统（Harari，2018[10]）。例如，尽管我们设想自动驾驶汽车最终将取代人类驾驶员，但目前它们只能辅助人类驾驶（Awad et al.，2018[11]）。同样地，人工智能专家系统只能帮助而非代替医生做出决策（Topol，2019[12]）。混合系统的一个关键特征是人工智能与人类决策的边界是变动的。自动驾驶汽车将驾驶权交给人工智能，但在人工智能无法驾驭的复杂情况下，控制权又会被交还给人类驾驶员。

为区分自动驾驶汽车实现全自动驾驶所需的不同水平，美国汽车工程师协会（Society of Automotive Engineers，简称 SAE）于 2016 年提出自动驾驶等级标准，将自动化程度分为六个等级（见图 3.1）。这些等级是基于早期的研究工作来划分的，对不同环境条件下自动化系统和人类驾驶员各自介入汽车驾驶控制程度进行了讨论（Parasuraman，Sheridan and Wickens，2000[13]）。自动化的六个等级代表自动驾驶汽车发展的不同阶段。每上一个等级，人类驾驶员都会将控制权进一步移交给自动驾驶系统。随着等级的提高，人类的控制权逐渐减弱，自动驾驶技术的作用逐渐增强，直到在任何条件下均能实现全自动驾驶。需要重点关注的是，某些领域可能永远无法实现全自动化，如教育和医学。

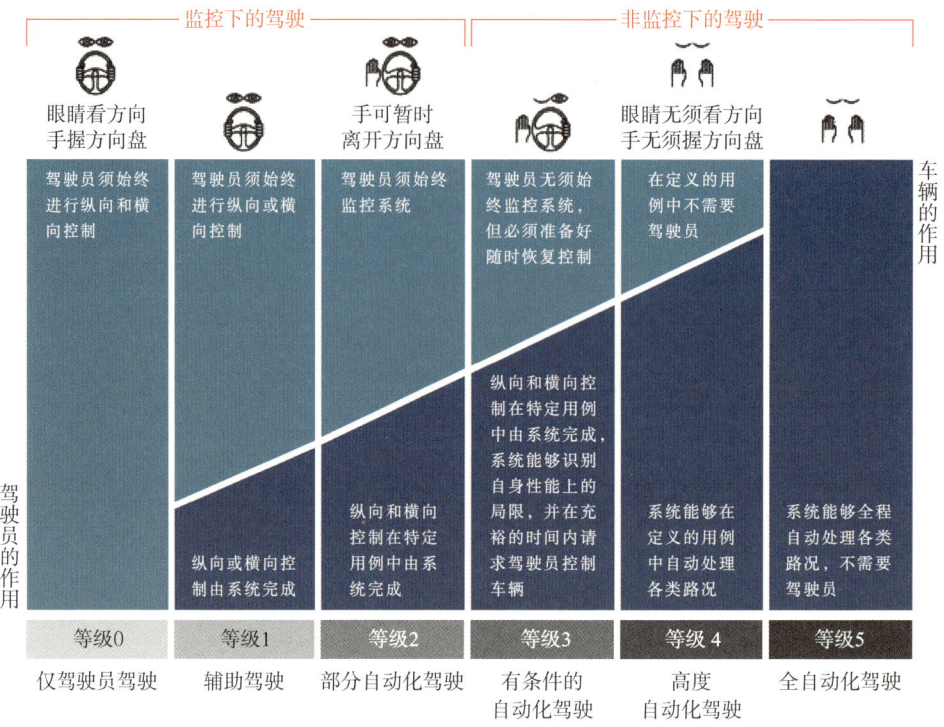

图 3.1　自动驾驶汽车的六个自动化等级

资料来源：Illustration - Mike Lemanski / ZF TRW；The Society of Automotive Engineers（https：//www.sae.org/）

前三个等级中，车辆由人类驾驶员控制，后三个等级则转由自动驾驶系统控制。在"辅助驾驶"（等级1）中，自动驾驶系统为驾驶员提供支持性信息。在"部分自动化驾驶"（等级2）中，自动驾驶系统在特定情况下（如天气状况良好的高速公路）控制驾驶，但人类驾驶员必须始终保持对系统的监控。相比之下，在"有条件的自动化驾驶"（等级3）中，自动驾驶系统接管了控制权，但人类驾驶员应做好随时恢复控制的准备。目前，自动驾驶汽车的技术水平介于"部分自动化"和"有条件的自动化"之间。医学领域则预计介于"辅助"和"部分自动化"之间（Topol，2019[12]）。人工智能经常为医疗决策提供帮助，例如专家系统可通过X射线检测肿瘤，但最终对患者作出诊断并决定最合适的治疗方案的仍然是医生。

据我所知，自动化等级模型尚未应用于教育领域。该模型有助于我们摸清当前学习技术的发展水平及这些技术在学校的使用情况，可能有助于我们从人类控制的角度来理解当前技术发展状况与学校日常使用的技术之间的差距。

图3.2概述了应用于教育技术领域的六个自动化等级。该模型下方的线条表示预

计越来越多的数据流将在向全自动化过渡的过程中被使用。在这些数据流的帮助下，系统能对学习者及其环境作出更准确的检测和诊断。模型顶部通过可视化方式展现了各等级中的人类控制水平。平板电脑上的手代表教师的控制水平。两只手都在平板电脑上表示完全由教师控制，一只手在平板电脑上表示部分由教师控制，双手脱离平板电脑表示没有或偶尔由教师控制。眼睛代表需要教师监控的等级，包括完全监控、部分监控、偶尔监控、无监控。三角形警示符号表示人工智能可在关键时刻通知教师恢复控制。至于人工智能如何运用不同类型的数据来执行任务，我们将在下文进行介绍。

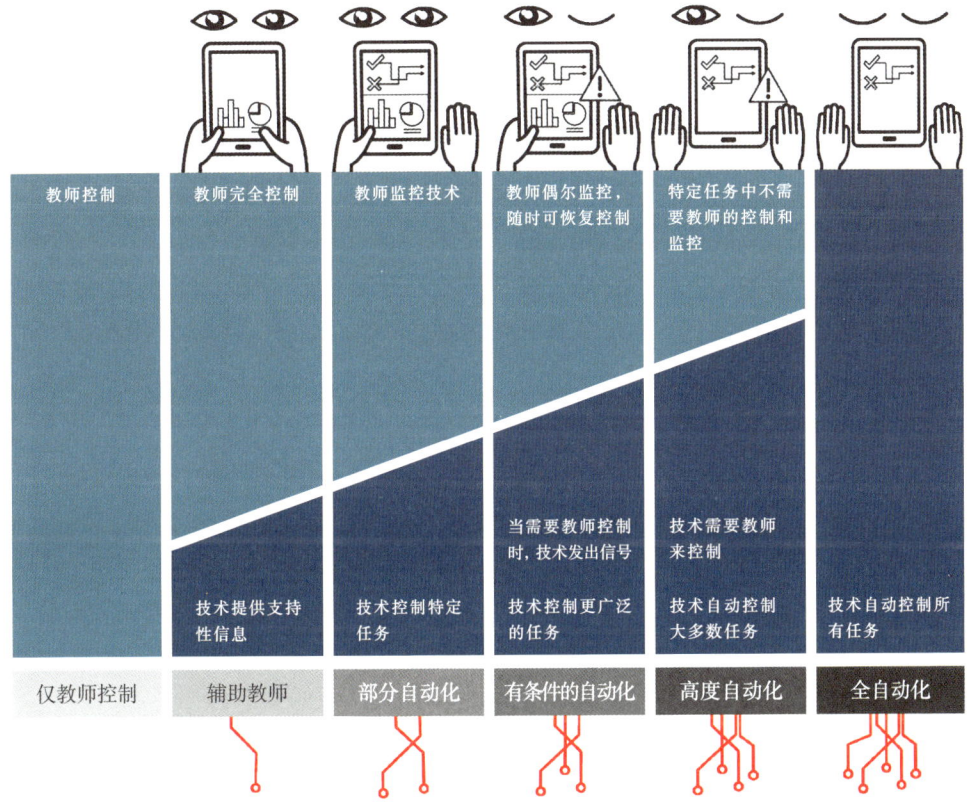

图 3.2 个性化学习的六个自动化等级

资料来源：Illustration - Anne Horvers and Inge Molenaar，Adaptive Learning Lab（https://www.ru.nl/bsi/research/group-pages/adaptive-learning-lab-all/）

在等级 0 中，教师对学习环境有完全的控制权，学习技术则没有任何组织功能。这是约 15 年前大多数经合组织成员国或地区的标准做法。

在"辅助教师"（等级 1）中，教师完全掌握控制权，技术则为学习环境的组织提供额外支持。技术可解决难以获取学习材料的问题，并提供有关学习者活动的额外信息,但并不对学习环境进行任何控制。例如,电子学习环境和分发学习材料的学习管理系统就是"辅助教师"的一种形式。为教师同步提供学生活动、进度、表现等信息的仪表盘是"辅助教师"的另一种形式(Dillenbourg, 2021[14])。这些信息可帮助教师在课前及课上做出教学决策(Bodily et al., 2018[15])。例如,仪表盘提供的有关学生学习进度的概况有助于教师确定下节课的教学内容,有关学生回答正确与否的概况有助于教师确定哪些学生需要额外的反馈或进一步指导(Molenaar and Knoop-van Campen, 2019[16])。还有一些系统可帮助教师深入了解学生的行为,从而判断哪些需要积极地予以纠正(Miller et al., 2015[17])。综上所述,在"辅助教师"等级,学习技术的功能主要是支持教师及描述和反映学习者的行为,控制与监控都由教师执行。随着信息技术解决方案在课堂上的普及应用,这已成为经合组织成员国或地区的标准做法。

在"部分自动化"(等级 2)中,教师允许技术控制特定的组织任务。例如,Snappet 软件(见专栏 3.1)可根据学生个体的需要推送问题或针对学生解决数学问题的思路提供反馈。当教师允许技术接管这些任务时,他们就可以把时间花在技术无法完成的任务上,如提供更详尽的反馈或对部分学生进行额外指导。在"部分自动化"中,学习技术的功能通常是描述、诊断、提出建议和在特定情况下主动行动。因此在这一等级中,教师控制着学习环境中的大部分组织任务,只有在少数情况下才会由技术接管控制权。教师仍然始终监控着技术的运行,教师仪表盘通常在其中发挥着重要作用。

在"有条件的自动化"(等级 3)中,技术对学习环境中的组织任务拥有更广泛的控制权。在组织学习环境方面,教师仍然处于核心地位,并对技术的运行情况进行监控。例如,"认知导师"(Cognitive Tutor)(见专栏 3.2)可根据学生的解题步骤来选择问题并给予反馈(Koedinger and Corbett, 2006[18])。也就是说,技术从教师手中同时接管了选择问题和提供反馈的任务。在这一等级中,一个重要的问题是技术能够识别出在什么情况下自己能有效运行,以及在什么情况下需要恢复教师的控制权。在这些关键时刻,技术会提示教师采取行动。例如,当一个学生的学习没有达到预期进度时,技术会通知教师介入(Holstein, McLaren and Aleven, 2017[19])。然后教师可以调查这个学生为何没有取得预期的进展,并进行有针对性的干预。在"有条件的自动化"等级,学习技术的功能是在学习环境中进行更广泛的干预,在需要人类介入时予以提示和建议。

在"高度自动化"(等级 4)中,技术完全控制了特定领域内学习环境的组织,不仅能有效处理该领域出现的大多数预期情况,还能成功解决该领域学习者的多样性问题。教师一般不需要准备接管控制权,也无须进行监控。在特殊情况下,技术会把控制权或监控权归还给教师。自主学习系统就处于这一等级,目前已应用于数学、科学、语言学习等领域，主要致力于为个体学习者提供支持。例如，智能辅导系统"数学之泉"（MathSpring）可引导学习者选择学习目标，并提供个性化指导、练习机会和反馈，从而推动学习者实现学习目标（Arroyo et al., 2014[20]）。在该技术范围内，教师不执行任何操作或监控任务。需要重点指出的是，这种高度自主化的学习技术目前并不常见，仅为课程的部分内容提供支持。在"高度自动化"等级，学习技术的功能是引导学习者，并且只在特殊情况下才通知人类介入。

在"全自动化"（等级5）中，技术可自动应对跨领域和跨情境的学习，教师的角色完全被技术所取代。例如，支持第二语言学习的语言学习技术 Alelo[①] 可能会逐步向这个方向发展。目前，它已能通过自然语言处理技术来分析学生的语言使用情况，提供反馈意见，选择新的学习目标，调整教学和练习，进而提高学生的语言水平。这些特点可能就构成了迈向全自动化学习的第一步。在完全控制的条件下，技术将引导学习者的所有学习。这一等级的典型代表是许多为非正式消费者学习市场（课堂与学校之外）开发的学习解决方案，包括语言学习、音乐教育及驾驶理论测试。一个重要的问题是该技术在学校投入应用的可行性如何，以及这对教师的职责及其存在的理由意味着什么。

对未来的预测：人工智能的终极作用

除了厘清教师与人工智能的角色之外，六级自动化模型还有助于我们进一步探讨人工智能的终极作用。人们普遍认为，即便是自动驾驶汽车，也不太可能在所有道路和环境条件下实现全自动化（Shladover, 2018[21]）。限制主要体现在三个层面：一是传感器追踪环境变化的能力，二是对风险的准确诊断，三是确定适当的行动。尤其是第三点，研究已证实在敏感环境下确定适当的行动相当复杂（Awad et al., 2018[11]）。同样地，当谈到人工智能在医疗决策中的作用时，人们认为其发展不太可能会超过"有条件的自动化"等级（Topol, 2019[12]）。尽管如此，快速、准确、低成本处理大量数据集的能力，以及超越人类的检测和诊断能力，仍被视为高效能医学的基础。

出于类似的原因，这些要素同样是高效能教育的基础（见图3.3）。一直以来，人工智能在教育领域的主导模式是全自动化，即一个学生用一台智能电脑学习，教师完全被技术所取代（Blikstein, 2018[22]）。这种模式出现于1950年代斯金纳（Skinner）提出的学习机器（Wingo, 1961[23]），并在智能辅导系统中得到进一步发展。研究表明，

---

① https://www.alelo.com/about-us/

当一个学生接受专家导师的个别辅导时,其学习成绩可比在传统课堂环境下学习提高两个标准差(Bloom,1984[24])。这意味着98%的学生接受一对一人工辅导时的表现会优于他们在传统课堂上的表现。从那以后,这个著名的"两个标准差"问题("two sigma problem")成为学习技术能支持个性化学习的主要论据。这一类比的核心是假设技术能像人类导师一样理解学习者。尽管范莱恩(VanLehn)在重新分析布鲁姆的研究数据后发现,人类导师的优势其实没那么大(约0.75个标准差),但他也表示良好的智能辅导系统可能与人类导师一样有效(VanLEHN,2011[25])。在特定情况下,技术确实可以媲美优秀的人类导师(VanLEHN,2011[25]),但这仍然受限于某些特定领域。同样重要的是,要注意教育的目标远远不止对领域知识的传授。这就提出了一个问题:我们的目标是对技术进行优化直至实现全自动化,还是在其他自动化等级优化人机协同解决方案?答案部分取决于我们检测、诊断和行动的能力。就像自动驾驶汽车的发展一样,个性化学习的发展取决于三个关键因素:(1)能够追踪学习者及其环境;(2)能够诊断学习者的当前状态并预测其未来发展;(3)能够确定可促进学习者能力发展的最优行动方案。下文将逐一探讨目前我们在每个等级所拥有的能力。

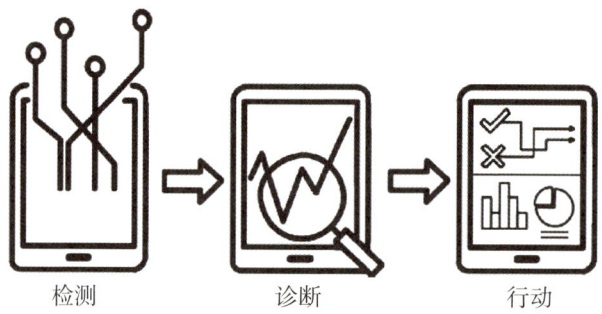

图3.3　运用人工智能进行高效能教育的三大挑战

资料来源:Illustration - Anne Horvers and Inge Molenaar,Adaptive Learning Lab(https://www.ru.nl/bsi/research/group-pages/adaptive-learning-lab-all/)

检测:追踪学习者及其环境

我们追踪学习者及其环境的能力正在逐步提高(Baker and Inventado,2014[26];Winne and Baker,2013[6])。学习者之间存在很大的差异,这些差异被认为是个性化学习的有效指标(Azevedo and Gašević, D.,2019[27])。以往,人们在研究中过于注重利用学习技术的日志数据来追踪学习者。尽管这类数据在个性化学习领域仍然很重要,但其他来源的数据也被越来越多地用于了解重要的学习者特征。这些多模态数据源可被划分为生理数据、行为数据和情境数据。

生理数据记录了学生在学习过程中的身体反应。比如心率、皮肤电活动、血容量脉冲、体表温度及人脸识别数据都可用于评价学习者的状态。

行为数据记录了学习者在学习过程中的不同行为。行为数据的一个重要来源是日志文件。这些数据以毫秒级精度列出了学习者与技术之间的交互序列,记录了学习者活动的轨迹。行为数据的另一个来源是鼠标的移动和键盘的输入。眼动指向学习者在学习过程中看的内容,可用于检测其使用学习技术时的注意力分配、多媒体资源和数字阅读情况(Mudrick, Azevedo and Taub, 2019[28])。可穿戴式眼动仪还可评价学生在学习过程中与实物及他人之间的交互。此外,瞳孔扩张、眨眼等特定的眼动追踪数据也已经与学习者的认知负荷和情感状态建立起联系。

情境数据提供了学习环境中学习者与学习技术、人及资源交互的更全面的数据。音频和视频记录能存储有关学习者与环境交互的丰富数据。尽管这些数据支持对学习过程进行深入分析,但它们大多依赖于研究人员对数据的编码、评分、标注、理解和解释。在不久的将来,人工智能技术的发展可能会从根本上改变这种情况,首批应用案例已经出现(Stewart et al., 2019[29])。最后,作为一种有效的数据来源,学习者的自评不容忽视。

总之,多模态数据源可用于推进对学习者及其环境的追踪,这是进一步实现自动化的关键。

图 3.4 追踪学习者及其环境的多模态数据源

资料来源:Illustration - Anne Horvers and Inge Molenaar, Adaptive Learning Lab

诊断:评价学习者的当前状态

下一步是对数据进行分析,从而诊断学习者的当前状态并预测其未来发展。大多数诊断工作主要针对学生的知识及其在学习过程中的增长情况。一些模型已被开发出来,可基于学生解决问题的行为和答题情况来评价他们在学习过程中的知识水平(Desmarais and Baker, 2011[30]),具体阐述见下文。针对更广泛的学习者状态(如动机、元认知和情感)的评价也在不断增加(Bosch et al., 2015[31])。这类评价大多是在可针对具体问题给出明确答案的结构化领域中进行的,如数学、物理。当然,指向特定领域和具体境脉的诊断也在不断发展。

特定人工智能技术的进步,使对学习和发展过程中的关键特征进行评价成为可能。例如,自动语音识别技术的发展使教师能够持续检测低年级学生是如何学习阅读的。通过对检测到的儿童在阅读过程中的语言表达进行分析,我们可以提取出那些有助于诊断儿童阅读能力的具体特征,比如儿童可正确识别的字母、可正确理解不同长度单词的速度,以及可自动识别的单词类型。基于这些提取出来的特征,儿童阅读能力发展水平诊断的准确性将随着时间的推移越来越高,进而可被用于个性化教学。除了语音识别(将文本转为语音),首个通过眼动追踪数据诊断学习者阅读发展水平的诊断性阅读软件(Lexplore①)也已问世。

基于相似的机理,书写能力的发展水平,甚至书写困难之类的运动障碍也可以被诊断出来(Asselborn et al., 2018[32])。阿塞尔博恩使用的方法是通过一台平板电脑和一支数码笔来测量学生的书写能力。当孩子学习书写时,与书写能力发展相关的重要特征,如书写动态、笔压和笔的倾斜度都可被检测出来。这种方法可提取多达56个与学生书写能力相关的特征,并将其转化为适当的书写练习辅导。其他有关特定领域诊断机制的例子还包括根据学生在特定问题集中的犯错类型来诊断读写障碍(Dytective②)、对语言发展的诊断(Lingvist③)及对功能性写作技能的诊断(Letrus④)。

总之,基于先进的人工智能技术所开发的通用领域和特定领域的诊断工具,有助于提高我们理解学习者状态并预测其未来发展的能力。这是学习技术自动化向更高等级发展的第二步,对我们而言相当重要。

行动:选择适当的行动

最后一步是对学习者状态的诊断结果进行解读,并将其转化为优化学习的行动。将诊断结果转化为有意义的教学活动可以说是最复杂的一步(Koedinger, Booth and Klahr, 2013[33])。正如"知识—学习—教学"框架(Knowledge-Learning-Instruction Framework)所描述的那样(Koedinger, Corbett and Perfetti, 2012[34]),可能出现无数种应对模式,但

---

① https://www.lexplore.com/
② https://www.changedyslexia.org/
③ https://lingvist.com/
④ https://www.letrus.com.br/

只有有限的证据能够表明在特定情况下哪种干预措施最为有效。尽管在学习技术领域对有效的干预措施进行先进的大规模教育研究已成为可能,但研究经费方面的限制导致该领域无法充分利用这些机会。对这种复杂性的认识也推动了分析技术的发展,它们能够为教师提供额外的信息,帮助他们在教学中作出有效的反馈。例如,通过为教师提供包含学习者活动、正确答案和学习进度等同步信息的仪表盘,帮助他们在实践中改善对学习者的反馈,提高学习者的学习效果(Knoop-van Campen and Molenaar, 2020[35]; Holstein, McLaren and Aleven, 2018[36])。事实证明,教师仪表盘本身就是一种有效的干预措施,有助于确定学习技术执行的那些干预措施是否有效。区分提取式分析和嵌入式分析是开发更高级反馈模式过程中的重要一步,这些模式将结合教师现有的教学知识和技能,有必要通过研究增进对这些关系的理解(Wise, 2014[37])。

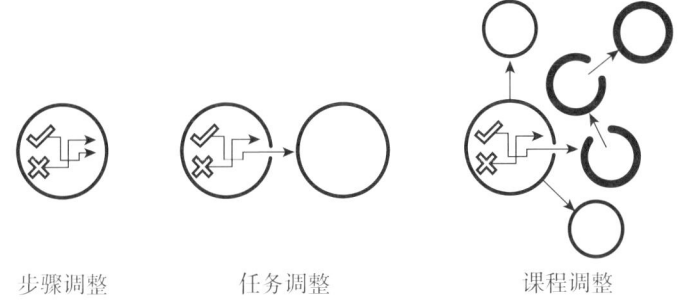

步骤调整　　　　任务调整　　　　课程调整

图 3.5　通用领域中独立行为的三种干预类型

资料来源: Illustration - Anne Horvers and Inge Molenaar, Adaptive Learning Lab

当在学习技术中进行针对通用领域的调整时,通常包括三种行动类型,见图 3.5(Vanlehn, 2006[5])。第一种类型是步骤调整,在这种类型中,反馈是根据学习者解决问题时的需求定制的。这种反馈很详细,会向学习者指明如何在解决问题的特定步骤中正确操作。第二种类型是任务调整,即根据学生的表现选择下一个最佳的任务或问题。基于对前一个问题的回答,学生将在这里得到一个与当前知识水平相匹配的问题。第三种类型是课程调整,即调整教学主题的结构以适应学习者的需求。这就需要深入选择最适合学生发展轨迹的教学主题。相比之下,针对特定领域的调整则遵循适用于该领域的逻辑,例如在前文谈到的关于阅读的例子中,调整是基于和阅读能力发展相关的广泛知识来开展的。

综上所述,学习技术可在不同的教学行为中用来检测、诊断,并作出步骤、任务和课程三种类型的教学调整。除了直接采取行动之外,还可选择将诊断结果反馈至教师,从而实施有效的教学干预。这一转变反映出人们意识到基于证据的干预对在教育领域实现更高阶的自动化至关重要。如上所述，该领域的大多数工作都集中在基于学生知识的检测、诊断和行动上。下文将就该领域的技术现状进行讨论。

基于学生知识的个性化

由于基于学生知识和技能的个性化是最主要的方法，这部分将继续探讨基于学生知识和技能的个性化检测、诊断与行动。大多数研究都是先从日志数据中检测，然后诊断学生的知识和学习过程中的知识发展，并将其转化为教学行为。如上所述，基于对学生知识的诊断，一般采取的个性化调整通常落实在步骤层面、任务层面或课程层面。

在任务层面调整问题

之前，任务层面的调整是基于学习前对学生知识的评价而开展的。例如，训练与练习都是以补习为目的，也就是帮助学生弥补特定的知识差距。尽管研究发现计算机辅助教学程序可根据学生在形成性测试中的表现预先设定符合其知识水平的问题，从而提高学生的学习效果，但这类程序缺乏灵活性，无法适应学习者在学习过程中的知识变化（Dede，1986[38]）。

为了突破这种局限性，研究转向检测学生在学习过程中的知识增长情况。技术利用日志数据（如答案的正确性与反应时间）检测学习过程中的知识增长情况（Koedinger and Corbett，2006[18]）。该研究受掌握学习理论假设的启发，即每个学生在教学、支持时间与支持类型方面都有个性化需求（Bloom，1984[24]）。第一步是调整时间，允许每个学生学习特定主题的内容（Corbett and Anderson，1995[39]）。其基本原理是学习者在学习一个新主题之前应该掌握一些先决主题的内容。根据学生的回答，技术可确定学习者是否已掌握该主题内容，以及能否进入下一主题的学习。通过这种方式，学习时间也变得个性化了，每个学习者都有足够长的时间来学习某个主题。

除了使主题学习时间满足个性化需求之外，学习技术还可以根据学生的知识水平调整每个问题。例如，自适应学习技术"数学花园"（mathgarden）可估算学生当前的知识水平，为其挑选出最合适的数学学习任务（Klinkenberg，Straatemeier and van der Maas，2011[40]）。如此一来，能够私人定制的不仅仅是掌握某个主题所需的时间，还包括学生学习该主题的速度。要想使学习技术将问题与检测到的学生知识水平相匹配，离不开两个要素：一是所有问题均已按难度进行分类，二是根据学生对这些问题的回答来评价他们的知识水平。这样技术便能够遵循一种匹配方法，即为每个学生选择难度适当的问题。这类技术目前已在许多经合组织成员国或地区得到了大规模的应用(见专栏 3.1)。

专栏 3.1 Snappet: 大规模使用自适应学习技术的案例(荷兰)

检测
- 学生对某个主题中具有一定难度水平的问题进行回答

诊断
- 利用 ELO 算法测量学生在学习过程中的知识增长情况
- 根据学生在一段时间内的发展进行预测性分析

行动

"部分自动化"等级:
- 基于学生的答案提供直接的反馈(步骤层面)
- 选择与学生知识相匹配的问题(任务层面)
- 根据预测性分析决定何时进入下一主题(课程层面)

"辅助教师"等级:
- 仪表盘为教师实时提供班级内学生的学习进度和表现
- 仪表盘为教师实时提供学生发展概况和预测性分析
- 仪表盘为学生提供有关学习进度的信息

图 3.6 Snappet 中的仪表盘与问题界面

资料来源: Illustration - Snappet (n.d.)[42]。

使用情况

对象: 小学 1—6 年级学生

学科: 算术、数学、荷兰语拼写和语法、阅读理解

规模: 2800 所荷兰学校(占荷兰所有小学的 45%)与 1000 所西班牙学校

影响: 6 个月后,数学成绩有所提高(Faber, Luyten and Visscher, 2017[43]);一年后,数学成绩提高,拼写能力也略有改善(Molenaar and van Campen, 2016[44]);多年后,与类似的纸笔方法相比,结果各不相同(Molenaar, Knoop-van Campen and Hasselman, 2017[45])。

在步骤层面调整反馈

除了任务层面的调整,还有一套技术可用于在步骤层面进行调整。例如,复杂的数学问题需要通过多个步骤来解决。在数学、物理、化学等结构化领域,这些步骤与其指向的主题相关。基于这一信息,算法不仅可以检测学生当前的知识水平,还能够分析学生容易犯的错误类型(Baker,Corbett and Aleven,2008[41])。错误类型主要有两种:一是知道答案但写错了,如把数字写反了;二是对概念本身存在一些误解。这种区分对决定哪种反馈更恰当非常关键。基于错误的类型,技术可以对反馈进行调整,以适应学生的个性化需求,或针对学生的错误认知,提供推荐的解题步骤。例如,当学生完成计算的第一步后,教师可就该步骤及答案是否正确作出反馈。许多先进的技术(通常被称为智能辅导系统)都会在任务或问题解决过程中向学生提供个性化反馈(VanLEHN,2011[25])。这些系统会调查学生对任务的反应,以便在每一步提供自动、详尽的反馈。通过这种方式,系统就可以在步骤层面帮助学生解决问题(见专栏3.2)。

专栏 3.2　MATHia: 数学学科广泛采用自适应学习技术的案例(美国)

检测
- 学生对数学问题进行回答并写出相应的解题步骤

诊断
- 利用贝叶斯知识追踪算法测量学生在学习过程中的知识增长情况
- 学生在解题过程和解题结果方面出现的错误

行动
"有条件的自动化"等级:
- 基于学生对某个问题的答案提供直接、详尽的自动化反馈(步骤层面)
- 基于学生的答案显示下一步(步骤层面)
- 明确学生何时掌握了某一主题(课程层面)

"辅助教师"等级:
- 通过报告为教师转变教学方法提供支持
- 为教师和管理者提供规划报告,并为教师实时提供仪表盘

使用情况
对象: 6—12年级学生
学科: 数学

规模：60万名学生

影响：和基于纸笔方法与智能辅导系统的其他干预措施相比，数学学习效果得到了改善（Koedinger and Corbett, 2006[18]; Pane et al., 2010[47]; Pane et al., 2014[48]; Ritter et al., 2007[49]）

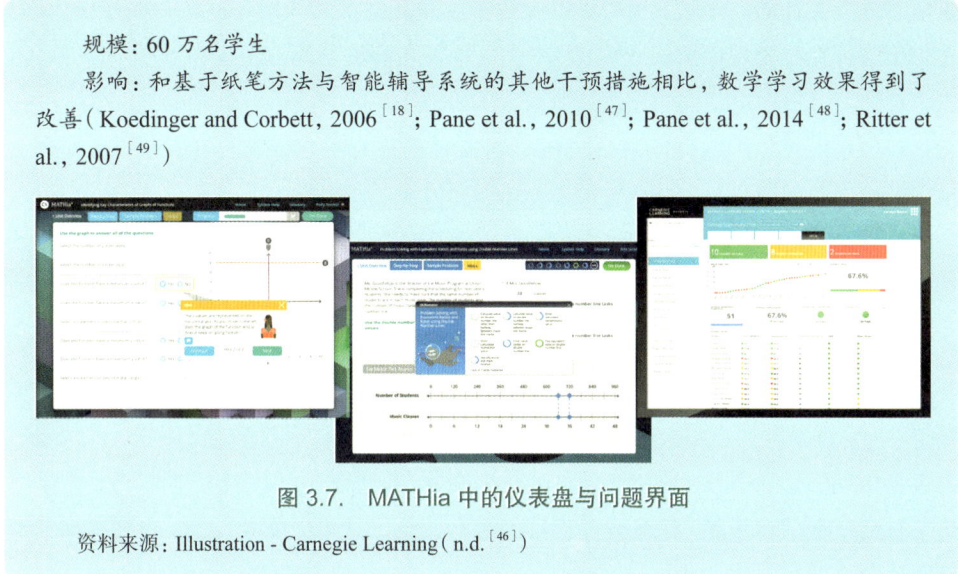

图 3.7．MATHia 中的仪表盘与问题界面

资料来源：Illustration - Carnegie Learning（n.d.[46]）

在课程层面调整单元

最后，课程层面的优化和学生学习不同主题的顺序有关。该顺序也被称为学习路径。此处，技术的目的是提供学习者知识和技能的概览，为未来学习的进一步决策提供依据（Falmagne et al., 2006[50]）。系统会确定学习者在某个领域内学习某个主题的最佳顺序。基于学生掌握这些主题的顺序，将不同的学习路径相互关联起来，这样学生在该领域的学习顺序便实现了个性化。ALEKS① 所使用的就是这种学习技术，它可以根据学生之前的表现对单元的选择进行调整。

可在课程层面进行调整的另一个要素是再次学习某个主题的时间。"间隔原则"（spacing principle）表明，在对特定主题的学习之间有一个最佳时间点。这个时间点取决于学习者的遗忘速率（Pavlik and Anderson, 2005[51]）。对该遗忘曲线进行建模有助于我们确定学习者何时应再次学习这一主题（Pashler et al., 2007[52]）。尤其对词汇学习而言，这是帮助学习者记忆更多词汇的一个重要指标。WRTS② 就是这类学习技术的一个应用案例，它通过一种算法来确定学生学习外语新词汇的个体遗忘曲线。基于每个学生的个体遗忘曲线，系统可以确定在练习题中重复出现这些单词的间隔时间。这两个例子都允许教师为每个学生定制学习路径和重复模式；如果没有这种算法，这

---

① https://www.aleks.com/

② https://wrts.nl/

些是不可能实现的。最后，我们可以通过学生的答案诊断其是否存在一些错误认知，这一步既可在步骤层面解决（见专栏 3.2），也可在课程层面解决。在这种情况下，系统会对练习过程中出现的错误进行分析，并基于此在后续的练习单元中定位学生的学习差距。专栏 3.3 中描述的 Mindspark 就是这种系统的一个案例。

下面将探讨如何在自动化等级模型中定位这些最新技术。

在自动化等级模型中定位当前的学习技术

如上所述，能够检测和诊断学生在学习过程中知识和技能的技术正在不断发展，并且常被应用于任务、问题与课程层面。当我们使用自动化等级模型来定位现有的学习技术时，可以发现它们大多属于前三个等级。首先，在"辅助教师"等级，技术通过仪表盘协助教师。其次，在"部分自动化"等级，有关学生知识及其增长情况的诊断结果有助于教师在步骤、任务或课程层面进行调整。这可以实现反馈、问题选择与课程优化的自动化。当这些层面各自独立运作时，可以被视为部分自动化的示例，但当这些层面整合起来时，就将向有条件的自动化发展。

经合组织成员国或地区的学校越来越多地通过在课堂上使用技术来支持数学、科学和阅读的教与学。这些技术形式各有不同，包括越来越多地使用计算机来检索信息，以及练习数学、科学和阅读所需的技能等（Vincent-Lancrin et al., 2019[54]）。为实现数学、语法和拼写等基础技能的个性化学习，一系列自适应学习技术和智能辅导系统已成为许多中小学日常教学的一部分。通常情况下，当学生在平板电脑或计算机上做语言或数学练习题时，这些技术就能捕捉到与其表现相关的大量数据。当前的技术会利用学习者的数据对问题进行调整，以适应此前预估的学习者知识水平，同时在教师仪表盘中显示关于学生学习进度的其他信息。这类技术的使用，使相关基础技能的教学变得更加高效（Faber, Luyten and Visscher, 2017[43]），并且原则上可以让教师腾出时间来教授更复杂的技能，如问题解决能力、自我调节能力、创造力。

大多数自适应学习技术仅在任务层面进行调整，因此都属于"部分自动化"。智能辅导系统却是一个例外，它可以被视为"有条件的自动化"。这类技术在组织学习环境时能更控制更多的要素。大多数智能辅导系统可以在任务与步骤层面进行调整，但很少有能在三个层面都实现控制的系统或解决方案。此外，尽管该系统已在数学、科学等结构化领域得到了成功的应用，但它在非结构化领域仍鲜有解决方案（VanLehn, 2015[55]）。而且，虽然智能辅导系统已经被证明可以提升学习效果并优化学习（Kulik and Fletcher, 2016[56]），但学校对其接受度仍然有限（Baker, 2016[57]）。

专栏 3.3　Mindspark：自适应学习技术的案例（印度）

检测
- 让学生接受诊断性测试，以评价他们在某一主题中的知识水平，以及是否存在一些错误认知
- 让学生回答事先设计好的问题，以确定他们的错误认知类型，检测他们在某一主题中的知识差距

诊断
- 某一主题中学生错误回答的模式
- 根据检测到的概念性错误开展有针对性的补习

行动
"有条件的自动化"等级：
- 提供专门用于纠正错误认知、解决学习差距问题的多样化教学材料（问题、互动游戏、活动）（任务层面）
- 当学生回答错误时，提供及时、具体的反馈（步骤层面）
- 决定学生是否可以进入下一难度等级（任务或课程层面）

使用情况
对象：1—10 年级学生
学科：数学、印地语、英语
影响：将 Mindspark 和分组教学相结合的课后活动提高了学生的学习效果（Muralidharan，Singh and Ganimian，2019[53]）

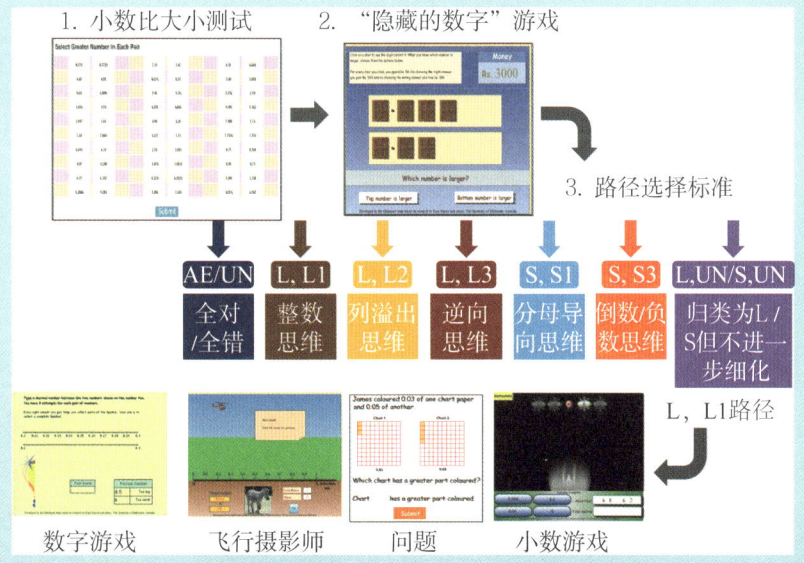

图 3.8　基于小数学习中的错误模式进行个性化补习活动

> 注：基于错误模式的适应性说明：孩子可能会被分配到小数比大小测试中。如果她在测试中答对了大部分问题，她就会被分配到一个难度略有提升的练习中——"隐藏的数字"游戏。但如果她大多数问题都没答对，系统就会根据她的错误认知类型，将其分配到一个补习活动中。例如，如果她的错误源于"整数思维"（比如她之所以认为 3.27 大于 3.3，是因为她比较的是小数点后面的数字，并得出了一个错误的结论：既然 27 大于 3，那么 3.27 就大于 3.3），她将被分配到专门用于纠正这类错误认知的"小数游戏"中。以上由 Mindspark 团队在墨尔本大学凯·斯泰西（Kaye Stacey）等人的研究基础上开发。
>
> 资料来源：Muralidharan, Singh and Ganimian（2019[53]），Figure D.1

如此看来，我们需要注意到将技术应用于实践的两个关键方面。首先，教师经常感到这些技术将他们排除在"系统之外"（Holstein, McLaren and Aleven, 2019[58]），这也许能解释为什么教师在其中参与有限（Baker, 2016[57]）。要想提高教师对这些技术的接受度，关键是有效解决其功能上的局限性。尽管这些系统中的仪表盘功能很早之前就已经被开发出来了，但如何使这些仪表盘对教师有用却鲜有研究。直到最近，有的仪表盘才开始真正致力于将教师纳入"系统之内"（Feng and Heffernan, 2005[59]；Holstein, McLaren and Aleven, 2017[19]）。虽然这些研究仍处于早期阶段，但初步证据表明这是一种新的将教师作为系统组成部分的有效途径（Knoop-van Campen and Molenaar, 2020[35]）。

其次，值得注意的是大多数学校的学习以小组形式开展，针对个体的技术不太适用于这种情况。此外，有强有力的理论表明，学生的共同学习是一个社会化过程。为此，研究人员开发了将个人层面与班级层面的个性化相结合的解决方案。在这一背景下，个人层面的个性化学习被整合到按班级统一进度进行教学的课程中。以这种方式配置的技术无须进行大规模重组，便可在学校现有的环境中实施。与仅仅针对个体的技术相比，这类技术的应用可能更有前景。

基于自我调节学习的个性化学习

除了基于学生知识开展的个性化学习之外，还有一系列其他的学习者特征可用于支持更高阶的个性化形式。虽然相关的研究仍在进行中，但经合组织成员国或地区已在实验室对首批原型技术进行了测试。

在过去的几年里，技术开发的重点已从学习者的知识和技能转移至其他学习者特征，如自我调节学习、运用元认知技能、控制和监测学习活动、激发自我完全投入学习,以及调节情绪反应的能力。这些都被认为是实现个性化学习的潜在因素(Bannert et al.,2017[60];Järvelä and Bannert,2019[61])。这种对学习过程中学习者特征和行为的广泛关注,与数据在理解学习者方面所起到的核心作用形成了自然的契合(Azevedo and Gašević,D.,2019[27])。研究表明,自我调节学习(self-regulated learning,简称SRL)、动机和情感在学习过程中发挥着重要作用,技术开发从关注学习者单方面转变为关注学习者整体正是基于这一研究结果(Azevedo,2009[62])。

自我调节学习理论将学习定义为一个以目标为导向的过程,其间,学生围绕不同的主题、领域与情境,在努力实现学习目标、解决问题和对数据进行推理等过程中做出有意识的选择(Winne,2017[63];Winne and Hadwin,1998[64])。自我调节型学习者运用认知(阅读、练习、阐述)学习某个主题,运用元认知(如定向、计划、目标设定、监测与评估)对学习、推理、问题解决过程及情感状态(如无聊、困惑、沮丧)进行积极的监测与控制,并进一步激励(如提升任务价值与兴趣)自己以适当的努力程度投入到学习中(Greene and Azevedo,2010[65])。

支持自我调节学习具有两方面的意义。首先,自我调节学习技能被视为人类未来数十年必不可少的技能。人工智能将日益增强人类智能。我们需要人类能动性在这些转变中发挥主导作用,而随着经济的自动化和机器人化水平不断提高,调节技能显得至关重要(OECD,2019[66])。鉴于以上这些因素交织在一起,我们迫切需要一种能够解决社会上最具挑战性的问题的人类智能(Luckin,2017[67])。人类的这些技能与能力是人工智能不可轻易复制的,它们将是我们在瞬息万变的世界中取得成功的必要条件(World Economic Forum,2018[68])。自我调节能力,即积极主动、设定目标、自我监控等能力,是这些人类技能和能力的核心。善于自我调节的学习者学习时效率更高,心智结构也更复杂,可以在不同情况下更好地运用知识(Paans et al.,2018[69])。其次,自我调节学习技能是实现有效的终身学习(在学校和工作场所)所不可或缺的,它使学习者具备能动性,感到自己能够控制自己的生活,并提供了一种适应与调节行为的方法,有助于学习者更好地应对生活中的挑战(如家庭、爱好与工作)。

因此,将自我调节学习纳入个性化教育的方法,对当下与未来的学习都大有裨益(Molenaar,Horvers and Baker,2019[70])。然而,当研发人员成功开发出各种方法来测量学生在学习过程中的知识时,他们发现要想实现基于更广泛的学习者特征的个性化学习,第一道障碍便是如何在学习过程中对自我调节学习进行测量。人们对运用多模态技术获取自我调节学习过程数据的兴趣日益浓厚,这可能会带来一种不引人注目且具有延展性的测量方法。上面介绍的不同数据流主要用于在研究中改进测量方法,但在支持干预方面的应用却相当有限。例如，在线辅导系统 Wayang Outpost 利用学生的情感状态来调整反馈，以提高他们的积极性（Arroyo et al.，2014[20]），AtGentive（Molenaar，Van Boxtel and Sleegers，2011[71]）根据学习进度为学习者提供元认知支架。使用 MetaTutor 的学生在收到策略代理的提示后，可以根据其相应的导航行为来设定目标（Harley et al.，2015[72]）。西德尼·德梅洛（D'Mello，2021[7]）在本书第四章有关"学习参与"的案例中对测量问题进行了探讨。

为阐明这一发展，图 3.9 的"逐时学习算法"概述了一种干预策略，即使用来自自适应学习技术大规模应用产生的日志数据来检测自我调节学习过程。逐时学习算法的开发主要是为了使学习者学会某一主题特定技能的概率可视化（Baker et al.，2013[73]）。这些可视化显示了学习者在每次解决问题的机会中可能学到多少东西，代表他们在一段时间内取得的学习进展。贝克、戈尔茨坦和赫弗南（Baker，Goldstein and Heffernan，2011[74]）在实验中发现，图表中的波动程度表示学习者在某一特定时刻掌握某一内容的概率，与持续的学习收获有关。此外，不同的概率所呈现出的视觉模式，即逐个时刻的曲线，与不同的学习结果有关：例如，即时峰值与后测结果相关（Baker et al.，2013[73]）。

基于自我调节学习的个性化

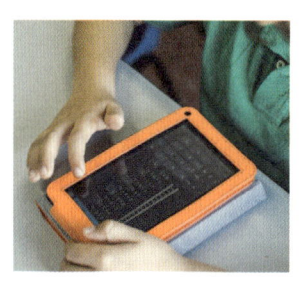

A. 检测

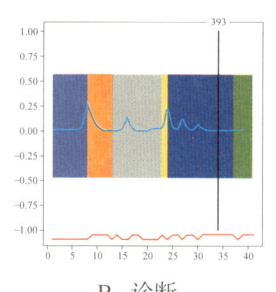

B. 诊断

C. 行动

图 3.9　逐时学习算法

资料来源：Illustrations - Inge Molenaar / Adaptive Learning Lab

这些可视化图形也反映了学习者的调节情况（Molenaar，Horvers and Baker，2019[75]）。因此，当学习者使用自适应学习技术学习时，我们可以从中更好地了解他们是如何随着时间的推移来调节准确性和学习的（Molenaar，Horvers and Baker，2019[70]）。基于此开发的个性化学生仪表盘可以为学习者提供反馈信息。如此一来，面向学习者的仪表盘不再只关注学习者学到了什么，还包括学习者如何学习。研究结果表明，那些使用仪表盘的学习者在学习过程中提高了自己的调节能力，学习效果更好，监控的准确性也更高（Molenaar et al., 2020[76]）。总体而言，这些发现表明，个性化仪表盘确实对学习者的学习产生了积极的影响。

这个案例（见图3.9）说明了扩展跟踪指标和扩大诊断范围是如何促进学习的个性化，提高我们准确了解学习者当前状态并对其未来发展进行预测的能力的。这证明我们可以通过更好的办法来实现个性化学习，比如关注更多样的学习者特征，更好地理解学习者环境。

未来个性化学习面临的挑战

本章开篇介绍了个性化学习的六个自动化等级，目的是定位人工智能在教育领域的角色，引发关于人工智能在教育中预期可达成何种自动化水平的探讨。在正式的学校教育环境中，全自动化可能并非"人工智能+教育"的最佳自动化水平。在这一背景下，研究人员提出了一个新的发展方向——人类与人工智能相辅相成的混合系统。尽管可大规模使用的教育技术迅速涌现，但针对高阶个性化学习的最新技术却并未在学校中得到广泛运用。可在学校规模化使用的学习技术与研究实验室里可用的最新技术之间仍然存在鸿沟。前者之中的大多数都处于"辅助教师"（数字材料）与"部分自动化"等级。即便是最先进的技术，其关注焦点也是基于学生知识的个性化。而将学生作为一个整体来加以关注，综合考虑更广泛的学习者特征，如自我调节、情感和动机，将有助于进一步增强个性化水平。在这方面的探索中，多数据流技术为检测与诊断多样化的学习者特征提供了新的可能性。

向更高阶的个性化形式发展是一个复杂的过程，需要各类跨国研发合作的推动。我们应在政府层面进行协调，以促进这些技术革新。为更广泛地发挥前沿技术的作用，本章为政策制定者总结了三条建议：（1）在设计、透明度与数据保护方面构建伦理规范；（2）通过公私合作改善学习技术；（3）让教师和教育专家积极参与到这些变革中。

- 建议1：在设计、透明度与数据保护方面构建伦理规范

尽管本章并不打算讨论与教育领域的人工智能相关的伦理问题，但政府有必要确保人工智能和个性化学习的发展继续支持公共服务（Sharon，2018[77]）。教育是一项基本人权，各国政府应采取必要措施，保障所有人都能获得开放、公平的教育机会（UNESCO，2019[78]）。在上述发展领域内，我们需要对数据基础设施、数据治理和法律框架进行深入思考，从而保障这些基本人权，以及学习者的隐私、安全和福祉。各国政府应制定全面的数据保护法及监管框架，确保学习者数据的利用与再利用合乎伦

理、避免歧视,且应公平、透明、可审核(UNESCO, 2019[78])。必须确保教育专家负责任地使用技术,尤其在用于检测的数据和用于诊断的算法方面。研究是对人工智能解决方案预先形成批判性分析的关键,能够确保其透明度。

● 建议2:通过公私合作改善学习技术

如上所述,研究实验室里的当前技术水平与学校日常使用的技术之间仍然存在着鸿沟。虽然过去十年内,技术在课堂上的使用急剧增加(Vincent-Lancrin et al., 2019[54]),但还没有任何例子表明,学习技术在个性化学习方面的全部潜力已在学校得到了发挥。目前还没有足够先进的教育技术解决方案能将三个层面(任务、步骤与课程)的调整及广泛的学习者特征纳入其中。为促进技术发展,政府可协调研究机构与教育科技公司之间建立公私合作伙伴关系。在不同领域,与机器学习相结合的海量数据会引发变革并扰乱市场(Bughin et al., 2018[79])。大型数据集有助于实现机器学习在教育领域的循证应用。在运用规模化技术收集数据的群体(主要是私营公司和公共教育机构)、运用专业知识推动领域发展的群体(主要是大学和公司的研究人员)及改变教育的群体(主要是学校的教师与教育领导层)之间建立合作关系,对确保个性化学习的进一步发展至关重要。这个"金三角"内的合作(Cukurova, Luckin and Clark-Wilson, 2018[80])有可能快速推进学习的个性化,进而提高教育的自动化水平。伦敦大学学院的EDUCATE项目①与卡内基梅隆大学的"西蒙倡议"②(Simon Initiative)就是这种合作关系的良好例证。

● 建议3:让教师和教育专家参与研发

自动化模型的六个等级也可以帮助教师与教育专家理解人工智能在教育中发挥的作用。技术的传统使用率一直很低,对全自动化的抵制声也很高(Tondeur et al., 2013[4])。想象一下,如果你明天踏入一辆全自动化的汽车,你会持续监控甚至操控这辆车多久呢? 自动化水平的逐步升级,不仅能提升教师对人工智能的信任感,还有助于积累支持其有效性的证据。研究表明,当教师体验"辅助教师"等级时,他们将真切地感受到什么是为教师赋能,同时进一步了解更先进的未来教育场景(Molenaar and Knoop-van Campen, 2019[16])。教师要对学生的幸福感负责,技术应保障教师能够履行这一职责。围绕数据、学习分析与人工智能在教育中的作用展开互动对话,将有助于我们实现超越当前认知的创新,真正学会如何把握人工智能为教育提供的无限可能。

---

① https://www.ucl.ac.uk/ioe/departments-and-centres/centres/ucl-knowledge-lab/educate
② https://www.cmu.edu/simon/

第三章　个性化学习：走向人机协同

译后感

技术的驱动使个性化学习达到了新高度。如果说数千年前的一对一指导标志着个性化学习的起源，那么随着一百多年来学校教育教学系统化、标准化水平的提升，人们已逐渐意识到千篇一律的课程很难同时满足众多学生的需求。对于这个问题，技术提供了解决方案——用计算机识别每位学生对知识的掌握程度，并为他们提供与课程相关的学习活动，在某种程度上实现个性化学习。

本章聚焦人机协同的个性化学习，将汽车领域的自动化驾驶六级模型引入教育领域，提出个性化学习六级自动化模型，即从最低等级的完全由人工控制走向最高等级的完全由机器控制，并详细阐述了各等级中教师与技术的角色与作用。

现阶段，全球范围内的个性化学习技术仍处于初级阶段，其未来发展取决于机器检测、诊断及行动的能力，也就是如何通过技术检测学生的学习状态，诊断学生的学习水平，给予相应的反馈，并及时调整教学内容、进度，提供有针对性的指导，从而实现学生学习的个性化。目前，技术通过数据配套学科的内容与练习，仍多基于对学生认知因素的检测、诊断和反馈。虽然已有一些研究将重点转移到非认知因素，如学生的情感、学习动机等，但它们还处于实验室探索阶段。非认知因素也是研究人机协同个性化学习的重要方面。

数据驱动的大规模因材施教是教育数字化的重点之一。发现学生的潜质，找到学生适合学什么，应该如何学、何时学，以及判断学生当下的学习状态，形成更好的学习目标和方式等，都可以通过人机协同的个性化学习辅助实现。

我国已有一些大专院校及民间企业致力于该领域的技术研发，形成了一系列成果与产品。最新技术将大数据与人工智能引入学习分析，实时根据学生学习的多维度大数据，如对错、鼠标滑动、知识地图和结构概率、与其他学生画像的对比、脑电波、表情等，结合针对大数量级知识点、题目等的处理，达到更加接近甚至在某些维度远超人类智能的教学效果；不仅从知识图谱出发，根据学生已有的知识或技能，判断学生下一步应该学什么，还从认知理论规划学生的学习方式，引导学生学习。

未来，将技术运用于个性化学习，我们认为还需要注意以下两点。

首先，要区分并连接教学的表层结构与学习的深层结构。

教学的表层结构是专业人员一眼可见的。人们走进教室，就可以看到教师是否使用了数字媒介、按照何种节奏给学生设计了哪个水平的学习任务，以及学生之间是否有交流、如何交流等。学习的深层结构是专业人员通过真问题从表层结构中发现的，比如这节课的教学是否有主线,学生是否具备数字媒介技能,数字媒介是否促进了学生的深度理解,这些都是教师在使用数字媒介时应该注意思考的问题。

其次,要关注教育数字化转型中学生的自我调节能力。

教育技术在教育数字化转型中对因材施教的促进,还应体现在增强学生的自我调节能力,提高学生终身学习或继续学习的意愿与能力。自我调节能力包括学生制定自己的目标、计划自己的学习、独立执行学习计划、把握自己的学习成效等。原则上,数字媒介可以在这方面提供巨大的可能性。但事实上,关于如何运用数字媒介增强学生自我调节能力的研究目前并不多,未来还有很大的探索空间。

（苏娇、顾思羽译,张怀浩一校,梁力萌二校）

参考文献

Aleven, V. et al. (2016), "Instruction Based on Adaptive Learning Technologies", in *Handbook of Research on Learning and Instruction,* Routledge Handbooks, http://dx.doi.org/10.4324/9781315736419. [1]

Arroyo, I. et al. (2014), "A Multimedia Adaptive Tutoring System for Mathematics that Addresses Cognition, Metacognition and Affect", *International Journal of Artificial Intelligence in Education,* Vol. 24/4, pp. 387–426, http://dx.doi.org/10.1007/s40593-014-0023-y. [20]

Asselborn, T. et al. (2018), "Automated human-level diagnosis of dysgraphia using a consumer tablet", *npj Digital Medicine*, Vol. 1/1, http://dx.doi.org/10.1038/s41746-018-0049-x. [32]

Awad, E. et al. (2018), "The Moral Machine experiment", *Nature*, Vol. 563/7729, pp. 59-64, http://dx.doi.org/10.1038/s41586-018-0637-6. [11]

Azevedo, R. (2009), "Theoretical, conceptual, methodological, and instructional issues in research on metacognition and self-regulated learning: A discussion", *Metacognition and Learning*, Vol. 4/1, pp. 87–95, http://dx.doi.org/10.1007/s11409-009-9035-7. [62]

Azevedo, R. and Gašević, D. (2019), "Analyzing Multimodal Multichannel Data about Self-Regulated Learning with Advanced Learning Technologies: Issues and Challenges", *Computers in Human Behavior*, Vol. 96, pp. 207–210. [27]

Baker, R. (2016), "Stupid Tutoring Systems, Intelligent Humans", *International Journal of Artificial Intelligence in Education*, Vol. 26/2, pp. 600–614, http://dx.doi.org/10.1007/s40593-016-0105-0. [57]

Baker, R., A. Corbett and V. Aleven (2008), "More Accurate Student Modeling through Contextual Estimation of Slip and Guess Probabilities in Bayesian Knowledge Tracing", in *Intelligent Tutoring Systems, Lecture Notes in Computer Science*, Springer Berlin Heidelberg, Berlin, Heidelberg, http://dx.doi.org/10.1007/978-3-540-69132-7_44. [41]

Baker, R., A. Goldstein and N. Heffernan (2011), "Detecting learning moment-by-moment", *International Journal of Artificial Intelligence in Education*, Vol. 21/1-2, pp. 5–25, https://doi.org/10.3233/JAI-2011-015. [74]

Baker, R. et al. (2013), "Predicting robust learning with the visual form of the moment-by-moment learning curve", *Journal of the Learning Sciences*, Vol. 22/4, pp. 639–666. [73]

Baker, R. and P. Inventado (2014), *Educational data mining and learning analytics*, Springer. [26]

Bannert, M. et al. (2017), "Relevance of learning analytics to measure and support students' learning in adaptive educational technologies", in *Proceedings of the Seventh International Learning Analytics & Knowledge Conference*, http://dx.doi.org/10.1145/3027385.3029463. [60]

Blikstein, P. (2018), *Time for hard choices in AIED*, Keynote at London Festival of Learning, https://vimeo.com/283023489. [22]

Bloom, B. (1984), "The 2 Sigma Problem: The Search for Methods of Group Instruction as Effective as One-to-One Tutoring", *Educational Researcher*, Vol. 13/6, pp. 4–16, http://dx.doi.org/10.3102/0013189x013006004. [24]

Bodily, R. et al. (2018), "Open learner models and learning analytics dashboards", in *Proceedings of the 8th International Conference on Learning Analytics and Knowledge*, http://dx.doi.org/10.1145/3170358.3170409. [15]

Bosch, N. et al. (2015), "Automatic Detection of Learning-Centered Affective States in the Wild", in *Proceedings of the 20th International Conference on Intelligent User Interfaces - IUI '15*, http://dx.doi.org/10.1145/2678025.2701397. [31]

Bughin, J. et al. (2018), "Notes from the AI frontier: Modeling the impact of AI on the world economy", *McKinsey Global Institute*, http://www.mckinsey.com/mgi. [79]

Carnegie Learning (n.d.), Carnegie Learning, https://www.carnegielearning.com/products/software-platform/mathia-learning-software (accessed on 1 December 2020). [46]

Corbett, A. and J. Anderson (1995), "Knowledge tracing: Modeling the acquisition of procedural knowledge", *User Modeling and User-Adapted Interaction*, Vol. 4/4, pp. 253–278, http://dx.doi.org/10.1007/bf01099821. [39]

Corno, L. (2008), "On Teaching Adaptively", *Educational Psychologist*, Vol. 43/3, pp. 161–173, http://dx.doi.org/10.1080/00461520802178466. [2]

Cukurova, M., R. Luckin and A. Clark-Wilson (2018), "Creating the golden triangle of evidence-informed education technology with EDUCATE", *British Journal of Educational Technology*, Vol. 50/2, pp. 490–504, http://dx.doi.org/10.1111/bjet.12727. [80]

Dede, C. (1986), "A review and synthesis of recent research in intelligent computer-assisted instruction", *International Journal of Man-Machine Studies*, Vol. 24/4, pp. 329–353, http://dx.doi.org/10.1016/s0020-7373(86)80050-5. [38]

Desmarais, M. and R. Baker (2011), "A review of recent advances in learner and skill modeling in intelligent learning environments", *User Modeling and User-Adapted Interaction*, Vol. 22/1-2, pp. 9–38, http://dx.doi.org/10.1007/s11257-011-9106-8. [30]

Dillenbourg, P. (2021), "Classroom analytics: Zooming out from a pupil to a classroom", in *OECD Digital Education Outlook 2021: Pushing the frontiers with AI, blockchain, and robots*, OECD Publishing. [14]

D'Mello, S. (2021), "Improving Student Engagement in and with Digital Learning Technologies", in *OECD Digital Education Outlook 2021: Pushing the frontiers with AI, blockchain, and robots*, OECD Publishing. [7]

Faber, J., H. Luyten and A. Visscher (2017), "The effects of a digital formative assessment tool on mathematics achievement and student motivation: Results of a randomized experiment", *Computers & Education*, Vol. 106, pp. 83–96, http://dx.doi.org/10.1016/j.compedu.2016.12.001. [43]

Falmagne, J. et al. (2006), "The Assessment of Knowledge, in Theory and in Practice", in *Formal Concept Analysis, Lecture Notes in Computer Science*, Springer Berlin Heidelberg, Berlin, Heidelberg, http://dx.doi.org/10.1007/11671404_4. [50]

Feng, M. and N. Heffernan (2005), "Informing Teachers Live about Student Learning: Reporting in the Assistment System", *Tech., Inst., Cognition and Learning*, Vol. 3/508, pp. 1–14. [59]

Greene, J. and R. Azevedo (2010), "The Measurement of Learners' Self-Regulated Cognitive and Metacognitive Processes While Using Computer-Based Learning Environments", *Educational Psychologist*, Vol. 45/4, pp. 203–209, http://dx.doi.org/10.1080/00461520.2010.515935. [65]

Harari, Y. (2018), *21 Lessons for the 21st Century*, Random House. [10]

Harley, J. et al. (2015), "A multi-componential analysis of emotions during complex learning with an intelligent multi-agent system", *Computers in Human Behavior*, Vol. 48, pp. 615–625. [72]

Holstein, K., B. McLaren and V. Aleven (2019), "Co-designing a real-time classroom orchestration tool to support teacher–AI complementarity", *Journal of Learning Analytics*, Vol. 6/2, pp. 27–52. [58]

Holstein, K., B. McLaren and V. Aleven (2018), "Student Learning Benefits of a Mixed-Reality Teacher Awareness Tool in AI-Enhanced Classrooms", in *Lecture Notes in Computer Science, Artificial Intelligence in Education*, Springer International Publishing, Cham, http://dx.doi.org/10.1007/978-3-319-93843-1_12. [36]

Holstein, K., B. McLaren and V. Aleven (2017), "Intelligent tutors as teachers' aides", in *Proceedings of the Seventh International Learning Analytics & Knowledge Conference*, http://dx.doi.org/10.1145/3027385.3027451. [19]

Järvelä, S. and M. Bannert (2019), "Temporal and adaptive processes of regulated learning-What can multimodal data tell?", *Learning and Instruction*, p. 101268, http://dx.doi.org/10.1016/j.learninstruc.2019.101268. [61]

Kamar, E. (2016), "Directions in Hybrid Intelligence: Complementing AI Systems with Human Intelligence", *IJCAI*, pp. 4070–4073. [8]

Klinkenberg, S., M. Straatemeier and H. van der Maas (2011), "Computer adaptive practice of Maths ability using a new item response model for on the fly ability and difficulty estimation", *Computers & Education*, Vol. 57/2, pp. 1813-1824, http://dx.doi.org/10.1016/j.compedu.2011.02.003. [40]

Knoop-van Campen, C. and I. Molenaar (2020), "How Teachers integrate Dashboards into their Feedback Practices", *Frontline Learning Research*, pp. 37-51, http://dx.doi.org/10.14786/flr.v8i4.641. [35]

Koedinger, K., J. Booth and D. Klahr (2013), "Instructional Complexity and the Science to Constrain It", *Science*, Vol. 342/6161, pp. 935-937, http://dx.doi.org/10.1126/science.1238056. [33]

Koedinger, K. and A. Corbett (2006), "Cognitive Tutors: Technology Bringing Learning Sciences to the Classroom-Chapter 5", in *The Cambridge Handbook of the Learning Sciences*, pp. 61-78, https://www.academia.edu/download/39560171/ koedingercorbett06.pdf. [18]

Koedinger, K., A. Corbett and C. Perfetti (2012), "The Knowledge-Learning-Instruction Framework: Bridging the Science-Practice Chasm to Enhance Robust Student Learning", *Cognitive Science*, Vol. 36/5, pp. 757-798, http://dx.doi.org/10.1111/j.1551-6709.2012.01245.x. [34]

Kulik, J. and J. Fletcher (2016), "Effectiveness of Intelligent Tutoring Systems", *Review of Educational Research*, Vol. 86/1, pp. 42-78, http://dx.doi.org/10.3102/0034654315581420. [56]

Luckin, R. (2017), "Towards artificial intelligence-based assessment systems", *Nature Human Behaviour*, Vol. 1/3, http://dx.doi.org/10.1038/s41562-016-0028. [67]

Miller, W. et al. (2015), "Automated detection of proactive remediation by teachers in reasoning mind classrooms", in *Proceedings of the Fifth International Conference on Learning Analytics and Knowledge-LAK '15*, http://dx.doi.org/10.1145/2723576.2723607. [17]

Molenaar, I., A. Horvers and R. Baker (2019), "Towards Hybrid Human-System Regulation", in *Proceedings of the 9th International Conference on Learning Analytics & Knowledge*, http://dx.doi.org/10.1145/3303772.3303780. [70]

Molenaar, I., A. Horvers and R. Baker (2019), "What can moment-by-moment learning curves tell about students' self-regulated learning?", *Learning and Instruction*, p. 101206, http://dx.doi.org/10.1016/j.learninstruc.2019.05.003. [75]

Molenaar, I. et al. (2020), "Personalized visualizations to promote young learners' SRL", in *Proceedings of the Tenth International Conference on Learning Analytics & Knowledge*, http://dx.doi.org/10.1145/3375462.3375465. [76]

Molenaar, I. and C. Knoop-van Campen (2019), "How Teachers Make Dashboard Information Actionable", *IEEE Transactions on Learning Technologies*, Vol. 12/3, pp. 347–355, http://dx.doi.org/10.1109/tlt.2018.2851585. [16]

Molenaar, I., C. Knoop-van Campen and F. Hasselman (2017), "The effects of a learning analytics empowered technology on students' arithmetic skill development", in *Proceedings of the Seventh International Learning Analytics & Knowledge Conference*, http://dx.doi.org/10.1145/3027385.3029488. [45]

Molenaar, I., C. Van Boxtel and P. Sleegers (2011), "The Effect of Dynamic Computerized Scaffolding on Collaborative Discourse", in *Towards Ubiquitous Learning, Lecture Notes in Computer Science*, Springer Berlin Heidelberg, Berlin, Heidelberg, http://dx.doi.org/10.1007/978-3-642-23985-4_39. [71]

Molenaar, I. and C. van Campen (2016), "Learning analytics in practice", in *Proceedings of the Sixth International Conference on Learning Analytics and Knowledge-LAK' 16*, http://dx.doi.org/10.1145/2883851.2883892. [44]

Mudrick, N., R. Azevedo and M. Taub (2019), "Integrating metacognitive judgments and eye movements using sequential pattern mining to understand processes underlying multimedia learning", *Computers in Human Behavior*, Vol. 96, pp. 223–234. [28]

Muralidharan, K., A. Singh and A. Ganimian (2019), "Disrupting education? Experimental evidence on technology-aided instruction in India", *American Economic Review*, Vol. 109/4, pp. 1426–1460. [53]

OECD (2019), *OECD Skills Outlook 2019 : Thriving in a Digital World*, OECD Publishing, Paris, https://dx.doi.org/10.1787/df80bc12-en. [66]

Paans, C. et al. (2018), "The quality of the assignment matters in hypermedia learning", *Journal of Computer Assisted Learning*, Vol. 34/6, pp. 853-862, http://dx.doi.org/10.1111/jcal.12294. [69]

Pane, J. et al. (2014), "Effectiveness of Cognitive Tutor Algebra I at Scale", *Educational Evaluation and Policy Analysis*, Vol. 36/2, pp. 127-144, http://dx.doi.org/10.3102/0162373713507480. [48]

Pane, J. et al. (2010), "An Experiment to Evaluate the Efficacy of Cognitive Tutor Geometry", *Journal of Research on Educational Effectiveness*, Vol. 3/3, pp. 254-281, http://dx.doi.org/10.1080/19345741003681189. [47]

Parasuraman, R., T. Sheridan and C. Wickens (2000), "A Model for Types and Levels of Human Interaction with Automation", *SYSTEMS AND HUMANS*, Vol. 30/3, https://ieeexplore.ieee.org/abstract/document/844354/. [13]

Pashler, H. et al. (2007), "Enhancing learning and retarding forgetting: Choices and consequences", *Psychonomic Bulletin & Review*, Vol. 14/2, pp. 187-193, http://dx.doi.org/10.3758/bf03194050. [52]

Pavlik, P. and J. Anderson (2005), "Practice and Forgetting Effects on Vocabulary Memory: An Activation-Based Model of the Spacing Effect", *Cognitive Science*, Vol. 29/4, pp. 559-586, http://dx.doi.org/10.1207/s15516709cog0000_14. [51]

Ritter, S. et al. (2007), "What evidence matters? A randomized field trial of Cognitive Tutor Algebra I", in *Proceedings of the 15th International Conference on Computers in Education*, ICCE 2007, November 5-9, 2007, Hiroshima, Japan. [49]

Robinson, K. (2010), *Changing Edcuation Paradigms*, https://www.ted.com/talks/sir_ken_robinson_changing_education_paradigms (accessed on 26 November 2020). [3]

Sharon, T. (2018), "When digital health meets digital capitalism, how many common goods are at stake?", *Big Data & Society*, Vol. 5/2, p. 2053951718819032, http://dx.doi.org/10.1177/2053951718819032. [77]

Shladover, S. (2018), "Connected and automated vehicle systems: Introduction and overview", *Journal of Intelligent Transportation Systems*, Vol. 22/3, pp. 190-200, http://dx.doi.org/10.1080/15472450.2017.1336053. [21]

Snappet (n.d.), *Snappet*, http://www.snappet.org (accessed on 1 December 2020). [42]

Stewart, A. et al. (2019), "I Say, You Say, We Say", in *Proceedings of the ACM on Human-Computer Interaction*, Vol. 3/CSCW, pp. 1-19, http://dx.doi.org/10.1145/3359296. [29]

Stiftung, R. (ed.) (2018), *Technology-enhanced Personalised Learning: Untangling the Evidence Other How to cite*, http://www.studie-personalisiertes-lernen.de/en/ (accessed on 26 November 2020). [9]

Tondeur, J. et al. (2013), "Getting inside the black box of technology integration in education: Teachers' stimulated recall of classroom observations", *Australasian Journal of Educational Technology 3*, https://ajet.org.au/index.php/AJET/article/view/16. [4]

Topol, E. (2019), "High-performance medicine: The convergence of human and artificial intelligence", *Nature Medicine*, Vol. 25/1, pp. 44-56, http://dx.doi.org/10.1038/s41591-018-0300-7. [12]

UNESCO (2019), *Beijing Consensus on Artificial Intelligence and Education*, https://unesdoc.unesco.org/ark:/48223/pf0000368303. [78]

VanLEHN, K. (2011), "The Relative Effectiveness of Human Tutoring, Intelligent Tutoring Systems, and Other Tutoring Systems", *Educational Psychologist*, Vol. 46/4, pp. 197-221, http://dx.doi.org/10.1080/00461520.2011.611369. [25]

VanLehn, K. (2015), "Regulative Loops, Step Loops and Task Loops", *International Journal of Artificial Intelligence in Education*, Vol. 26/1, pp. 107-112, http://dx.doi.org/10.1007/s40593-015-0056-x. [55]

Vanlehn, K. (2006), "The Behavior of Tutoring Systems", *International Journal of Artificial Intelligence in Education*, Vol. 16. [5]

Vincent-Lancrin, S. et al. (2019), *Measuring Innovation in Education 2019: What Has Changed in the Classroom?*, Educational Research and Innovation, OECD Publishing, Paris, https://dx.doi.org/10.1787/9789264311671-en. [54]

Wingo, G. (1961), "Teaching Machines", *Journal of Teacher Education*, Vol. 12/2, pp. 248-249, http://dx.doi.org/10.1177/002248716101200225. [23]

Winne, P. (2017), "Learning Analytics for Self-Regulated Learning", in *Handbook of Learning Analytics*, Society for Learning Analytics Research (SoLAR), http://dx.doi.org/10.18608/hla17.021. [63]

Winne, P. and R. Baker (2013), "The Potentials of Educational Data Mining for Researching Metacognition, Motivation and Self-Regulated Learning", *JEDM-Journal of Educational Data Mining*, Vol. 5/1, pp. 1-8, https://doi.org/10.5281/zenodo.3554619. [6]

Winne, P. and A. Hadwin (1998), "Studying as self-regulated learning", *Metacognition in Educational Theory and Practice*. [64]

Wise, A. (2014), "Designing pedagogical interventions to support student use of learning analytics", in *Proceedings of the Fourth International Conference on Learning Analytics and Knowledge - LAK '14*, http://dx.doi.org/10.1145/2567574.2567588. [37]

World Economic Forum (2018), *The future of jobs report*. [68]

第四章

使用数字学习技术促进学生参与

西德尼·德梅洛,美国科罗拉多大学博尔德分校

  参与是学习的关键,但事实证明,既要促进学生的有意义参与,又要促进学生的深度学习,这具有很大的挑战性。数字学习技术能为我们提供帮助吗?本章概述了一些有发展前景的途径(用于测量学生使用数字技术学习时的参与度),以及当学生开始学习或处于游离状态时这些技术是如何提高他们的参与度的。本章探讨了为何参与对学习很重要及如何通过数字学习技术来测量学生的参与度,并介绍了运用数据和技术提高学生参与度和学习效果的多种方法。

引言

提高学生对学习持续的参与度已成为教育的一个关键目标，原因至少有两个：（1）参与是有意义学习的先决条件；（2）参与度的保持涉及认知和社会情感能力，而这两项技能的习得本身就是学习目标。数字技术的进步（包括传感器、先进的数据分析技术和创新的数字学习体验）为学习参与度的测量、理论发展及教学干预措施的设计开辟了新的途径，其中干预措施能够帮助学生在学习活动中保持参与。

过去的 20 年里，研发人员在设计可促进学生参与、优化学习效果的学习技术方面取得了相当大的进展。本章旨在对这一新兴领域进行概述，并就未来十年左右一些颇有前景的发展途径展开讨论。虽然一些已开发的技术可能很快就会被应用于课堂，但本章关注的重点是数字学习环境，而不是传统的课堂环境。当前，大多数用于测量和促进学生持续参与的数字学习技术已在实验室环境中进行了测试，现实环境中的研究才刚刚起步。截至目前，结果喜忧参半，这对一个新兴领域而言是意料之中的事。

"参与"是一个容易理解的概念，但很难定义。因此，在强调参与对学习的重要性之后，本章就科学定义"参与"所面临的挑战进行了讨论。随后，本章对当前测量参与度的方法进行了概述，并讨论了数字技术和计算方法及技术的发展是如何快速改进对参与度的测量的。接着，本章展示了学习技术试图以主动策略或被动响应式交互来提高参与度和学习效果的不同方法。通过一系列实例和案例研究，这些方法将启发我们思考哪些技术即使现在尚未投入使用，很快也会被广泛应用于数字学习环境。最后，本章探讨了这一研究项目的重点发展方向，以及未来它将如何彻底改变教育实践。

参与的重要性

几十年来，人们已经认识到参与对学习的重要性，并对其展开了调查。研究广泛支持以下的一般结论：积极参与的学生为学习做了充分的准备，心不在焉的学生则毫无学习动力。特别是无聊（在某种程度上是参与的对立面），这不仅仅是一种不愉快的感觉。无聊与难以保持注意力有关（Danckert and Merrifield, 2018[1]；Eastwood et al., 2012[2]；Hunter and Eastwood, 2018[3]），并始终与学习结果呈负相关（Pekrun et al., 2014[4]；Putwain et al., 2018[5]）。例如，最近一项基于 29 项研究的元分析（$N=19052$ 名学生）发现，无聊与学习成绩总体上呈显著负相关，相关系数 r 为 -0.24（Tze, Daniels and Klassen, 2016[6]）。当然，期望学生能百分之百地投入学习是不必要的,甚至是不现实的;一定程度的思维游离总有可能会出现,但只要次数不多、时间不长就没什么问题。然而,持续性的思维游离与许多负面结果相关,比如学生学业成就水平降低,自我效能感降低,对学习活动的兴趣减退,做出非常危险的行为,最重要的是容易造成学生辍学或被退学(Baker et al.,2010[7];Csikszentmihalyi,1975[8];Daniels et al.,2009[9];Farrell et al.,1988[10];Finn and Voelkl,1993[11];Griffiths et al.,2012[12];Mann and Robinson,2009[13];Patrick,Skinner and Connell,1993[14];Pekrun et al.,2010[15];Perkins and Hill,1985[16];Wasson,1981[17])。从更积极的角度来看,学生积极参与学习活动,除了能够提高学习成绩,还会带来某些其他好处。

很多有关参与的研究都聚焦于发生在课堂和学校环境中的传统学习。《学生参与研究手册》(*Handbook of Research on Student Engagement*)(Christenson,Reschly and Wylie,2012[18])详细阐述了这些学习情境下与参与有关的一系列问题。然而,随着移动设备、互联网和社交媒体的出现,大部分学习是通过数字媒体进行的。这就带来了一个挑战——因为当学生在与数字学习技术进行交互时(往往是独自一人),要想引起他们的兴趣变得特别困难。例如,慕课通过向全世界数以百万计的学习者开放内容,已经取得了深入人心的宣传效果。然而,传统的慕课(主要包括观看视频、完成自动评分的评价或参加在线讨论)在参与度和辍学方面存在重大问题(Yang et al.,2013[19])。有天赋的人类教师或专家导师可通过设计协作类活动来提高学生的参与度,并能在学生参与度下降时及时调整教学,数字学习技术则很难促进并帮助学习者保持有意义的参与。即使有一种学习技术起初成功吸引了学生的注意力,但当学生新鲜感消退、学习卡壳或最终感到无聊时,任何技术都将无能为力。

设计可同时促进学生参与和深度学习的数字学习体验是一项具有挑战性的任务,因为这需要缩小学习和喜好之间的差距,而这两者往往是矛盾的。难题恰恰就在这里。一方面,我们很容易通过拼图、游戏、漫画和其他"寓教于乐"的噱头让学生开心。毋庸置疑,学生们会发现这类体验非常吸引人,但他们是否学到了有意义的东西——尤其在更深的理解层面——尚不清楚(Charsky,2010[20];Papert,1998[21])。此外,利用学习材料(如封面故事或逼真的图像)来提高兴趣可能会转移学生对学习内容的注意力和认知资源,实际上不利于学习(Rey,2012[22])。另一方面,通过数十年来对学习认知科学的研究,我们已总结出有效学习的原则(Bransford,Brown and Cocking,2000[23];Karpicke and Blunt,2011[24];Roediger and Karpicke,2006[25]),它可借助智能辅导系统等学习技术实现。然而,尽管大量文字记载表明智能辅导系统(Steenbergen-Hu and Cooper,2014[26])和其他根据深度学习原则开发的技术(McNamara et al.,2006[27])有助于学习,学生发现与这些技术进行交互相当乏味（Baker et al., 2010[7]；Craig et al., 2008[28]）。但也有例外，研究发现智能辅导系统比游戏更具吸引力（Rodrigo and Baker, 2011[29]）。核心问题在于：学习者之所以觉得学习困难，是因为他们需要付出相当大的努力并不断地进行实践才能达到掌握知识的目的（Ericsson, Krampe and Tesch-Römer, 1993[30]）。学生要学会延迟满足，尽管思维游离之后转向一些可获得即时满足的活动（如社交媒体）会让人（在短期内）收获更多的满足感（Duckworth et al., 2019[31]）。当然，如上所述，思维游离的学生将在未来付出沉重的代价。

"参与"的定义

与温度、质量等物理实体不同，"参与"作为一个概念实体（或称为构念①），必须在操作层面（科学层面）加以定义。举个例子，假设数学课上有四名中学生：

● 凯莎每天都去上数学课，认真听讲，善于提问，并能完成家庭作业。如果被问到最不喜欢的学科，她会说是数学，但她能意识到数学对她的未来发展很重要。

● 詹姆斯经常缺席数学课，虽然上课时努力认真听讲，但常常发现自己大脑一片空白。他能完成约一半的数学作业，对数学和学校的态度总体上很矛盾。

● 拉斐尔不会错过任何一节数学课，他静静地坐在那儿，从不说话，仔细地做笔记，且总能完成家庭作业。他喜欢数学，但真正热爱的却是科学，因为他想成为一名生物学家。

● 马库斯对数学充满热情，喜欢在业余时间玩数学游戏。他每节课都上，但因为学习内容过于简单，所以经常感到无聊，并试图从老师讲的内容中找出错误，以此来打发时间。他每晚都努力想要完成数学作业，但又觉得过于重复单调，所以宁愿在社交媒体上发帖。

上述四名学生中，哪些是积极参与的，哪些不是？词典上的定义能为我们提供思路吗？《韦氏词典》将"engaged / engagement"定义为"参与活动""非常感兴趣"及"情感参与或投入"。然而正如研究人员所指出的，这些通用的定义虽然可使政策制定者和受过教育的非专业人士更容易理解这个构念，但对科学研究这一更注重精确定义

---

① 构念，原文为 construct，是美国心理学家乔治·凯利（George Kelly）提出的概念，指测验所测量的概念或特性。构念是一个人在其生活中经由对环境中人、事、物的认识、期望、评价、思维所形成的观念。——译者注

的领域来说用处不大,尤其是在阐明因果关系方面(Eccles and Wang,2012[32])。

遗憾的是,目前仍然难以对"参与"进行科学的定义。研究人员指出,"参与"一词被用来描述不同的行为、想法、观念、感受和态度,指代类似构念的还有其他各种术语(Reschly and Christenson,2012[33])。"参与"被认为是一个广泛而复杂的构念,涉及教育经历的不同方面(如出勤率、家庭作业完成情况、归属感、愉快的时光)和多个不同的时间跨度(如一时的兴趣、不喜欢上学等稳定的倾向,以及像辍学那样改变人生的结果)。因此,对这一复杂构念的具体方面进行研究——而不是一味追求一个包罗万象但过于笼统的定义——可能更有成效。

研究人员普遍认为,"参与"是一个多维度的构念,尽管维度的数量与性质尚不明确(见图4.1)。弗雷德里克斯、布卢门菲尔德和帕里斯(Fredricks,Blumenfeld and Paris,2004[34])在一篇极具影响力的文章中提出,"参与"由情感参与、行为参与和认知参与三部分组成。情感参与包括学习者对学习任务或学习情境的感受和态度,比如学生对某一学科、教师是否感兴趣(Renninger and Bachrach,2015[35])或对学校的总体满意度;行为参与泛指学习者参与到学习中,包括其努力、坚持和专注;认知参与和学习者在学习任务上的投入有关,比如他们如何分配学习精力,以及他们对学习内容的理解和掌握情况。

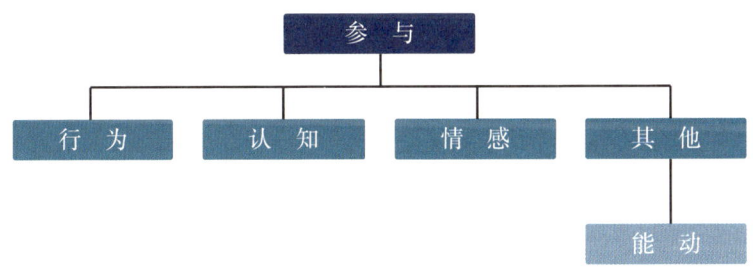

图 4.1 "参与"的组成部分

资料来源:D'Mello for Digital Education Outlook 2021

也有研究人员最近提出了第四个维度——能动参与,其特征是学习者主动促成学习过程(Reeve and Tseng,2011[36])。另外,佩克伦和林内布林克-加西亚(Pekrun and Linnenbrink-Garcia,2012[37])提出了一个五要素模型,包括认知(如注意力和记忆过程)、动机(如内部动机和外部动机)、行为(如努力和坚持)、社会行为(如与同伴一起参与)和认知行为(如策略使用和自我调节)方面的参与。

除了"参与"的组成部分之外,时间进程和情境因素的影响也十分重要。就时间进程而言,一个学生对某个主题的短暂兴趣仅能持续几分钟或几小时,这与数月或数年来始终保持参与的学生是不同的（Hidi and Renninger，2006[38]）。人们也普遍认为，一项活动所处的情境会对由此引发的参与模式产生重大影响。要知道，参与不是个体的内在属性，而是源于个体与其所处情境（包括同伴、教师、家庭和学校架构）之间的互动（Christenson，Reschly and Wylie，2012[18]）。

因此，西纳特拉、赫迪和隆巴尔迪（Sinatra，Heddy and Lombardi，2015[39]）提出了一个框架，将"参与"的组成部分、时间进程及情境影响整合到一起（见图4.2）。该框架将"参与"视为一个连续过程：一端以人为导向，另一端以情境为导向，"情境中的人"则介于两者之间。"以人为导向"侧重于学生在学习时的认知、情感和动机状态，最好采用细粒度生理行为测量方法（如反应模式、面部表情）来捕捉。"以情境为导向"强调将学习者的学习情境作为分析单位，关注的是教师、教室、学校、社区等宏观层面的结构，而不是学生个人。中粒度的"情境中的人"关注学习者和情境之间的互动（如学生之间如何互动，或学生与技术之间如何互动）。这一层面的分析将会对特定的课堂活动（如小组作业）是否比其他活动（如讲座）更具吸引力进行研究。

图 4.2　参与的时间进程及情境影响

资料来源：D'Mello for Digital Education Outlook 2021

当个体开展数字学习时，"参与"在操作层面上可被定义为一种以目标为导向，积极、专注地运用数字学习技术的状态。这种界定的可操作化与西纳特拉等人"以人为导向"的分析层面相一致，焦点都是"参与"的三种组成部分，即情感、行为和认知在短时间内（从几秒钟到几分钟）的状态（而不是特征）。在大多数情况下，感到无聊、昏昏欲睡和频繁地开小差都是思维游离的标志，感兴趣、好奇及所谓的"心流体验"——也就是学习者全神贯注地沉浸于某项活动，甚至忘记了时间、空间的存在（Csikszentmihalyi，1990[40]）——则是参与的标志。然而，在某些情况下，与参与相关的特定心理状态（及其水平）是根据学习技术的功能差异而变化的。例如，尽管挫败感是一种负面情绪，但在玩一个有难度的教育游戏时产生挫败感可能恰恰表明学生积极参与了，因为挫败感也是在游戏中学习的一部分，说明学习者体验到了挑战的乐趣（Gee，2003[41]）。但如果这种情绪出现在简单的词汇学习任务中，则说明学生没有参与学习，且可能预示着其他一些问题。

参与度的测量

对任何一种提高参与度的方法来说,其有效性取决于参与度测量的准确性。那么传统上,我们是如何测量参与度的呢?图 4.3 对各种测量方法进行了总结。

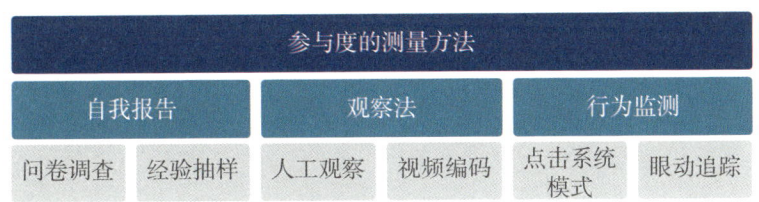

图 4.3　参与度测量方法的主要类别与实例

资料来源:D'Mello for Digital Education Outlook 2021

传统测量方法

在传统教育和数字教育中,自我报告问卷是最常使用的参与度测量方法(Fredricks and McColskey, 2012[42]; Greene, 2015[43]; Henrie, Halverson and Graham, 2015[44])。在问卷中,学生需要对一些题项作出赞同与否的判断,比如"上课时,我非常认真地听讲"(行为参与类题项)或"我喜欢在课上学习新知识"(情感参与类题项)。问卷虽然相对便宜,易于操作,且通常较为可靠,但仍然存在一些众所周知的局限性(Duckworth and Yeager, 2015[45]; Krosnick, 1999[46])。例如,在判断过程中,受访者必须将选项(如学生对自己进行评价)与某些隐性标准进行比较,而标准可能因人而异。对某个学生而言,"我在数学课上很积极"可能体现为每天做 5 个小时的数学家庭作业;对其他学生而言,则可能只是去上课。因此,由异质参系系产生的偏差降低了自我报告问卷的效度(Heine et al., 2002[47])。另一个重要的限制因素是社会期望偏差(Krosnick, 1999[46]),当受访者想要得到他人的赞赏或维护自己的自尊心时,他们对问卷中相关题项的回答往往会失真。同样,记忆力的局限性和默许偏差也会影响自我报告问卷的效度(Podsakoff et al., 2003[48])。

除了问卷之外,还有一些其他类型的参与度测量方法,比如经验抽样法(Csikszentmihalyi and Larson, 1987[49])、日重现法(Kahneman et al., 2004[50])和访谈(Turner and Meyer, 2000[51])。然而,由于这些方法仍然依赖于自我报告,因此和问卷一样容易受到某些认知偏差的影响。例如,经验抽样法受社会期望偏差影响,但不受记忆偏差影响。

作为自我报告的替代方法，观察法因更为客观而具有一定的吸引力（Nystrand and Gamoran，1991[52]；Pianta，Hamre and Allen，2012[53]；Renninger and Bachrach，2015[35]；Ryu and Lombardi，2015[54]；Volpe et al.，2005[55]）。遗憾的是，这类方法需要投入大量的人力，对长期重复的大规模测量构成了重大挑战。此外，观察法在某些学习情境中是无法实施的，比如学生的家里。某些局限性则可通过自动化数据采集和半自动或人工编码来解决。例如，电子激活录音器①（Electronically Activated Recorder，简称 EAR）可在自然环境中随机采集音频片段（Mehl et al.，2001[56]）。使用电子激活录音器采集数据既高效又经济，但数据仍然需要由人来转录和编码，这不仅增加了成本，还降低了规模化扩展的可能性。类似地，研究人员（Lehman et al.，2008[57]）甚至教师（D'Mello et al.，2008[58]）也可从视频中对参与度进行编码，但视频编码同样耗时耗力。为了解决这一局限性，也有一些人尝试通过课堂视频自动分析技术来测量学生的参与度（Aung，Ramakrishnan and Whitehill，2018[59]；Bidwell and Fuchs，2011[60]；Klein and Celik，2017[61]；Raca，Kidzinski and Dillenbourg，2015[62]），不过该研究目前仍处于起步阶段，部分原因是课堂视频录制有难度且涉及师生隐私。

最后，参与度还可在学生的学业和日常行为记录中得到印证，比如家庭作业完成情况、缺勤率、测试成绩、在某数字学习平台上花费的时间等（Arnold and Pistilli，2012[63]；Lehr，Sinclair and Christenson，2004[64]；Skinner and Belmont，1993[65]），但这些方法在测量学生的认知参与和情感参与方面依然作用有限。例如，在技术领域，参与通常等同于使用，并被量化为登录次数、点击量等。这种只刻画少数外显行为的描述显然是不够的，因为它关注的仅仅是一个参与维度——行为参与。

自动化数字测量方法

测量方法限制了理解参与及提高参与度的干预措施方面的科学进展，这些测量方法或成本过高，或存在已知偏差和局限。在数字学习环境中提高学生的参与度，首先将面临测量和理论方面的挑战，传感器和数字技术的进步有助于解决这个问题。在最近一些关于参与度和其他类似因素的报告中，与政策、实践、研究、设计最为相关的结论之一（Atkins-Burnett et al.，2012[66]；Shechtman et al.，2013[67]）是过度使用且过于依赖学生的自我报告，这导致当前的研究始终难以取得突破——即便各类（教育研究、教学设计、

---

① 电子激活录音器是一种利于在自然环境下进行随机采样的音频采集设备，可定时或按照程序设计对环境中的被试采集音频数据，常用于采集日常生活中的真实对话。——译者注

政策制定、教学实践)团体是通过严谨的研究设计和大样本量得出这些结果和理论的。无论是过去还是现在,学生的自我报告数据都为理论发展和活动干预提供了依据,这类干预通过自我报告来评估活动并对理论产生影响。先进的数字技术和数据分析方法使我们能够跳出学生的自我报告,从而打破这种循环,更系统、显著地提高我们对参与的认识。集合多种可靠、合理、公平、高效的测量方法之后,再由训练有素的研究人员运用适当的方法和技术进行分析,将使调查研究和活动评估取得积极的进展和成效。

最近,德梅洛、迪特尔和达克沃思(D'Mello, Dieterle and Duckworth, 2017[68])提出了一类替代的测量方法——3A(advanced, analytic, automated)分析技术,该方法尤其适用于学习者与数字学习技术之间的交互。它关注"以人为导向"的可操作化层面的参与,对整个学习过程中出现的瞬时情感和认知状态进行测量(也就是说,它与上文"参与"的定义是一致的)。与其他方法相比,基于3A技术的测量方法有几大优势。首先,该方法是自动化的,这意味着它可广泛且大规模地投入应用。其次,由于该方法是通过计算机进行测量的,因此得到的结果更容易保持一致性,从而部分避免了参照系、社会期望、默许及与自我报告和观察报告相关的其他偏差。这种测量方法也不像人类那样可能会受到注意力偶尔不集中或疲劳的影响。该方法大大地节省了时间和人力成本,而这正是经验抽样法、日重现法、视频编码和人工观察的局限性所在。

3A方法的核心思想(见图4.4)是训练机器从机器可读信号和学习情境的各方面来推断和参与(如集中注意力、感兴趣)有关的潜在心理状态。该方法采用机器学习,需要通过训练数据获得一个计算模型(计算机程序),而这种模型可应用于未来采集的数据(未知数据)。因此,3A方法是从训练数据的采集开始的。

步骤1:记录学生在特定学习情境中完成学习活动时的信号(视频、生理学指标、日志文件等)(步骤1a),然后从这些信号中计算出高阶表征(称为特征)(步骤1b)。以视频信号为例,可使用计算机视觉技术从中自动提取出微笑、点头、皱眉等特征(Valstar et al., 2012[69])。学生与学习技术的交互模式(即点击流)是另一个表现学生参与度的重要信号(Baker and Ocumpaugh, 2015[70])。

步骤2:由学生本人、外部观察者或通过其他一些方法对反映"参与"不同组成部分的心理状态进行标注(Porayska-Pomsta et al., 2013[71])。例如,可以要求学生每隔5分钟自我报告一次兴趣水平(Sabourin and Lester, 2014[72]),或者由受过专门训练的观察者观察学生随后的互动,并以5分钟为间隔对学生感知到的情绪进行编码(Ocumpaugh, Baker and Rodrigo, 2015[73])。特征和标注需要在时间上保持同步,以便在两者之间建立联系。例如,每5分钟内学生的鼠标点击次数和微笑次数应与同一时间间隔内自我报告或观察报告的参与度相一致。

步骤3：这一步涉及监督学习（机器学习的一个分支），也就是机器学习将特征（如上所述，从传感器记录的信号中提取）与不同情境中学生（最好是多个学生）学习时多点采集到的心理状态的同步标注（如来自自我报告或观察者的判断）联系起来。监督学习输出的是一个计算模型（或计算机程序），该模型通过计算机生成的标注可代替人工标注。总结如下：

（1）特征+人工标注→计算模型

（2）特征+计算模型→计算机生成的标注

步骤4：将计算机生成的标注与人工标注进行比较，以验证该模型。其目的是让计算机生成的标注在被应用于新的或未知数据时——例如来自另一组学生（通用性）——与人工标注相匹配（准确性）。一旦模型得到充分的验证，就可着手进行部署。基于传感器在未来某一刻或从一组新的学生处采集的数据，该模型会自动生成对参与度的判断（标注）。图4.4是该方法的概述。

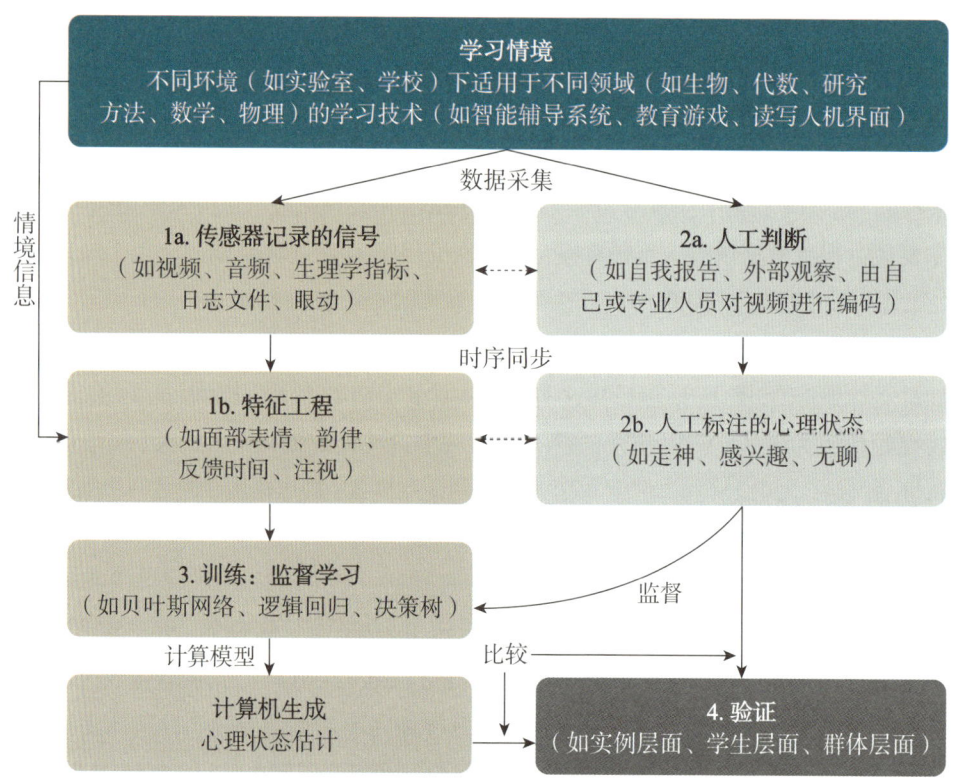

图4.4　3A方法概述

资料来源：D'Mello, Dieterle and Duckworth（2017[68]）

对于使用生物识别信号（如面部图像、音频采样）的测量方法，必须考虑到隐私问题。一些传感器也可能在无意中记录下敏感信息，比如在"网络摄像头门"丑闻中，美国某学校当局远程访问发给学生的笔记本电脑，在没有告知学生或家长的情况下拍摄学生在家的照片，截取他们的聊天记录，并记录下他们所访问网站的信息（Martin，2010[74]）。保护隐私的一个有效策略是只保留信号中不可识别的特征，而丢弃信号本身，就像博施和德梅洛（Bosch and D'Mello，2019[75]）所做的那样。除了隐私之外，还应重点关注基础模型的偏差和公平性，因此训练数据必须代表不同的子群体，且模型要在不同的子群体中表现出同等的性能（Gardner，Brooks and Baker，2019[76]；Jensen，2019[77]）。在测量方法的使用上也存在伦理问题。鉴于这些方法目前还不够完善，而且参与度会受师生无法控制的因素的影响，因此不建议用它们对教师或学生进行评估。也不建议持续使用，因为这可能会让学生感到自己被这些技术所监控——对那些过去被边缘化的学生群体来说，这个问题尤其令人关注。正如下文所阐述的那样，这些测量方法最好用于改进学习技术，或通过被动测量思维游离的时间以便进行回顾和改进（Miller et al.，2014[78]），或通过动态干预吸引那些处于游离状态的学生重新参与到学习中（D'Mello et al.，2016[79]；De Falco, Baker and D'Mello，2014[80]）。测量方法的使用应该被限制，理论上要征得学生及其监护人的同意。

用 3A 方法测量参与度的案例

德梅洛、迪特尔和达克沃思（D'Mello, Dieterle and Duckworth，2017[68]）提供了15 个采用 3A 方法测量参与度的案例，这些研究涉及一系列学习技术（如智能辅导系统、教育游戏）、学习领域（如代数、生物）、学生群体、参与行为、人工标注方法、监督分类方法和验证方法。他们根据测量中使用的传感器类别进行了综述。无传感器的测量方法是对日志文件中记录的数字轨迹进行分析（Bixler and D'Mello，2013[81]；Gobert, Baker and Wixon，2015[82]；Hutt, Grafsgaard and D'Mello，2019[83]；Pardos et al.，2013[84]），基于传感器的测量方法则使用物理传感器。后者若使用现代数字设备中现成的传感器，如网络摄像头和麦克风，可进一步归类为通用传感器（Bosch and D'Mello，2019[75]；Bosch et al.，2016[85]；Forbes-Riley and Litman，2011[86]；Monkaresi et al.，2017[87]；Pham and Wang，2015[88]；Whitehill et al.，2014[89]）；若使用眼动仪（Bixler and D'Mello，2016[90]；Conati, Aleven and Mitrovic，2013[91]；Hutt et al.，2019[92]）、压力垫（D'Mello and Graesser，2009[93]；Mota and Picard，2003[94]）、

生理传感器（Blanchard et al.，2014[95]；Dindar et al.，2017[96]；Mills et al.，2017[97]）等非标准化的传感器，则归类为特殊传感器。目前，无传感器方法对学习技术而言是最为可行的方法，但通用传感器已日益引起人们的关注，预计未来十年内将成为主要竞争者。也有一些研究将两者结合起来（Bosch et al.，2015[98]；D'Mello and Graesser，2010[99]；Grafsgaard et al.，2014[100]；Kapoor and Picard，2005[101]）。以下是一些采用3A方法测量参与度的案例。

1. 通过交互模式检测学习者是否脱离任务目标

戈贝特、贝克和威尔森（Gobert, Baker and Wixon, 2015[82]）为探究式智能辅导系统（以下简称Inq-ITS）①开发了一种基于3A技术的测量方法。Inq-ITS是一个基于计算机的学习环境，带有智能辅导系统，有助于发展学生的科学探究技能。他们重点检测学习者是否脱离任务目标，即"看似沉浸在任务中，但一言一行与学习任务的设计目标或激励机制毫无关系"。这种测量方法使用的训练数据来自美国144名在科学课上使用Inq-ITS的中学生。两名人员从Inq-ITS日志文件的人类可读摘录（称为切片）中对学习者的脱离任务目标行为进行编码。用于监督分类的特征包括操作总次数、操作时间间隔、最长的停顿时间及学生模拟运行次数。研究人员发现，在区分脱离任务目标和未脱离任务目标的切片时，该方法准确率尚可（比猜测高出约41%），具备实用性。

2. 通过眼动检测学习者是否走神（开小差）

赫特等人（Hutt et al., 2019[92]）使用商用成品规格（commercial off-the-shelf，简称COTS）的眼动仪来追踪高中生在常规生物课堂上运用生物智能辅导系统GuruTutor（Olney et al., 2012[102]）完成辅导课程时是否出现走神的情况（见图4.5）。他们要求学生回答整个学习过程中是在思考学习情境还是在思考其他东西，即让学生报告自己是否走神。同时，他们计算了每次探查前30秒学生的眼动特征（如注视次数、注视时长、眨眼），并训练监督分类器学会在眼动特征中区分积极和消极的探查反应。该模型在检测学生是否走神方面表现出色，准确率是随机（猜测）的两倍以上。重要的是，该模型对走神的预测与学习结果呈负相关，这一结论和自我报告类似。研究人员通过将该模型嵌入GuruTutor来实时判断学生是否走神，以便后续进行评估并加强干预（见下文的响应类方法）。

---

① 探究式智能辅导系统是一个针对科学学科探究开发的智能辅导系统，可使学生在虚拟实验室中自主开展仿真实验。在学生的探究过程中，该系统使用算法对他们进行自动评估，实时生成学习报告，详见 https://www.inqits.com/about。——译者注

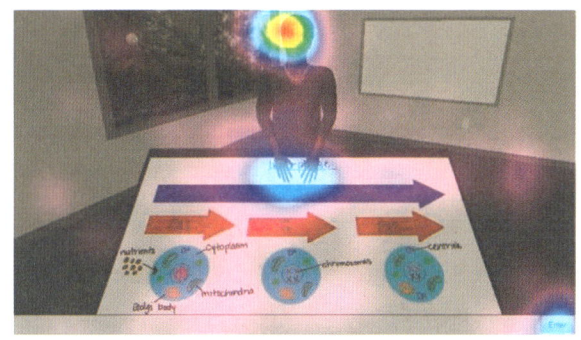

图 4.5 使用消费者级别的眼动仪（左）监测学生在教室里与 Guru（右）互动时的视觉注意力
资料来源：Hutt et al.（2019[92]）

3. 通过面部特征、肢体动作和交互模式检测学习者的情感

博施等人（Bosch et al., 2016[85]）开发了一种基于 3A 技术的方法，旨在测量学生玩《物理游乐场》（Physics Playground）这款教育游戏时的参与度（Shute, Ventura and Kim, 2013[103]），该游戏将在下文进行详细介绍。他们在两天内进行了两次训练，每次 55 分钟，共采集了 137 名美国 8—9 年级学生的训练数据。受过专门训练的观察者使用观察协议对学生表现出的无聊、专注、困惑、沮丧和喜悦等情感状态进行实时标注（Ocumpaugh, Baker and Rodrigo, 2015[73]），这些标注与呈现学生面部和上半身的视频同步。研究人员从视频中提取肢体动作和各种面部表情（如微笑），并将它们与游戏日志文件中提取的交互特征（如重新启动的次数）结合起来。经过训练的监督学习模型能够辨别出各种情感状态（如无聊、困惑、沮丧、专注和喜悦），准确率适中（比随机高出约 37%）。

4. 通过无传感器方法测量学习者在线学习的参与度

上述三个案例重点阐述了各种基于 3A 技术的参与度测量方法。然而，以上及所有现有的测量方法都是通过一两节课上采集到的少数学生的数据开发出来的。就此而论，它们可以作为整体理念的概念验证，但对实际应用来说还不够稳健。相比之下，赫特、格拉斯加德和德梅洛（Hutt, Grafsgaard and D'Mello, 2019[83]）使用 3A 技术开发的一种无传感器的学生参与度测量方法，着眼于将规模扩大至数万名不同的学生，时间跨度贯穿整个学年甚至更长的时间。这项研究是在《代数部落》（Algebra Nation）（见图 4.6）的背景下开展的。《代数部落》是一个在线数学学习平台，可支持超过 15 万名学生在线学习"代数 1""代数 2""几何"。在每个主题下，平台会先提供若干名教师的视频讲座供学生观看，然后随机出 10 道符合美国课程标准的题目供学生自测，并针对学生的回答提供反馈或解题思路视频。最后，学生还可在讨论区与其他学生或平台聘请的学习专家进行互动,并通过回答其他学生发布的问题获得积分奖励。

研究人员采集了 69174 名学生的大规模数据集,这些学生在一个学期的常规数学课上都使用了《代数部落》。他们采用经验抽样法回收了 133966 份自我报告问卷(按 1—5 的等级记分),内容是与参与度相关的 18 种心理状态(如无聊、困惑、走神、好奇、感兴趣)。随后,他们对从《代数部落》日志文件中提取的通用活动特征(如观看视频、暂停视频做测验)进行了统计;这些特征不需要专门的传感器,而且与领域及系统(在某种程度上)无关。在进行自我报告调查前的 5 分钟内,他们总共统计出 22 种这样的特征。接着,研究人员训练监督学习模型从这些特征中预测出每种情感状态。将预测的准确率通过斯皮尔曼等级相关系数(Spearman's rho)(相关系数介于 −1 和 1 之间)予以量化,可发现准确率适中,取值范围从 0.08(惊讶)到 0.34(幸福),平均值为 0.25。

研究人员从几个方面测试了该参与度模型的普适性。首先,他们证明使用学习代数的学生的数据集训练得到的模型可推广到同一平台学习几何的学生的数据集(n=28458)。他们还基于典型平台使用和人口统计学特征,研究了该模型对学生群体是否具有通用性。他们发现,尽管与一般(所有群体)模型相比,训练单个亚群体模型略有优势,但把在某个群体中训练得到的模型放到其他群体上测试时,其表现同样良好。

这些结果表明,借助不针对特定领域或系统的通用活动特征,在迄今最大且最多样的学生样本中大规模运用无传感器的 3A 方法进行参与度检测具有发展前景。作为个性化系统的一部分,这些已嵌入《代数部落》学习平台的模型可根据学生的能力和参与程度(来自当前模型)向他们推荐活动。由于该研究目前仍在进行中,因此该方法的有效性还有待进一步研究验证。

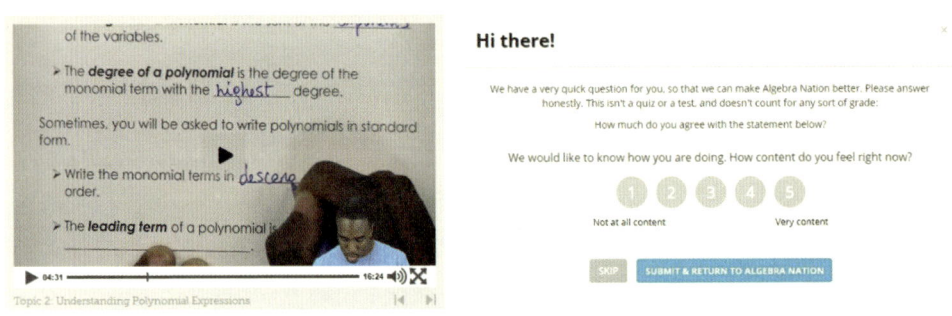

图 4.6 《代数部落》平台上的视频样例(左)和参与度自我报告问卷(右)

资料来源:Algebra Nation(n.d.[104])

提高参与度

一直以来,学习技术主要侧重于提高知识和技能。这种方法背后的基本假设是:认知是最重要的或者至少是真正重要的东西。因此,情感和动机——如果纳入考虑范围的话——被归为设计中的次要考虑因素。在学习技术的早期,这是一个合理的假设,因为当时占主导地位的学习理论重视知识和技能的习得(Anderson, 1982[105]; Brown and VanLehn, 1980[106]; Sleeman and Brown, 1982[107])。事后看来,这种假设是有问题的,因为学生需要参与到学习中,而用这些传统学习技术来吸引学生是非常困难的。例如,从元分析的角度来看,模拟人类一对一教学的智能辅导系统能够有效地促进学习(Ma et al., 2014[108]; Steenbergen-Hu and Cooper, 2013[109]; Steenbergen-Hu and Cooper, 2014[26]),但学生在使用智能辅导系统学习时总是感到很无聊(Craig et al., 2004[110]; D'Mello, 2013[111]; Hawkins, Heffernan and Baker, 2013[112])。此外,人类认知系统的基本运行机制导致人们难以保持注意力(这是"参与"的一个核心组成部分),即便在有动机的情况下也是如此。例如,学生在使用技术学习的过程中有大约30%的时间会出现注意力不集中的情况,也就是走神(D'Mello, 2019[113])。偶尔几次走神与其他形式的游离在学习中是正常现象,但过于频繁的走神与学习结果呈负相关(Randall, Oswald and Beier, 2014[114]; Risko et al., 2013[115])。

我们能否设计出更具可持续参与性的学习环境,从而提高学生的学习效果?在过去的20年里,研究人员潜心设计(del Soldato and du Boulay, 1995[116]),就如何提高学习者运用学习技术的参与度提出两大策略:从头开始设计,提升学习者的参与度(主动类),或嵌入机制,对参与度进行实时监控,并在学习者进入或即将进入游离状态时进行动态干预(响应类)。两种方法也可结合起来使用。

主动类方法

主动类数字学习技术是专门为促进参与和学习而设计的。这类系统致力于让学习者更多体验那些通常与参与度呈正相关的认知和情感状态(如感兴趣、好奇、深度推理、批判性思维、警觉),减少体验那些通常与参与度呈负相关的状态(如无聊、走神、浅层加工)。

重要的是,要将那些含蓄地或蜻蜓点水式地引起轻度参与的方法与那些尝试促进学生深度参与的方法区分开来。例如,游戏化——将积分、挑战、徽章、排行榜等游戏元素纳入传统的学习技术中(Gibson et al., 2015[117]; Kapp, 2012[118])(见专栏

4.1）——可在短期内略微提高参与度，但不可能使学生长时间保持深度参与。学生们也有可能对一些游戏化活动中所谓的"裹着巧克力的西蓝花"①心生反感。另一种微妙的方法是情感设计，即把数字学习材料转变为可诱导积极情感产生的材料（例如，在非人类图形元素中添加面部拟人化效果或在数字媒体中添加令人愉快的颜色）（Plass et al., 2014[119]; Um et al., 2012[120]）。最近的一项元分析（Brom, Stárková and D'Mello, 2018[121]）表明，情感设计不仅能够显著提高学习效果，还能通过测量内部动机、喜好或乐趣、积极情感来提升学生的参与度。

> **专栏 4.1　加拿大和美国：用电子游戏鼓励良好行为和社交学习**
>
> 《哈利·波特》系列的粉丝们深谙出色的表现能够帮学生赢得加分。在霍格沃茨魔法学校，教师以加分或扣分的方式对学生的行为进行奖励或惩罚。学生可以通过做好事、答对题，当然还有赢得魁地奇比赛来为自己的学院赢得加分。反之，学生可能会被扣分（让同学院的同学大失所望）。每学年结束时，得分最高的学院将获得象征荣誉的"学院杯"。
>
> 现实生活中或许没有霍格沃茨教师那样高明的魔法，但总部位于魁北克和纽约的Classcraft公司试图采用类似的方法复刻这种参与和学习模式。受《魔兽世界》等电子游戏启发，该公司将其基于云端的中学教育平台打造成一款"课堂管理的角色扮演类游戏"（Sanchez, Young and Jouneau-Sion, 2016[122]）。
>
> Classcraft 旨在帮助学生认识什么是行为得体，如完成家庭作业和上课不迟到。该游戏不涉及任何学科，游戏时长可以从一节课持续到整个学年。Classcraft 首先是一个在课堂上使用的网页端应用，不过学生也可在手机上下载应用程序以便在课外使用。与大多数电子游戏不同，Classcraft 所呈现的并不是一个 3D 游戏世界。相反，它采用一种增强现实的形式：通过在现实世界中添加一个数字层，在教师和学生间创造新的互动。
>
> 学生们以 4—6 人为一组进行游戏。游戏开始时，每个人可选择不同的游戏角色（牧师、法师、战士），每个角色具有不同的优缺点。他们的目标是获得经验值，并防止自己的角色失去生命值。在遵守行为规范、课堂表现良好的情况下，他们可获得积分用于角色升级或帮助队友。当然，表现不佳的学生也会被扣分，这可能会影响整个团队。教师扮演"游戏管理员"的角色，负责发放或扣除经验值，并可以在游戏中创造某些随机事件或在现实生活中发布某些动态（如要求学生完成特定任务），从而影响所有学生。游戏中的更新会实时体现在每个玩家的应用程序中。与现实生活进行交互是该模型的核心：虚拟积分的加减会引发教师在现实生活中的行为，如表扬、奖励，甚至可能是训斥。由于该游戏还将一个学生的生命值与组内其他学生的生命值相关联，因此建议学生们合作完成任务。Classcraft 及类似课堂管理软件程序的使用可能会对学生的参与度、协作能力，甚至对学校的氛围产生积极影响。

---

① 这是教育游戏领域常用的一个话术，意思是某个东西虽然看起来好吃，但实际上还是难以下咽。通常指强行将游戏的外壳套在知识或技能的习得上，反而使教育游戏变成了学生的负担。——译者注

第四章 使用数字学习技术促进学生参与

要想使参与有深度、持续时间长,需要从根本上重新定义学习体验。"交互—建构—主动—被动"框架(The Interactive-Constructive-Active-Passive framework,以下简称 ICAP 框架)(Chi and Wylie,2014[123])提供了一个实用的出发点。ICAP 框架根据学习活动的交互水平,把参与和学习分为四个层级。将这四个层级按预期的参与和学习水平降序排列,即交互类(Interactive)>建构类(Constructive)>主动类(Active)>被动类(Passive)(见图 4.7)。例如:观看讲座或视频但没有外显行为,属于被动类活动;逐字逐句地记笔记,既没有添加新的想法,也没有对内容进行梳理,属于主动类活动;通过补充新想法或重新组织旧想法对讲座内容进行总结或自我解释,可视作建构类活动;交互类活动包括某种形式的互动或对话,往往与建构类活动同时发生,比如在同侪互助(reciprocal peer tutoring)模式下,学生轮流辅导对方。从 ICAP 框架来看,要想同时促进学生的参与和学习,策略之一是在学习技术中融入更多的建构类和交互类体验。

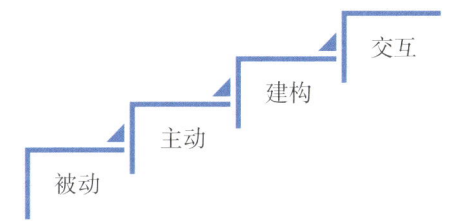

图 4.7 根据 ICAP 框架组织与预期的参与和学习水平相关的活动(左低右高)

资料来源:D'Mello for Digital Education Outlook 2001

教育游戏就是这类学习技术的一个例子(Gee,2003[41])。设计良好的教育游戏通过把学习变成游戏来促进学生参与和学习,具体做法是将无聊程度降到最低,优化参与度和流程,提出一些可通过思考、创新和努力克服的挑战,并制造一些乐趣和惊喜(Lepper and Henderlong,2000[124];Plass,Homer and Kinzer,2015[125];Ritterfeld,Cody and Vorderer,2009[126])。设计教育游戏具有相当大的挑战性,因为游戏设计者必须在吸引人但与学习无关的游戏环境和能促进深度学习但不能促进参与的游戏环境之间作出权衡(Johnson and Mayer,2010[127])。设计良好的游戏通过纳入基于理论的原则,即问题解决、规则或约束、挑战、控制、持续反馈和感官刺激来平衡这些目标(Shute et al.,2014[128]),使它们具有内在激励作用,从而让人产生参与感(Fullerton,Swain and Hoffman,2008[129];Malone and Lepper,1987[130];Shute,Rieber and Van Eck,2011[131])。

设计良好的游戏还会将有意义的学习活动直接嵌入整个游戏剧情中。已有研究表明,体验设计良好的游戏与多种学习能力及结果呈正相关,如视觉空间能力和注意力（Green and Bavelier，2012[132]；Green and Bavelier，2007[133]；Shute，Ventura and Ke，2015[134]）、大学成绩（Skoric，Teo and Neo，2009[135]；Ventura，Shute and Kim，2012[136]）、毅力（Ventura，Shute and Zhao，2013[137]）、创造力（Jackson et al.，2012[138]）、公民参与（Ferguson and Garza，2011[139]），以及有价值的学术内容和技能（Coller and Scott，2009[140]；DeRouin-Jessen，2008[141]）。有关述评参见这些资料（Tobias and Fletcher，2011[142]；Wilson et al.，2009[143]；Young et al.，2012[144]）。

1.《物理游乐场》

以《物理游乐场》为例（Shute，Ventura and Kim，2013[103]），这是一款非常有吸引力的教育游戏，可帮助学生学习牛顿力学三大定律、线性动量、能量和力矩（见图4.8）。该游戏严格模拟真实的物理"世界"，遵循基本的物理规则，并能对玩家与游戏的互动作出动态响应。其主要目标是让玩家将一个绿球引导至一个红色气球的位置，从而成功通关。为此，玩家必须在屏幕上画出"产生作用力的物体"，如斜坡、钟摆、杠杆和跳板，一旦绘制完成，这些物体就能动起来。《物理游乐场》中的游戏元素包括真实感（通过对真实物理"世界"详细而严格的模拟实现）、持续的反馈、交互式问题解决和适应性挑战。该游戏还为玩家提供试错的机会，允许他们尝试不同的解决方案。通过将物理概念与真实的玩法相结合，该游戏成功地提高了学生的参与度和学习效果。专栏4.2的研究显示，该游戏还为研究各国学生情感与学习之间的关系创造了良好的环境。

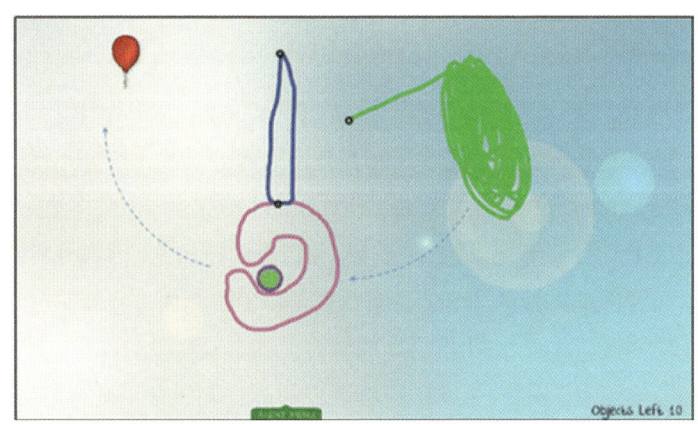

图4.8 《物理游乐场》中的问题和钟摆解决方案示例

资料来源：Shute，Ventura and Kim（2013[103]）

基于游戏的学习可通过增加体验的沉浸感和真实感得到进一步加强。在传统的课堂环境中，项目式学习（project-based learning，简称PBL）在较长一段时间内为学生或学生团队提供真实且对学生有意义的问题(Blumenfeld et al., 1991[145])。例如,学生团队可以接受改善社区水质的挑战——这要求他们对水系统、污染物、净化、政策、化学等内容有所了解。因此,除了通过选择、真实感和协作来保持学生的参与度之外,设计良好的项目式学习课程还可帮助学生获得学科知识和实用性技能(如探究、协作、科学推理)(Schneider et al., 2020[146])。遗憾的是,实施这些学习活动需要大量的课程、物质资源和人力资源的支持,仅靠数字技术很难实现。为应对这一挑战,研究人员开始探索如何运用增强现实和虚拟现实技术来开发沉浸式数字学习体验。"沉浸"指向对体验现实的主观感知(类似于"悬置怀疑"①),被假定可促进参与和学习(Dede, 2009[147])。相关的例子包括《河流城市》(*River City*)(Dede, 2009[147])、《探索亚特兰蒂斯》(*Quest Atlantis*)(Barab et al., 2005[148]),以及下面将简要介绍的《水晶岛》(*Crystal Island*)(Sabourin and Lester, 2014[72])。

2.《水晶岛》

《水晶岛》(Rowe et al., 2009[149]; Spires et al., 2011[150])是一个采用叙事性原则的沉浸式教育游戏,假定将叙事主题融入游戏体验的教育游戏对学习者而言最为有益。在这个游戏中,学习者扮演一个刚刚上岛的主人公——亚历克斯。亚历克斯发现研究小组的成员生病了,他的任务是查明传染病的来源。亚历克斯通过访问岛上的各个区域(餐厅、实验室、医务室、宿舍)、采访其他岛民,以及操控游戏中的物体来进行调查。在提出问题和假设、收集并分析数据的过程中,学习者一步步地查出了病因。可见,《水晶岛》将微生物学知识的学习及批判性思维和探究性学习技能的发展都嵌入到一个参与式叙事平台中。

学习者与《水晶岛》互动的证据表明,该游戏具有高度的参与性和激励性,可以提高学习效果(Rowe et al., 2009[149]; Rowe et al., 2010[151])。例如,萨布林和莱斯特(Sabourin and Lester, 2014[72])对450名八年级学生与《水晶岛》长达55分钟的互动进行了研究。在游戏过程中,学生每隔5分钟自我报告一次情感状态(焦虑、无聊、困惑、好奇、兴奋、专注、挫败中的任意一种)。研究人员发现,自我报告"无聊"的学生(8%)远远少于"兴奋"(13%)和"好奇"(19%),"困惑"(16%)和"挫败"(16%)也很常见,这说明学生已被该游戏深深地吸引住了,因为这些情感状态在深度学习活

---

① 悬置怀疑(suspension of disbelief),即搁置怀疑,指读者愿意暂时放下批判的能力,相信一些超越真实的东西。英国诗人柯勒律治(Samuel Taylor Coleridge)提出,读者或观众在面对虚构作品时,尽管明知故事情节是假的,却主动选择暂时相信这个虚假现实,以浸入其中。——译者注

动中经常出现（D'Mello and Graesser, 2012[152]）。此外，根据前后测分数提高的百分比进行评估，学生的学习收益提高了约30%。

可扩展的增强现实和虚拟现实技术的最新进展，进一步缩小了虚拟世界和物理世界之间的差距（Martín-Gutiérrez et al., 2017[154]），尤其在沉浸感和真实感方面（Psotka, 1995[155]）。尽管人们对这些技术充满兴趣，并初步取得了一些振奋人心的结果（Ibáñez et al., 2014[156]），但尚未有严谨的研究能评估其有效性，特别是在涉及概念学习而不是程序学习或死记硬背型学习时。

> **专栏4.2　菲律宾：利用数字环境研究学习情绪**
>
> 菲律宾将《物理游乐场》用于分析不同的情感状态（包括挫败感及表达烦恼和不满的情感状态）与学习呈正相关还是负相关。巴纳万、罗德里戈和安德烈斯（Banawan, Rodrigo and Andres, 2015[153]）使用一个标准化的基于人的编码系统来记录学生在玩游戏及不同于主线任务的智力游戏时的情绪，他们发现出现最多的是专注（占观察到的情感状态的79%），挫败感（8%）在监测的8种情感状态中位居第二，也是唯一与学业成就在统计学上显著相关（负相关）的情感状态。研究表明，挫败感的表现和困惑不同，困惑一旦解决，就可能会与学业成就呈正相关。研究还强调参与的情境性，因为菲律宾学生在使用《物理游乐场》时并没有获得与美国学生同等程度的乐趣。这表明设计良好的数字学习环境并通过合适的支架来帮助学生应对负面情绪非常重要，这种环境必须能够准确识别学生在学习上遇到挫折时是怎么做的。

响应类方法

为推动响应类方法更好地促进学生参与，不妨设想这样一个场景："想象一下，你正在帮助你的侄女为即将到来的进化生物学考试做准备。刚开始很顺利，但过了一会儿，你意识到她的心思早已飘到了九霄云外。你们的原定计划是两人合作构建种群的基因频率变化模型，但你发现她的注意力已经转移到一些无关紧要的事情上，如午餐、足球赛或即将到来的假期。你可以试着问一个探究性问题来重新调整她的注意力。然而，如果她的注意力持续减弱，你就会意识到必须调整教学，通过改变学习进程来更好地吸引她的注意力。你将学习行为发起方转变为学生，要求她制定一种跟踪种群基因变化的策略。这种方法奏效了，她看似开始以一种全新的热情来处理这项任务，并且进展得相当顺利。然而过了一段时间，当准备深入研究等位基因频率的基本原理时，你注意到她似乎在打瞌睡。此时你建议换个主题或休息一下，从而让她有时间恢复精力。"

第四章 使用数字学习技术促进学生参与

上面的例子让我们认识到响应类代理(在这个例子中是人类)能够完成什么。在提高参与度方面,响应类方法侧重于自动检测学生的参与度,并在参与度下降时作出动态反应,或者在参与度较高时提供激励性反馈(D'Mello and Graesser,2015[157])。这类方法假设参与是一个流动的、动态的过程,随着学习的进程时强时弱。尽管技术设计者强烈希望提供一种生动有趣的体验,但学习技术能够在多大程度上吸引学习者存在个体差异。此外,即便学习者刚开始学习时全身心投入,但随着时间的推移,新鲜感消退,疲劳感增加,参与度最终也会下降。

响应类方法比主动类方法更复杂。首先,上文提到的动态自适应方法要求能够持续地监控参与度,检测出参与度何时减弱,并对教学进行调整,以解决学习者思维游离的问题。这种技术既可聚焦于"参与"的某一组成部分,也可对该构念进行更全面的测量。参与度的测量可通过前文谈到的 3A 方法来实现。然后,响应类学习技术必须改变其教学或激励策略,从而对感知到的参与作出回应。它有多种达成路径:如果学习者全情投入,并处于积极的学习轨道上,那么什么都不需要做;如果检测到学习者出现走神或分心,可尝试重新调整其注意力(D'Mello,2016[158]);当检测到困惑或挫败感时,可提供提示和及时的解释(Forbes-Riley and Litman,2011[86]);当检测到某个学生感到无聊时,可提供其他选择,让其稍作休息,或调整挑战的水平;为激励学生坚持学习,还可提供一些支持类信息(D'Mello and Graesser,2012[159];DeFalco et al.,2018[160]);如果该技术以动画教学代理等形式呈现,则可利用各种社交信号来促进学习者参与,比如映射面部表情和手势(Burleson and Picard,2007[161]),或在检测到学习者处于游离状态时表现出不高兴的样子(Baker et al.,2006[162])。下面将对实施其中一些策略的响应类学习技术的例子进行讨论。

1. 视线导师系统(Gaze Tutor):对学生的注意力不集中作出反应

德梅洛等人(D'Mello et al.,2012[163])对多媒体学习中的行为参与作出了回应。视线导师系统界面上有一个动画对话代理,它通过与带注释图像同步的合成语音对生物学概念进行解释(见图 4.9)。该系统使用眼动仪来追踪学生何时错过了界面上的重要内容(即导师或图像)。根据其假设,学习者的视线离开导师或图像超过 5 秒,表明他们处于非参与状态。当出现这种情况时,系统会试图用"诙谐"的表达来重新吸引学习者,引导他们将注意力转向代理或图像(如"我在这儿,你知道的!"和"振作起来,让我们继续!")。初步结果表明,这些对视线敏感的表述能够成功地吸引学生的注意力,并提高他们的学习效果。

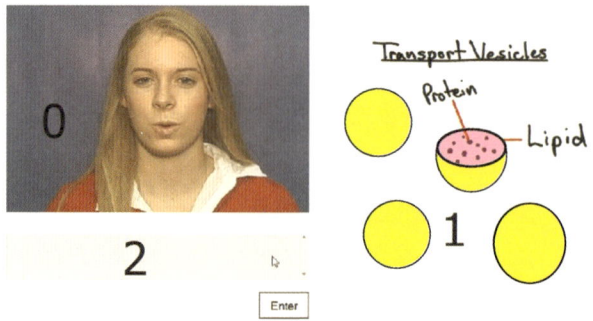

图 4.9 视线导师界面的动画代理（0）、图像面板（1）和输入框（2）。屏幕底部的空白区域不予显示。

资料来源：D'Mello et al.（2012[163]）

2. 智能辅导对话系统（UNC-ITSPOKE）：对学生的不确定作出反应

福布斯－莱利和利特曼（Forbes-Riley and Litman，2011[86]）的研究旨在探讨当学生使用智能辅导对话系统学习物理时，系统对其不确定所作出的自动反应是否能够提高学习效果。不确定与困惑有关，是一种与认知参与、情感参与相一致的相关状态（D'Mello and Graesser，2014[164]）。研究中采用的智能辅导对话系统不仅能自动检测出学习者的回答正确与否，还能检测出其对自己的回答是否有把握（通过 3A 方法从说话方式和语言中判断）。当学生回答正确但犹豫不决时，系统会提供一个基于解释的子对话，因为这意味着学习者在元认知方面存在不足。一项验证研究表明，与对照组相比，这种自适应方法能够更好地（但不显著）提高学习效果。

3. 眼脑阅读仪：对学生的走神作出反应

德梅洛等人（D'Mello et al.，2017[165]）和米尔斯等人（Mills et al.，2020[166]）对学生在计算机阅读过程中出现的走神（开小差）现象作出了回应（见图 4.10）。眼脑阅读仪使用一种基于眼动的 3A 方法逐页（全屏显示相当于一页）检测学生是否走神（Faber, Bixler and D'Mello，2018[167]），并作出理解评估和允许重读的动态回应。一种初步的干预策略是在检测到学习者走神的页面上提出一些机械式阅读理解题，若回答错误则提供重新阅读的机会。一项验证研究（D'Mello et al.，2017[165]）表明，这种干预措施达到了预期效果，能够在特定情况下减少因走神导致的理解障碍。然而，由于插入的问题属于死记硬背型，学习者容易只关注关键词，对信息的加工处理也停留在最浅层次。为解决这个问题，米尔斯等人（Mills et al.，2020[166]）将可以死记硬背的选择题替换为更深层次的问题，要求学习者组织语言进行自我解释。系统将对学习者的回答自动评分，随后作出反馈，并提供重新阅读和修改解释的机会。结果表明，与同等的对照组相比，干预策略对记忆力有积极的影响（学习评估在一周后进行）。

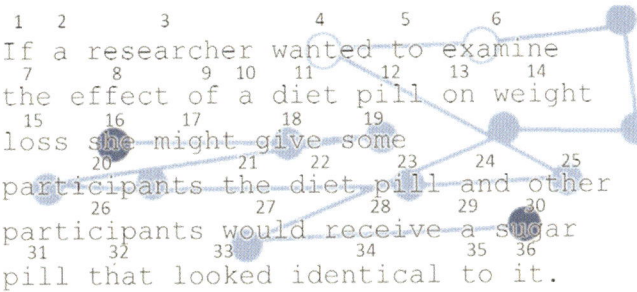

图 4.10　阅读过程中的眼动跟踪：实心圆代表注视（视线聚焦的地方），线条代表扫视（注视点之间的快速眼动）

资料来源：D'Mello et al.（2017[165]）

课堂上的响应类技术

关于响应类学习技术的大多数研究主要是在实验室里进行的，但研究的场域正逐渐转移到课堂上。阿斯兰等人（Aslan et al., 2019[168]）开发了学生参与分析技术（Student Engagement Analytics Technology，简称 SEAT），以协助教师实时监控学生的行为参与和情感参与并对其作出反应。在这里，教师先通过测量参与度了解学生的参与情况，接下来便可决定是否及如何进行干预。这项研究的对象是土耳其学生，他们在数学课堂上使用一个可自己控制进度的数学教育平台。该技术采用一种基于 3A 技术的测量方法，对从网络摄像头视频中提取的面部特征、学生与教育平台的交互模式，以及浏览器 URL 日志进行监控。它将行为（开小差、进入状态）参与和情感（无聊、满意、困惑）参与的评价情况相结合，最后得出一个整体参与度分值。

随后，上述参与度测量方法被嵌入 SEAT 界面，该界面为教师实时提供对学生参与度的判断，并以绿、黄、红三种颜色分别标记（见图 4.11）。教师使用这些数据对个别学生进行干预，主要干预策略包括口头警告、正面强化、提供支架（如解释问题、提供提示）、密切监控学生行为（观察学生的屏幕，确保他们注意力集中）。

在一项为期 16 周的研究中，研究人员使用定性和定量的方法对 SEAT 进行了测试。访谈结果表明，教师和学生均有使用 SEAT 的积极体验。教师们积极主动地使用该界面，并称这使他们更容易在人数较多的班上关注到每个学生的需求。学生们也称在需要时得到了个别照顾，并表示自己更愿意参与到学习过程中了。最后，与没有使用 SEAT 的平行班相比，使用 SEAT 的班级中的学生获得了更高（但不显著）的学习收益。然而，这还只是初步结果，因为该研究采用了准实验设计，且只有两个班的 37

名学生接受了测试。

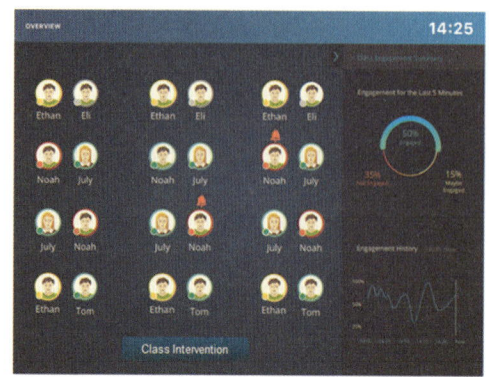 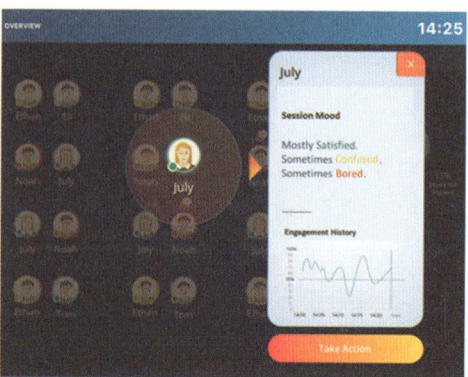

图 4.11　显示整个班级视图（左）和个别学生视图（右）的 SEAT 界面

资料来源：Aslan et al.（2019[168]）

结论和未来趋势

在过去的几年里，关于学习参与的研究呈激增态势。不仅仅是针对教育中参与的科学研究在发展，将参与度作为核心设计特征的技术设计也在不断进步。科研界和技术设计界目前达成了一个共识，即承认参与本身就是一个值得思考的产出。然而也存在这样一种风险，即两个领域都在独立进行研究，从而错过了两者同步发展所带来的明显益处。

举例来说，在过去的 20 年里产生了一系列理论和实证研究，旨在定义参与，确定其原因和影响，并通过设计干预措施来提高参与度（Christenson, Reschly and Wylie, 2012[18]）。遗憾的是，有关参与度测量的科学研究并没有跟上；大多数研究人员完全依赖于自我报告问卷，将其作为测量参与度的唯一标准（Fredricks and McColskey, 2012[42]），其中一部分原因是自我报告既方便又常见，还有可能是因为获取更先进的技术成本高昂以至于令人望而却步。与此同时，在许多国家，计算机逐渐成为日常学习中不可或缺的一部分（Vincent-Lancrin et al., 2019[169]）。随着数字学习环境中可用信息量的激增，网络带宽也不断增加，这表明完全依靠 20 世纪的方法来测量 21 世纪数字学习环境中的参与度也许并非明智之举。事先考虑到数字学习体验，并将相关方法纳入研究设计，对有关参与度的科学研究大有裨益。

另一方面，技术不断涌入课堂和在线学习技术的兴起产生了大量的数据，原则上这会为测量和促进参与度带来革命性的进步。遗憾的是，情况并非如此。尽管这些技术所

第四章　使用数字学习技术促进学生参与

产生的数据数量惊人，但许多数据在深度上并不丰富，导致对参与度的测量还停留在浅层，只聚焦于非常基本的行为模式，如登录次数、视频播放次数等。此外，在线学习的激增虽然带来了不少益处，但也有一些副作用，其中最麻烦的是它又回到了一种充斥着无效的被动学习策略的教育传输模式，缺乏有意义的协作，而这正是最有吸引力且最有成效的学习方式之一（Dillenbourg, 1999[170]; Stahl, Koschmann and Suthers, 2006[171]）。将有关参与度的科学研究的原则纳入技术设计，可使教育技术从中受益。

在未来的10—15年，我们将走向何方？一种悲观的看法是研究将照常进行，有关参与度的科学研究朝着一个方向稳步发展，教育技术研究则朝着另一个方向发展，两者鲜有交集。一种更为乐观的观点是两者将携手并进，催生出富有意义且能吸引学生的学习技术，同时引发更多关于利用数字学习技术促进参与的研究。在未来，游戏化学习——最知名的促进深度参与的体验方式之一（如上文所述）——还将融入支架和学习支持等策略，在促进深层次概念学习的同时，让学习者保持参与和动力。随着传感器变得日益普遍、可穿戴，以及其性价比变得越来越高，提高参与度的响应类方法——根据感知到的参与度作出动态反应——将更易于部署；在保护个人隐私方面，将建立严格的保障措施；同时努力确保技术背后的人工智能模型是公平、公正的；教育专业人士和计算机科学研究人员之间的跨学科领域合作将得到进一步加强。

重要的是，这些技术的开发应该将伦理、公平和公正作为重点考量的设计因素，而不是事后才想起来补救。技术设计者要认真回答智能技术应该做什么而不是能做什么的问题。应该仔细考虑采集哪些数据及这些数据需要储存多久（如果有的话），终端用户（学生、家长、教师）对是否及何时评价参与度应该有最终决定权。在未来，本章介绍的观点及研究将跳出实验室研究和现实世界的小规模研究，成为数字学习的核心组成部分，使全球数百万学生受益。在这里，以形成性和非评估为目的（同时保护学生的隐私）的参与度测量方法，加上可提高参与度的智能策略，将成为数字学习技术的必备要素。相信高效、有效、有吸引力的数字学习指日可待。

译后感

本章围绕"参与"一词开展了相关的研究和理论概述，阐明了学生积极有效的参与对有意义的学习和深度学习至关重要。文中对参与的内涵、意义、测量的方式等进行了概述，以"数字技术"提升"学习参与"的典型场景应用为线索，介绍了数字技术提高学生学习深度和参与度的多种方法，为教师有效提升课堂教学参与度提供了参考的方向。其中测量学生参与度的 3A（高级、分析、自动）方法，通过数据采集—特征提取—编码注释—监督学习—计算模型—模型验证来测量学习者与数字学习技术之间的交互，推断学生参与的潜在心理状态让我们深受启发。文中介绍的相关案例如智能辅导系统、商业眼脑阅读仪、教育游戏、《代数部落》等为我们提供了多种体验途径，并且打开了探索国外利用数字技术提高学生参与度的"窗口"。

数字技术从一个方面来说确实能够提高学生学习的参与度，然而正如文中所述"期望学生能百分之百地投入学习是不必要的，甚至是不现实的"，译者也认为，通过使用数字技术过度追求学习参与，容易使我们为了"参与"而参与。虽然数字技术的发展会影响和改变传统的教学方式，但技术的使用首先应该是为教育教学服务，而不是单纯追求数字化的结果；而且，通过数据的采集和模型拟合出来的评价和量化结果也有可能与现实有所差距，需要进一步的科学研究，因此我们不能完全地依赖于技术，应该把关注点更多地聚焦在数字技术背后的学生（包含认知和情感状态）上，这样才有可能使技术更合理有效地融入教学，从而真正实现深度参与和有价值的参与。

虽然技术是一把双刃剑，但在数字化浪潮中，互联网、人工智能、虚拟现实、自适应等技术的应用，确实在一定程度上打破了物理空间和时间维度的局限性，提高了学生学习的参与度。学生对知识内容的获取方式由单向传播模式转变为场景化、体验式的指引和监督学习，这将更好地发挥学生的自主意识。数字化环境下学生的"参与"频次和过程会被记录下来，形成的数据在进行分析后能自动产生系统性的评价反馈，将为学生的深度参与和有意义的学习带来变革，那么在技术赋能"参与"的环境下，教师又该怎么做呢？

译者认为，课堂上技术的涌入和在线学习技术的兴起会产生大量的数据，教师可以通过数据进行过程性和终结性的学习评价，也可以利用数据的分析结果改变教学方式或进行个性化的辅导。作为教育数字化转型过程中的一员，教师需要提高自身在应用信息化技术工具的同时处理分析数据的能力。在教育数字化转型的趋势下，数字技术将对教、学、管、考、评和研究等教育应用场景产生巨大的影响，教师应具有主动学习的意识，掌握数字技术的优势，探索人和技术如何更好地融合，从而更好地为教育教学服务，使学生的参与不仅仅停留在"人技互动"的频次和方式上。

诚然，在传统的教学环境中，教师多从行为（言语）、认知、情感等方面来提高学生的积极性和参与度，然而"10后"的数字原住民已成为主要学习群体，未来教师的信息技术的应用、数字化教学方案的设计，将会对学生的参与产生根本性的影响，相信数字技术与教育的完美融合将会很快到来。

（周丹妮、张蔚彬译，张怀浩一校，梁力萌二校）

参考文献

Algebra Nation (n.d.), *Algebra Nation*, https://loveforquotes.com/t/algebra-nation (accessed on 29 April 2021). [104]

Anderson, J. (1982), "Acquisition of cognitive skill", *Psychological Review*, Vol. 89/4, pp. 369-406. [105]

Arnold, K. and M. Pistilli (2012), *Course signals at Purdue: Using learning analytics to increase student success.* [63]

Aslan, S. et al. (2019), "Investigating the Impact of a Real-time, Multimodal Student Engagement Analytics Technology in Authentic Classrooms", in *Proceedings of the ACM CHI Conference on Human Factors in Computing Systems (CHI 2019)*, ACM, New York. [168]

Atkins-Burnett, S. et al. (2012), *Landscape analysis of non-cognitive measures.* [66]

Aung, A., A. Ramakrishnan and J. Whitehill (2018), *Who Are They Looking At? Automatic Eye Gaze Following for Classroom Observation Video Analysis*, Paper presented at the International Conference on Educational Data Mining (EDM). [59]

Baker, R. et al. (2006), *Adapting to when students game an intelligent tutoring system*, Paper presented at the Intelligent Tutoring Systems Conference. [162]

Baker, R. et al. (2010), "Better to be frustrated than bored: The incidence, persistence, and impact of learners' cognitive–affective states during interactions with three different computer-based learning environments", *International Journal of Human-Computer Studies,* Vol. 68/4, pp. 223–241. [7]

Baker, R. and J. Ocumpaugh (2015), "Interaction-based affect detection in educational software", in Calvo, R. et al. (eds.), *The Oxford Handbook of Affective Computing,* Oxford University Press, New York. [70]

Banawan, M., M. Rodrigo and J. Andres (2015), "An investigation of frustration among students using physics playground", in *Proceedings of the 23rd International Conference on Computers in Education.* [153]

Barab, S. et al. (2005), "Making learning fun: Quest Atlantis, a game without guns", *Educational Technology Research and Development,* Vol. 53/1, pp. 86–107. [148]

Bidwell, J. and H. Fuchs (2011), "Classroom analytics: Measuring student engagement with automated gaze tracking", *Behav Res Methods*, Vol. 49, p. 113. [60]

Bixler, R. and S. D'Mello (2016), "Automatic gaze-based user-independent detection of mind wandering during computerized reading", *User Modeling and User-Adapted Interaction*, Vol. 26, pp. 33–68. [90]

Bixler, R. and S. D'Mello (2013), "Detecting engagement and boredom during writing with keystroke analysis, task appraisals, and stable traits", in *Proceedings of the 2013 International Conference on Intelligent User Interfaces (IUI 2013)*, ACM, New York. [81]

Blanchard, N. et al. (2014), "Automated physiological-based detection of mind wandering during learning", in Trausan-Matu, S. et al. (eds.), *Proceedings of the 12th International Conference on Intelligent Tutoring Systems (ITS 2014)*, Springer International Publishing, Switzerland. [95]

Blumenfeld, P. et al. (1991), "Motivating project-based learning: Sustaining the doing, supporting the learning", *Educational Psychologist*, Vol. 26/3-4, pp. 369–398. [145]

Bosch, N. et al. (2015), "Accuracy vs. Availability Heuristic in Multimodal Affect Detection in the Wild", in *Proceedings of the 17th ACM International Conference on Multimodal Interaction (ICMI 2015)*, ACM, New York. [98]

Bosch, N. et al. (2016), "Using video to automatically detect learner affect in computer-enabled classrooms", *ACM Transactions on Interactive Intelligent Systems,* Vol. 6/2, pp. 17: 1–17: 31. [85]

Bosch, N. and S. D'Mello (2019), "Automatic Detection of Mind Wandering from Video in the Lab and in the Classroom", *IEEE Transactions on Affective Computing*, http://dx.doi.org/10.1109/TAFFC.2019.2908837. [75]

Bransford, J., A. Brown and R. Cocking (2000), *How people learn*, National Academy Press, Washington, D.C. [23]

Brom, C., T. Stárková and S. D'Mello (2018), "How effective is emotional design? A meta-analysis on facial anthropomorphisms and pleasant colors during multimedia learning", *Educational Research Review,* Vol. 25, pp. 100–119. [121]

Brown, J. and K. VanLehn (1980), "Repair theory: A generative theory of bugs in procedural skills", *Cognitive Science,* Vol. 4/4, pp. 379–426, http://dx.doi.org/10.1016/S0364-0213(80)80010-3. [106]

Burleson, W. and R. Picard (2007), "Evidence for gender specific approaches to the development of emotionally intelligent learning companions", *IEEE Intelligent Systems*, Vol. 22/4, pp. 62–69. [161]

Charsky, D. (2010), "From edutainment to serious games: A change in the use of game characteristics", *Games and Culture*, Vol. 5/2, pp. 177–198. [20]

Chi, M. and R. Wylie (2014), "The ICAP framework: Linking cognitive engagement to active learning outcomes", *Educational Psychologist*, Vol. 49/4, pp. 219–243. [123]

Christenson, S., A. Reschly and C. Wylie (2012), *Handbook of Research on Student Engagement*, Springer, New York. [18]

Coller, B. and M. Scott (2009), "Effectiveness of using a video game to teach a course in mechanical engineering", *Computers & Education*, Vol. 53/3, pp. 900–912. [140]

Conati, C., V. Aleven and A. Mitrovic (2013), "Eye-Tracking for Student Modelling in Intelligent Tutoring Systems", in Sottilare, R. et al. (eds.), *Design Recommendations for Intelligent Tutoring Systems - Volume 1: Learner Modeling,* Army Research Laboratory, Orlando, FL. [91]

Craig, S. et al. (2008), "Emote aloud during learning with AutoTutor: Applying the Facial Action Coding System to cognitive–affective states during learning", *Cognition & Emotion,* Vol. 22/5, pp. 777–788, http://dx.doi.org/10.1080/02699930701516759. [28]

Craig, S. et al. (2004), "Affect and learning: An exploratory look into the role of affect in learning", *Journal of Educational Media,* Vol. 29, pp. 241–250, http://dx.doi.org/10.1080/1358165042000283101. [110]

Csikszentmihalyi, M. (1990), *Flow: The Psychology of Optimal Experience,* Harper and Row, New York, NY. [40]

Csikszentmihalyi, M. (1975), *Beyond Boredom and Anxiety,* Jossey-Bass, San Francisco, CA. [8]

Csikszentmihalyi, M. and R. Larson (1987), "Validity and reliability of the experience-sampling method", *The Journal of Nervous and Mental Disease,* Vol. 175/9, pp. 526-536. [49]

Danckert, J. and C. Merrifield (2018), "Boredom, sustained attention and the default mode network", *Experimental Brain Research,* Vol. 236/9, pp. 2507-2518. [1]

Daniels, L. et al. (2009), "A longitudinal analysis of achievement goals: From affective antecedents to emotional effects and achievement outcomes", *Journal of Educational Psychology,* Vol. 101/4, pp. 948-963, http://dx.doi.org/10.1037/a0016096. [9]

De Falco, J., R. Baker and S. D'Mello (2014), "Addressing behavioral disengagement in online learning", in Sottilare, R. et al. (eds.), *Design Recommendations for Adaptive Intelligent Tutoring Systems: Adaptive Instructional Strategies (Volume 2)*, Army Research Laboratory, Orlando, FL. [80]

Dede, C. (2009), "Immersive interfaces for engagement and learning", *Science,* Vol. 323/5910, pp. 66-69. [147]

DeFalco, J. et al. (2018), "Detecting and addressing frustration in a serious game for military training", *International Journal of Artificial Intelligence in Education,* Vol. 28/2, pp. 152-193. [160]

del Soldato, T. and B. du Boulay (1995), "Implementation of motivational tactics in tutoring systems", *International Journal of Artificial Intelligence in Education,* Vol. 6, pp. 337-378. [116]

DeRouin-Jessen, R. (2008), *Game on: The Impact of Game Features in Computer-Based Training.* [141]

Dillenbourg, P. (1999), "What do you mean by collaborative learning", in Dillenbourg, P. (ed.), *Collaborative-learning: Cognitive and computational approaches.* [170]

Dindar, M. et al. (2017), "Matching self-reports with electrodermal activity data: Investigating temporal changes in self-regulated learning", *Education and Information Technologies,* pp. 1-18. [96]

D'Mello, S. (2019), "What do we think about when we learn?", in Millis, K. et al. (eds.), *Deep Comprehension: Multi-Disciplinary Approaches to Understanding, Enhancing, and Measuring Comprehension,* Routledge, New York, NY. [113]

D'Mello, S. (2016), "Giving Eyesight to the Blind: Towards attention-aware AIED", *International Journal of Artificial Intelligence in Education,* Vol. 26/2, pp. 645–659. [158]

D'Mello, S. (2013), "A selective meta-analysis on the relative incidence of discrete affective states during learning with technology", *Journal of Educational Psychology,* Vol. 105/4, pp. 1082–1099. [111]

D'Mello, S., E. Dieterle and A. Duckworth (2017), "Advanced, Analytic, Automated (AAA) Measurement of Engagement during Learning", *Educational Psychologist,* Vol. 52/2, pp. 104–123. [68]

D'Mello, S. and A. Graesser (2015), "Feeling, thinking, and computing with affect-aware learning technologies", in Calvo, R. et al. (eds.), *The Oxford Handbook of Affective Computing,* Oxford University Press, New York, NY. [157]

D'Mello, S. and A. Graesser (2014), "Confusion", in Pekrun, R. and L. Linnenbrink-Garcia (eds.), *International Handbook of Emotions in Education,* Routledge, New York, NY. [164]

D'Mello, S. and A. Graesser (2012), "AutoTutor and Affective AutoTutor: Learning by talking with cognitively and emotionally intelligent computers that talk back", *ACM Transactions on Interactive Intelligent Systems,* Vol. 2/4, pp. 23:2–23:39. [159]

D'Mello, S. and A. Graesser (2012), "Dynamics of affective states during complex learning", *Learning and Instruction,* Vol. 22/2, pp. 145–157, http://dx.doi.org/10.1016/j.learninstruc.2011.10.001. [152]

D'Mello, S. and A. Graesser (2010), "Multimodal semi-automated affect detection from conversational cues, gross body language, and facial features", *User Modeling and User-Adapted Interaction,* Vol. 20/2, pp. 147–187. [99]

D'Mello, S. and A. Graesser (2009), "Automatic detection of learners' affect from gross body language", *Applied Artificial Intelligence*, Vol. 23/2, pp. 123 – 150, http://www.informaworld.com/10.1080/08839510802631745. [93]

D'Mello, S. et al. (2016), "Attending to attention: Detecting and combating mind wandering during computerized reading", in *Extended Abstracts of the ACM SIGCHI Conference on Human Factors in Computing Systems (CHI 2016)*, ACM, New York. [79]

D'Mello, S. et al. (2017), "Zone out no more: Mitigating mind wandering during computerized reading", in Hu, X. et al. (eds.), *Proceedings of the 10th International Conference on Educational Data Mining,* International Educational Data Mining Society. [165]

D'Mello, S. et al. (2012), "Gaze tutor: A gaze-reactive intelligent tutoring system", *International Journal of Human-Computer Studies*, Vol. 70/5, pp. 377–398. [163]

D'Mello, S. et al. (2008), "Self versus teacher judgments of learner emotions during a tutoring session with AutoTutor", in Woolf, B. et al. (eds.), *Proceedings of the 9th international conference on Intelligent Tutoring Systems,* Springer-Verlag, Berlin, Heidelberg, http://dx.doi.org/10.1007/978-3-540-69132-7_6. [58]

Duckworth, A. et al. (2019), "Self-control and academic achievement", *Annual Review of Psychology,* Vol. 70, pp. 373–399. [31]

Duckworth, A. and D. Yeager (2015), "Measurement matters: Assessing personal qualities other than cognitive ability for educational purposes", *Educational Researcher,* Vol. 44/4, pp. 237–251. [45]

Eastwood, J. et al. (2012), "The unengaged mind: Defining boredom in terms of attention", *Perspectives on Psychological Science,* Vol. 7/5, pp. 482–495. [2]

Eccles, J. and M. Wang (2012), "Part I commentary: So what is student engagement anyway?", in Christenson, S., A. Reschly and C. Wylie (eds.), *Handbook of Research on Student Engagement,* Springer, New York. [32]

Ericsson, K., R. Krampe and C. Tesch-Römer (1993), "The role of deliberate practice in the acquisition of expert performance", *Psychological Review*, Vol. 100/3, p. 363. [30]

Faber, M., R. Bixler and S. D'Mello (2018), "An automated behavioral measure of mind wandering during computerized reading", *Behavior Research Methods,* Vol. 50/1, pp. 134–150. [167]

Farrell, E. et al. (1988), "Giving voice to high school students: Pressure and boredom, ya know what I'm sayin'?", *American Educational Research Journal,* Vol. 25/4, pp. 489–502. [10]

Ferguson, C. and A. Garza (2011), "Call of (civic) duty: Action games and civic behavior in a large sample of youth", *Computers in Human Behavior,* Vol. 27/2, pp. 770–775. [139]

Finn, J. and K. Voelkl (1993), "School characteristics related to student engagement", *The Journal of Negro Education,* Vol. 62/3, pp. 249–268. [11]

Forbes-Riley, K. and D. Litman (2011), "Benefits and challenges of real-time uncertainty detection and adaptation in a spoken dialogue computer tutor", *Speech Communication*, Vol. 53/9-10, pp. 1115–1136, http://dx.doi.org/10.1016/j.specom.2011.02.006. [86]

Fredricks, J., P. Blumenfeld and A. Paris (2004), "School engagement: Potential of the concept, state of the evidence", *Review of Educational Research,* Vol. 74/1, pp. 59–109. [34]

Fredricks, J. and W. McColskey (2012), "The measurement of student engagement: A comparative analysis of various methods and student self-report instruments", in Christenson, S., A. Reschly and C. Wylie (eds.), *Handbook of Research on Student Engagement,* Springer, New York. [42]

Fullerton, T., C. Swain and S. Hoffman (2008), *Game design workshop: A playcentric approach to creating innovative games,* Morgan Kaufmann, Burlington, MA. [129]

Gardner, J., C. Brooks and R. Baker (2019), "Evaluating the fairness of predictive student models through slicing analysis", in *Proceedings of the 9th International Conference on Learning Analytics & Knowledge.* [76]

Gee, J. (2003), *What video games have to teach us about learning and literacy,* Palgrave Macmillan, New York. [41]

Gibson, D. et al. (2015), "Digital badges in education", *Education and Information Technologies*, Vol. 20/2, pp. 403–410. [117]

Gobert, J., R. Baker and M. Wixon (2015), "Operationalizing and detecting disengagement within online science microworlds", *Educational Psychologist,* Vol. 50/1, pp. 43–57. [82]

Grafsgaard, J. et al. (2014), "Predicting learning and affect from multimodal data streams in task-oriented tutorial dialogue", in Stamper, J. et al. (eds.), *Proceedings of the 7th International Conference on Educational Data Mining*, International Educational Data Mining Society. [100]

Green, C. and D. Bavelier (2012), "Learning, attentional control, and action video games", *Current Biology,* Vol. 22/6, pp. R197–R206. [132]

Green, C. and D. Bavelier (2007), "Action-video-game experience alters the spatial resolution of vision", *Psychological Science*, Vol. 18/1, pp. 88–94. [133]

Greene, B. (2015), "Measuring cognitive engagement with self-report scales: Reflections from over 20 years of research", *Educational Psychologist,* Vol. 50/1, pp. 1–17. [43]

Griffiths, A. et al. (2012), "The relations of adolescent student engagement with troubling and high-risk behaviors", in Christenson, S., A. Reschly and C. Wylie (eds.), *Handbook of Research on Student Engagement,* Springer, New York. [12]

Hawkins, W., N. Heffernan and R. Baker (2013), "Which is more responsible for boredom in intelligent tutoring systems: students (trait) or problems (state)?", in Nijholt, A., S. D'Mello and M. Pantic (eds.), *Proceedings of the 5th International Conference on Affective Computing and Intelligent Interaction (ACII 2013)*, IEEE, Washington, D.C. [112]

Heine, S. et al. (2002), "What's wrong with cross-cultural comparisons of subjective Likert scales?: The reference-group effect", *Journal of Personality and Social Psychology,* Vol. 82/6, pp. 903–918. [47]

Henrie, C., L. Halverson and C. Graham (2015), "Measuring student engagement in technology-mediated learning: A review", *Computers & Education,* Vol. 90, pp. 36–53. [44]

Hidi, S. and K. Renninger (2006), "The four-phase model of interest development", *Educational Psychologist,* Vol. 41/2, pp. 111–127, https://doi.org/10.1207/s15326985ep4102_4. [38]

Hunter, A. and J. Eastwood (2018), "Does state boredom cause failures of attention? Examining the relations between trait boredom, state boredom, and sustained attention", *Experimental Brain Research*, Vol. 236/9, pp. 2483–2492. [3]

Hutt, S., J. Grafsgaard and S. D'Mello (2019), "Time to Scale: Generalizable Affect Detection for Tens of Thousands of Students across an Entire School Year", in *Proceedings of the ACM CHI Conference on Human Factors in Computing Systems (CHI 2019)*, ACM, New York. [83]

Hutt, S. et al. (2019), "Automated Gaze-Based Mind Wandering Detection during Computerized Learning in Classrooms", *User Modeling and User-Adapted Interaction*. [92]

Ibáñez, M. et al. (2014), "Experimenting with electromagnetism using augmented reality: Impact on flow student experience and educational effectiveness", *Computers & Education,* Vol. 71, pp. 1–13. [156]

Jackson, L. et al. (2012), "Information technology use and creativity: Findings from the Children and Technology Project", *Computers in Human Behavior,* Vol. 28/2, pp. 370–376. [138]

Jensen, E., S. Hutt and S. D'Mello (2019), *Generalizability of Sensor-Free Affect Detection Models in a Longitudinal Dataset of Tens of Thousands of Students*, in *Proceedings of the 2019 Educational Data Mining Conference (EDM 2019)*, International Educational Data Mining Society. [77]

Johnson, C. and R. Mayer (2010), "Applying the self-explanation principle to multimedia learning in a computer-based game-like environment", *Computers in Human Behavior*, Vol. 26/6, pp. 1246–1252. [127]

Kahneman, D. et al. (2004), "A survey method for characterizing daily life experience: The day reconstruction method", *Science*, Vol. 306/5702, pp. 1776-1780. [50]

Kapoor, A. and R. Picard (2005), "Multimodal affect recognition in learning environments", in *Proceedings of the 13th annual ACM international conference on Multimedia*, ACM, New York, http://doi.acm.org/10.1145/1101149.1101300. [101]

Kapp, K. (2012), *The gamification of learning and instruction*, Wiley San Francisco. [118]

Karpicke, J. and J. Blunt (2011), "Retrieval practice produces more learning than elaborative studying with concept mapping", *Science*, Vol. 331/6018, pp. 772-775. [24]

Klein, R. and T. Celik (2017), *The Wits Intelligent Teaching System: Detecting student engagement during lectures using convolutional neural networks*, IEEE. [61]

Krosnick, J. (1999), "Survey research", *Annual Review of Psychology*, Vol. 50/1, pp. 537-567. [46]

Lehman, B. et al. (2008), "What Are You Feeling? Investigating Student Affective States During Expert Human Tutoring Sessions", in *Intelligent Tutoring Systems, Lecture Notes in Computer Science*, Springer Berlin Heidelberg, Berlin, Heidelberg, http://dx.doi.org/10.1007/978-3-540-69132-7_10. [57]

Lehr, C., M. Sinclair and S. Christenson (2004), "Addressing student engagement and truancy prevention during the elementary school years: A replication study of the check & connect model", *Journal of Education for Students Placed at Risk*, Vol. 9/3, pp. 279-301. [64]

Lepper, M. and J. Henderlong (2000), "Turning 'play' into 'work' and 'work' into 'play': 25 years of research on intrinsic versus extrinsic motivation", in Sansone, C. and J. Harackiewicz (eds.), *Intrinsic and extrinsic motivation: The search for optimal motivation and performance*, Academic Press, San Diego, CA. [124]

Malone, T. and M. Lepper (1987), "Making learning fun: A taxonomy of intrinsic motivations for learning", in Snow, R. and M. Farr (eds.), *Aptitude, learning, and instruction III : Cognitive and affective process analyses*, Erlbaum, Hilsdale, NJ. [130]

Mann, S. and A. Robinson (2009), "Boredom in the lecture theatre: An investigation into the contributors, moderators and outcomes of boredom amongst university students", *British Educational Research Journal,* Vol. 35/2, pp. 243–258, https://doi.org/10.1080/01411920802042911. [13]

Martín-Gutiérrez, J. et al. (2017), "Virtual technologies trends in education", *EURASIA Journal of Mathematics Science and Technology Education,* Vol. 13/2, pp. 469–486. [154]

Martin, J. (2010), *Lower Merion district's laptop saga ends with $610,000 settlement,* http://articles.philly.com/2010-10-12/news/24981536_1_laptop-students-district-several-million-dollars. [74]

Ma, W. et al. (2014), "Intelligent tutoring systems and learning outcomes: A meta-analysis", *Journal of Educational Psychology,* Vol. 106/4, pp. 901–918. [108]

McNamara, D. et al. (2006), "Improving adolescent students' reading comprehension with iSTART", *Journal of Educational Computing Research,* Vol. 34/2, pp.147–171. [27]

Mehl, M. et al. (2001), "The Electronically Activated Recorder (EAR): A device for sampling naturalistic daily activities and conversations", *Behavior Research Methods, Instruments, & Computers,* Vol. 33/4, pp. 517–523. [56]

Miller, W. et al. (2014), *Boredom Across Activities, and Across the Year, within Reasoning Mind,* Paper presented at the Workshop on Data Mining for Educational Assessment and Feedback (ASSESS 2014), New York, NY. [78]

Mills, C. et al. (2017), "Put Your Thinking Cap On: Detecting Cognitive Load using EEG during Learning", in Molenaar, I., O. X. and S. Dawson (eds.), *Proceedings of the 7th International Learning Analytics and Knowledge Conference-LAK'17,* ACM, New York. [97]

Mills, C. et al. (2020), "Eye-Mind Reader: An Intelligent Reading Interface that Promotes Long-term Comprehension by Detecting and Responding to Mind Wandering", *Human-Computer Interaction,* https://doi.org/10.1080/07370024.2020.1716762. [166]

Monkaresi, H. et al. (2017), "Automated detection of engagement using video-based estimation of facial expressions and heart rate", *IEEE Transactions on Affective Computing*, Vol. 8/1, pp. 15-28. [87]

Mota, S. and R. Picard (2003), *Automated Posture Analysis for Detecting Learner's Interest Level.* [94]

Nystrand, M. and A. Gamoran (1991), "Instructional discourse, student engagement, and literature achievement", *Research in the Teaching of English,* Vol. 25/3, pp. 261-290. [52]

Ocumpaugh, J., R. Baker and M. Rodrigo (2015), *Baker Rodrigo Ocumpaugh Monitoring Protocol (BROMP) 2.0 Technical and Training Manual.* [73]

Olney, A. et al. (2012), "Guru: A computer tutor that models expert human tutors", in Cerri, S. et al. (eds.), *Proceedings of the 11th International Conference on Intelligent Tutoring Systems*, Springer-Verlag, Berlin/Heidelberg. [102]

Papert, S. (1998), "Does easy do it? Children, games, and learning", *Game Developer*, Vol. 5/6, p. 88. [21]

Pardos, Z. et al. (2013), "Affective states and state tests: Investigating how affect throughout the school year predicts end of year learning outcomes", in Suthers, D. et al. (eds.), *Proceedings of the 3rd International Conference on Learning Analytics and Knowledge,* ACM, New York. [84]

Patrick, B., E. Skinner and J. Connell (1993), "What motivates children's behavior and emotion? Joint effects of perceived control and autonomy in the academic domain", *Journal of Personality and Social Psychology,* Vol. 65/4, pp. 781-791, http://dx.doi.org/10.1037/0022-3514.65.4.781. [14]

Pekrun, R. et al. (2010), "Boredom in achievement settings: Exploring control-value antecedents and performance outcomes of a neglected emotion", *Journal of Educational Psychology,* Vol. 102/3, pp. 531-549, http://dx.doi.org/10.1037/a0019243. [15]

Pekrun, R. et al. (2014), "Boredom and academic achievement: Testing a model of reciprocal causation", *Journal of Educational Psychology,* Vol. 106/3, pp. 696-710. [4]

Pekrun, R. and L. Linnenbrink-Garcia (2012), "Academic emotions and student engagement", in Christenson, S., A. Reschly and C. Wylie (eds.), *Handbook of Research on Student Engagement,* Springer, New York, NY. [37]

Perkins, R. and A. Hill (1985), "Cognitive and affective aspects of boredom", *British Journal of Psychology,* Vol. 76/MAY, pp. 221-234. [16]

Pham, P. and J. Wang (2015), "AttentiveLearner: Improving mobile MOOC learning via implicit heart rate tracking", in *International Conference on Artificial Intelligence in Education,* Springer, Berlin/Heidelberg. [88]

Pianta, R., B. Hamre and J. Allen (2012), "Teacher-student relationships and engagement: Conceptualizing, measuring, and improving the capacity of classroom interactions", in Christenson, S., A. Reschly and C. Wylie (eds.), *Handbook of Research on Student Engagement,* Springer, New York, NY. [53]

Plass, J. et al. (2014), "Emotional design in multimedia learning: Effects of shape and color on affect and learning", *Learning and Instruction,* Vol. 29, pp. 128-140. [119]

Plass, J., B. Homer and C. Kinzer (2015), "Foundations of game-based learning", *Educational Psychologist,* Vol. 50/4, pp. 258-283. [125]

Podsakoff, P. et al. (2003), "Common method biases in behavioral research: A critical review of the literature and recommended remedies", *Journal of Applied Psychology,* Vol. 88/5, pp. 879-903. [48]

Porayska-Pomsta, K. et al. (2013), "Knowledge elicitation methods for affect modelling in education", *International Journal of Artificial Intelligence in Education,* Vol. 22, pp. 107-140. [71]

Psotka, J. (1995), "Immersive training systems: Virtual reality and education and training", *Instructional Science,* Vol. 23/5-6, pp. 405-431. [155]

Putwain, D. et al. (2018), "Reciprocal relations between students' academic enjoyment, boredom, and achievement over time", *Learning and Instruction,* Vol. 54, pp. 73-81. [5]

Raca, M., L. Kidzinski and P. Dillenbourg (2015), "Translating head motion into attention-towards processing of student's body language", in *Proceedings of the 8th International Conference on Educational Data Mining,* International Educational Data Mining Society. [62]

Randall, J., F. Oswald and M. Beier (2014), "Mind-wandering, cognition, and performance: A theory-driven meta-analysis of attention regulation", *Psychological Bulletin*, Vol. 140/6, pp. 1411–1431. [114]

Reeve, J. and C. Tseng (2011), "Agency as a fourth aspect of students' engagement during learning activities", *Contemporary Educational Psychology,* Vol. 36/4, pp. 257–267. [36]

Renninger, K. and J. Bachrach (2015), "Studying triggers for interest and engagement using observational methods", *Educational Psychologist,* Vol. 50/1, pp. 58–69. [35]

Reschly, A. and S. Christenson (2012), "Jingle, jangle, and conceptual haziness: Evolution and future directions of the engagement construct", in S. Christenson, A. Reschly and C. Wylie (eds.), *Handbook of Research on Student Engagement,* Springer, Berlin. [33]

Rey, G. (2012), "A review of research and a meta-analysis of the seductive detail effect", *Educational Research Review,* Vol. 7/3, pp. 216–237. [22]

Risko, E. et al. (2013), "Everyday attention: Mind wandering and computer use during lectures", *Computers & Education,* Vol. 68/1, pp. 275–283. [115]

Ritterfeld, U., M. Cody and P. Vorderer (2009), *Serious games: Mechanisms and effects,* Routledge, New York and London. [126]

Rodrigo, M. and R. Baker (2011), "Comparing Learners' Affect While Using an Intelligent Tutor and an Educational Game", *Research and Practice in Technology Enhanced Learning,* Vol. 6, pp. 43–66. [29]

Roediger, H. and J. Karpicke (2006), "Test-enhanced learning-Taking memory tests improves long-term retention", *Psychological Science,* Vol. 17/3, pp. 249–255. [25]

Rowe, J. et al. (2009), *Crystal island: A narrative-centered learning environment for eighth grade microbiology,* Paper presented at the Workshop on Intelligent Educational Games at the 14th International Conference on Artificial Intelligence in Education, Brighton, UK. [149]

Rowe, J. et al. (2010), "Integrating learning and engagement in narrative-centered learning environments", in Kay, J. and V. Aleven (eds.), *Proceedings of the 10th International Conference on Intelligent Tutoring Systems,* Springer, Berlin / Heidelberg. [151]

Ryu, S. and D. Lombardi (2015), "Coding classroom interactions for collective and individual engagement", *Educational Psychologist,* Vol. 50/1, pp. 70–83. [54]

Sabourin, J. and J. Lester (2014), "Affect and Engagement in Game-Based Learning Environments", *IEEE Transactions on Affective Computing,* Vol. 5/1, pp. 45–56. [72]

Sanchez, E., S. Young and C. Jouneau-Sion (2016), "Classcraft: from gamification to ludicization of classroom management", *Education and Information Technologies,* Vol. 22/2, pp. 497–513, http://dx.doi.org/10.1007/s10639-016-9489-6. [122]

Schneider, B. et al. (2020), *Learning Science: The Value of Crafting Engagement in Science Environments,* New Haven. CT: Yale University Press. [146]

Shechtman, N. et al. (2013), *Promoting grit, tenacity, and perseverance: Critical factors for success in the 21st century.* [67]

Shute, V., L. Rieber and R. Van Eck (2011), "Games... and... learning", in Reiser, R. and J. Dempsey (eds.), *Trends and issues in instructional design and technology,* Pearson Education, Inc. [131]

Shute, V., M. Ventura and F. Ke (2015), "The power of play: The effects of Portal 2 and Lumosity on cognitive and noncognitive skills", *Computers & Education,* Vol. 80, pp. 58–67. [134]

Shute, V., M. Ventura and Y. Kim (2013), "Assessment and learning of qualitative physics in Newton's playground", *The Journal of Educational Research,* Vol. 106/6, pp. 423–430. [103]

Shute, V. et al. (2014), "Video games and learning", in Tierney, W. et al. (eds.), *Postsecondary play: The role of games and social media in higher education,* John Hopkins Press, Baltimore, MD. [128]

Sinatra, G., B. Heddy and D. Lombardi (2015), "The challenges of defining and measuring student engagement in science", *Educational Psychologist,* Vol. 50/1, pp. 1-13. [39]

Skinner, E. and M. Belmont (1993), "Motivation in the classroom: Reciprocal effects of teacher behavior and student engagement across the school year", *Journal of Educational Psychology,* Vol. 85/4, pp. 571-581. [65]

Skoric, M., L. Teo and R. Neo (2009), "Children and video games: Addiction, engagement, and scholastic achievement", *CyberPsychology & Behavior,* Vol. 12/5, pp. 567-572. [135]

Sleeman, D. and J. Brown (1982), *Intelligent tutoring systems,* Academic Press, New York. [107]

Spires, H. et al. (2011), "Problem solving and game-based learning: Effects of middle grade students' hypothesis testing strategies on learning outcomes", *Journal of Educational Computing Research,* Vol. 44/4, pp. 453-472. [150]

Stahl, G., T. Koschmann and D. Suthers (2006), "Computer-supported collaborative learning: An historical perspective", in Sawyer, K. (ed.), *Cambridge Handbook of the Learning Sciences,* Cambridge University Press, New York, NY. [171]

Steenbergen-Hu, S. and H. Cooper (2014), "A meta-analysis of the effectiveness of intelligent tutoring systems on college students' academic learning", *Journal of Educational Psychology,* Vol. 106/2, pp. 331-347. [26]

Steenbergen-Hu, S. and H. Cooper (2013), "A meta-analysis of the effectiveness of intelligent tutoring systems on K–12 students' mathematical learning", *Journal of Educational Psychology,* Vol. 105/4, pp. 970-987. [109]

Tobias, S. and J. Fletcher (2011), *Computer games and instruction,* Information Age Publishers, Charlotte, NC. [142]

Turner, J. and D. Meyer (2000), "Studying and understanding the instructional contexts of classrooms: Using our past to forge our future", *Educational Psychologist,* Vol. 35/2, pp. 69-85. [51]

Tze, V., L. Daniels and R. Klassen (2016), "Evaluating the relationship between boredom and academic outcomes: A meta-analysis", *Educational Psychology Review,* Vol. 28/1, pp. 119-144. [6]

Um, E. et al. (2012), "Emotional design in multimedia learning", *Journal of Educational Psychology,* Vol. 104/2, pp. 485-498. [120]

Valstar, M. et al. (2012), "Meta-analysis of the first facial expression recognition challenge", *IEEE Transactions on Systems, Man, and Cybernetics, Part B: Cybernetics,* Vol. 42/4, pp. 966-979. [69]

Ventura, M., V. Shute and Y. Kim (2012), "Video gameplay, personality and academic performance", *Computers & Education,* Vol. 58/4, pp. 1260-1266. [136]

Ventura, M., V. Shute and W. Zhao (2013), "The relationship between video game use and a performance-based measure of persistence", *Computers & Education,* Vol. 60/1, pp. 52-58, http://dx.doi.org/10.1016/j.compedu.2012.07.003. [137]

Vincent-Lancrin, S. et al. (2019), *Measuring Innovation in Education 2019: What Has Changed in the Classroom?,* Educational Research and Innovation, OECD Publishing, Paris, https://dx.doi.org/10.1787/9789264311671-en. [169]

Volpe, R. et al. (2005), "Observing students in classroom settings: A review of seven coding schemes", *School Psychology Review,* Vol. 34/4, pp. 454-474. [55]

Wasson, A. (1981), "Susceptibility to Boredom and Deviant-Behavior at School", *Psychological Reports,* Vol. 48/3, pp. 901-902. [17]

Whitehill, J. et al. (2014), "The faces of engagement: Automatic recognition of student engagement from facial expressions", *IEEE Transactions on Affective Computing,* Vol. 5/1, pp. 86-98. [89]

Wilson, K. et al. (2009), "Relationships between game attributes and learning outcomes review and research proposals", *Simulation & Gaming,* Vol. 40/2, pp. 217-266. [143]

Yang, D. et al. (2013), "Turn on, tune in, drop out: Anticipating student dropouts in massive open online courses", in *Proceedings of the 2013 NIPS Data-Driven Education Workshop*. [19]

Young, M. et al. (2012), "Our Princess Is in Another Castle: A Review of Trends in Serious Gaming for Education", *Review of Educational Research,* Vol. 82/1, pp. 61–89. [144]

第五章

课堂分析：
从学生行为到课堂生态的变焦

皮埃尔·狄隆伯格，瑞士洛桑联邦理工学院

"学习技术"这一术语通常与一个或几个学习者使用数字设备开展活动有关。那么，技术在包含许多学习者的课堂上是如何发挥作用的？课堂分析技术为教师的课堂管理提供了实时的支持：监测学习者在课堂上的参与情况，决定何时及以何种方式干预学习者的学习活动，在活动中使用以往活动的产出，组建学习者小组，在教学中融入学习者生成的内容，决定何时开展下一项活动，或帮助教师调节自己的行为。本章将课堂描述成一个数字系统，推测其实现路径，同时介绍已有的相关经验，即教师在助力教育数字化过程中起到的关键性作用。

引言

学习分析的目的是对学习过程，即学习者如何在活动中提升知识、技能和素养进行建模。当已完成建模的学习活动在计算机上运行时，学习分析模型能够使软件根据学习者的需要调整接下来的学习活动。如果30个学习者在同一个教室里各自使用这个教育软件会怎样呢？许多有趣的课堂事件可能会超出软件的预设范围，且其中大多数会被分析技术所忽略，比如教师的干预、同伴之间的讨论等。当教师站在身旁或经过时，学生与系统的交互是否会比教师走远时更好？如果除了小组合作和集体授课，计算机上的个体活动只是课程的一部分会怎样呢？这些没有被软件记录下来的活动并不会被纳入分析技术的考虑范围，但实际上它们在确认学习者实际学习水平方面非常重要。

本章拓宽了学习分析的范围，从模拟学习者与设备之间的交互到捕捉"课堂"这一独特生态系统中发生的任何事情。课堂分析是多模态的，换句话说就是通过各种传感器收集相关数据，从而实现分析对话模式、注意力水平、身体姿势等目的。其中一些传感器具有摄像功能，这直接引发了伦理问题。权衡课堂分析的风险和潜在益处是一个核心关注点。

理论上讲，课堂分析的优势可以通过两步来发挥。首先，课堂分析设计的目的就是加强课堂管理，比如仪表盘呈现的数据有助于教师了解哪些学生在学习中遇到了困难，或者决定何时进入下一项活动。其次，用于改善课堂管理，为学习者带来更高的学业成就，多莱恩等人（Do-Lenh et al., 2012[1]）及荷尔斯泰因、迈凯伦和阿勒文（Holstein, McLaren and Aleven, 2018[2]）已经证明了这一点。对课堂分析的另一个期望是将学习分析技术应用到更加丰富多样的学习活动中，如授课、小组合作、实践活动或集体讨论，甚至应用到诸如实地考察等一些课外活动中。对这样一个丰富的教学场景（包括个人、小组和班级活动，有些活动使用数字技术，有些则不使用）的管理，可以用"课堂教学统筹"① 这个词来概括。课堂分析并不代替教师做决策。相反，它为教师提供信息，让他们来解释，因为教师一般都知道当时的情境。例如，系统探测到某个学生表现不佳，但实际上他可能生病了，或正在帮助另一个学生，或遇到了网络连接缓慢的问题。教师应该

---

① 课堂教学统筹（classroom orchestration）理论关注教师如何在真实的教学情境中整合技术以支持协作学习。与信息技术整合教学的落脚点是学生不同，该理论的落脚点是教师，核心在于推进教师教学法的创新，即探究将信息技术引入教学情境会对教师产生何种影响。不仅关注教师如何应对课堂引入信息技术而发生的变化，以及如何让这种变化引发学生的有效学习，还关注教师与技术耦合过程中发生了什么样的学习，以及如何支持这一过程精准发生。——译者注

第五章　课堂分析：从学生行为到课堂生态的变焦

始终是课堂分析的重要组成部分，在课堂分析的支持下，他们能够更有效地开展教学。

本章探讨了学习分析在未来十年内将如何推动教育改革。此处假设2030年的课堂看起来与2020年的课堂相似，正如2020年的课堂与1920年的课堂相似。如果一个在1920年驾驶汽车的人在2020年复活，他们将很难驾驶2020年的新车。他们既认不出电磁炉就是从前的炉灶，也不知道智能手机就是从前的电话，但当他们走入"教室"时，他们知道这里会发生什么。教育的发展是缓慢的。在20世纪80年代的教师看来，今天教师们所处的"课堂"就是"未来课堂"。因此，对过去40年数字教育的发展情况进行分析，可以为未来10—20年的教育发展提供线性预测。关于教室仍将存在的预测也许听起来很保守。有些人甚至认为教室将会消失。他们忘记了一个令人不快的现实：学校还履行着"保姆"的职能，即在家长上班时让孩子有事情做。本章假定决策者在2030年仍然选择需要在实体课堂上开展线下教学。一些名为"未来课堂"的倡议把未来的教室设想成一个冰冷的空间，里面装满独立的电子屏和电脑。本章则提出了一个不同的愿景：未来的教室仍然是丰富多样的社会生活场所，并非看上去由信息技术所主导。

愿景：课堂是一个数字系统

　　进入未来的课堂可能类似于今天进入一辆汽车——都是进入一个有门、座位、窗户和其他人的物理空间，而且里面都有许多传感器、计算机和执行终端。坐在车里相当于置身于一个数字系统。这听起来可能有点吓人，但数字系统的好处是能够在司机打瞌睡时发出警报，这就避开了对司机进行视频监控引发的伦理担忧。课堂系统也面临着同样的伦理权衡。

　　数字系统以数字形式采集（输入）、处理和传递（输出）信息。既然任何事物都可以被描述为一个系统，那么将课堂描述为（数字）系统能给我们带来什么呢？这里体现了两种观点之间的区别，第一种观点很常见，认为课堂是一个引入数字系统的物理空间，第二种观点则认为课堂本身就是这个系统。

　　和任何系统一样，课堂是由多个子系统组成的。如果这些子系统共同实现了一项无法由单个子系统独立执行的功能，那么这组子系统就可以被描述为"一个系统"。课堂中可能包含一些数字设备（如数学软件、电子表格、教育机器人、小组合作平台等），它们都有其特定的功能。其他的认知功能是由教室里的人，即教师和学习者，以及人工制品（如展示元素周期表的海报）来实现。与子系统相比，"课堂系统"能够执行一些表现出更高水平的功能，其中一项就是"课堂教学统筹"功能。

在个性化教学系统中,"输入"指学习者的行为,"功能"指为每个学习者提供适合他们自己的教学,"输出"指系统的下一步操作,比如给出的反馈或建议的下一个活动。在"课堂即系统"的方法中,"输入"指课堂上采集的分析数据,"输出"指为教师或学习者提供的信息,比如仪表盘上显示的数据,"功能"指课堂教学统筹。荷尔斯泰因、迈凯伦和阿勒文(Holstein, McLaren and Aleven, 2017[3])观察了学生使用智能辅导系统时教师的行为,发现教师平均47%的时间未参与活动或不在教室内。其实他们只是感到自己成了"局外人"。而在学习分析中,我们的愿景是让一个或多个人参与其中。我们希望课堂教学统筹由教师和系统中的数字技术协同完成(Santos, 2012[4])。

"课堂即系统"的概念是如何产生的

纵观过去40年来学习技术的演变,四个趋势导致了"课堂即系统"概念的出现。

第一个趋势是多年来一直被认为相互排斥的教学方法日益融合。学校里使用的许多教学工具都是基于"掌握学习"的理念(Bloom, 1968[5]):通过提供快速反馈和难度递增的练习,将复杂的技能分解为简单的技能。另一类教学工具被称为"微世界"①(Papert, 1987[6]),它是基于建构主义理论开发出来的,是某种数字沙盒,学习者通过反复试验获得问题解决技能。同样的理论启发了基于探究的学习工具,即通过真实的或模拟的实验进行学习。受指令性的行为主义方法启发,大规模在线开放课程的建设和其他以学习者观看讲座或阅读文本为主的学习环境先后出现。这些学习理论注重个人学习,以教师因材施教的能力为基础。相反,实证研究揭示了协作学习的益处,从而催生了基于社会认知理论(Vygotsky, 1964[8])的团队学习环境(Dillenbourg, Järvelä and Fischer, 2009[7])。这些不同教学方法的互斥性正在逐渐变

---

① 拓展阅读:微世界(micro-worlds)是一种学习辅助工具软件,本质上是提供基于计算机的交互式学习环境。主要特性包括:第一,通过对抽象世界或客观世界的模拟、仿真、可视化等手段,适当降低人机交互阻抗;第二,其中的对象是可操作的;第三,能让学习者通过操作、观察、探索、验证等手段主动建构自身的知识体系。"微世界"的概念最初由西摩•佩珀特(Seymour Papert)提出,他称其为"知识的培养"(incubators for knowledge),呼应罗伯特•泰勒(Robert Taylor)把计算机应用于教育归结为3T模式,即Tutor(辅导者)、Tool(工具)和Tutee(学习者)的想法,并进一步提出了截然不同的思路,即让计算机扮演学员的角色,让学生充当教师,从而让计算机实现他们的想法。

张伟.微世界教育应用研究[J].沈阳师范大学学报(自然科学版),2007(3):407-410.
杨林林.微世界学习环境的知识建构特征及其教学应用[D].扬州:扬州大学,2008.

弱。人类的认知系统是一个运行在个人硬件（人脑）上的社交性软件。当教师可以将多种相关的数字教学方法整合起来使用时，他们为什么只使用其中一种呢？

第二个趋势是教育中使用的技术日益兼容。例如，多年来，人们无法在技术上实现一个软件同时支持数学练习和视频播放功能。网络技术则为几乎所有数字产品之间的互操作性提供了可能。在技术上整合不同工具的可能性与第一个趋势，即整合不同教学方法所带来的益处相融合。这种演变并未使最终的学习管理系统能够为所有学习活动都提供所需的功能，而是推动了数字工具生态系统的发展，每一种工具都有特定的功能。现在，学习环境之间的互操作性还远远不够。人们已经制定了用于交换数字内容（比如 SCORM[①]、IMS LD[②] 规范）的元数据标准（Duval, 2001[9]）和其他促进互操作性（即交换学习者相关数据）的标准，比如学习工具互操作性（Learning Tools Interoperability，简称 LTI）标准（Severance, Hanss and Hardin, 2010[10]）。今天，学习者使用某个工具时产生的数字痕迹会被收集起来，并汇总到他们使用的每个工具的特定模型中。但如果他们使用多个学习工具，就会发现没有任何一个工具能够提供一个关于学习者的综合模型。为综合描述学习者的学习路径，最近一些项目（Mangaroska, Vesin and Giannakos, 2019[11]）在尝试跨应用程序汇总数据。在跨应用程序共享数据记录的标准方面，超应用程序接口（xAPI）似乎正在持续发力（Bakharia et al., 2016[12]）。当然，跨平台的数据分析会使数据保护方面的风险倍增。

---

① 拓展阅读：可共享内容对象参考模型（Sharable Content Object Reference Model，简称 SCORM）由高级分布式学习（ADL）计划开发，是关于共享课件的创建、管理和使用的标准，由内容集合模型（Content Aggregation Model）和运行时环境（Run-Time Environment）构成。内容集合模型包括内容模型、元数据和内容包装，规定了单独的学习内容如何描述、内容如何组成可共享和交互的课件。运行时环境规定了资源包同学习管理系统（LMS）接口的应用程序编程接口（API）和数据模式，这里的包类似一个 ZIP 文件，其中包含了同课程/子课程内容相关的所有的文件：内容、关于内容的元数据描述信息、关于课程的元数据以及课程结构信息等。
付琴，程文青，杨宗凯. SCORM——可共享对象参考模型的研究[J]. 中国远程教育（综合版），2003（1）：60-62.

② 拓展阅读：教学管理系统学习设计（Instructional Management System Learning Design，简称 IMS LD）是一种能以形式化方式描述任何教与学过程设计的包容性框架，它提供的是一种规范，包括 8 项要求，如完整性、教学灵活性、个性化、形式化、再现性、互用性、兼容性、重用性。IMS LD 规范与 SCORM 标准的重要区别在于：SCORM 标准以学习对象的跨平台共享为主要追求，只支持单角色和有限的属性设置，难以形式化描述复杂的学习过程；而 IMS LD 规范基于教育建模语言，支持多用户、多角色和不限数目的属性设置，能对复杂的学习过程进行形式化描述。IMS LD 规范更有利于对现实的复杂的学习过程进行自动化设计。
彭绍东. IMS LD 规范视域下的"学习单元"设计[J]. 远程教育杂志，2010（5）：16-21.

第三个趋势和硬件的发展有关。多年来，在专门配备电脑的房间（即所谓的"计算机机房"）里，一排排笨重的主机和垂直的显示器挡得教师几乎看不到学生。后来，笔记本电脑开始进入课堂，接着平板电脑和智能手机把学习技术带入非正式场合，从坐在沙发上到在森林里散步，学习技术如影随形。如今，随着传感器和执行器可以被集成到鞋子、杯子、衣服等几乎任何物体上（我们称其为"物联网"），可用于教育教学的设备种类出现了爆炸式增长。设备越来越多，但也越来越"隐形"；它们并没有完全消失，而是更多地隐藏在幕后。如图 5.1 中的例子所示，数字化和非数字化之间的界限正逐渐变得模糊。学习者可以通过传感器的追踪，结合增强现实技术，对有形的物体进行实际操控。物理数字技术扩大了可通过数字方式练习和评价的技能范围，这对职业教育领域的实操类教学尤其重要。

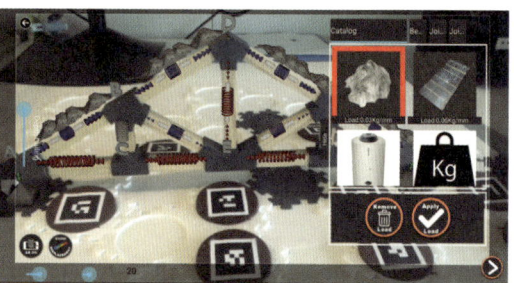
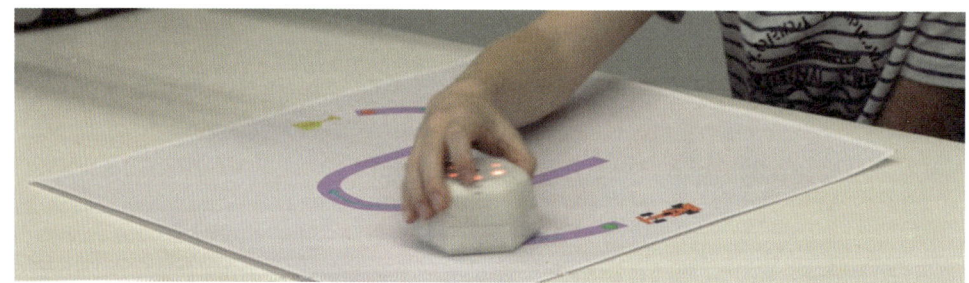

图 5.1 物理和数字的模糊性

注：如左上方的操作台所示，学生可以在有形界面（桌子）上通过移动实物与虚拟空间的对象进行互动，这种对仓库的模拟有助于学徒深入理解物流原理。

如右上方的操作台所示，增强现实技术将真实的环境图像与显示在平板电脑或头戴式设备上的数字信息相结合，这种对屋顶结构受力的模拟有助于木工学徒更直观地理解静力学。

如底部的操作台所示，教育机器人既是物理对象（实物），又是数字对象，这个 Cellulo 机器人可以在各种操作任务中为学习者提供触觉反馈。

资料来源：Do-Lenh et al.（2012[1]）；Cuendet et al.（2015[13]）

然而，即使未来的课堂上充斥着数字产品，但从视觉效果看，它们也不应该像美国国家航空航天局（NASA）的控制室那样装满显示器和设备。未来的课堂事实上可能更像一个没有技术设备的空间。为什么它不能是一个拥有木制家具和露天花园的房间呢？因为数字工具的存在感越弱，它们对社交互动（对话、眼神交流等）和课堂教学统筹的干扰就越小。

第四个趋势是更加关注学习活动而不是学习技术。以用于帮助学习者学习如何编程的教育机器人为例：有些机器人可能比其他机器人更合适，但儿童的学习效果与其说取决于机器人的特点，不如说取决于他们与机器人一起进行的活动。对慕课、增强现实或虚拟现实工具，以及任何技术来说都是如此。成功的主要变量是在课堂上协调各种活动的能力。课堂教学统筹是指在多重约束条件下对多种活动进行实时管理（Dillenbourg, 2013[14]）。"多种活动"是指个人、小组和班级活动与各种数字环境的整合，包括那些没有任何数字技术的活动。"多重约束条件"强调了影响教师决策的诸多实际因素：管理学习时间，面对那些错过前几节课或迟到的学生，考虑物理空间（比如从小组活动转到授课环节），维持课堂纪律，尽量减少教师的工作量，等等。不知道为什么，这些制约因素在科学研究中被忽视了，但这或许恰恰解释了学习技术的运用为什么会遇到困难。

作为输入端的课堂

之所以将输入从往常的键盘和鼠标扩展到整个课堂，是因为学习者与软件的交互痕迹只反映了课堂上发生的部分（和有限的）事情。即使学习者只和个人设备进行互动，他们实际上也经常参与"软件外"的活动，有的属于学习的一部分（如向教师寻求帮助），有的则游离于学习之外（如聊天、上网、发呆等）。有些学习者会向教师寻求帮助，反之，教师可能会对不活跃的学习者进行主动干预。

我们提出"课堂分析"这一术语，是为了强调课堂上的任何事件都可以被捕捉和分析，以建立学习和教学过程的模型。荷尔斯泰因等人（Holstein et al., 2017[3]）使用一个课堂回放工具将"软件外"的互动与"软件内互动"生成的数据分析结果整合起来。的确，我们可以从任何一个课堂活动中采集到数据，包括那些使用轻型技术的活动。例如，"答题器"或"个人反馈系统"在提高课堂参与度的同时也采集到了数据：（1）教师在授课时出示一道选择题；（2）学习者在个人设备上独立答题；（3）所有答案被收集起来，以可视化的方式呈现在教师的幻灯片上（输出），使教师能够为学生提供反馈，并对常见错误进行评析。这种情况存在多种形式，适用于开放题、图表题、投票等。同侪教学中，在个体回答阶段和教师反馈阶段之间，学生需要将自己的答案与同桌的答案进行比较，并解释自己为什么选择这个答案。费根、克劳奇和马祖尔（Fagen, Crouch and

Mazur, 2002[15])收集了有力的证据,证明这样的课堂确实提高了学生的大学物理考试成绩。专栏 5.1 介绍了另一个在智利试点的例子。

专栏 5.1 单显示组件:一个使学生活动对教师可见的低成本工具(智利)

单显示组件(Single Display Groupware,简称 SDG)是课堂分析的一个例子,对发展中国家的学校来说可能很有吸引力,因为它需要使用的设备最少。单显示组件允许多人在同一个显示屏上学习和互动,每个人都可以控制自己的输入设备。单显示组件的一个课堂应用是"每个孩子一个鼠标,打好数学基础",这是一款由智利研究人员开发的软件程序,只需要一台电脑、一台投影仪,教师和参与活动的孩子人手一个鼠标(Alcoholado et al., 2012[16])。该程序将个性化学习融入课堂,这在教师必须管理一个由不同水平学生组成的班级时尤其有用。

如图 5.2 所示,单显示组件通过投影仪将每个人的学习进度呈现在单元格中,单元格的数量等于连接到系统的鼠标数量。学生在各自的单元格中进行算术练习,若回答正确便进入下一道练习题,若连续答对多道练习题便进入下一个难度等级。屏幕右边根据解决的问题数量和达到的难度等级对学生进行排名。这可以让他们了解自己在课堂上的相对表现,为学习活动增加了竞争性和趣味性元素,同时有助于教师及时发现跟不上的学生。教师可以在屏幕上自由地移动光标,帮助每一个学生,或将程序从练习模式切换到教学模式,展示解答例题的过程,并向全班学生解释数学规则。在圣地亚哥一所小学进行的前后测实验评估结果表明,该程序对学生的成绩,特别是那些成绩不佳的学生产生了积极影响。

图 5.2 每个孩子一个鼠标,打好数学基础

注:学生在各自的单元格中进行数学练习。单元格中间的图标提供了四种类型的反馈:正确、不正确、进入下一等级、鼠标不活动。右边的面板根据完成练习的数量和达到的等级对学生进行排名。

资料来源:Alcoholado et al.(2012[16])(经许可复制)

第五章 课堂分析：从学生行为到课堂生态的变焦

多模态分析（Ochoa and Worsley，2016[17]）拓宽了课堂分析中行为采集的范围。如果一个教室配备了传感器，任何目光、手势、身体停顿、压力水平等都可作为输入数据被采集。假设每个学生的智能手机内已经有15—20个传感器，那么每个教室就有可能配备了数百个传感器。阿胡贾等人（Ahuja et al.，2019[18]）将教室里的麦克风和摄像头结合使用，用来探测哪些学习者会举手，有哪些身体姿势和言语行为，然后就这些特征与课堂效果之间的关系进行相关性研究。扬加等人（Yanga et al.，2018[19]）开发了从面部图像识别情绪的算法。输入的数据不仅是行为（如回答问题），还有所谓的"行为尘埃"，即行为碎片，如转头（见图5.3）、叹气或注视。单独来看，这些碎片很难解释；但随着时间的推移或在不同学习者中进行累计，它们最终会变得有意义。例如，拉卡、基津斯基和狄隆伯格（Raca，Kidzinski and Dillenbourg，2015[20]）所采用的方法不是先估计个体的注意力水平，再在所有学生中进行平均。相反，他们发现了一个仅适用于测量课堂整体注意力水平的计算方法：专心听讲的学习者往往会同时转动他们的头部，原因很简单，因为他们在关注同一个移动对象——教师。

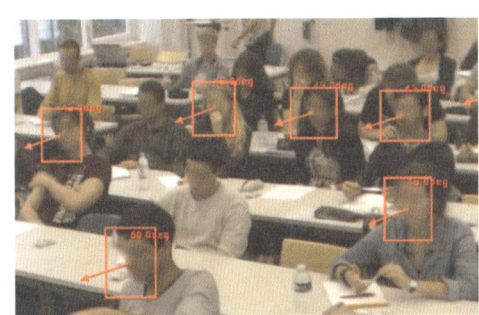 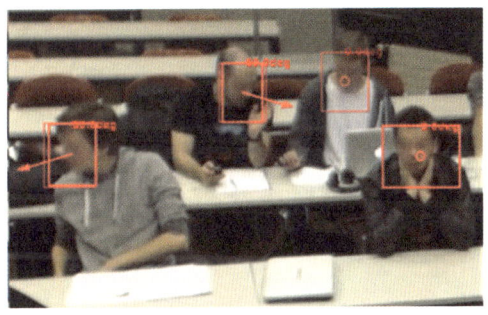

图5.3 通过分析头部运动来估算课堂上的整体注意力水平

资料来源：Raca, Kidzinski and Dillenbourg（2015[20]）

与对数字环境中的互动建模相比，对整个课堂建模要复杂得多。在数字环境中，正确和错误的回答往往是预先定义好的。一些贝叶斯知识追踪①的变化将系统触发的教学干预（Lin and Chi，2016[21]）整合到模型中，有些模型也将教师的人工干预整

---

① 知识追踪是构建自适应教育系统的核心和关键，它基于学生行为序列进行建模，预测学生对知识的掌握程度。在自适应的教育系统中，无论是做精准推送、学生学习路径规划还是知识图谱构建，第一步都是能够精准预测学生对知识的掌握程度。在智能教学系统中，当前最常使用以下三种模型对学生的知识点掌握情况进行追踪判断，包括项目反应理论（Item Response Theory，简称IRT）、基于贝叶斯网络的学生知识点追踪模型（Bayesin Knowledge Tracing，简称BKT）、基于深度神经网络的学生知识点追踪模型（Deep Konwledge Tracing，简称DKT）。——译者注

合了进去。学习环境越是复杂、开放，预测的准确性就越低。然而，这种较低的准确性在课堂上并不是一个问题，因为计算方法的目的不是自主决策，而是为教师提供信息，再由教师做出决策。这一结合人工智能和人类智能的系统通常被称为"人技协同"。课堂分析就是想让教师参与其中。

将课堂变成一个输入设备，马上就会引发对伦理方面的担忧。在一些项目中，学习者或教师已经配备了传感器（如脑电图、皮肤电导仪、加速度计、心率仪、眼动仪等）。在教室里放置摄像头的干扰性较小，但这不符合数据保护原则，一种符合规定的方法是系统不存储图像，而是在提取出相关特征后立即删除它们。尽管有这样的解决方案，但我们认为学校存在"极权主义"的风险仍然很高，这在许多文化中是不可接受的。正如在许多关于数据保护的争论中所提到的，必须将这种风险与利益（即输出的价值）进行比较。根据拉卡、基津斯基和狄隆伯格（Raca, Kidzinski and Dillenbourg, 2015[20]）的研究，向教师发出学生突然失去专注力的信号，对新手教师或那些无法保持学生兴趣的教师来说还是有用的。然而，这种好处并非总是显而易见。许多学者，如扬加等人（Yanga et al., 2018[19]）开发了从面部图像推断情绪的算法。如果系统检测到学习者的挫败感，应该怎么做？强烈的负面情绪可能会阻碍学习者的积极性，但适度的困惑确实有可能激励他们更努力地学习（D'Mello et al., 2014[22]）。课堂输入应该限定在能够真正地为教与学提供明确附加值的内容上，并以那些有充足经验证据的理论或非常合理的行动理论为基础。

作为输出端的课堂

在自适应个性化系统中，学习分析的输出通常是根据学习者个体需求调整教学的决策。在课堂分析中，输出的信息是提供给系统闭环中的人，即教师和学习者，以支持他们做出决策。这些信息通常采取教学仪表盘的形式，即把学习者的状态或课堂上的学习进度可视化，投射到教室的墙壁上或呈现在显示器（通常是屏幕）上。

这些仪表盘的设计在可用性上面临一大挑战：如何在不增加教师认知负荷的情况下为他们提供信息？到目前为止，大多数已开发出来的仪表盘确实令教师们应接不暇，因为它们提供了太多的细节信息。一种解决方案是开发"可缩放"的界面，即提供一幅全局图，呈现出每个学习者的少量信息，但允许教师随时获取他们更为详细的信息。此外，仪表盘不应减少教师对课堂的视觉关注。不同的解决方案各有利弊：在教室的显示屏上呈现仪表盘，可以让教师随时查看信息（见图 5.4），但这些信息（包括个人困难）也会向全班公开；在教师使用的台式机上呈现仪表盘，可以保护隐私，但要求教师必须回到讲台查看信息；在平板电脑上呈现仪表盘，可同时做到便捷和私密，但还是比较繁冗；在平视显示器（如眼镜）上呈现仪表盘（Holstein et al.，2018[23]）既能提供上述两种信息，也能与学习者保持视觉接触，同时解放教师的双手，但不是很自然。其他设计维度关注显示数据的性质（如回答内容与分数）、社交范围（如个人、小组、班级）等。对课堂教学统筹特别重要的一个设计选择是给定信息的空间映射（如约翰在仪表盘上的位置是否与他在教室里的物理位置相对应）。

教学仪表盘可以是集中式的（通过一个显示器显示），也可以是分布式的（通过教室里的几个显示器显示），或者是环境式的（只是通过分布式或集中式提示向教师提供最低限度的信息）。这是另一个重要的设计选择。仪表盘一般都是集中式的，但分布式仪表盘在教与学的统筹方面也有其优势。图 5.4 显示了一组分布在教室里的蓝灯设备：它们构成了一个分布式仪表盘。阿拉维和狄隆伯格（Alavi and Dillenbourg，2012[24]）将其与同样对所有人可见的、显示信息完全相同的集中式仪表盘进行比较，发现集中式仪表盘往往会引发男生之间的竞争，分布式仪表盘则会促进相邻小组之间的互动。

由于教师在课堂上把主要精力放在教学上，可能没有过多的时间去关注教学仪表盘上的信息，在这种情况下，可以利用周边视觉为教师提供一个"环境式"仪表盘。例如，托米奇、格雷切尼格和迈尔霍费尔（Tomitsch, Grechenig and Mayrhofer, 2007[25]）在天花板上显示信息。当然，教师估计是不会去看天花板的，但如果教室天花板的颜色突然变暗，教师就会注意到。格勒森、施密特和贝格尔（Gellersen, Schmidt and Beigl, 1999[26]）通过改变各种灯光的强度或控制台式喷泉的水泵来传达信息。周边视觉传达的并不是精确的信息（如某个数值），而是一个总体印象。"环境计算"① 这一术语所描述的技术并不需要集中注意力，但需要对周边环境或背景进行改造。今天，环境计算对教育工作者来说是陌生的，但它具有将整个课堂变成一个显示器的巨大潜力。它与"适度计算"有关（Dillenbourg et al., 2011[27]），强调通过显示端的设计有意降低信息的准确性：假设学习者在课堂上的平均分是 75%，那么可以通过设置教室后

---

① 环境计算（Ambient Computing）是结合了人工智能、机器学习和认知处理等功能的应用程序，通过在数字世界中创造一个环境，无缝地将技术集成到所有事物中，从而提高实用性，减少对人类注意力的需求。——译者注

面的墙壁（教师经常面对的）颜色来提示教师，比如呈细微变化的蓝色，虽然这不如直接显示数字 75 那样准确，但对教师来说是持续可见的。在蓝灯设备（见图 5.4 左图）上，教师可以感知到哪个小组等待的时间比另一个小组更长，但并不知道确切的时间。同样，在反射桌面（见图 5.4 右图）上，每个学习者面前桌面区域的颜色近似于他们的发言量，但并不提供精确的计数。可能会出现这样的情况：某个人需要讲更多的话，因为他需要全面介绍或进行大段解释，而也有一些参与者通过故意多说话来玩弄系统。这两种情况都属于"人技协同"，即参与者解读了呈现的指标，因为他们知道自己的行为及周边的信息被采集了。

A. 使用蓝灯装置调节助教的注意力　　　　B. 使用反射桌面调节小组合作中的对话

图 5.4　分布式教学仪表盘在课堂中的应用

注：左图展现了在复习课上，学生们通过一个叫作"蓝灯"（Lantern）的小装置向助教传达他们的进度。颜色表示他们正在做的练习，LED 灯的数量表示他们在这个练习上花了多长时间。当要寻求帮助时，他们就按下装置，装置会开始慢慢地闪烁，随后频率加快，显示出他们等待的时间。

右图中，放置在反射桌面（Reflect table）中间的麦克风阵列可以捕捉不同角度的声源，从而识别出谁在说话。一个人说得越多，他面前的 LED 灯就亮得越多。

资料来源：Alavi and Dillenbourg（2012[24]）；Bachour, Kaplan and Dillenbourg（2010[28]）

前面的例子依靠的是视觉感知，莫赫等人（Moher et al., 2010[29]）则利用声音在课堂上模拟地震学原理。在六周的时间里，教室里一共模拟了 21 次地震。一个低音炮发出低频的隆隆声，位于教室不同位置的显示器模拟地震仪，显示持续运行的地面振动条形图记录情况。然后，在学习地震相关内容时，学生们通过分析地震波在教室里找到了震中，并在天花板上悬挂一个泡沫塑料球进行标记，球的颜色表示地震的震级。通常而言，学校里的科学模拟都是在计算机中运行的，但这种模拟被嵌入了物理空间，也就是说，此时的课堂成了输出端。

第五章　课堂分析：从学生行为到课堂生态的变焦

系统的功能

数字系统负责处理输入和输出之间的数据，一个典型的例子是对不同时间段或不同学习者的数据进行汇总。这些过程实现了系统的预期功能。作为课堂分析的首要功能，课堂教学统筹是通过执行一些特定功能来实现的。以下七种更具体的功能有助于我们理解课堂教学统筹目前所提供的可能性：监督和干预、数据传输、动态分组、事后解读、时间掌控、教师自我调节和教学统筹管理。

监督和干预

教学仪表盘的主要功能是监测学习者的状态，以便发现哪个学习者不够活跃或遇到了困难，哪些小组无法很好地合作，哪个学习者可以帮助他人，等等。当教师一眼就能看到教室里的学习者在做什么时，他又怎么可能从仪表盘提供的信息中获益呢？这个问题有几个答案：当学习者的数量非常多时；当学习者的活动不容易被教师看到时（如在笔记本电脑上学习）；当学习者的活动无法一眼就能评价时（如他们正在编写复杂的代码）；当直接观察难以进行时（如同时监测 15 个双人学习小组）；当不仅要关注学习者当前的状态，还要关注他们自课程开始以来所做的事情时；等等。简而言之，系统的关键功能是使不可见的东西变得可见，比如某个学习者沉默了多长时间，某个学习者在小组讨论中占多大的主导地位，等等。

图 5.5 说明了这一原则。有四个小组正在使用有形的物流模拟工具，如图 5.1 所示。图中最上方的四行显示了每个小组设计的历史仓库布局，这有助于教师感知他们的策略。多莱恩等人（Do-Lenh et al., 2012[1]）进行的试验表明，那些未经充分思考就修改仓库布局并频繁进行模拟的小组成员其实并没有学到什么内容。因此，教学仪表盘在历史记录栏下方有颜色条，该颜色条用于记录仓库操作的频率，当从黄色变为红色时，表示操作过于频繁。虽然学生在桌子上移动塑料架子是可见的，但四个小组的移动频率变化是不可见的。

就这一功能而言，数据处理主要是汇总和评估。汇总包括将不同时间和不同小组的答案或行为累积起来，为教师提供可视化信息（时间线、柱状图等），从而起到一目了然的效果。简单的评估过程是将汇总的数据与一些阈值（如超过 5 分钟的空闲时间、低于 30% 的正确答案）进行比较，或使用颜色代码表示从最不理想到最理想的状态，如图 5.5 所示。更复杂的评价方法是代码合成（如高亮显示学习者编写的代码中的错误行）和文本处理（如寻找文本之间的相似性）。其目的不是代替教师进行干预，而是向教师发出预警,提醒他们注意某些人或事。例如,在图5.5中,当颜色条包含许多红色时段时,教师可以暂停模拟,并要求各小组在重新开始模拟前预测下一次模拟的结果。这就引发了大家的思考。正如我们前面所观察到的,思考较少的小组学习效果最差。

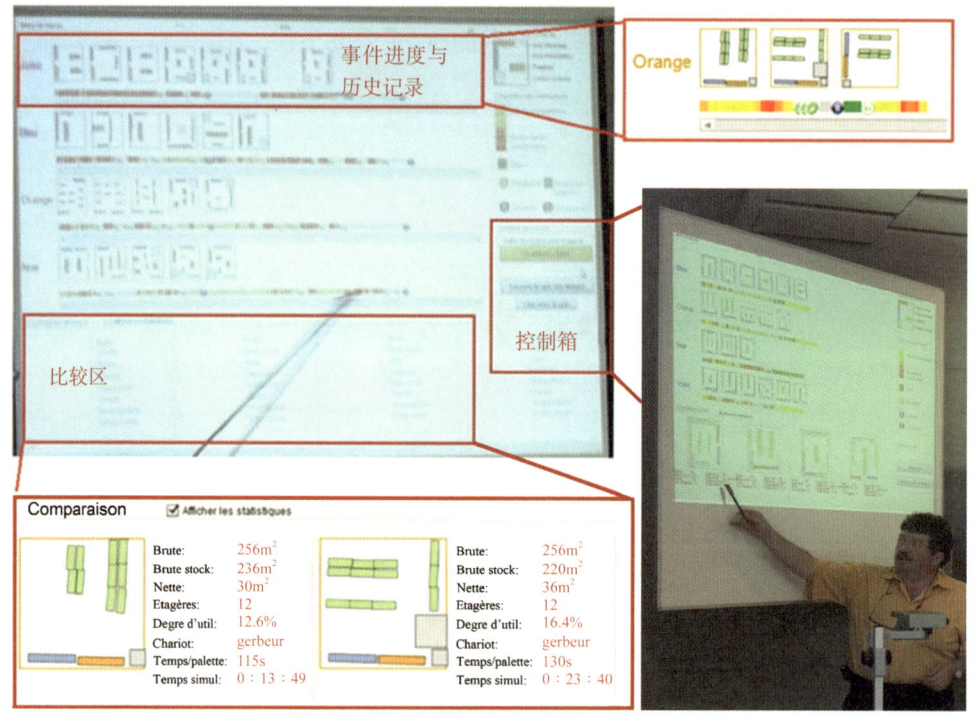

图5.5 一堂物流课的教学仪表盘

资料来源:Do-Lenh et al.(2012)[1]

一个合理的假设是,仪表盘通过帮助教师对以往可能注意不到的学习任务和过程进行监督和干预,能够带来更好的学习成果。目前支持这一假设的证据尚不充足。在前面的例子中,多莱恩等人(Do-Lenh et al., 2012)[1]的研究表明,使用教学仪表盘确实能带来更好的学习效果,但由于仪表盘往往是与其他统筹工具一起使用的,因此很难判断这是否由仪表盘单独促成。关于教学仪表盘的研究有待深入。施文迪曼等人(Schwendimann et al., 2017)[30]分析了55篇有关这一主题的论文,发现只有15篇包含真实情境下的评价,大多数是基于对教师或学习者的问卷调查。这些论文中只有4篇真正测量了仪表盘对学习产生的影响。一个更有力的证据来自一项针对286名中学生的试验:荷尔斯泰因、迈凯伦和阿勒文(Holstein,

McLaren and Aleven，2018[2]）表示，平视显示仪表盘实际上能提高教学统筹的效果，这反过来又提升了学生使用智能辅导系统学习数学的效果。放大了看，可以发现提供仪表盘与提升学习效果之间的关系非常有意思。荷尔斯泰因、迈凯伦和阿勒文（Holstein，McLaren and Aleven，2019[31]）观察到（见图5.6），使用仪表盘后，教师改变了时间分配，对基础较薄弱的学生给予更多的关注，而未使用仪表盘时，他们的做法恰恰相反。

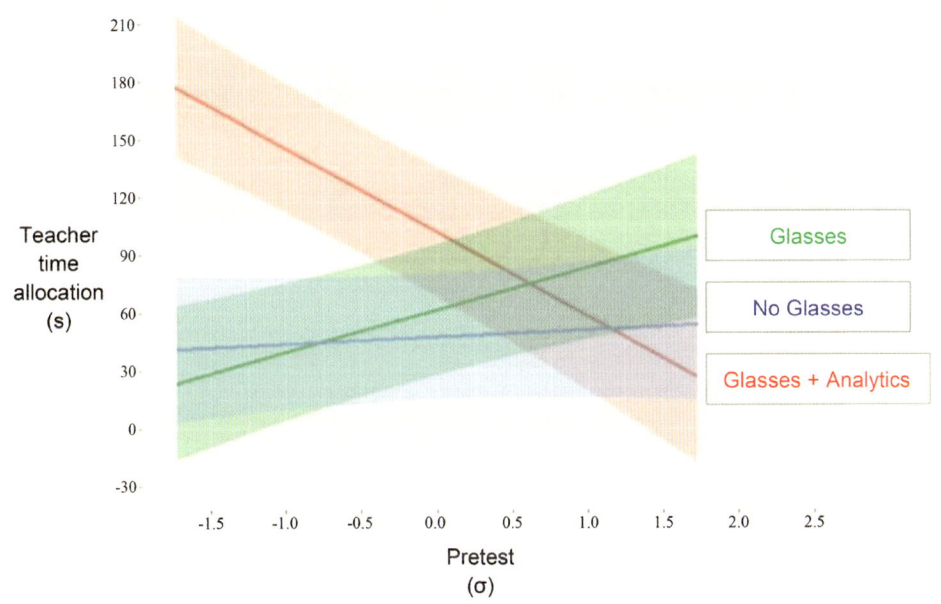

图 5.6 使用仪表盘增加学习收益

注：与不戴眼镜的教师（对照组）或佩戴未激活功能眼镜的教师（安慰剂组）相比，佩戴含仪表盘功能眼镜的教师（红线）对前测成绩较差的学生（横轴的左端）给予更多的视觉关注（纵轴）。阴影区域表示标准误差。

资料来源：Holstein，McLaren and Aleven（2019[31]）

数据传输

课堂仪表盘和课堂分析所支持的另一项教学统筹功能，是将一个活动所产生的数据提供给另一个活动使用。例如：

- 在第一个活动中，A组和B组各自编了一道小数学题。在下一个活动中，A组解决了B组的问题，反之亦然。这里的数据处理仅仅是在小组之间传输问题。
- 首先，学生们被要求了解并提供他们祖父母的出生国。在下一个活动中，教师展示了一幅地图，以可视化的形式呈现了两代人的迁移流动过程。这里的数据处理是将个体数据进行汇总和可视化。

● 学生们在森林旅行中收集蘑菇的照片。在接下来的活动中，他们以小组为单位，对全班收集的照片进行分类。这里的数据处理是汇总所有图片，但也包括使用现有的关于蘑菇的资料库对图片进行自动标注。

如果教师的想象力没有边界，那么类似的例子是无穷无尽的。"数据传输"功能指的是这样一种学习情况：一个活动产生的对象（或数据）经一名操作者处理后，被提供给后续的活动使用。对物理对象而言，操作者也是物理的：在第一个例子中，A 组和 B 组可以简单地交换一张纸。对数字对象而言，狄隆伯格（Dillenbourg, 2015[32]）提出了一种包含 26 种操作者的分类法，这些操作者可将两个甚至更多的学习活动连接起来。这种跨活动的数据流被称为工作流，支持丰富的教学场景。不过，它也可能会造成一些僵局，例如：如果一个小组退出了怎么办？一个挑战是开发弹性的工作流程，使教师能够迅速解决课堂上那些不可避免的意外事件。

接下来将重点介绍与课堂教学统筹密切相关的两个数据传输案例：动态分组和事后解读。

动态分组

课堂分析的一个特定功能是对学习者在一个活动中产生的数据进行处理，以便为后续活动中的动态分组提供支持。这个功能可以用一个常用的测试教学场景来说明。在这个场景中，教师通过测试来诊断学生的认知冲突（Dillenbourg and Jermann, 2007[33]）。它受社会建构主义理论启发，认为解决认知冲突所需的互动可以提升学习效果（Doise, Mugny and Perret-Clermont, 1975[34]）。在第一个活动中，每个学生都要完成一份在线选择题问卷。这些问题的答案没有正确错误之分，但反映了不同的观点。对于自己选择的每个答案，学生必须写几个词进行解释。在第二个活动中，系统生成了一个特定的仪表盘，即"观点地图"（见图 5.7 左图）：第一个活动中的每个答案都与地图上的一个（x, y）值相关联。教师与学生围绕仪表盘上的"坐标"，即学生的观点与立场的可视化表征进行讨论。系统将地图上相隔距离最远的学生分到同一组；也就是说，它找到了那些观点完全相反的学生。在第三个活动中，结对的学生需要完成与第一个活动相同的在线问卷。此时，教师为学生提供了独立思考和作答的环境。在第四个活动中，教师使用另一个仪表盘（见图 5.7 右图）为学生解读第一轮回答和结对后回答的情况。

第五章 课堂分析：从学生行为到课堂生态的变焦

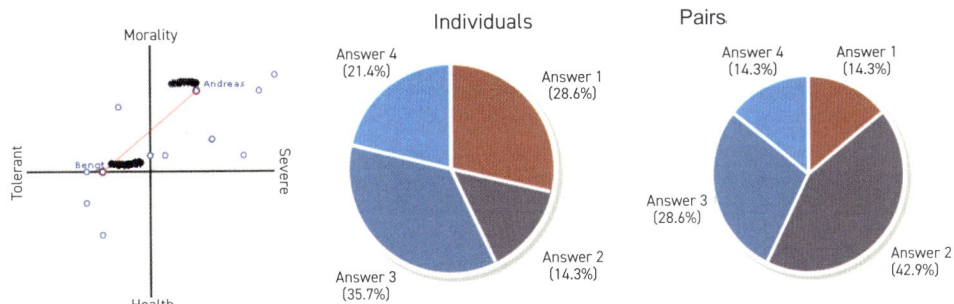

图 5.7 使用仪表盘动态分组

注：左边的地图代表学习者的观点，线段表示将持不同观点的学生进行配对。
右边的饼状图表明学生在个人活动与协作活动之间是如何转变观点的，这也是教师进行事后解读的依据。
资料来源：Dillenbourg and Jermann（2007[33]）

该功能是为了实现异质分组，即该数据算法是为了实现小组内的差异最大化。吉勒斯和德容（Gijlers and De Jong, 2005[35]）"从模拟中学习"的例子也是如此：他们把之前曾提出相反假设的个体组成小组，以减少设计实验的自然偏差，证实自身的假设。

另一个教学场景是实现同质分组，即通过数据算法将意见相近的学习者分到同一小组。例如，将那些在之前练习中犯同样错误的学习者组成小组。动态分组是数据传输的一个例子，其中输入的数据不是该活动的对象，而是其分组形式。

事后解读

图 5.5 中的仪表盘包含一个工具（位于图底部），使教师能够选择两个小组设计的仓库布局，并从容量和性能的角度对两者进行比较。这有助于教师对学生的探究活动进行解释说明。事后解读也称为引导式反思总结，指对所做的事情进行反思，从而提取出要教授的概念或原则。例如，教师可以通过比较两个仓库说明仓库容量和性能之间的权衡关系。图 5.7 右侧的仪表盘是教师用来鼓励学生解释为什么在个体阶段和协作阶段之间转变了观点，以便后续将他们的解释与科学辩论联系起来。

在建构主义学习场景中，事后解读以探索性或开放性的问题解决活动为基础，是课堂教学统筹的一个关键阶段。一些人批评这些方法并没有什么成效。然而，施瓦茨、布兰斯福德和卡普尔（Schwartz and Bransford, 1998[36]；Kapur, 2015[37]）的研究表明，如果探索阶段之后紧跟教师的直接教学，会比在直接教学之后进行应用练习更有效。原因是在探索活动中，学习者很少会喊出"尤里卡"（eureka，意思是"我发现了"）；较常见的是，他们会获得一些直觉或冒出一些模糊的想法，并在此基础上产生一些和待澄清概念相关的疑问，而带着问题去听教师的讲解往往会产生更好的学习效果。正如布兰斯福德和施瓦茨（Bransford and Schwartz, 1998[36]）所说，要有一段"讲述的时间"，但这个讲授阶段必须以学习者探索阶段所做的事情为基础，而不是一个与他们的经验脱节的标准化讲座。这对教师来说是一个要求极高的活动，因为它包含一部分生成性教学（即兴教学）。课堂分析的"事后解读"功能旨在通过收集学习者的学习产出，以及对这些产出进行比较、标注等，促使教师利用它们更好地完成教学。

时间掌控

课堂上的教学管理是一个极受时间限制的过程。教师需要权衡剩余的课堂时间是否足够开展事先计划好的教学活动。此外，当需要在涉及不同社会范围的活动（个人活动、小组活动或班级活动）之间过渡时，开展活动丰富的教学是很有挑战性的。一个典型的权衡案例如下：教师计划用15分钟的时间针对某种技能开展个人练习，并将该技能作为开展下一个活动的前提。15分钟后，教师发现有些学生还没完成他们的个人练习。如果教师决定无论如何都要开始下一个活动，这对那些未完成个人练习的学生及其队友来说是不利的。如果多给那些学生5分钟，教师将不得不减少下一个活动的时间，而且会有大部分学生浪费时间，或出现一些与学习任务无关的互动。如"动态分组"呈现的例子所示，当需要提供个人答案以便实现动态分组时，类似的问题也会出现。

解决这类问题的课堂分析的一个例子是"时间延长增益"，即活动持续时间延长一个时间单位后，新增完成该活动的学生的百分比是多少。在如图5.8所示的进度图中，"时间延长增益"与曲线的斜率相对应（Faucon et al., 2020[38]）。当曲线变平时，是时候进入下一个活动了。这张图已被实时用于统筹课堂上的各类活动。未来的教学仪表盘有望提供更多类似的时间预测工具，支持教师在不浪费时间的情况下引入简短的活动。

第五章　课堂分析：从学生行为到课堂生态的变焦

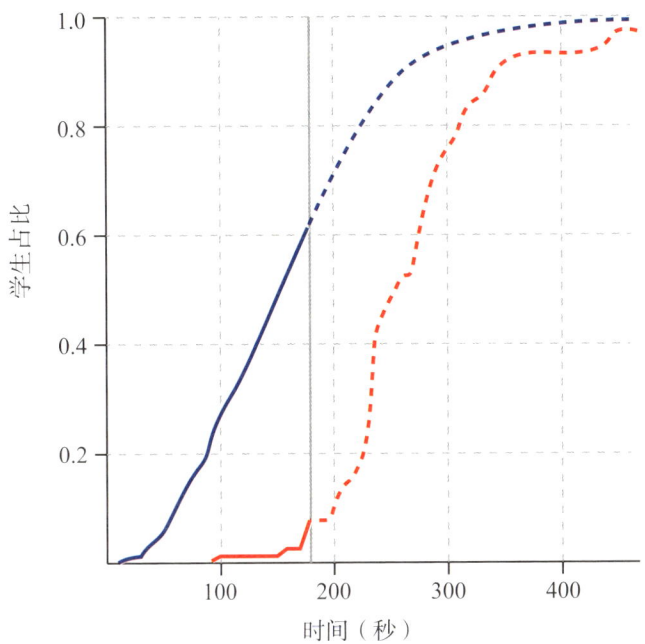

图 5.8　时间延长增益进度图

注：当学生参与一个由多个步骤组成的活动时，仪表盘会显示正在进行该活动的学生占比（蓝色）和已经完成该活动的学生占比（红色）。竖线代表拍摄快照的时刻。左边的实线是基于观察到的数据，而右边的虚线是根据之前实验中收集的数据所作出的预测。在这个例子中，教师可以在大约 300 秒后开展下一个活动，因为此时全班大约 95% 的学生已经完成了活动。再过 3 分钟（在 480 秒时停止），几乎所有的学生都能完成活动，但这意味着全班有 95% 的学生浪费了时间。

资料来源：Faucon et al.（2020[38]）

教师自我调节

由于课堂分析的输入可以是课堂上的任何事件，因此也包括了教师的行为。截至目前，学习分析并不经常将教师行为纳入分析范畴，因为它们分析的通常是在没有或很少有教师干预的学习环境中的行为。与之相反，对课堂过程建模需要对教师的行为建模，因为教师在教学过程中起着至关重要的作用：他们讲了多少话？他们在语言表达上是否关注到了所有学习者？他们如何决定向谁提问？他们是否在教室里走动？他们说话的语调是怎样变化的？

例如，课堂分析可能会让教师意识到，他的发言时间要比计划的长得多，或者他一直忽略了某些学习者。这有助于教师进行实时的自我调节，也就是舍恩（Schön，2017[39]）所说的"在行动中反思"，这属于一种认知要求。教师可以选择在课后查看更为精细的分析,用来支持自身的"行动后反思",以便随着时间的推移改进教学——这是一种非常有效的专业发展形式。

普列托、夏尔马和狄隆伯格(Prieto, Sharma and Dillenbourg, 2015[40])综合运用眼动追踪测量和个人问卷来估计教师在课堂上的统筹负荷。他们发现,高负荷的情况经常出现在教师向全班学生解释或提问时,他们会看着学生的脸,试图对其学习进度和理解程度作出评价,这证实了仪表盘提供此类信息的必要性。另一方面,低负荷的情况往往对应个人或小组的反馈,其间教师关注的常常是学生的学习单或笔记本电脑。普列托等人(Prieto et al., 2016[41])将眼动追踪测量与其他传感器(脑电图、加速度计)相结合,运用机器学习方法(随机森林和梯度增强决策树)自动描述正在进行的学习活动。该课按小组活动和班级活动两个层面来编排。在图 5.9 中,不同颜色代表不同类型的教师活动。该算法在识别互动层面时的准确率为 90%,但在基于这些数据识别教师活动时的准确率仅为 67%。

目前,任何为教师专业发展设计的观察工具都有可能很快变成控制或评价教师的工具。对于这一棘手的伦理问题的建议是努力做到非必要不采集(只采集可能有助于优化教学的信息),并信任监管及利益相关方的职业操守(只向教师展示数据,不向校长、其他管理者、家长或学生展示数据)。

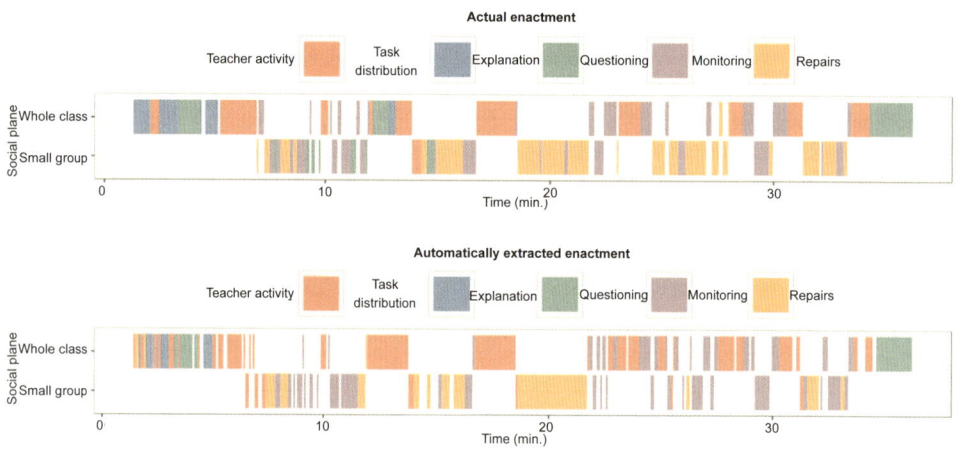

图 5.9 运用机器学习识别教师的课堂教学行为

注:这些简化的编排图分别呈现了课堂上实际开展的活动(上)和教学分析算法识别出的活动(下)。
资料来源:Prieto et al.(2016[41])

就学习分析而言,侧重于教学的课堂分析如果能够帮助教师反思实践、优化教学,那么它就是有用的。在另一项研究中,普列托等人(Prieto et al., 2017[42])向教师展示了他们在教室里的位置。图 5.10 展示了某教师上课时的位置,她惊讶地发现自己关注的主要是教室左侧和中间的学生(当她离开讲台时),忽略了教室右侧的学生。这种行为本身并没有什么问题:也许坐在左侧和中间的学生比坐在右侧的学生更需要教师的帮助。然而,这是一个很好的例子,说明课堂分析可以帮助教师发现他们在教学实践过程中的一些特点或可能存在的问题。例如,课堂分析有可能通过数据告诉这位教师,她所帮助的是一些学习能力强的学生,而不是学习上有困难的学生,抑或是她在科学课上忽略了女生或来自少数民族、贫困家庭的学生,等等。

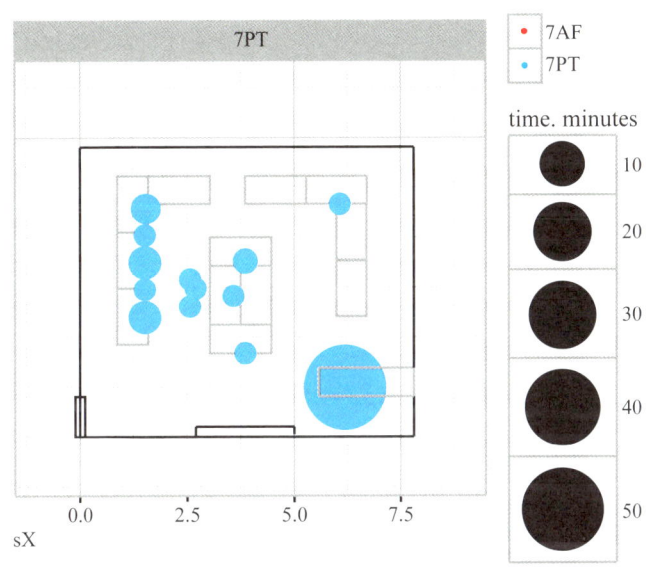

图 5.10 向教师展示他们在教室里的位置

资料来源:Prieto et al.(2017)[42]

教学统筹管理

课堂分析的目的是促进课堂教学的精细化管理,这不是一个单一的功能,而是一个涵盖多种功能的广义概念(也称"伞形概念")。其中六种功能已在前文进行了描述。基本上,课堂分析旨在为教师赋能,让他们能够开展场景丰富的高质量教学任务,既包括开展个人、课堂和班级范围的各类活动,也包括使用或未使用数字工具的各种活动,同时要考虑到日常课堂教学中的实际限制。在许多学者把教师的角色定义为引导者或指导者的时候,赋予教师权力,从而使他们更好地统筹课堂教学这一想法可能被认为具有启发性。赋能教师更好地统筹课堂教学并不意味着增加讲课时间,而是为教师操控丰富的教学场景提供支持,无论其实际内容是怎样的。只有当教师能够自如地驾驭各种教学活动，他们才能面向全班所有学习者实施基于建构主义理念的教学。

技术是否能够真正地为教学提供支持，取决于教师如何应用。例如，一个典型的错误是突然为教室里的每个孩子分发平板电脑。这可能会破坏教师之前已经养成的统筹习惯。学习者应该做什么？教师怎样才能引起他们的注意？在教育领域，多数大规模引入技术的举措都失败了，因为硬件的可用性并不是其瓶颈所在。关键在于要为教师提供场景，描述他们可以要求学生使用技术开展哪些学习活动。答案不是一两个特定的活动，而是要围绕整节课提供整体解决方案。这个方案可能包括多个活动场景，可能涉及技术的使用，也可能不涉及。这就是课堂分析的教育主张——一种为教师的课堂教学赋能的新方法。

观点

本章提出了一个新的愿景，即未来的课堂可以被视为一个数字系统。它通过术语"班件"（classware）来描述这一捕捉并支持课堂教学过程的数字系统。这是一个超前的概念。目前的课堂还不是数字系统，也很少有课堂分析能被描述为"班件"。本章开发了一种可称为"课堂教学统筹图"的图形语言，尝试对课堂上的多种教学场景建模（Dillenbourg, 2015[32]），并将建模作为课堂教学统筹所需数据流的第一步。

回到汽车的例子——也许是"智联家居"的概念。在未来，学校里的教室可能看起来和今天的仍然非常相似，但它们可以配备传感器，提供学习分析和数字工具，不仅可以帮助教师在课堂上安排丰富的学习场景，还可以为他们提供有关教学的实时反馈，引发他们思考如何优化教学，从而提高学生的学业成就。在这种新型学校教育模式出现之前，我们要继续对课堂分析进行研究与开发，加强对教学仪表盘的研究，使信息的呈现更加有利于教师的教学。此外，研发过程中可能引发的伦理和隐私问题也需要得到解决。

不过，这一愿景也会产生以下几方面直接影响。

首先，这一愿景可以作为决策者的思维工具，用于设计或评价教育项目。他们应该支持那些不依赖于单一教学方法或单一技术的项目。例如，比起注重小组合作而忽视个人练习的项目，他们应该支持那些将个人活动、小组活动和班级活动融入教学场景的项目。好的开发项目也不能受限于某种技术，比如"X 的虚拟现实"或"Y 的 3D 打印机"。"技术只要被引进就会产生效果"的想法已被多次证明是错误的。如果一个教学或教育研究项目要想有理论价值和现实指导意义，它应该用教学目标来界定边界,因为无论技术提供怎样的支持,课堂活动的安排与开展都是为了达成教学目标。技术可以帮助学生学习,也可以赋能教师同时设计并实施包含不同类型活动的学习场景,有的无须使用技术,有的可以使用技术,有的则是纯粹的数字活动。对教学来说,所有这些场景都有可能出现,本质上没有高低之分。

其次,将整个课堂视为数字系统,意味着今后学习技术的设计应该考虑将这些课堂教学统筹功能嵌入其中。只有当教师在使用数字技术时感到有能力、有信心,学校才能充分挖掘数字技术的潜力。这一天不会很快到来,但可以在技术的帮助下逐步实现。鉴于数字工具整合是建立数字生态系统的前提条件,这将改变教育技术(EdTech)市场各种工具相互竞争的现状,从而促进教育技术市场可持续发展。

再次,所有教师培训项目的课程都应该包括一些数字学习技术方面的内容。目前,这些项目中通常会包括一到两门此类课程,但数字技术可以且应该支持任何类型的教学。

最后,政策制定者和其他教育利益相关方必须解决有关课堂分析的监管和伦理问题。在监管框架下可以做的事情并不一定都是可取的。学习科学和数据保护领域的研究人员应该加强合作,并为监管和伦理实践提供建议。

学习技术和课堂分析走向成熟的道路还很漫长,但我们可能会比许多人预想的更快看到隧道尽头的亮光。

致谢

本章所呈现的技术由许多现任或前任的实验室成员开发,他们是珍妮弗·奥尔森(Jennifer Olsen)、帕特里克·耶尔曼(Patrick Jermann)、什蒂安·哈克列夫(Stian Haklev)、路易·福孔(Louis Faucon)、路易斯·普列托·桑托斯(Luis Prieto Santos)、索恩·多莱恩(Son Do-Lenh)、塞巴斯蒂安·库恩德特(Sébastien Cuendet)、纪尧姆·祖费里(Guillaume Zufferey)、哈米德·阿拉维(Hamed Alavi)、哈立德·巴舒尔(Khaled Bachour)和弗雷德里克·卡普兰(Frédéric Kaplan)。"课堂教学统筹"研究团队的组建与发展得益于与弗兰克·费希尔(Frank Fischer)、米格尔·努斯鲍姆(Miguel Nussbaum)、扬尼斯·季米特里亚季斯(Yannis Dimitriadis)、马努·卡普尔(Manu Kapur)、尼科尔·拉梅尔(Nikol Rummel)、文森特·阿勒文(Vincent Aleven)和吕赐杰(Chee Kit Looi)等人的沟通和交流。此外,还要向审阅本章的同事瑞安·贝克和斯特凡·文森特-朗克林表示诚挚的感谢。

译后感

　　本章主要介绍了将课堂作为学习分析的整个单元，通过学习分析技术的软硬件采集设备捕捉课堂教学活动中的所有环节，为教师提供可视化和非可视化的信息支持，进而优化他们的课堂管理和教学统筹。

　　其中，最为核心的概念是课堂分析系统，它对整个课堂生态系统中教与学的过程建模，在通过数字技术协同获得学习信息后，以监督和干预、数据传输、动态分组、事后解读、时间掌控、教师自我调节、教学统筹管理等手段对课堂活动进行实时管理和调整重构。课堂分析系统的功能主要是将内隐的学习过程可视化，使不可见的学习过程可见，为教师捕捉学生课堂学习行为提供证据，进而发生具有适应性的教学干预行为，可谓动态增益的课堂表现性数据系统。

　　而在现实的教学场域中，我们可以发现：无论是课堂分析系统还是学习分析技术，多年来人工智能和数字技术在教育领域的应用多处于理念创新和个别化试验阶段，在真实教学环境中大规模使用数字技术，仍然是一件非常值得期待的事情。而在未来的研发与实践中，课堂分析系统优化与迭代的前景应是一个教师与技术结合的"人机协同智能系统"，由数字化、结构化、模型化、算法化的智能分析技术探究教师教学智慧的生成机制，解构教师的创造性智慧，再由教师应用智能分析技术优化和改进教学，进而真正打破教育信息技术始终徘徊在教育实践外围的困境。

　　在这样的前景观照下，课堂分析系统的发展至少为我们提供了以下三种机遇。

　　第一，运用课堂分析系统创新师生互动模式。课堂分析系统使教学决策者的主体范畴得以扩展。教师和学生都可以成为决策者，课堂数据聚合后，可视化地呈现在技术设备上，不仅可以帮助教师研判学生的学习状态，还可以让学生直观地发现自己学程中的问题，以及自己所处学习共同体学程中的共识与差异、经验与问题，更可以让师生发现教学互动过程中的思维碰撞、问题解决时交互性"新知识"的生产，从而激发师生双主体调节教与学的动力。

　　第二，运用课堂分析系统释放教师教学智慧。增加课堂分析系统对教师教学行为，特别是"教学调整"行为的捕捉，形成大规模的教学决策数据，再利用技术手段对教学决策数据进行"深度学习"建模，生成教学行为决策的提示系统。这样，在学生学习行为数据化、结构化的基础上，把教师教学行为和教学智慧模型化、算法化，有利于拓展课堂分析系统的支持功能，使其在一些简单化的场景中成为教师的人工智能助手。学习分析技术提供的数据多为教师主观判断和文本分析无法轻易获得的数据，它们不仅要采集学习者与软件的交互痕迹,还要关注软件之外课堂上发生的事情。这些与真实情境紧密联系且又穿透隐藏在表象背后的数据可以帮助教师反思教学轨迹与学生需要、学生表现之间的关联,真正助力教师实现数据驱动的大规模因材施教。

第三,运用课堂分析系统提升教师数据决策素养。课堂分析系统的应用使教学全过程的分析标的得以更新,从关注单个学习者逐渐扩展到学习共同体,再到整个课堂中所有教与学的元素,形成全方位的教学数字生态。课堂分析系统应该是一个开放、无边界的数据资源平台,可以载入并呈现学生课堂学习行为和学业表现等多类数据,但这对教师认识与使用这些数据的能力也提出了更高的要求。在这个数字生态中,教师需要能够驾驭多模态分析与可视化的能力和技术,为学习者提供全方位学习场景、系统化状态分析和个性化因材施教。因此,可以尝试在有基础的学校或区域开展教师数据素养提升的培训,这不仅是为了帮助教师学会分析这些数据,更是通过分析数据的过程,让教师理解学生学习的本质,认识自身教学行为改进的关键。

(郭婧译,张怀浩一校,梁力萌二校)

参考文献

Ahuja, K. et al. (2019), "EduSense", in *Proceedings of the ACM on Interactive, Mobile, Wearable and Ubiquitous Technologies*, Vol. 3/3, pp. 1–26, http://dx.doi.org/10.1145/3351229. [18]

Alavi, H. and P. Dillenbourg (2012), "An Ambient Awareness Tool for Supporting Supervised Collaborative Problem Solving", *IEEE Transactions on Learning Technologies*, Vol. 5/3, pp. 264–274, http://dx.doi.org/10.1109/tlt.2012.7. [24]

Alcoholado, C. et al. (2012), "One Mouse per Child: Interpersonal computer for individual arithmetic practice", *Journal of Computer Assisted Learning*, Vol. 28/4, pp. 295–309, http://dx.doi.org/10.1111/j.1365-2729.2011.00438.x. [16]

Bachour, K., F. Kaplan and P. Dillenbourg (2010), "An Interactive Table for Supporting Participation Balance in Face-to-Face Collaborative Learning", *IEEE Transactions on Learning Technologies*, Vol. 3/3, pp. 203–213, http://dx.doi.org/10.1109/tlt.2010.18. [28]

Bakharia, A. et al. (2016), "Recipe for success", in *Proceedings of the Sixth International Conference on Learning Analytics and Knowledge-LAK'16*, http://dx.doi.org/10.1145/2883851.2883882. [12]

Bloom, B. (1968), "Learning for mastery: Instruction and curriculum", *Regional Education Laboratory for the Carolinas and Virginia, Topical Papers and Reprints*, Vol. 1, https://files.eric.ed.gov/fulltext/ED053419.pdf. [5]

Cuendet, S. et al. (2015), "An integrated way of using a tangible user interface in a classroom", *International Journal of Computer-Supported Collaborative Learning*, Vol. 10/2, pp. 183–208, http://dx.doi.org/10.1007/s11412-015-9213-3. [13]

D'Mello, S. et al. (2014), "Confusion can be beneficial for learning", *Learning and Instruction*, Vol. 29, pp. 153–170, http://dx.doi.org/10.1016/j.learninstruc.2012.05.003. [22]

Dillenbourg, P. (2015), *Orchestration Graphs*, EPFL. [32]

Dillenbourg, P. (2013), "Design for classroom orchestration", *Computers & Education*, Vol. 69, pp. 485–492, http://dx.doi.org/10.1016/j.compedu.2013.04.013. [14]

Dillenbourg, P., S. Järvelä and F. Fischer (2009), "The Evolution of Research on Computer-Supported Collaborative Learning", in *Technology-Enhanced Learning*, Springer Netherlands, Dordrecht, http://dx.doi.org/10.1007/978-1-4020-9827-7_1. [7]

Dillenbourg, P. and P. Jermann (2007), "Designing Integrative Scripts", in *Scripting Computer-Supported Collaborative Learning*, Springer US, Boston, MA, http://dx.doi.org/10.1007/978-0-387-36949-5_16. [33]

Dillenbourg, P. et al. (2011), "Classroom orchestration: The third circle of usability", in *Proceedings of the 9th Computer-Supported Collaborative Learning Conference*, Hong-Kong. July 4–8, 2011. [27]

Doise, W., G. Mugny and A. Perret-Clermont (1975), "Social interaction and the development of cognitive operations", *European Journal of Social Psychology*, Vol. 5/3, pp. 367–383, http://dx.doi.org/10.1002/ejsp.2420050309. [34]

Do-Lenh, S. et al. (2012), "TinkerLamp 2.0: Designing and Evaluating Orchestration Technologies for the Classroom", in *Lecture Notes in Computer Science, 21st Century Learning for 21st Century Skills*, Springer Berlin Heidelberg, Berlin, Heidelberg, http://dx.doi.org/10.1007/978-3-642-33263-0_6. [1]

Duval, E. (2001), "Metadata standards: What, who & why", *Journal of Universal Computer Science*, Vol. 7/7, pp. 591–601. [9]

Fagen, A., C. Crouch and E. Mazur (2002), "Peer Instruction: Results from a Range of Classrooms", *The Physics Teacher*, Vol. 40/4, pp. 206–209, http://dx.doi.org/10.1119/1.1474140. [15]

Faucon, L. et al. (2020), "Real-Time Prediction of Students' Activity Progress and Completion Rates", *Journal of Learning Analytics*, Vol.7/2, pp.18–44, http://dx.doi.org/10.18608/jla.2020.72.2. [38]

Gellersen, H., A. Schmidt and M. Beigl (1999), "Ambient media for peripheral information display", *Personal Technologies*, Vol. 3/4, pp. 199–208, http://dx.doi.org/10.1007/bf01540553. [26]

Gijlers, H. and T. de Jong (2005), *Confronting ideas in collaborative scientific discovery learning*, Paper presented at AERA 2005. [35]

Holstein, K. et al. (2018), "The classroom as a dashboard", in *Proceedings of the 8th International Conference on Learning Analytics and Knowledge*, http://dx.doi.org/10.1145/3170358.3170377. [23]

Holstein, K., B. McLaren and V. Aleven (2019), "Co-Designing a Real-Time Classroom Orchestration Tool to Support Teacher-AI Complementarity", *Journal of Learning Analytics*, Vol. 6/2, http://dx.doi.org/10.18608/jla.2019.62.3. [31]

Holstein, K., B. McLaren and V. Aleven (2018), "Student Learning Benefits of a Mixed-Reality Teacher Awareness Tool in AI-Enhanced Classrooms", in *Lecture Notes in Computer Science, Artificial Intelligence in Education*, Springer International Publishing, Cham, http://dx.doi.org/10.1007/978-3-319-93843-1_12. [2]

Holstein, K., B. McLaren and V. Aleven (2017), "SPACLE", in *Proceedings of the Seventh International Learning Analytics & Knowledge Conference*, http://dx.doi.org/10.1145/3027385.3027450. [3]

Kapur, M. (2015), "The preparatory effects of problem solving versus problem posing on learning from instruction", *Learning and Instruction*, Vol. 39, pp. 23–31, http://dx.doi.org/10.1016/j.learninstruc.2015.05.004. [37]

Lin, C. and M. Chi (2016), "Intervention-BKT: Incorporating Instructional Interventions into Bayesian Knowledge Tracing", in *Intelligent Tutoring Systems, Lecture Notes in Computer Science*, Springer International Publishing, Cham, http://dx.doi.org/10.1007/978-3-319-39583-8_20. [21]

Mangaroska, K., B. Vesin and M. Giannakos (2019), "Cross-Platform Analytics", in *Proceedings of the 9th International Conference on Learning Analytics and Knowledge*, http://dx.doi.org/10.1145/3303772.3303825. [11]

Moher, T. et al. (2010), "Spatial and temporal embedding for science inquiry: An empirical study of student learning", in *Proceedings of the 9th International Conference of the Learning Sciences*, Vol. 1, pp. 826–833. [29]

Ochoa, X. and M. Worsley (2016), "Editorial: Augmenting Learning Analytics with Multimodal Sensory Data", *Journal of Learning Analytics*, Vol. 3/2, pp. 213–219, http://dx.doi.org/10.18608/jla.2016.32.10. [17]

Papert, S. (1987), "Microworlds: Transforming education", *Artificial Intelligence and Education*, Vol. 1: Learning Environments and Systems, pp. 79–94. [6]

Prieto, L. et al. (2017), *Reflection for Action: Designing Tools to Support Teacher Reflection on Everyday Evidence*, Center for Open Science, http://dx.doi.org/10.31219/osf.io/bj2rp. [42]

Prieto, L., K. Sharma and P. Dillenbourg (2015), "Studying Teacher Orchestration Load in Technology-Enhanced Classrooms", in *Design for Teaching and Learning in a Networked World, Lecture Notes in Computer Science*, Springer International Publishing, Cham, http://dx.doi.org/10.1007/978-3-319-24258-3_20. [40]

Prieto, L. et al. (2016), "Teaching analytics", in *Proceedings of the Sixth International Conference on Learning Analytics and Knowledge-LAK '16*, http://dx.doi.org/10.1145/2883851.2883927. [41]

Raca, M., L. Kidzinski and P. Dillenbourg (2015), "Translating head motion into attention-towards processing of student's body language", in *Proceedings of the 8th International Conference on Educational Data Mining*, https://files.eric.ed.gov/fulltext/ED560534.pdf. [20]

Santos, P. (2012), *Supporting orchestration of blended CSCL scenarios in distributed learning environments*, Doctoral dissertation-Universidad de Valladolid, http://dx.doi.org/10.35376/10324/1794. [4]

Schön, D. (2017), *The Reflective Practitioner: How Professionals Think in Action*, Routledge. [39]

Schwartz, D. and J. Bransford (1998), "A time for telling", *Cognition and Instruction*, Vol. 16/4, pp. 475–522, http://www.jstor.org/stable/3233709. [36]

Schwendimann, B. et al. (2017), "Perceiving Learning at a Glance: A Systematic Literature Review of Learning Dashboard Research", *IEEE Transactions on Learning Technologies*, Vol. 10/1, pp. 30–41, http://dx.doi.org/10.1109/tlt.2016.2599522. [30]

Severance, C., T. Hanss and J. Hardin (2010), "IMS Learning Tools Interoperability: Enabling a Mash-Up Approach to Teaching and Learning Tools", *Technology, Instruction, Cognition and Learning*, Vol. 7/3–4, pp. 245–262. [10]

Tomitsch, M., T. Grechenig and S. Mayrhofer (2007), "Mobility and emotional distance: Exploring the ceiling as an ambient display to provide remote awareness", in *3rd IET International Conference on Intelligent Environments (IE 07)*, http://dx.doi.org/10.1049/cp:20070362. [25]

Vygotsky, L. (1964), "Thought and language", *Bulletin of the Orton Society*, Vol. 14/1, pp. 97–98, http://dx.doi.org/10.1007/bf02928399. [8]

Yang, D. et al. (2018), "An Emotion Recognition Model Based on Facial Recognition in Virtual Learning Environment", *Procedia Computer Science*, Vol. 125, pp. 2–10, http://dx.doi.org/10.1016/j.procs.2017.12.003. [19]

第六章

数字技术为有特殊需要的学生提供更好的服务

朱迪思·古德，荷兰阿姆斯特丹大学

本章探讨了技术在支持有特殊需要的学生时所发挥的作用，包括帮助障碍学生学习课程，以及为这些学生更好地融入校园生活提供有针对性的支持。在强调支持特殊需要学生的重要性之后，本章展现了技术是如何针对各种特殊需要提供支持的。本章重点介绍了三种前沿技术，旨在：（1）支持自闭症儿童社交技能的发展；（2）诊断并支持存在书写困难的学生；（3）支持失明和视觉障碍学生学习图形类材料。这些实例强调了让学生和利益相关方共同参与设计解决方案的重要性，以及开发者需要将用户经济承受能力纳入考虑的必要性。

引言

在为特殊需要学生提供支持方面,技术所发挥的作用已得到了广泛认可,有证据表明,某些特定的硬件平台,如移动设备(Chelkowski, Yan and Asaro-Saddler, 2019[1]; Ok and Kim, 2017[2])及许多专业软件和应用程序确实是有效的。有特殊需要的学生越来越依赖于教育技术提供的帮助,这就要求教育工作者紧跟技术发展的步伐,以便在课堂上使用这些技术时做出明智的决定(McLeskey et al., 2017[3])。

然而有趣的是,尽管针对特殊需要的教育技术有很多(Cheng and Lai, 2020[4]; Erdem, 2017[5]),但几乎没有一种可以被认为是"智能"的。与此同时,人工智能和教育领域也开展了大量重要且长期的工作(Alkhatlan and Kalita, 2018[6]; Chen, Chen and Lin, 2020[7]),并有明确的证据表明智能辅导系统的有效性高于其他形式的基于计算机的学习(Kulik and Fletcher, 2016[8])。然而,仍然缺乏针对特殊需要学生的教育人工智能系统。事实上,对过去五年发表在《国际教育人工智能杂志》(*International Journal of Artificial Intelligence in Education*)上的文章进行综述,并未发现任何关注融合教育、教育公平或特殊教育需要的文章。正如卡齐姆扎德等人(Kazimzade et al., 2019[9])所指出的,尽管从最广泛的意义上来讲,自适应①教育技术和融合教育是当前教育领域的两个关注热点,但它们之间的交集远比人们预期的要少。

两者交集之少很难解释得通。在为有特殊需要的儿童提供教育时,世界卫生组织(World Health Organization, 2011[10])强调需要采用更多以学习者为中心的方法,这种方法承认人们学习方式的差异,并且能够灵活地适应学习者个体。因此,这似乎是一个理想的机会,可以探索如何将人工智能和教育领域已建立和新出现的方法与路径拓展至特殊需要儿童,为他们提供支持。

鉴于有特殊需要的学生人数可能会增加,智能技术在服务和支持这类学生方面的潜力就显得尤为重要。2000年,经合组织估计,大约有15%—20%的年轻人在其接受学校教育的某个阶段会被认为有特殊的教育需要(OECD, 2000[11])。20年过去了,考虑到对儿童障碍问题的认识一直在逐年加深,这个比例可能会更高(Houtrow et al., 2014[12])。虽然身体障碍的比例随着时间的推移有所下降,但发展性障碍的比例却增长显著(Zablotsky et al., 2019[13])。据估计,美国17.8%的儿童具有不同程度的发展

---

① 自适应技术,是为了创造一个健全灵活的教学环境,以支持不同能力、伤残、兴趣、背景和其他特征的学生的学习。——译者注

性障碍（Zablotsky and Black，2020[14]）。

可能导致儿童发展性障碍比例增长的原因有很多，包括某些特定障碍定义的不断更新——如福尔克马尔和麦克帕特兰（Volkmar and McPartland，2014[15]）详细梳理了自闭症自1943年首次正式提出以来的概念变化——及诊断能力的提升。对这些现象的深入研究不在本章论述范围之内，但此处有两点必须要强调：其一，鉴于目前有超过六分之一的儿童被认为有发展性障碍，这意味着任何一个主流课堂上极有可能至少有一名学生（甚至可能不止一名）需要额外的资源来支持其学习；其二，随着更多障碍形式被发现，以及已知障碍识别率的不断提高，预计被诊断患有发展性障碍的学生数量会持续增长，这将使需要得到额外支持的儿童人数进一步增加。

在教育环境中，障碍儿童与正常发展的同龄人相比，处于不利地位。据世界卫生组织报道（World Health Organization，2011，p. 208[10]），"尽管近几十年来情况有所改善，但障碍儿童和青少年入学或上学的可能性仍低于正常发展的儿童和青少年。他们的高等教育升学率也较低"，这种趋势仍在延续（UNESCO Institute for Statistics，2018[16]）。这反过来又对人们的未来产生了长期的负面影响，不仅有可能影响他们融入社会，还会影响他们的职业发展前景。例如，在英国，尽管事实上有77%的成人自闭症患者有工作意愿，但只有16%的人有全职带薪的工作（National Autistic Society，2016[17]）。并且，在这些少数拥有工作的人中，超过一半的人觉得他们的工作没有挑战性，无法充分发挥他们实际拥有的能力。

最后一个重要的考虑因素是，鉴于发展性障碍的比例不断增长，支持特殊需要学生正与更广泛的教育公平议程出现越来越多的交集。开发有助于诊断和解决学生障碍（如阅读困难、书写困难、计算困难、听力或视觉障碍）的技术，将有利于缩小世界各国学生的学业成就差距，提高学生的学习效果。

本章首先对"障碍"和"特殊需要"的定义进行阐述，然后探讨了它们与教育和技术之间的关系，接着通过三个案例，说明近期如何为有额外需要的学生开发"智能"技术，最后进行总结，就未来针对特殊需要的教育技术进行展望。

教育、技术与特殊需要之间的关系

广义上讲，教育领域的特殊需要支持指的是"障碍儿童可能有不同于正常发展的同龄人需要的支持"（术语见专栏6.1）。为特殊需要儿童提供有效的支持通常很复杂，需要进行细致的思考和规划。因为各种因素，如个体的发展轨迹、以往提供的支持等都是动态的、发展的，学生们的需要也会随着时间的推移发生变化。这些需要在不同时期表现不同，因此要不断评估在任何给定的时间内提供哪种支持才是合适的。共病，即同时患有一种以上的障碍（根据资料来源，也称为"多重发病"），是另一个复杂的因素。

> **专栏 6.1　关于障碍和特殊需要支持的概念**
>
> "障碍"或"特殊需要"目前仍未形成统一的定义，两者之间的关系也并不简单。各国的定义各有不同，并且以不同的方式进行分类和划分。诊断过程和途径在各国也不尽相同，并各自随时间发生变化。尽管如此，对有关"障碍"的不同观点有一个基本的了解还是很重要的，因为它们会对学习和教育产生重要影响。
>
> 随着我们对障碍的理解不断变化和发展，用于描述障碍的术语也在变化，从而导致了不同的障碍模式（Marks, 1997[18]）。传统模式，如医学模式，关注"缺陷"，并在个体内部查找缺陷的根源，支持的方式往往以"治疗"为主。相比之下，社会模式关注的是个体和环境之间的关系，尤其是特定环境可能导致某些群体产生障碍的方式。例如，坐轮椅在医学模式中可能被认为是一种显而易见的缺陷，而在社会模式中，这种缺陷被认为是特定的建筑物没有坡道或电梯这一事实所造成的，而不是个体的内在特征。
>
> 此外，某些术语可能具有负面的含义，如"失能"，它隐含着大多数人"有能力"的意思。这可能导致污名化和排斥问题（Sayce, 1998[19]）。术语"神经多样性"最初由辛格（Singer, 1999[20]）提出，用于指代自闭症，但现在被更广泛地用于其他一些情况，包括注意力缺陷多动障碍（attention deficit hyperactivity disorder，简称 ADHD）和阅读困难。术语的支持者认为这些情况属于神经系统的变异，既有积极的一面，也有消极的一面。他们拒绝一切所谓"正常化"，而是主张更深层次地将这些疾病理解为多样化的生活方式及与世界互动的方式。
>
> 重要的是，我们要认识到上述不同观点之间的内在差异，以及这些观点对我们如何看待障碍儿童所产生的影响，毕竟我们的看法将决定我们为障碍儿童提供哪种类型的必要支持和相应的技术。

为特殊需要学生提供所需的额外资源有多种形式，包括财政资源、人力资源（如额外的教师或教学助手）和物质资源。本章重点探讨物质资源中的技术支持，特别是智能技术将如何帮助那些有额外需要的学生。

虽然有许多方法可以对这种技术支持进行进一步分类，但在一个连续体中考虑支持的目的，可能更有助于我们理清思路。一端是为障碍儿童学习课程提供便利的技术，使他们能够参与到常规的课堂学习活动中。换言之，在这种技术的支持下，这些孩子可获得与正常发展的同龄人相同的课程内容。例如，为失明或视觉障碍学生提供具有文本转语音功能的技术，将使他们也可以学到同龄人使用的课程材料（至少是部分材料），从而更容易在融合的学校环境中学习。

另一端是旨在解决障碍儿童相关问题并为其发展提供支持的技术。在这种情况下，干预的内容通常不是学校标准课程的一部分。以对自闭症学生的干预为例，这类技术的目的是支持他们发展社交和沟通技能。这一端的技术往往更具争议性：如上所述，对障碍的不同观点会引发一些争论——哪种类型的干预和技术能够最好地支持障碍儿童。这些观点虽然通常是隐晦含蓄的，但还是推动了教育技术的发展，并影响着相关决策的制定，比如需要哪种类型的支持，原因是什么，等等。

例如，近期一篇关于自闭症儿童技术支持的综述指出，此类技术大多侧重于社交技能的训练（Spiel et al., 2019[21]），暗示这是家长和教育工作者最关心的领域（尽管它可能不是）。这篇文章的作者坚称许多此类技术要求儿童：

学习那些被正常成年人视为恰当的互动模式，而不是让成年人去学习自闭症儿童可能想要的互动模式……（Spiel et al., 2019, p. 18[21]）

同时，该作者也承认拥有这些技能可能会为自闭症儿童提供应对现实世界的策略。这可能是因为应对技能的提高反过来会促进心理健康的改善。事实上，确实有研究表明，针对社交技能进行干预，可以减少抑郁，降低焦虑（Rumney and MacMahon, 2017[22]）。

最后，一定要注意的是，许多用来支持特定障碍问题的技术在改善障碍儿童获取标准课程方面也会有效果。例如，专门为自闭症儿童提供社交和沟通技能支持的技术（对特殊需要的支持），会使他们更容易参与到课程活动中，有助于他们参加小组活动，与他人协作完成学习任务。同样，那些为支持 ADHD 儿童发展自我调节技能而设计的技术，如专栏 6.2 中描述的支持特殊需要的技术，也可能有助于他们更投入或更深入地学习。

专栏 6.2　为 ADHD 学生提供支持的技术

为 ADHD 学生设计的技术关注该病的不同方面，如自我调节（学习管理自己的思想、行为和情绪）。以下所述技术虽然尚未得到广泛应用，但已在各国处于测试阶段。

自我调节的一个关键组成部分是情绪调节，包括学会识别自己的情绪，并以一种适用于当时情况的方式来管理情绪。在情绪上调节和减轻压力的一种方法是进行呼吸练习。然而，孩子们可能会觉得呼吸练习没什么吸引力，也无法激发他们的积极性。ChillFish 是一款丹麦的生物反馈游戏，孩子们使用基于呼吸的游戏控制器来控制屏幕上一条鱼的运动，目的是帮助鱼收集尽可能多的海星，而这要通过缓慢、连续的呼吸模式来实现（Sonne and Jensen, 2016[23]；Sonne and Jensen, 2016[24]）。通过心率变异性（Heart Rate Variability，简称 HRV）和皮肤电活动测量 ChillFish 对学生产生的影响，可以发现 ChillFish 和常规的放松运动一样，能让 ADHD 学生平静下来。

> 美国的研究人员目前正在开发一款名为 CoolCraig 的智能手表/智能手机应用程序（Doan et al., 2020[25]），旨在为 ADHD 儿童的共同调节（家长和教师可提供支持，如转移孩子的注意力、帮助他们发起任务、给予表扬等）提供支持。家长和教师可以使用手机上的 CoolCraig 应用程序为孩子设定目标，然后孩子在自己的智能手机上选择目标。一旦目标达成，家长或教师就会收到通知，孩子则会得到由大人决定的积分，这些积分今后可以用来兑换奖励。CoolCraig 还通过要求孩子们报告当前的情绪状态（使用基于颜色的系统）来帮助他们调节情绪。该系统可以提出适当的建议（如"深呼吸"），也可以让孩子和成人通过可视化图表了解一段时间内的情绪变化情况，以鼓励他们进行反思。
>
> 尽管研究人员认为 CoolCraig 的设计理念和方法可能是有益的，但他们在针对 ADHD 儿童的初步设计过程中也遇到了一些挑战（Cibrian et al., 2020[26]），包括：儿童不一定认为该应用程序是接受支持的最佳方式（不是通过父母或教师），他们担心应用程序可能会成为一个干扰因素，害怕被污名化和潜在的尴尬（不想在朋友面前收到提醒或通知），渴望隐私得到尊重（不想被迫与父母和教师分享自己的个人信息）。由此可见，在设计支持儿童的技术时，倾听孩子们的声音并理解他们的生活经历至关重要，否则技术有可能无法产生预期效果。

以学习者为中心的智能技术实例

技术将如何以灵活、适应性强、以学习者为中心的方式为有特殊需要的儿童提供支持（World Health Organization，2011[10]）？下文将就此展开讨论，以自闭症、书写困难和视觉障碍儿童为例，探讨技术能够为他们提供怎样的支持。

ECHOES 环境

1. ECHOES 环境简介

ECHOES（Porayska-Pomsta et al., 2018[27]）是一种增强学习环境的技术，旨在通过一系列有趣的学习活动，支持自闭症儿童探索与学习社交和沟通技能。其中一些活动包含一个儿童可与之互动的虚拟角色。ECHOES 的目标群体是发展年龄① 处于 4—7 岁的儿童（注意，自闭症儿童因为有额外的学习困难，其实际年龄可能比发展年龄大很多）。

---

① 发展年龄是个体发展衡量指标，即以年龄为单位对个体发展水平进行度量所得的分数。可表示个体身心发展的不同方面，如身体发育、感知、运动、认知、智力等。计算方法常采用年龄当量，由个体某种身心特质的实际发展水平与相应的发展常模（该年龄组的平均数）相比较得到。与实足年龄不一定相等。——译者注

ECHOES 环境（见图 6.1）在一个支持多点触控的大屏幕上运行，并具备声音外放功能。孩子们可以在屏幕前或坐或站，通过拖曳、点击、摇晃物体与系统进行互动。

互动的情境设置在一个"魔法花园"里，花园里的物体具有不同寻常的特点，旨在激发儿童的好奇心，鼓励他们主动探索。例如，触摸并拖动一朵花的头部，它就会和茎分离，变成一个弹力球。这个"魔法花园"也是安迪的家，它是一个智能代理，孩子们可以和它一起玩耍、互动。安迪既是孩子的向导，负责为他们解释活动内容并提供帮助，也是孩子的同伴，可以与他们轮流参加分类整理等活动。

自闭症是一种终身性的神经发育障碍，会影响个体与他人互动和沟通的方式及其体验周围世界的方式（National Autistic Society，2016[28]）。社交和沟通困难是自闭症的特征之一，并且鉴于自闭症是一种谱系障碍，这些困难将在谱系上的不同点以不同方式表现出来（例如，他们的症状表现范围可能从难以理解典型对话中的问与答到根本不发起交流）。处于谱系上同一点的个体之间，甚至同一个体在不同时间点也可能存在明显差异（例如，在面临压力或焦虑的情况下，这些困难可能会加剧）。

图 6.1　ECHOES 环境

资料来源：ECHOES picutre and video database（经许可复制）

2. ECHOES 环境如何起作用

社交和沟通困难会对个体的社交技能和情感健康产生深远且持久的影响，引发交友困难和难以维持友谊的问题（Kuo et al.，2013[29]），从而造成孤独（Locke et al.，2010[30]）、孤立（Chamberlain, Kasari and Rotheram-Fuller，2007[31]），导致被欺凌的可能性大大增加（Cappadocia, Weiss and Pepler，2012[32]）。随着时间的推移，这些困难会对儿童的心理健康（Whitehouse et al.，2009[33]）及他们的自我价值感和自尊心

（Bauminger, Shulman and Agam, 2004[34]）产生深刻的负面影响。此外，这些困难会贯穿他们的一生，许多成人自闭症患者称他们有明显的孤立感，尽管他们渴望更多地与他人接触（Müller, Schuler and Yates, 2008[35]）。

ECHOES 是基于 SCERTS 模型（Social Communication, Emotional Regulation, Transactional Support）开发的（Prizant et al., 2006[36]）。SCERTS 的总体目标之一是帮助自闭症儿童提升开展社交活动的能力与信心。SCERTS 的一个特别之处在于它首先识别不同自闭症儿童个体的优势，再在这些优势的基础上进一步发展技能。

SCERTS 另一个有趣的特点被称为"交互支持"，它考虑到儿童所处的环境（包括该环境中的人）在支持障碍儿童发展技能方面所起的作用。当环境能够适应儿童的特殊需要，从而更好地支持他们时，他们在发展社交技能方面会更成功。其中也包含社交伙伴——当孩子们周围都是理解、支持并乐于和他们互动的伙伴时，他们的社交技能会提高。

在社交方面，SCERTS 模型聚焦于两个关键的基本技能：共同注意和符号使用。共同注意是指与伙伴分享关注点、情感与意图，轮流对话，参与互惠型社交互动的能力。符号使用是指使用物体、图片、文字或标志来表征事物、分享意图，以及在游戏中使用对象的能力。

在设计虚拟环境时，ECHOES 团队采取了一种多方参与的方法，考虑到了利益相关方的广泛性，包括父母、看护人员、操作人员、教师，以及最重要的自闭症儿童（Frauenberger, Good and Keay-Bright, 2011[37]; Frauenberger et al., 2013[38]）。

ECHOES 的目的是营造一个有利于儿童发展的环境，使儿童的优势能够被发掘，能力得以被培养。它包括探索型和任务型两种活动类型。探索型活动旨在让儿童在环境中活动时能够有自主性和能动性方面的感受；而在任务型活动中，智能虚拟角色有机会向儿童示范如何发起和做出回应行为。如上文提到的例子（见图 6.1），儿童与虚拟角色安迪轮流将一定数量、不同颜色的球分别放到相应颜色的盒子中。在探索型活动中，没有这种固定的终点，例如儿童与安迪轮流摇动云朵，引起降雨，再让花生长（见图 6.2）。在这些情况下，操作人员可以根据儿童的兴趣和参与度来决定活动应该持续多长时间，以及何时进入下一个活动。

智能虚拟角色安迪的动作和行为是以自动规划为基础进行设计的。规划器可以同时在反应层面与协商层面发挥作用。协商层面关注的是与特定学习活动相关的长期规划。例如，如果活动的长期目标是鼓励孩子捡起一个篮子，那么安迪需要执行一系列动作，促使这种情况发生。相比之下，反应层面指的是对孩子的即时交互动作

第六章　数字技术为有特殊需要的学生提供更好的服务

（例如，孩子触摸了什么，持续了多久，是否选择了正确的物体等）予以响应。

尽管该系统可以感知儿童在屏幕上的触摸行为，并作出相应的反应，但它无法探测儿童与系统交互的其他方面或一般行为，因此也就无法确定何时该重复某一特定活动（因为孩子在活动中倍感舒畅和愉悦）、何时该转移到另一个活动（因为孩子感到无聊或挫败）或中止当前活动。

因此，需要由陪伴儿童的操作人员通过使用专门设计的操作界面来做出这些决定。为避免分散儿童的注意力，该操作界面有单独的访问端，与 ECHOES 主触摸屏是分开的。操作人员可以在屏幕上控制学习活动的类型、时长和顺序，并提示智能代理在必要时重复某一行为或继续下一步。由此可见，ECHOES 环境中的行动是由操作人员、研究人员的专业知识和系统的智能规划共同驱动的。

图 6.2　在 ECHOES 中制造下雨

资料来源：ECHOES picutre and video database（经许可复制）

如上所述，开发团队采取了一种多方参与的设计方法，目的是让终端用户尽可能多地参与到系统的设计中。让自闭症儿童参与其中的一种方式是快速设计原型并观察儿童是如何使用它们的，因为标准的反馈收集方法，如焦点小组和访谈，对自闭症儿童来说并不合适。这有助于开发团队在更广泛的背景下重新构建 ECHOES 的角色。其实，最初设想的社交互动主要发生在儿童与安迪之间，研究设置也是这样安排的，即研究人员隐于幕后，不在儿童的视线范围之内。然而，在最初的原型测试中，研究小组注意到，孩子们经常向研究人员或操作人员求助，想和他们分享情感或发起对话（内容通常是关于 ECHOES 环境中发生的事情）。这促使他们在更广泛的背景下重新架构 ECHOES，同时认识到成人作为另一个社交伙伴的重要性，进而调整设置，使儿童更容易与房间里的成人进行互动（见图 6.3）。

图 6.3 一名与 ECHOES 互动的儿童和一位研究人员分享其喜悦之情

资料来源：Alcorn（2016[39]）（经许可复制）

3. 相关研究发现

社交互动中的自然交流包括以语言或非语言方式发起对话（如提问、观察、指向某物以引起某人注意）及对其作出回应（如回答问题、点头、顺着对方的指示性手势找到感兴趣的对象）。虽然自闭症儿童通常都会在这两种社交互动中遇到困难，但发起对话一般比作出回应更难。

在评估 ECHOES 环境时，研究小组感兴趣的是当自闭症儿童使用 ECHOES 时，他们的自然交流是否有所增加，以及这种与智能代理进行的社交互动和与操作人员进行的社交互动是否存在差异。另一个研究的兴趣点在于，自闭症儿童在 ECHOES 环境下增加的自然交流行为是否会迁移到该环境之外（如与操作人员进行自由游戏）。

有趣的是，当自闭症儿童与 ECHOES 互动时，他们发起对话的行为随着时间的推移而增加，在与人类和智能代理的互动中皆是如此（尽管这种增加在统计学上并不具有显著性）。他们对人类伙伴的回应也明显增加了，但对智能代理的回应却在减少。然而，这些增加的社交互动行为并没有迁移到自由游戏环节中。

这些发现对于技术在教育领域中的应用非常有意义。增加发起对话的行为是积极的，值得一提的是，随着时间的推移，儿童开始更多地回应人类伙伴，对智能代理的回应则渐渐减少。这表明他们意识到了技术的局限性，认识到安迪与人类伙伴不同，只能在他们触摸屏幕的情况下检测到他们的反应。

除了在发起对话和作出回应方面出现变化之外，该研究还得出一个有趣的结论：孩子们似乎真的很喜欢与 ECHOES 进行互动。如上所述，尽管研究小组最初设想互动主要发生在儿童与虚拟代理之间，但他们注意到，孩子们常常想和房间里的其他人分享他们的体验（就像图6.3中的孩子向一位研究人员表达心中的喜悦之情那样）。

这可能对研究结果的两方面作出了解释。首先，在ECHOES环境下，儿童的社交互动之所以有可能增加，是因为屏幕上的互动为孩子们提供了他们认为"值得去交流"的事情（Alcorn, Pain and Good, 2014[40]）。这也解释了一旦他们不再使用ECHOES，社交行为为什么会减少。这表明就技能学习而言，首先应该思考如何设计能够吸引和激励学习者去体验的技术，而不是采取反复操练的方法。如果可能的话，在理想的情况下，我们应该思考如何使这些体验变得令人愉悦。例如，将学习嵌入有趣、允许自主探索的环境（Mora-Guiard et al., 2016[41]）或好玩的多感官学习体验中（Gelsomini et al., 2019[42]）。

其次，与其把技术看作一个独立的存在，让儿童从技术中将技能转移到"现实世界"，不如考虑如何将儿童使用学习技术的体验有效地嵌入并整合到更广泛的教育环境中。因此，重要的是把人机系统理解为社会系统的一种形式，以此来作全面的考虑。

书写困难：诊断与支持

如上所述，儿童的特殊需要和障碍这一领域非常广，既包括身体障碍，也包括认知和神经发育障碍。对任何障碍的诊断都需要专家的建议和评估。然而，某些障碍，比如阅读困难、书写困难，可能只有在教育教学过程中才会显现出来。因此，对这类潜在障碍的发现和识别可能有赖于教师的关注。

1. 特殊需要急需新的诊断方案

对儿童及其家人来说，对特殊需要的诊断往往是一个极其耗时的过程，让人感到漫长且压力重重。与此同时，专门针对个体需要的早期干预往往是帮助儿童发展和进步的关键。因此，任何可以帮助教师识别潜在障碍早期迹象的工具，任何能够支持儿童及其家人寻求专家诊断的工具，都有可能对孩子的教育及未来发展产生巨大影响。这并不是建议教师可以自行诊断。但在诊断过程中，教师的观点往往被视为重要的参考意见，通常以报告、问卷等形式提供给专家使用。因此，如果有工具能够让教师在教育过程中更快地发现孩子发展的异样，这个家庭就有可能更快地启动诊断过程。此外，为专家提供比其他情况下更详细的信息，也将有可能使诊断变得更及时。

2. 基于机器学习算法的解决方案

瑞士洛桑联邦理工学院的一个团队开发出了一种可用于检测儿童书写困难的系统，其结果振奋人心（Asselborn et al., 2018[43]; Asselborn, Chapatte and Dillenbourg, 2020[44]; Zolna et al., 2019[45]）。书写困难指的是人在书写方面存在困难，表现为写的字扭曲或不正确，有时会把字母写反或不按顺序，也可能出现与拼写相关的问题。

对书写困难的诊断通常是通过一系列标准化测试来完成的。虽然不同的测试之间存在差异，但所有测试都包括两个基本环节——先让儿童抄写文本，再由专家进行评估，以确定内容的可读性（依托相关标准进行测量）和书写效率（计算一定时间内抄写的文本数量）（Biotteau et al., 2019[46]）。

这种测试的缺点是带有主观性且成本高。此外，它们主要关注的是结果，即书写内容，而忽视了书写的过程。阿塞尔博恩（Asselborn）和他的同事们开发出一种机器学习算法，可以检测出书写困难，并能在标准的商用平板电脑上运行。为了开发这个工具，他们首先收集了近300名儿童（包括正常发展和被诊断出有书写困难的儿童）的数据，要求这些儿童将文本抄写到表面覆盖着一张纸的平板电脑上（模仿典型的书写练习）。然后，他们使用一部分数据来训练机器学习分类器，让其学会检测书写困难，再用剩余的数据来测试分类器的准确性。结果表明，该算法检测书写困难的准确率高达96%（Asselborn et al., 2018[43]）。

在开发过程中，阿塞尔博恩团队提取出53个特征，用于描述儿童书写的各个方面，比如笔的倾斜度、压力大小、书写的速度及其变化。然后，他们对这些特征进行比较，找出其中最具区分度的特征。换言之，这些有区分度的特征能够将有书写困难的儿童与正常发展的儿童区分开来。

该系统的真正优势之一是它不需要任何专业硬件的支持，在商用平板电脑上即可运行，这意味着低成本、低门槛，便于非专业人员使用。此外，与诊断书写困难的传统方法相比，该系统可以对书写的过程，而不仅仅是书写后形成的文本进行分析。诸如笔压、笔的倾斜度等前文提到的识别特征能够对儿童所经历的困难作出粒度更细的分析，而不是简单地确定儿童是否有书写困难。这就意味着我们可以为满足孩子的需要提供更具体、更有针对性的支持。

经过研发，这些发现已经形成了一款名为Dynamico的应用程序，这是一款专为iPad和Apple Pencil设计，可在苹果平板电脑上运行的应用程序，很快将量产上市。Dynamico可以在多种环境下支持有书写困难的儿童，除了居家使用，亦可在课堂上或供治疗专家使用。该程序中包含的工具能够在30秒内对儿童的书写情况作出分析，治疗专家可以根据这些分析结果为儿童制定个性化的补救方案。课堂上，教师也能使用相应的工具为每个孩子创建个性化的学习活动链。这些工具还可以在家里使用，便于教师或治疗专家远程关注孩子的书写情况。从儿童的角度来看，这些以游戏形式呈现的活动不仅好玩，还富有吸引力。图6.4是该程序的截图，孩子们可以使用手写笔按字母轨迹临摹，练习书写能力。其间，小浣熊会根据孩子的笔迹移动，如果临摹得准确,沿途还能收集一些奖励。

图 6.4　Dynamico 应用程序

资料来源:Courtesy of Thibault Asselborn

3. 技术对其他学生障碍的支持

除了书写困难,还有一些技术可以专门用来支持有阅读困难和计算困难的学生(见专栏 6.3)。

> **专栏 6.3　支持阅读困难和计算困难的智能技术**
>
> 　　能够为有阅读困难的学生提供支持的技术有很多——从可以在教育教学中使用的通用工具到那些专门为教育教学设计的工具。就前者而言,为用户提供阅读便利的网页浏览器插件就是一个很好的例子:它们可以让用户对打开的网页进行一些操作,如改变背景颜色、字体大小、字距等。"助读"(Help me Read!)就是这样一款浏览器插件(Berton et al., 2020[47]),它提供了一个"简易阅读模式",即一次只突出并放大文本中的一个单词,使用户专注于每个单词,并按照自己的节奏移动到下一个单词。
>
> 　　使用智能技术来诊断阅读困难也越来越受欢迎。有趣的是,语言不同,诊断阅读困难的难易程度也会不同。不同的语言在字素(字母)和音素(发音)之间关系的一致性方面有所不同。在关系不太一致的语言中,如英语,有阅读困难的儿童在学习阅读时可能会更吃力,而在关系较一致的语言中,如西班牙语,阅读困难可能要到很晚才会被发现,这减少了早期干预的可能性。西班牙和美国的研究人员联合开发了一款在线游戏 Dytective,运用机器学习算法来诊断母语为西班牙语的阅读困难者,准确率在 80% 以上(Rello et al., 2016[48])。这为尽早发现此类阅读困难者增加了可能性,也可以使此类人群尽早得到支持与帮助。
>
> 　　除了检测和诊断之外,智能技术还可以支持阅读困难儿童发展相关技能,其中就包括 PhonoBlocks(Fan et al., 2017[49])。这是一款包含 3D 有形字母的系统,儿童可以通过动手操作来拼写单词。这些字母会根据它们在特定单词中的发音而改变颜色。例如,字母 A 的颜色在单词"fad"中是黄色的,在单词"fade"中则变成了红色。这有助于儿童更

好地理解字母和发音之间的关系,以及这些关系的不同之处。

与阅读困难相反,很少有新技术被设计用来支持有计算困难(在数字理解和数学计算方面存在困难)的学生。然而德国的一个研究团队最近开发了一款名为"动手数学"(Hands-On Math)的系统,用来支持儿童用手指表示数字进行简单的计算(Erfurt et al., 2019[50])。通常情况下,针对计算困难的训练都是在专业人员的带领下一对一进行的,这意味着儿童获得这种支持的机会有限。该系统则改善了这一情况,它能够报出孩子们用手指表示的数字或简单的数学计算过程。由于孩子戴的手套的每根手指上都有标记,系统可以利用摄像头跟踪并判断他们的计算是否正确。目前该系统仍处于开发中,并获得了非常正面的评价。

视觉障碍和交互式触觉图形

1. 关于视觉障碍的相关背景

失明或视觉障碍(blind or visually impaired,简称BVI)学生面临的情况与其他障碍学生类似,读书时学习成绩与其他学生有差距,容易失去进一步学习与深造的机会,就业时可选择从事的工作岗位有限,且容易失业。

在经合组织的许多成员国或地区,绝大多数BVI学生都就读于主流学校,或被鼓励去主流学校就读。这给他们正常参与日常课堂活动带来了一些挑战。迈塔特拉(Metatla, 2017[51])对其中一些挑战进行了很好的概述,例如当BVI儿童和视力正常的儿童使用不同的材料且无法共享时,他们之间的协作学习该如何开展。又如教室的墙壁上通常贴满了视觉化材料,如海报、图表等,大家认为这些材料对学习很重要,但BVI学生却无法阅读这些材料。下文将专门讨论视觉障碍学生如何阅读学习材料,特别是图形类材料。

2. 针对视觉障碍学生的技术支持

视觉化材料是大多数学习材料的重要组成部分,无论是以文本还是图形的形式呈现(或者通常是图文结合的形式)。书面文本的使用有多种选择,屏幕阅读器就是其中一种。尽管也存在可用性问题,但屏幕阅读器作为一类针对数字化书面材料设计的阅读器,可通过文本转语音引擎将书面文本转为音频。该阅读器适用性广,可在个人电脑和移动设备上运行(如Windows中的JAWS或NVDA、Mac和iOS中的VoiceOver)。此外,对那些更喜欢阅读文本而不是听书的BVI患者来说,可刷新的盲文显示器也是一个不错的选择。这类显示器是一个独立的硬件,能够将屏幕阅读器获取的输入内容转为盲文输出(使用可移动的打孔针),供用户"阅读"。需要注意的是,该盲文显示器也可作为输入设备,允许BVI用户将文本输入计算机(见专栏6.4)。但许多类似的设备成本较高,相当昂贵。

第六章　数字技术为有特殊需要的学生提供更好的服务

> **专栏 6.4　为 BVI 学生提供技术支持**
>
> 许多技术为 BVI 学生提供支持，以满足他们的学习需要。
>
> 第一类是以硬件形式来帮助 BVI 学生阅读、做笔记，在低收入国家和高收入国家均有相关使用案例。便携式盲文显示器具有可刷新的六点或八点盲文单元，使 BVI 学生能够阅读盲文的书面学习材料和书籍。这项技术适用于多种语言，既可用于盲文文本阅读（如单纯的阅读器），也可用于各种应用程序的其他文本格式的翻译（盲文翻译器），同时允许在盲文打印机上打印。它们可以通过蓝牙或 USB 与其他设备一起使用，从而使教师能够使用智能手机、电脑或平板上的兼容性应用程序与 BVI 学生进行互动——这形成了一个闭环，通过应用程序的实时翻译功能，教师可以及时了解学生在设备上阅读、书写的内容，反之亦然。Braille Me、BrailleRing 和 Orbit Reader 都属于这类设备。例如在肯尼亚尼扬扎地区，在因疫情造成的学校停课期间，eKatibu 教育技术中心和伦纳德·柴郡基金会通过 Orbit Reader 20 设备和一项教师培训项目，确保 BVI 学生能够继续学习（详见 https://edtechhub.org/2021/01/08/using-innovative-methods-to-train-teachers-of-blind-children-what-we-learned/ ）。另一类基于人工智能技术、可支持 BVI 学生（和成人）的设备是"手指阅读器"（Finger Reader），这是一种可穿戴设备，可像戒指一样戴在食指上。通过摄像头、文字识别和文本转语音算法，该设备可以大声读出人们指向的任何内容（Shilkrot et al., 2015[52]）。
>
> 第二类技术支持形式是基于软件的，使用普通的计算机来提高视觉障碍学生的独立性。例如，SuperNova 具有放大字体、朗读标点符号、替换字体/背景颜色、增补详细信息、收听网页内容及打开盲文等功能。该软件可以使用户在打字时清楚地听到字符和单词，并通过大声朗读让用户知道打开的网页、应用程序、文档和电子邮件的内容。这种支持阅读的方式使视觉障碍学生在日常课堂情境中变得更加自立，这也是世界各国使用此类设备的目的。类似的软件还有 Jaws、Microsoft Narrator、NVDA、Orca 或 Window Eyes。除了帮助 BVI 学生，此类技术还可帮助有阅读困难或相关学习困难的学生。

然而，无论是文本转语音功能还是可刷新的盲文显示器，都是针对文本类材料设计的。在图形类材料方面尚没有类似的低成本解决方案，这意味着图形类内容的学习对 BVI 学生来说仍是一大挑战。在网页上，替代文本（alt-text）被用于描述一幅图片，然后由屏幕阅读器读出来。但是，这些替代文本的描述有时会丢失（因为替代文本依赖于网页内容的创建者将它们包含在网页的源代码中），而且质量参差不齐（因为内容创建者可自由决定如何描述一幅图片）。

最近的研究指出造成这种困难还有另一个原因。尽管这些研究不是针对教育领域的，却与教育息息相关且相当及时。在一项关于获取新冠病毒全球大流行的公共卫生信息的研究中，霍洛韦等人（Holloway et al., 2020[53]）发现，在他们调查的网站中，超过 70% 的网站使用图示来传达有关大流行的信息（如实时统计数据的可视化）。然而，只有不到四分之一的网站为这些图形提供了替代文本信息，这并不是因为网页创建者没有将这些信息纳入其中,而是因为交互式或自动更新的图形不支持替代文本。这意味着 BVI 用户无法获取这些可视化内容中的重要信息。

遗憾的是,获取图形类信息的这种差距似乎正在扩大。因为图形作为一种交换信息的方式,已取代文字,受到越来越多用户的青睐(Gorlewicz et al., 2018[54])。而且,与传统的纸质载体相比,以数字格式提供信息更容易,更具成本效益。矛盾的是,由于新的学习互动技术依赖于视觉内容和拖曳等互动方式,这可能会进一步降低 BVI 儿童获取信息的可能性(Metatla et al., 2018[55])。特定的学科也遭遇了挑战。在一些学科中,图形类信息可能仅仅是为了说明或补充文本信息,但在有些学科中,图形类信息具有不可替代性,其他方式很难达到相应的效果。STEM 学科尤其如此,因为它们严重依赖图表、图形等表现形式。

与盲文类似,BVI 儿童"阅读"图形类信息的方式是触摸。这种可触摸的图形可以使用压花机来制作,将图形的元素凸起,使其可通过触摸被感知;或者使用膨胀纸,利用特种纸和加热的机器,使图像部分膨胀起来,便于触摸。但是,这类系统输出的图形类信息都是静态的,这意味着如果出现任何变化或更新,就需要创建一个新的图形。显然这类技术只能解决部分问题,毕竟动态图形在教学中还是非常重要的(例如,观察方程 $y=mx+b$ 中 m 值的变化如何影响直线的斜率)。

为创建动态图形显示器,研究人员已开发出类似于可刷新盲文显示器的技术,使用针管阵列让 BVI 用户通过触摸来感受图形变化。然而,这些解决方案依赖于定制的硬件,非常昂贵。即使是新发布的技术,如 Graphiti(https://www.orbitresearch.com/product/graphiti/)使用一组可设置成不同高度的针管阵列来传达地形信息,仍然需要专门的硬件来支持。尽管我们的目标是通过大宗订单的形式将 Graphiti 的采购价格最终降至 5000 美元/台,但对学校来说这仍是一笔巨大的开支,况且这类设备的硬件功能单一,应用场景有限。

总之,摆脱专门硬件的限制来使用动态图形是一项重大且极其重要的挑战。它不仅会在教育行业产生变革,还有可能改变 BVI 群体日常生活的方方面面。

3. 有前景的解决方案

在尝试以惠及最多用户的方式解决图形类信息获取问题的过程中,戈尔维茨等人(Gorlewicz et al., 2018[54])提出使用基于触摸屏的智能设备(如手机或平板电脑)作为硬件平台。

这种方法有很多优点。首先,硬件平台成本低,易于获得,并且已被很大一部分目标用户群体广泛使用。

此外,这些设备本身已具备通过多种形式(包括视觉、听觉和触觉)提供信息的能

第六章 数字技术为有特殊需要的学生提供更好的服务

力。就 BVI 用户而言,几乎所有的触摸屏设备都包含声卡和扬声器,以及文本转语音的功能,这意味着它们可以使用户通过听觉获取信息。许多触摸屏显示器还具有振动功能,能够提供振动触觉反馈。虽然这种类型的反馈通常并不作为与设备互动的主要形式,但我们有足够的理由这样做,因为对 BVI 用户来说,它是一种提供信息的全新方式。

因此,这种方法比目前的解决方案(如触觉图形显示器)更具优势,因为后者只能通过触摸这种单一模式来呈现信息。事实上,这些功能已经出现在大多数触摸屏设备上,潜在地消除了开发功能单一且价格昂贵的专门硬件的需求。

戈尔维茨等人(Gorlewicz et al., 2018[54])设想了一种如图 6.5 所示的显示器——条形图中的文字信息可被转换为听觉信息,而图形元素、空间元素(在这个例子中指条形图)可以通过振动反馈来传达。这明显比那些只能通过单一模式提供图形中固有的两种信息的系统更有优势。

在本例中,尽管现有的技术为一个关键问题提供了潜在的解决方案,但在这种系统成为现实之前,我们还需要进一步地研究。戈尔维茨等人(Gorlewicz et al., 2018[54])特别指出,需要研究人们如何编码、解释和表示那些通过非视觉渠道呈现的图形信息。尽管他们注意到以往的研究已经考虑到这些问题可能与可触摸(即凸起的)图形有关,但由于以往的触摸屏无法提供上述那些可触发不同感觉受体的触摸体验,因此结果可能并不适用。与此同时,最近的一项研究对基于触摸屏的图形和浮雕图形的使用情况进行了比较,结果显示两者在性能上没有显著差异(Gorlewicz et al., 2020[56]),这表明该领域富有前景,值得继续探索。

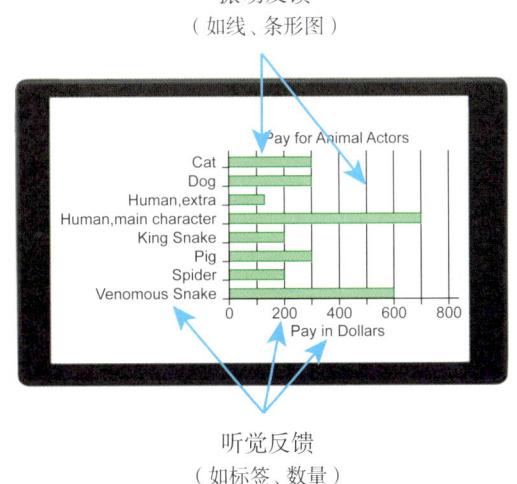

图 6.5 结合使用听觉和振动反馈来传达图形信息
资料来源:Courtesy of Thibault Asselborn

未来展望

本章研究描绘了智能技术的开发和利用可能对有特殊教育需要的学生产生的有巨大潜力的影响,并指明了三个有前景的探索方向。首先,智能系统的开发要强调全局视角,综合考虑需求、用户和使用环境;其次,智能系统的创建要选择目标用户最有可能接触到的技术(即"面向所有人的智能系统");最后,人类与人工智能相结合的系统大有可为,研究如何使两者的组合发挥最佳的效果非常重要。下文将逐一展开讨论。

整体智能系统

如果我们想在中短期内看到智能技术在支持儿童特殊需要方面真正发挥作用,我们应该优先开发"整体智能系统"。"整体智能系统"指的是一种(1)能满足实际需求,根据(2)终端用户及(3)使用环境的特性来设计的技术。忽视以上三者中的任何一个,都有可能导致技术要么一开始就不被采用,要么很快被弃用。

1. 满足实际需求

如上所述,为特殊需要学生提供支持迫在眉睫。尽管需求居高不下,但从研发角度看,某些障碍(如计算困难)比其他类型的障碍受到的关注要少。在为有特殊需要的学生提供支持方面,技术显然正在发挥越来越重要的作用,但我们还是应该花时间去了解什么是障碍儿童的真正需求,而不是通过看护人员或供应商的反馈来了解这类儿童的需求。同样,我们还应该考虑最大的潜在影响是什么——BVI用户"阅读"图形内容的案例就是这样一个例子,这说明提供一个现成的、低成本的解决方案可能会在课堂内外产生巨大的实质性影响。

2. 面向用户设计

虽然世界卫生组织(World Health Organization,2011[10])一直强调要确保障碍儿童的声音被听到,但遗憾的是真实情况往往不是这样的,新技术的设计也是如此。

在开发支持障碍儿童教育的智能技术时,让障碍儿童参与到设计活动中可能会带来额外的挑战(例如,如何确保有语言障碍的儿童的需求和愿望在设计过程中能够表达出来)。然而,他们的需求和愿望很可能与实际设计这项技术的成年人完全不同,这一事实恰恰表明让孩子参与设计是相当重要的。幸运的是,已有大量工作考虑让不同类型障碍的儿童参与到技术的设计阶段,相关概述参见本顿和约翰逊的研究(Benton and Johnson,2015[57])。

除了儿童的声音之外,教师在教育技术设计阶段的参与也很重要。首先,他们在满足儿童特殊需要及支持他们发展方面有着独特的见解和专业知识。其次，他们能够就什么可能是有效的、什么可能行不通提出自己的观点（Alcorn et al., 2019[58]）。

3. 针对环境设计

除了面向用户设计之外，对使用环境的了解也很重要。任何类型的学习技术都存在于一个更广泛的教学生态系统中（通常包括教室和学校）。将先进的技术引入这样一个环境时，首先需要知道技术运行的制约因素有哪些。其中包含一些需要实际考虑的问题，如学校的预算和资金使用优先级、与课程的匹配程度、技术的稳健性和成本，以及与现有技术整合的可能性。系统的易用性（对教师和儿童来说）也是一个需要重点考虑的问题，还有系统的维护和技术支持。

易用性是可以在设计过程中解决的问题（最好是让终端用户全程参与）。然而，最初有关硬件的选择很关键，它将对这种技术是否会在第一时间被真正使用产生重要影响。

在考虑学习技术的应用潜力时有两个极端（及介于两者之间的连续体）。一个极端是正在开发的技术不太可能进入课堂，要么是因为这种技术太贵，要么是因为其硬件或软件对非专业人士来说太难设置、使用或维护（如 ECHOES）。另一个极端是使用现有的、低成本技术系统设计技术，非专业人士也很容易使用（如 Dynamico 应用程序和尚待开发的利用触摸屏显示振动触觉图形的系统）。

尽管还不能在课堂上使用，但 ECHOES 有助于我们更深入地理解如何让环境变得有趣且有助于互动。这些想法随后被应用到一个新系统的设计中，该系统的目标是在技术上更简单，同时支持非专业人士自己创造内容（Porayska-Pomsta et al., 2013[59]）。ECHOES 项目还挑战了目前公认的自闭症概念，对自闭症本质持有不同看法，特别是所谓的"一致性需要"（need for sameness），这进一步推动了该领域的研究和探索，在相关理论方面作出了重要的贡献（Alcorn, 2016[39]）。我们需要研究和发展这两类系统，但同时，研究人员需要清楚他们的系统处于这个连续体的什么位置。

面向所有人的智能系统

在针对使用环境设计时，会涉及对成本和可用性问题的理解。许多辅助技术贵得让公立学校不敢问津，并且需要专门的硬件，在许多情况下，这些硬件用途单一。这意味着许多儿童无法获得可支持他们学习的技术。如果我们真的想在短期内看到智能技术在满足特殊教育需要方面产生潜在的积极影响，我们就需要考虑如何以经济上可承受和容易获得的方式，将最新的人工智能技术引入学校，使其在课堂上发挥最大的作用。

实现上述目标的一个颇有前景的方法可能是使用触摸屏设备,即智能手机和平板电脑,原因有两方面。首先,这些设备在市场上都可以买到,价格合理,功能也很丰富。与专门的、定制的硬件系统相比,它们具有明显的优势,前者是为单一用途开发的,通常非常昂贵(如许多针对 BVI 学生的解决方案)。其次,除了处理能力之外,现代触摸屏设备还内置了许多传感器,为多模态输入和输出提供了多种可能性。对那些有特殊需要的学生来说,这将为他们带来更多新奇的学习体验,这些体验不仅成本相对较低,而且随处可得。

关于这一目标如何达成,本章的两个案例研究(分别针对书写困难和图形类信息使用)作出了很好的诠释。Dynamico 建立在坚实的科学研究基础上,充分利用可在商用平板电脑上运行的复杂的人工智能算法。通过平板电脑的内置传感器(如压力),它能够分析儿童的笔迹,检测儿童是否存在书写困难。尽管仍处于开发的前期阶段,研究人员在调查图形类信息使用情况时采用了大致相同的方法。为更好地了解 BVI 学生如何理解和使用多感官平板电脑上呈现的图形,他们目前正在进行基础研究(Hahn, Mueller and Gorlewicz, 2019[60]),并强调在相关产品上市前还需要开展更多的研究。尽管如此,他们最终的目的是以创新的方式使用触摸屏设备的现有功能,从而为 BVI 学生提供多模态输出(本案例中是指实现听觉和振动触觉反馈的结合)。

研究如何利用现代触摸屏设备的复杂功能,以创新的输入和输出形式来满足更多类型障碍儿童的广泛特殊需要,似乎是一个非常有前景的方向。

人类与人工智能相结合

贝克(Baker, 2016[61])指出,最初智能辅导系统的宏伟愿景是开发出像人类导师那样娴熟的智能导师。它们可以使用与人类导师专家相同的策略,整合相关领域的知识,并能够从事教学工作。虽然现在已有一些智能辅导系统(如 Cognitive Tutor、ALEKS、Mindspark 与 Alef)正在被大规模使用,并且惠及了数以十万计的学生,但这些系统只能算是这一最初愿景的极简版。

正如贝克所指出的,自动干预的一个问题在于它们很脆弱,也就是说,如果干预不起作用,系统本身就很难认识到这一点到并作出相应的反应。而这些故障并非没有被学习者觉察到。在一项关于儿童如何看待类人型共情机器人导师的研究中,塞尔霍尔特(Serholt, 2019[62])发现,与没有接触过机器人的儿童相比,之前和机器人互动过的儿童在机器人情绪识别方面的态度更具批判性。一个孩子大方地承认也许社交机器人"在未来会变得更有用,但前提是他们(研究人员或开发人员)还要再花几年时间来开发它们,使它们更人性化"(Serholt, 2019, p. 95[62])。这与ECHOES实验的结果相似:尽管孩子们无法用语言表达,但他们不再对安迪作出更多的回应,这表明他们意识到安迪的互动技能存在局限性。同样地,当孩子们主动向安迪求助时,由于规划器的问题,安迪并没有像他们期望的那样作出回应(例如,在排序任务中不正确地移动或离开屏幕)。

1. 理想的智能系统应该是什么样的

与此相关的是,教学的某些方面对人类来说更容易执行,至少目前如此。这一点尤其与有特殊需要的学生相关。支持这些学生的学习是一种精细的个性化艺术,需要娴熟的教师和教学助手花费许多时间和相当大的努力来适应每个孩子的特殊技能、特殊需要和沟通方式。

这一点可以借助ECHOES环境的应用来说明。ECHOES最初的概念要复杂得多,目的是通过面部表情来识别儿童的情绪状态,并追踪他们的视线,作出适当的反应。事实上,两者都存在问题。孩子们四处走动,在某些情况下可以说精力充沛,这意味着追踪系统无法正常运行。然而,在一个旨在鼓励游戏化探索的系统中要求儿童保持在一个固定的位置,这似乎与最初的设想相悖。此外,研究表明,正如自闭症个体难以理解他人的面部表情,神经发育正常的个体也难以理解自闭症个体的面部表情(Brewer et al., 2016[63])。因此,依靠一个从非自闭症人群角度建立的自动系统来检测儿童的情绪状态似乎是不明智的。从更广泛的意义上来说,这一点不容忽视,因为如果儿童变得特别痛苦,他们可能会远离屏幕,这样就无法被屏幕检测到了,此时即使儿童需要立刻进行适当的干预,系统也无法作出回应了。因此,重要的是要确保环境中包含的任何事物都不会因为互动的中断而让孩子变得痛苦。

研究小组因此决定发挥ECHOES系统中人工智能的作用,通过智能虚拟角色来提供有趣的、可促进互动的游戏,这些似乎孩子们也喜欢。与此同时,ECHOES系统依靠人类的支持来解释儿童行为的意义,确保他们在游戏期间身心愉悦。

这种情况符合智能教育系统的新愿景,即将人类和人工智能各自的优势结合起来,以最有效的方式为学习者提供支持。

目前这种形式的人工智能擅长在数据中寻找规律,而这正是人类所不太擅长的。然而,这些数据具备改善教与学的潜力。贝克(Baker, 2016[61])就此提出这样一个愿景:智能教育系统向人类提供数据,为人类的教学决策提供数据支持。这种使用人工智能的方式在Dynamico中得到了验证——系统为操作人员提供了以往无法获得的数据，从而改进了诊断书写困难的方法，使这些学习者有望得到更好的支持。

另一方面，人类更适合数据可能不那么明确的情况。例如，与自闭症儿童打交道的教师在这方面具备丰富的专业知识，他们会花很多时间来深入细致地了解每个孩子。他们能够从孩子的行为中解读出一些线索，不了解这个孩子的人可能无法做到这一点。这也许包括理解有可能导致孩子变得痛苦的特定诱因。教师可能也会留意到表明孩子感到痛苦的具体手势、行为或话语。他们也可能知道如何通过干预来缓和事态的发展，并为孩子提供支持和安慰。然而，尽管教师可能是提供这类支持的最佳人选，但这并不意味着人工智能就完全无法理解自闭症儿童独特的互动方式，正是对这些独特互动方式的理解使操作人员能够以最有效的方式进行干预。

与这一看法相一致的是，对智能技术应用于学习持积极态度的观点认为，智能技术可以被用来协调融合教育的复杂工作。尽管一般由教师负责这一工作，但智能技术至少可以在以下三方面予以支持：

● 提供支持，让教师第一时间捕捉到学生的需要（如前文讨论的书写困难的例子）。

● 为教师和助教提供更多有关该儿童的信息和认识，这将有助于他们以更恰当的方式来满足孩子的特殊需要（如上所述）。

● 在多个层面提供适应性支持（下文将详细描述）。

2. 深度的适应性和个性化

人工智能在教育领域的应用前景之一是适应性，即既能适应学生当前的知识和技能水平，又能在某些情况下适应他们当前的动机和情感倾向水平。大多数情况下，这种适应性在学习者个体层面发挥作用。

除了个体层面的适应性，在为了满足学习者的特殊需要，向他们提供独立的支持时，需要考虑以额外的形式来进行定制和个性化，这可以通过将人类和人工智能相结合来实现（如下所述）。

前文在描述 ECHOES 时曾解释过，系统规划器是在系统内的个体学习活动层面进行操作，而操作人员是在更高的层面构建整个活动过程，决定选择哪些特定的活动，包括活动的时长和顺序。尽管这种方法很有效，但在某所特定学校开始使用之前，有时需要对环境进行自定义设置。智能代理安迪使用语言和手势与孩子们交流。然而，不同的学校使用不同的关键词和手势，例如向儿童发出活动结束的信号，使他们在情感和认知上做好准备，从而进入下一项活动。因此在每个学校使用前，需要对安迪的语言和手势进行调整。作为系统开发者的研究小组当然能够做到这一点，但如果学校能够自行设置就更好了。

第六章　数字技术为有特殊需要的学生提供更好的服务

在为障碍学习者提供支持时，我们所考虑的个性化和适应性，可能不仅发生在个体层面（这也是智能系统的典型情况），也发生在障碍层面和特定学校环境层面。下面将对这三个层面进行描述（使用 ECHOES 的例子来说明）：

- 障碍层面的定制：这一层面包括基于我们对特定障碍类型工作的了解来定制和调整互动。在为自闭症儿童设计的 ECHOES 一例中，这意味着要考虑互动的节奏（放慢速度，让孩子有时间思考）、指导用语（使用直接、简单的语言，不重复发出指令），并决定在重新发布指令前要给儿童留出多少时间来处理。然而，以上这些决定在 ECHOECS 环境开发之初就被设置成了固定参数，如果这些参数能够由操作人员自定义设置将会更好。
- 学校层面的定制：如上所述，应根据学校对语言、符号和标志的具体使用进行定制。
- 儿童个体层面的定制：例如，不使用特定的声音，关闭智能代理的面部表情，删除某些可能会触发情绪波动的关键词或短语。

通过将人类与人工智能相结合这一方法，智能系统提供的定制化和适应性功能将更加精细，再加上有关特定障碍、学校环境、特定儿童的现有知识，可以使智能系统营造的环境在各种情况下都能真正发挥作用。

总之，在为有特殊需要的学习者提供有针对性的、更精细的支持方面，智能技术让我们真正看到了希望。通过将人工智能的最新进展，以及对特殊需要和障碍的最新理解嵌入现有的低成本技术中，智能技术将对全球的学习者产生巨大的影响。

致谢

本文提到的 ECHOES 系统是一个大型的、跨机构和跨学科项目的研究成果。除了作者之外，该团队还包括项目负责人卡斯卡·波莱斯卡 - 庞斯塔（Kaska Porayska-Pomsta）、阿莉莎·奥尔康（Alyssa Alcorn）、卡捷琳娜·阿夫拉米德斯（Katerina Avramides）、桑德拉·比尔（Sandra Beale）、萨拉·贝尔纳迪尼（Sara Bernardini）、玛丽·艾伦·福斯特（Mary Ellen Foster）、克里斯托弗·弗劳恩贝格（Christopher Frauenberger）、卡伦·古尔德伯格（Karen Guldberg）、温迪·凯伊 - 布赖特（Wendy Keay-Bright）、莉拉·科西瓦基（Lila Kossyvaki）、奥利弗·莱蒙（Oliver Lemon）、玛丽莱娜·马德姆齐（Marilena Mademtzi）、雷切尔·孟席斯（Rachel Menzies）、海伦·帕因（Helen Pain）、格纳图沙兰·拉金德兰（Gnanathusharan Rajendran）、蒂姆·史密斯（Tim

Smith）和安娜鲁·沃勒（Annalu Waller）。ECHOES 项目由英国经济与社会研究委员会/英国工程与自然科学研究委员会（ESRC/EPSRC）TRLP TEL 项目资助，项目编号为 RES-139-25-0395。

译后感

  特殊需要学生由于生理、心理或社会因素，存在听觉障碍、视觉障碍、言语障碍、特定学习障碍、情感障碍、智力障碍等。在常规的教育环境中，必须给予特殊需要学生特殊教育帮助，才能充分发挥其潜能。特殊教育，即采用特别设计的课程、教材、教法和设备对特殊需要学生进行教育。18 世纪，法国巴黎创办了世界上第一所聋校（1770 年）和第一所盲校（1784 年）。此后，各国相继创办各类特殊教育学校及机构。教育对象从学龄特殊儿童扩展到学前特殊儿童及成人等，形成了较完整的教育体制。教育形式从较单一的特殊学校发展为特殊班级、资源教室、辅导中心、日托中心等多种形式的特殊教育机构。

  在我国，发展特殊教育被视为推进教育公平、实现教育现代化、建设高质量教育体系的重要内容。《"十四五"特殊教育发展提升行动计划》（国办发〔2021〕60 号）更是强调要加强普通教育和特殊教育融合，促进医疗康复、信息技术与特殊教育融合，实施辅助器具进校园工程，鼓励有条件的地方充分应用互联网、云计算、大数据、虚拟现实和人工智能等新技术，推进特殊教育智慧校园、智慧课堂建设。

  如何运用数字技术实现特殊需要学生与普通学生之间的教育公平？本章的核心要义正是运用数字技术，让有特殊需要的学生融入常规的学校环境。为改善特殊需要学生的学习，研究人员采用技术支持的工具来提高特殊需要学生对学习环境的适应性及其学业成就。当前，随着有特殊需要的学生逐年增多，支持特殊教育的技术也日益增加，学习设备的应用和选择正变得越来越多样化。然而，相关研究发现这些学习设备采取的学习策略仍然倾向于保守，其中大多数都采用了指导性学习策略，针对特殊需要学生教育的人工智能系统仍然缺乏。与此同时，我们了解到为特殊需要儿童提供教育时，需要更多地采取以学习者为中心的方法，即承认个体学习方式的差异，以灵活地适应学习者个体的需要。

  如何通过数字技术为特殊需要学生提供真正的以学习者为中心的教育？本章结合特殊需要的不同类型和不同学习领域从学习设备、学习策略和学习环境等来呈现当前特殊教育领域以学习者为中心的技术支持方面的最新成果。文中介绍的以学习者为中心的智能技术实例，针对的正是需求较大且技术支持效果较为显著的三个特殊教育类型：支持自闭症儿童社交技能发展的 ECHOES 环境，有助于诊断与支持书写困难学生的机器学习算法，支持视觉障碍学生学习图形类材料的硬件（屏幕阅读器）和软件。

如何为特殊需要学生开发以学习者为中心的教育技术？当前特殊需要教育的技术支持有两类：一类是促使障碍儿童能够学习课程，参与到常规的课堂学习活动中；一类是解决障碍儿童自身疾病的相关问题，这些干预内容通常不是学校标准课程的一部分。这两类技术在支持特殊需要学生发展方面可以互相促进。例如，为自闭症儿童提供社交和沟通支持的技术有助于他们参加小组活动，与他人协作完成学习任务，使他们更容易参与到课程活动中，也就是说对课程学习亦有帮助。从本章及国内相关研究可以发现，相较于第一类技术，第二类技术比较缺乏，有待进一步研究开发。

本章最后指明的三个探索方向对于开发支持特殊教育的技术也有很好的启发意义：首先，智能系统的开发应综合考虑特殊需要儿童的需求、用户参与和体验、使用的环境；其次，智能系统技术应该是目标用户最有可能接触到的技术，即易得性；最后，人类应与人工智能相结合。相信数字技术可以为每个人融入学习共同体和学习生态提供公平的机会。

（王丽霞译，张怀浩一校，梁力萌二校）

参考文献

Alcorn, A. (2016), *Embedding novel and surprising elements in touch-screen games for children with autism: Creating experiences "worth communicating about"*, PhD thesis, The University of Edinburgh. [39]

Alcorn, A. et al. (2019), "Educators' Views on Using Humanoid Robots with Autistic Learners in Special Education Settings in England", *Frontiers in Robotics and AI*, Vol. 6, http://dx.doi.org/10.3389/frobt.2019.00107. [58]

Alcorn, A., H. Pain and J. Good (2014), "Motivating children's initiations with novelty and surprise", in *Proceedings of the 2014 conference on Interaction design and children*, http://dx.doi.org/10.1145/2593968.2610458. [40]

Alkhatlan, A. and J. Kalita (2018), *Intelligent Tutoring Systems: A Comprehensive Historical Survey with Recent Developments*, rXiv preprint arXiv:1812.09628, https://arxiv.org/abs/1812.09628 (accessed on 26 February 2021). [6]

Asselborn, T., M. Chapatte and P. Dillenbourg (2020), "Extending the Spectrum of Dysgraphia: A Data Driven Strategy to Estimate Handwriting Quality", *Scientific Reports*, Vol. 10/1, http://dx.doi.org/10.1038/s41598-020-60011-8. [44]

Asselborn, T. et al. (2018), "Automated human-level diagnosis of dysgraphia using a consumer tablet", *npj Digital Medicine*, Vol. 1/1, http://dx.doi.org/10.1038/s41746-018-0049-x. [43]

Baker, R. (2016), "Stupid Tutoring Systems, Intelligent Humans", *International Journal of Artificial Intelligence in Education,* Vol. 26/2, pp. 600–614, http://dx.doi.org/10.1007/s40593-016-0105-0. [61]

Bauminger, N., C. Shulman and G. Agam (2004), "The Link Between Perceptions of Self and of Social Relationships in High-Functioning Children with Autism", *Journal of Developmental and Physical Disabilities*, Vol. 16/2, pp. 193–214, http://dx.doi.org/10.1023/b:jodd.0000026616.24896.c8. [34]

Benton, L. and H. Johnson (2015), "Widening participation in technology design: A review of the involvement of children with special educational needs and disabilities", *International Journal of Child-Computer Interaction*, Vol. 3–4, pp. 23–40, http://dx.doi.org/10.1016/j.ijcci.2015.07.001. [57]

Berton, R. et al. (2020), "A Chrome extension to help people with dyslexia", in *Proceedings of the International Conference on Advanced Visual Interfaces*, http://dx.doi.org/10.1145/3399715.3399843. [47]

Biotteau, M. et al. (2019), "Developmental coordination disorder and dysgraphia: Signs and symptoms, diagnosis, and rehabilitation", *Neuropsychiatric Disease and Treatment*, Vol. 15, pp. 1873–1885, http://dx.doi.org/10.2147/ndt.s120514. [46]

Brewer, R. et al. (2016), "Can Neurotypical Individuals Read Autistic Facial Expressions? A typical Production of Emotional Facial Expressions in Autism Spectrum Disorders", *Autism Research*, Vol. 9/2, pp. 262–271, http://dx.doi.org/10.1002/aur.1508. [63]

Cappadocia, M., J. Weiss and D. Pepler (2012), "Bullying Experiences Among Children and Youth with Autism Spectrum Disorders", *Journal of Autism and Developmental Disorders*, Vol. 42/2, pp. 266–277, http://dx.doi.org/10.1007/s10803-011-1241-x. [32]

Chamberlain, B., C. Kasari and E. Rotheram-Fuller (2007), "Involvement or Isolation? The Social Networks of Children with Autism in Regular Classrooms", *Journal of Autism and Developmental Disorders*, Vol. 37/2, pp. 230–242, http://dx.doi.org/10.1007/s10803-006-0164-4. [31]

Chelkowski, L., Z. Yan and K. Asaro-Saddler (2019), "The use of mobile devices with students with disabilities: A literature review", *Preventing School Failure: Alternative Education for Children and Youth*, Vol. 63/3, pp. 277–295, http://dx.doi.org/10.1080/1045988x.2019.1591336. [1]

Cheng, S. and C. Lai (2020), "Facilitating learning for students with special needs: A review of technology-supported special education studies", *Journal of Computers in Education*, Vol. 7/2, pp. 131–153, http://dx.doi.org/10.1007/s40692-019-00150-8. [4]

Chen, L., P. Chen and Z. Lin (2020), "Artificial Intelligence in Education: A Review", *IEEE Access*, Vol. 8, pp. 75264–75278, http://dx.doi.org/10.1109/access.2020.2988510. [7]

Cibrian, F. et al. (2020), "Supporting Self-Regulation of Children with ADHD Using Wearables", in *Proceedings of the 2020 CHI Conference on Human Factors in Computing Systems*, http://dx.doi.org/10.1145/3313831.3376837. [26]

Doan, M. et al. (2020), "CoolCraig: A Smart Watch/Phone Application Supporting Co-Regulation of Children with ADHD", *Extended Abstracts of the 2020 CHI Conference on Human Factors in Computing Systems*, http://dx.doi.org/10.1145/3334480.3382991. [25]

Erdem, R. (2017), "Students with special educational needs and assistive technologies: A literature review", *Turkish Online Journal of Educational Technology-TOJET*, Vol. 16/1, pp. 128–146. [5]

Erfurt, G. et al. (2019), "Hands-On Math", *Extended Abstracts of the 2019 CHI Conference on Human Factors in Computing Systems*, http://dx.doi.org/10.1145/3290607.3313012. [50]

Fan, M. et al. (2017), "Why Tangibility Matters", in *Proceedings of the 2017 CHI Conference on Human Factors in Computing Systems*, http://dx.doi.org/10.1145/3025453.3026048. [49]

Frauenberger, C. et al. (2013), "Conversing through and about technologies: Design critique as an opportunity to engage children with autism and broaden research(er) perspectives", *International Journal of Child-Computer Interaction*, Vol. 1/2, pp. 38–49, http://dx.doi.org/10.1016/j.ijcci.2013.02.001. [38]

Frauenberger, C., J. Good and W. Keay-Bright (2011), "Designing technology for children with special needs: bridging perspectives through participatory design", *CoDesign*, Vol. 7/1, pp. 1–28, http://dx.doi.org/10.1080/15710882.2011.587013. [37]

Gelsomini, M. et al. (2019), "Magika, a Multisensory Environment for Play, Education and Inclusion", *Extended Abstracts of the 2019 CHI Conference on Human Factors in Computing Systems*, http://dx.doi.org/10.1145/3290607.3312753. [42]

Gorlewicz, J. et al. (2018), "The Graphical Access Challenge for People with Visual Impairments: Positions and Pathways Forward", *Interactive Multimedia - Multimedia Production and Digital Storytelling,* http://dx.doi.org/10.5772/intechopen.82289. [54]

Gorlewicz, J. et al. (2020), "Design Guidelines and Recommendations for Multimodal, Touchscreen-Based Graphics", *ACM Transactions on Accessible Computing*, Vol. 13/3, pp. 1–30, http://dx.doi.org/10.1145/3403933. [56]

Hahn, M., C. Mueller and J. Gorlewicz (2019), "The Comprehension of STEM Graphics via a Multisensory Tablet Electronic Device by Students with Visual Impairments", *Journal of Visual Impairment & Blindness*, Vol. 113/5, pp. 404–418, http://dx.doi.org/10.1177/0145482x19876463. [60]

Holloway, L. et al. (2020), "Non-visual access to graphical information on COVID-19", *The 22nd International ACM SIGACCESS Conference on Computers and Accessibility*, http://dx.doi.org/10.1145/3373625.3418015. [53]

Houtrow, A. et al. (2014), "Changing Trends of Childhood Disability, 2001-2011", *PEDIATRICS*, Vol. 134/3, pp. 530–538, http://dx.doi.org/10.1542/peds.2014-0594. [12]

Kazimzade, G., Y. Patzer and N. Pinkwart (2019), "Artificial Intelligence in Education Meets Inclusive Educational Technology—The Technical State-of-the-Art and Possible Directions", in *Artificial Intelligence and Inclusive Education, Perspectives on Rethinking and Reforming Education*, Springer Singapore, Singapore, http://dx.doi.org/10.1007/978-981-13-8161-4_4. [9]

Kulik, J. and J. Fletcher (2016), "Effectiveness of Intelligent Tutoring Systems", *Review of Educational Research*, Vol. 86/1, pp. 42–78, http://dx.doi.org/10.3102/0034654315581420. [8]

Kuo, M. et al. (2013), "Friendship characteristics and activity patterns of adolescents with an autism spectrum disorder", *Autism*, Vol. 17/4, pp. 481–500, https://doi.org/10.1177/1362361311416380. [29]

Locke, J. et al. (2010), "Loneliness, friendship quality and the social networks of adolescents with high-functioning autism in an inclusive school setting", *Journal of Research in Special Educational Needs*, Vol. 10/2, pp. 74–81, http://dx.doi.org/10.1111/j.1471-3802.2010.01148.x. [30]

Marks, D. (1997), "Models of disability", *Disability and Rehabilitation*, Vol. 19/3, pp. 85–91, http://dx.doi.org/10.3109/09638289709166831. [18]

McLeskey, J. et al. (2017), *High-leverage practices in special education*, Arlington, VA: Council for Exceptional Children & CEEDAR Center. [3]

Metatla, O. (2017), "Uncovering Challenges and Opportunities of Including Children with Visual Impairments in Mainstream Schools", http://dx.doi.org/10.14236/ewic/hci2017.102. [51]

Metatla, O. et al. (2018), "Inclusive Education Technologies", *Extended Abstracts of the 2018 CHI Conference on Human Factors in Computing Systems*, http://dx.doi.org/10.1145/3170427.3170633. [55]

Mora-Guiard, J. et al. (2016), "Lands of Fog", in *Proceedings of the 15th International Conference on Interaction Design and Children*, http://dx.doi.org/10.1145/2930674.2930695. [41]

Müller, E., A. Schuler and G. Yates (2008), "Social challenges and supports from the perspective of individuals with Asperger syndrome and other autism spectrum disabilities", *Autism*, Vol. 12/2, pp. 173-190, http://dx.doi.org/10.1177/1362361307086664. [35]

National Autistic Society (2016), *The autism employment gap: Too Much Information in the workplace*, https://www.basw.co.uk/resources/autism-employment-gap-too-much-information-workplace. [17]

National Autistic Society (2016), *What is autism?*, https://www.autism.org.uk/advice-and-guidance/what-is-autism (accessed on 29 July 2020). [28]

OECD (2000), *Inclusive Education at Work: Students with Disabilities in Mainstream Schools*, OECD Publishing, Paris, https://dx.doi.org/10.1787/9789264180383-en. [11]

Ok, M. and W. Kim (2017), "Use of iPads and iPods for Academic Performance and Engagement of PreK–12 Students with Disabilities: A Research Synthesis", *Exceptionality*, Vol. 25/1, pp. 54-75, http://dx.doi.org/10.1080/09362835.2016.1196446. [2]

Porayska-Pomsta, K. et al. (2018), "Blending Human and Artificial Intelligence to Support Autistic Children's Social Communication Skills", *ACM Transactions on Computer-Human Interaction*, Vol. 25/6, pp. 1-35, http://dx.doi.org/10.1145/3271484. [27]

Porayska-Pomsta, K. et al. (2013), "Building an Intelligent, Authorable Serious Game for Autistic Children and Their Carers", in *Lecture Notes in Computer Science, Advances in Computer Entertainment*, Springer International Publishing, Cham, http://dx.doi.org/10.1007/978-3-319-03161-3_34. [59]

Prizant, B. et al. (2006), T*he SCERTS model: A comprehensive educational approach for children with autism spectrum disorders. Vol. 1*, Paul H Brookes Publishing. [36]

Rello, L. et al. (2016), "Dytective: Diagnosing Risk of Dyslexia with a Game", in *Proceedings of the 10th EAI International Conference on Pervasive Computing Technologies for Healthcare,* http://dx.doi.org/10.4108/eai.16-5-2016.2263338. [48]

Rumney, H. and K. MacMahon (2017), "Do social skills interventions positively influence mood in children and young people with autism? A systematic review", *Mental Health & Prevention*, Vol. 5, pp. 12-20, http://dx.doi.org/10.1016/j.mhp.2016.12.001. [22]

第六章　数字技术为有特殊需要的学生提供更好的服务

Sayce, L. (1998), "Stigma, discrimination and social exclusion: What's in a word?", *Journal of Mental Health,* Vol. 7/4, pp. 331-343, http://dx.doi.org/10.1080/09638239817932. [19]

Serholt, S. (2019), "Interactions with an Empathic Robot Tutor in Education: Students' Perceptions Three Years Later", in *Artificial Intelligence and Inclusive Education, Perspectives on Rethinking and Reforming Education*, Springer Singapore, Singapore, http://dx.doi.org/10.1007/978-981-13-8161-4_5. [62]

Shilkrot, R. et al. (2015), "FingerReader", in *Proceedings of the 33rd Annual ACM Conference on Human Factors in Computing Systems,* http://dx.doi.org/10.1145/2702123.2702421. [52]

Singer, J. (1999), "Why can't you be normal for once in your life? From a problem with no name to the emergence of a new category of difference", *Disability Discourse*, pp. 59-70. [20]

Sonne, T. and M. Jensen (2016), "ChillFish: A Respiration Game for Children with ADHD", in *Proceedings of the TEI '16: Tenth International Conference on Tangible, Embedded, and Embodied Interaction,* http://dx.doi.org/10.1145/2839462.2839480. [23]

Sonne, T. and M. Jensen (2016), "Evaluating the ChillFish Biofeedback Game with Children with ADHD", in *Proceedings of the 15th International Conference on Interaction Design and Children*, http://dx.doi.org/10.1145/2930674.2935981. [24]

Spiel, K. et al. (2019), "Agency of Autistic Children in Technology Research—A Critical Literature Review", *ACM Transactions on Computer-Human Interaction*, Vol. 26/6, pp. 1-40, http://dx.doi.org/10.1145/3344919. [21]

UNESCO Institute for Statistics (2018), *Education and disability: Analysis of data from 49 countries. Information Paper No. 49*, http://uis.unesco.org/sites/default/files/documents/ip49-education-disability-2018-en.pdf. [16]

Volkmar, F. and J. McPartland (2014), "From Kanner to DSM-5: Autism as an Evolving Diagnostic Concept", *Annual Review of Clinical Psychology*, Vol. 10/1, pp. 193-212, http://dx.doi.org/10.1146/annurev-clinpsy-032813-153710. [15]

Whitehouse, A. et al. (2009), "Friendship, loneliness and depression in adolescents with Asperger's Syndrome", *Journal of Adolescence*, Vol. 32/2, pp. 309–322, http://dx.doi.org/10.1016/j.adolescence.2008.03.004. [33]

World Health Organization (2011), *World report on disability 2011*, https://www.who.int/disabilities/world_report/2011/report.pdf. [10]

Zablotsky, B. and L. Black (2020), *Prevalence of children aged 3–17 years with developmental disabilities, by urbanicity: United States, 2015–2018,* Natl Health Stat Report. 2020 Feb, (139), pp. 1–7. PMID: 32510313., https://pubmed.ncbi.nlm.nih.gov/32510313/. [14]

Zablotsky, B. et al. (2019), "Prevalence and Trends of Developmental Disabilities among Children in the United States: 2009–2017", *Pediatrics*, Vol. 144/4, p. e20190811, http://dx.doi.org/10.1542/peds.2019-0811. [13]

Zolna, K. et al. (2019), "The dynamics of handwriting improves the automated diagnosis of dysgraphia", http://arXiv preprint arXiv:1906.07576. [45]

第七章

教育机器人

托尼·贝尔帕米，比利时根特大学，英国普利茅斯大学

田中文英，日本筑波大学

  机器人在教育领域主要有两类用途：一类是教授科学、技术、工程、数学（简称STEM）学科及激发学生学习STEM的兴趣，另一类是近年来承担教师的角色。自20世纪70年代以来，在人工智能和机器人技术新发展的推动下，机器人在STEM教育中的教学潜力得到了广泛的探索和发掘，但机器人教师作为一项新技术，目前仍处于研究和概念验证试验阶段。这类机器人通过为学生提供特定的辅导体验，协助教师完成教学任务，其潜力主要源于它们能够提供一对一的辅导且以实体形式存在，而后者正是传统的基于计算机的教学所缺失的。虽然目前还没有针对正式教育的商业解决方案，但研究表明，机器人确实拥有基于计算机的学习解决方案所没有的益处。教育机器人具备物理实体这一属性使其能够与学习者在现实世界进行互动，这增加了它的"社会临场感"，进一步提高了学习者的学习效果。然而在实际教学推广中，教育机器人仍然面临着技术细节、经济开支和后勤保障等诸多方面的挑战。

引言

在教育领域，机器人通常作为教授 STEM 学科的一种手段。机器人最初被视为向学生介绍编程和计算思维的工具，现在也被用于电子学、机械设计、计算思维甚至艺术学科的教学，同时还可供学习者进行软技能方面的练习，如合作和谈判技能（Alnajjar et al.，2021[1]）。机器人在 STEM 教育中的应用已有 50 多年的历史，在推动诸多学科教学方面颇有成效（Benitti，2012[2]）。因此，机器人作为一种教学工具，在小学、中学和高等教育中被广为采用，并取得了不同程度的成功。

近年来，机器人在教育领域有了新的应用。在机器人和人工智能技术发展的推动下，社交机器人正被尝试用作教学助手（Belpaeme et al.，2018[3]）。社交机器人是指通过类人际交流的互动方式来进行人机交互的一类机器人，它们使用语言、面部表情或肢体语言进行交流。这类机器人的设计通常在视觉上颇具吸引力，为保持在社交互动中的流畅性，其软件都是定制的。尽管这类机器人的交互能力仍然相当有限，但它们在限制性和封闭式的交互中表现良好（Bartneck et al.，2020[4]；Breazeal，2004[5]；VanLehn，2011[6]）。近年来，社交机器人在教育领域的潜力被不断挖掘，大量的研究表明机器人在正式教育和家庭教育方面潜力巨大。

本章将介绍机器人作为教育工作者的前景，并对该领域目前存在的局限性进行讨论。我们将主要关注两类机器人：一类是社交机器人①，它可以自动化执行和协助教师完成一些教学任务；另一类是远距临场机器人②，它基于一种更混合的模式，教师可以远程操作这类机器人，在课堂上开展教学。在介绍了当前学习领域的一些应用并对其技术进行相关阐释后，本章将重点指出广泛采用这些技术时会面临的困难，同时强调尽管机器人为教师工作提供了有效辅助，但在不久的未来它们仍然不可能取代教师。

---

① 拓展阅读：社交机器人（Social Robot），也译作社会机器人，顾名思义，是指能和人类进行交流、互动的自主机器人，"拟人化"是社交机器人的重要属性。它们不仅具有人形的外表，还可以通过"言语""面部表情""肢体语言"等来模拟人的情感，与人进行有意义的社会交往。

王亮.基于情境体验的社交机器人伦理：从"欺骗"到"向善"[J].自然辩证法研究，2021（10）：55.

② 拓展阅读：远距临场机器人（Telepresence Robot），或称远距亲临机器人，在机器人市场上越来越普及，其基本设计概念可以简单想象成一台平板计算机加上一组远程遥控的轮子，或是一套视频会议设备安装在一台可以行走的机器人身上。远距临场机器人让原本固定位置的装备能够自由移动，也创造了远距临场更多可能的应用。它就像是我们的分身，让我们同时在另一个地方自由移动，可以实时看到周边环境，并和周边的人面对面互动沟通。

机器人课程系列：远距临场机器人，解决分身乏术的困境[EB/OL].（2019-04-29）. http://mp.ofweek.com/robot/a445673526936.

而且由于成本过高，机器人尚无法在教育系统内得到大规模的推广应用。

为什么要让社交机器人成为教育工作者

社交机器人有很多引人注目的优点，它们那栩栩如生的行为和社交反应能力就是其中一方面，这一点也引起了教育工作者的关注。最起码来说，社交机器人本身的魅力就可以使教学变得更有吸引力。除了这种短期的吸引力之外，机器人最大的优势或许在于其具备承担教师的一些教学任务的潜力。虽然财政投入限制了教师花在学生身上的时间，但机器人因相对经济，可被用于小组教学和辅导。在理想的情况下，每个学习者都可以被分配到一名属于自己的机器人导师。辅导，即只对一个或一小群学习者进行教学，被公认为是最有效的教学形式之一。范莱恩（VanLehn，2011[6]）发现，与基于课堂的教学相比，人工辅导的平均效应值为 d=0.79。而基于计算机的教学，尤其是基于步骤的智能辅导系统（ITS）可以为学习者提供细粒度的个性化教学和反馈，在某些学科也达到了类似的结果——d=0.76（VanLehn，2011[6]）。我们期望作为教育工作者的机器人能够取得类似的结果。最近的一篇评论表明，早期的机器人原型在教授不同学科（无论是语言学习还是城市能源使用动态）时，效应值为 d=0.70（Belpaeme et al., 2018[3]）。

使社交机器人发挥教育作用的关键在于它们能够支持的社会性互动。依托外观和软件，社交机器人能够以一种自然的方式与人类进行互动。大多数情况下，这类机器人设计友好，不仅具有人类面部特征，如头部、眼睛和嘴巴，还具备相应的视觉、听觉和语言能力。通过人工智能技术，社交机器人能够与人互动：它们使用人脸检测和识别功能来识别人们的身份，使用语音识别功能从口语交际中提取单词，并通过对话模型和语音合成技术来进行交谈（Bartneck et al., 2020[4]）。社交机器人的自然交互界面使它们能够广泛地胜任各类辅导活动——无论是辅导学龄前儿童还是使用自然交互进行语言辅导。

尽管基于软件的学习解决方案（如智能辅导系统）可以提供个性化教学，但机器人拥有前者所不具备的两个特征——物理实体和社会临场感。研究表明，这两个特征会诱导更有利于学习的行为产生（Bainbridge et al., 2011[7]; Li, 2015[8]）。当使用社交机器人时，学习者的注意力会更集中，依从性会更强，学习动力也会更持久。这可能是由人脑对社会性刺激的强烈反应所引起的。尽管计算机屏幕上的虚拟形象在某种程度上也提供了一部分社会临场感，但机器人的物理实体这一性质放大了它们的社会临场感及相关影响。这听起来有点矛盾,因为对基于计算机的学习的批评建立在人类无法与机器进行情感交流这一假设的基础上。尽管人机交互确实不同于人际互动,但它们仍然会引发社会性反应,并建立某种形式的联系(Belpaeme et al., 2012[9])。

机器人的不同教学角色

社交机器人可以扮演不同的教学角色,在学生的学习过程中辅导或支持他们。在教育领域,社交机器人经过设计与编程,通常可扮演一个(或多个)角色:导师、教师(或助教)和同伴学习者。

社交机器人在教育领域最有前景和最实用的角色是导师(Kennedy, Baxter and Belpaeme, 2015[10]; Leyzberg et al., 2012[11]; Saerbeck et al., 2010[12])。在这一角色中,机器人为单个学习者或一小群学习者提供支持。它可以关注到每个学生,这能够增强教师在典型课堂环境中的能力;它可以在不干扰日常教学活动的前提下,为落后的学生提供帮助,或者向那些领先的学生提出挑战;它有无限的耐心,只要教师允许,它就可以开展学科练习。此外,机器人通常被学习者认为是无偏见的(Bhakta, Savin-Baden and Tombs, 2014[13]; Catlin, 2014[14]),这打消了学习者在回答人类导师或教师提问时所引发的焦虑感。专栏 7.1 介绍了一个有关语言学习的例子。

专栏 7.1　荷兰:与机器人导师一起学习语言

机器人导师在语言学习,尤其是第二语言辅导方面,被认为颇有应用前景。儿童的第一语言是通过与父母、兄弟姐妹和同伴互动习得的,第二语言则通常是在正式教育环境中学会的,其学习过程与母语习得的过程完全不同——不再通过互动来学习语言,而是死记硬背词汇表和语法规则。从很大程度上来说,导致这种学习方式差异的原因可能是资源不足。教师无法在课堂上使用目标语言与每一个学生进行互动,只能被迫采用集体授课的方式。此外,教师本人可能也没有足够的信心用目标语言进行交流,或没有全面地掌握目标语言。例如,母语为英语的教师往往会在法语发音方面遇到困难,反之亦然。

这就是机器人导师的价值所在(van den Berghe et al., 2019[15])。在支持儿童学习第二语言方面,机器人既可以提供辅导,又可以使用目标语言与儿童进行真实互动。它们不仅可以提供语言课程,而且在目标语言的发音方面可能比人类教师更出色,因为如今现代计算机的声音与真实人声几乎无异。此外,在使用一种新语言时,许多人会产生外语焦虑,这种感觉在他们与机器人交谈时会得到缓解,因为他们没有被评判的感觉。

在最近的一项研究中,5 岁的荷兰儿童在社交机器人的帮助下学习第二语言——英语。

第七章 教育机器人

年幼的学习者和机器人围坐在一台平板电脑旁,上面显示着一些小故事。机器人同时用荷兰语和英语讲述故事,不仅教孩子们一系列单词(从名词到数学概念),还通过游戏这种非正式的教学方法来讲解语法知识(Vogt et al., 2019[16])。该研究希望了解机器人在辅导第二语言早期学习中的效果,并验证了机器人的手势(例如机器人在教动词"跑步"时会模仿慢跑)是否能够提高学习者的学习速度。孩子们在机器人导师的指导下学习并掌握英语的效果与他们在平板电脑应用程序中学习英语的效果相似。然而,学习速度总体上是缓慢的。在与机器人一起学习的 7 次 20 分钟的课程中,孩子们的英语理解测试得分仅从 3.47 提高到 7.69(满分为 34)。

图 7.1　在社交机器人的帮助下开展英语作为第二语言的教学

资料来源:Vogt et al.(2019[17])

机器人也可以作为教师或助教,即机器人代替教师授课或在教学过程中提供协助。在这种情况下,机器人针对的是整个班级,而非单个学习者。机器人可以协助教师完成诸如学生注册等管理任务,也可以接管一些狭义的教学任务,如宣布今日主题、检查先决知识、设置学习任务、以选择题形式提问、总结回答并给予反馈等。在这种情况下,机器人节省了教师的时间。机器人的价值不仅在于将教师从课堂互动中解放出来,使教师能够关注到每个学习者,还在于提供一些教师可能难以做到的体验,比如纯正的外语发音。然而更多的时候,机器人只是被用来增添教学趣味或活跃课堂气氛,机器人作为助教的例子见专栏 7.2。

同伴学习者是机器人一个全新且十分有前景的应用(Tanaka and Kimura, 2009[18];Tanaka and Matsuzoe, 2012[19];Hood, Lemaignan and Dillenbourg, 2015[20])。机器人可以扮演学习者的角色,邀请儿童一起学习或者由儿童来指导它们。这基于"学徒制"或"教中学"理论所提出的模式,即认为向他人解释学习内容可以增进学生的理解,而机器人在此过程中就扮演着"被教代理"(teachable agent)的角色。事实证明,在这种模式中,儿童会在学习活动中花费更多的时间和精力,并且学到更多的知识(Chase et al., 2009[21])。也有研究表明该模式对书写(Lemaignan et al., 2016[22])和第二语言学习(Tanaka and Matsuzoe, 2012[19])等不同学科内容都是有效的。这种模式在学习基础薄弱的学生身上效果更加显著,这可能与机器人能够让学生更有自信有关。当课堂上出现同伴机器人后,那些基础最为薄弱的学生不再是班里垫底的,因为机器人的基础更薄弱,更依赖于他人的教学,这无形中提高了这些孩子们的"地位"。

> **专栏7.2　伊朗:机器人在语言课上担任助教**
>
> 在伊朗一所初级中学,一款昵称为尼玛(Nima)的小型仿人机器人一直被用来在课堂上支持学生学习英语。该机器人充当教师的助手,与教师一起站在讲台前。它可帮助12—13岁的女生练习英语(Alemi, Meghdari and Ghazisaedy, 2014[25]),例如对学生的练习作出反馈或演示英语单词和短语的正确发音。在为期五周的时间里,教师和机器人助教一起为一组共计30人的学生教授正式课程。与另一个仅由一名教师授课的16名学生的对照组相比,机器人助教所在组的学生的词汇量更多,记忆力更持久(学生在前测中的平均分均为13.45,五周后,机器人组的平均分为39.76,对照组的平均分为30.50)。同时,机器人助教组的学生更喜欢英语课,这为他们的表现提供了一种可能的解释。
>
>
>
> 图7.2　机器人助教在语言课上辅助教学
>
> 资料来源:Alemi, Meghdari and Ghazisaedy(2014[25])

除了教学,机器人还可以提供社会情感支持。由于机器人通常被认为是无偏见且中立的,人们通常会与机器人分享他们不愿与其他人分享的信息。机器人可以和学生讨论个人方面的问题,并提供解决方案或建议。在获得学习者许可的情况下,机器人还可以与教学专家或支持人员共享选定的信息,例如可以有效解决校园欺凌问题。研究表明,与使用匿名形式报告欺凌事件相比,孩子们会向机器人透露更多有关校园欺凌的信息(Bethel, Stevenson and Scassellati, 2011[23]; Bethel et al., 2016[24])。

机器人作为教学和学习的远距临场设备

在教育领域,社交机器人经常被设计为可独立完成某些教学任务。尽管在大多数时候,它们仍然是在由教师掌控的学习环境中工作,但它们通常可以自主执行一些特定的教学(或学习)任务。机器人还可以作为功能丰富的远距临场设备使用。远距临场机器人就是教师在教室里的"化身"。

通过控制远距临场机器人,教师可以远程组织学生参与到学习中。由于人工智能目前还无法全面、成熟地开展教学,远距临场机器人正好可以填补这一技术空白。因为这类机器人是由教师进行控制的,它可以对孩子们的各种反应和需求作出回应,这是人工智能控制的机器人眼下无法做到的。远距临场机器人还可以使学习者获得当地教师无法提供的专业知识和技能,以及从那些不在本地或希望偶尔对教学有所贡献的专业人士那儿汲取一些专业知识。

远距临场机器人是由人类远程操控,以机器人化身的形式实现操作者临场感的一类机器人。这类机器人依托化身这一实体化特性,将为教育带来一些益处,在诸如新冠疫情等传染病风险依旧存在的情况下,这一话题备受关注。

在教育领域应用远距临场机器人的一个例子是教师利用远距临场机器人远程授课,对学生来说,其课堂感受会比传统的视频授课更丰富。这是因为教师可以任意控制机器人的位置及安装在机器人化身身上的传感器(摄像头、麦克风等),而在传统的视频会议中,传感器的位置大多是固定的。

此外,当机器人化身出现在教室里时,教师的脸通常会被投射在机器人的头部,教室里的学生因此可以更好地体验到教师的临场感。在日本一所公立小学开展的实地试验表明,当机器人化身出现时,学生们会有某种紧张感(课堂气氛得到了控制)(Okamura and Tanaka, 2020[26])。学生们大多喜欢这种紧张感,因为在教师不在教室的情况下,这可以防止他们走神。

另一个体现远距临场机器人益处的例子是学生也可以远程操控机器人化身。例如,学生可以参加一个遥远地区学校(甚至在另一个国家)的课堂活动,这为他们学习各种语言、体验不同文化提供了良机。在一项实地试验中(Tanaka et al., 2013[27]),远距临场机器人将澳大利亚和日本两所小学的课堂连接在一起,使一所学校的学生可以参加另一所学校的课堂活动（见图7.3）。观看这一试验的任课教师和学校管理人员非常认同使用这项技术来学习语言和文化。该功能也常用于帮助长期患病的学生与学校保持联系（见专栏7.3）。

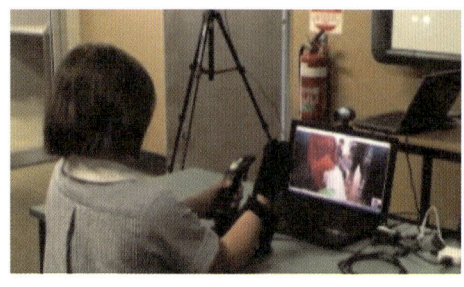 

图7.3　澳大利亚和日本的课堂通过远距临场机器人实时连接

资料来源：Tanaka et al.（2013[27]）

专栏7.3　挪威和法国的学生使用远距临场机器人上课

许多远距临场机器人的开发是为了帮助长期患病的学生与学校保持联系。

例如，挪威初创公司No Isolation开发的AV1机器人就是一款由学生操控的远距临场机器人。当学生因病不能上课时，AV1可以代替学生出现在教室里。该机器人配备了摄像头、扬声器、麦克风和网络连接，使学生可以远程在课堂上听、看、说（通过使用智能手机或平板电脑上的一个应用程序）。他们可以环顾教室，在课堂上举手发言，并通过改变机器人的眼神来传达自己的情绪（如困惑），甚至可以与邻座的同学低声交谈。另外，学生也可以使用远距临场机器人与朋友们保持联系，远程参加生日和其他聚会。

在法国，远距临场机器人"我的联网书包"（my connected schoolbag）同样被设计成为患病学生提供替身。它配备了与挪威AV1机器人相同的硬件设备（旋转摄像头、扬声器、麦克风、网络连接，外加一个平板电脑应用程序）。作为一个公益项目的一部分，这款远距临场机器人的外形像一个传统书包，目的是让患病学生能够远程上课并与同学见面，同时避免其他学生把拟人化的机器人当作患病学生的可能。

其他国家也开发出了许多功能、用途相似的机器人，如中国广州映博智能科技有限公司（Inbot Technology Ltd.）的派宝机器人（PadBot），法国阿克辛机器人技术公司（Axyn Robotique）的Ubbo机器人，韩国未来机器人公司（FuutureRobot）的FURo-i机器人，俄罗斯联邦威康机器人公司（Wicron Robotics）的Webot机器人和R波特公司（R.bot）的Swan Synergy机器人，瑞典长颈鹿科技公司（Giraff Technologies）的Giraff机器人，美国Xandex公司的Kubi机器人、蓝海机器人公司（Blue Ocean Robotics）的Beam机器人、奥比斯机器人公司（Orbis Robotics）的Carl机器人和Teleporter机器人、双机机器人公司（Double Robotics）的Double 3机器人。

资料来源：AV1：Belton（2018[28]）and Anthony（2017[29]）；Mon cartable connecté（n.d.[30]）；Telepresencerobots（n.d.[31]）

第七章 教育机器人

此外,一份研究报告指出,远距临场机器人能够以面对面的方式辅助第二语言的学习(Tanaka et al.,2014[32])。目前,学生可以通过传统的视频会议参加一位以某种语言为母语的教师开设的私教课。这对部分学生来说是一种挑战;事实上,学生在使用第二语言时,经常会因为不流利而一时语塞。然而在使用远距临场机器人参与课程时,他们不仅可以与远程教师进行口头交流,还能进行肢体交流(即利用机器人化身的身体),这些都有助于促进第二语言的学习(见图7.4)。通过手势和接触性互动,学生和教师都得到了放松,进而增进了师生间的交流反馈,促进了学生的学习(Tanaka et al.,2014[32])。在韩国,一款由韩国科学技术研究院(Korea Institute of Science and Technology)开发的名为 Engkey 的机器人被用来支持小学英语教学:该机器人由教师使用计算机远程控制,且机器人的屏幕上显示教师的脸。在大邱市开展的一项涉及29个班级的实地研究结果表明,由母语为英语的教师控制的远距临场机器人提高了学生的成绩,尤其是在口语方面(Yun et al.,2011[33])。

作为科学领域远程和虚拟实验室的补充,远距临场机器人目前正在接受测试,以验证是否能够在真实的实验室里进行科学实验。加拿大的研究人员对在一个模型智能制造实验室里使用一款专门设计的远距临场机器人进行了研究,希望学生能够通过这款机器人远程进行实验室操作或实地考察。该机器人原型机价格在可承受范围内(约350美元),并配有2个自由度的机械臂,使在线用户可以很轻松地操控它。一项小规模试点的结果表明,在线学生的参与度有所提高(Tan et al.,2019[34])。

鉴于上述种种益处,我们可以想象即使在危险的情况下,比如传染病传播的时候,学生也能在家里使用远距临场机器人安全地上课。但目前由于机器人高昂的成本,这一想法在教育领域暂时无法实现。尽管如此,一个机器人化身可以由多个操作员控制(共享控制),所以需要的机器人化身数量可以比学生的数量少。一个有益的尝试是验证少量(如2—3个)机器人化身和一位教师能否为更多(如4—6个或更多)学生上课。

 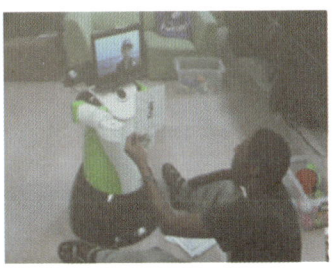

图 7.4 远距临场机器人促进了学生的第二语言学习

资料来源:Tanaka et al.(2014[32])

在这些支持远程教育的技术的帮助下，我们或许能够请到新的教师。例如，一些退休的老教师往往拥有必要的技能和知识，可以在家里为学校里的孩子们上课（见图7.5）（Okamura and Tanaka, 2016[35]）。通过引入人工智能技术（如关键词识别和对话生成器）促进在校学生与这些老教师的代际交流，远距临场机器人起到了智能界面的作用，可以协助退休教师远程了解学生的状态并有效地开展教学。

图 7.5　退休教师在家里使用远距临场机器人远程授课

资料来源：Okamura and Tanaka（2016[35]）

机器人在不同年龄段和学习领域的有效性

机器人对不同年龄段的人群似乎都很有效。尽管大多数研究集中在6—12岁的儿童身上，但事实证明机器人对其他年龄段的人同样有效。它们已被用于学前班的语言辅导（Gordon et al., 2016[36]；Vogt et al., 2019[16]），并且在高等教育中也很有效（Weber and Zeaiter, 2018[37]）。人们一度认为社交机器人对那些容易"信以为真"的孩子最有效，但目前日益明朗的是它们在任何年龄段的学习者身上都能发挥作用——前提是对机器人进行恰当的设计，并为学习者提供与其年龄契合的交互体验。然而事实证明，为高年级学生制造机器人在技术上更具挑战性，因为他们对机器人的能力提出了更高的要求（Beran et al., 2011[38]）。年龄较小的孩子接受由机器人来主导互动和按照固有设计进行互动，并相信机器人具有社交功能。年龄较大的孩子则更希望互动趋于多样化，没有固定脚本，这便对技术提出了挑战。

在教育领域，机器人最适合教授那些相对有限且输入内容具有良好描述的主题。其中一个原因是社交信号处理作为人工智能的一个分支，虽然试图解释社交环境（Vinciarelli, Pantic and Bourlard, 2009[39]），但目前只能处理相对比较明确

第七章　教育机器人

的社交信号，如强烈的面部表情或手势。转录和理解口语及非语言社交信号，理解人们的意图与信念并作出适当的回应的技术虽然令人印象深刻，但往往难以对具体语境中的社交互动进行解释。为提供一种类似于人类教师提供的完善的互动体验，功能良好的社交信号处理技术是必不可少的。换言之，这意味着当前机器人还不能进行自由的对话：虽然它们可以将口语转为书面语言，但人工智能很难理解所说内容的含义，也就无法作出恰当的回应。这就是目前语音控制技术要求我们使用简短的、结构化的命令，并且仍然无法解决长句理解和自由对话难题的原因。尽管如此，在对学习环境进行适当约束的情况下，机器人可以为更多学科的教学提供支持。机器人通常与一个屏幕一同出现，这块屏幕不仅用于显示教学内容，还可以作为一个输入设备，供学习者输入答案或选择练习，从而降低了对机器人在口语理解上的要求。

像地理、词汇或低年级的科学等侧重知识传播的学科内容很适合由机器人来辅导。这类学习因其重复性和主题相对易教、易评估的特点，与基于计算机的教学和基于机器人的教学相当契合。由于这些学科主题结构良好，很容易通过形成性评价或测验来评估学习者的学习水平，因此机器人可以在此基础上调整它的辅导。

像阅读或数学等侧重技能习得的学科内容也比较适合由机器人来辅导。这些技能一般可以显示在电脑屏幕上，因为它们通常有很强的视觉成分，机器人会在学习过程中提供鼓励和支持。它会根据学习者的情况和进度作出调整，并在适当的时候提供提示、鼓励和帮助。正如智能辅导系统一样，以适当的方式提供支持是非常重要的。尽管过多的支持往往会导致学习者过度依赖系统的帮助功能（Aleven et al.，2003[40]），但机器人可以积极塑造学习者的求助行为（Ramachandran, Litoiu and Scassellati, 2016[41]）。

机器人在情感辅导领域也展现出了前景，可以直接应用于教学本身，比如机器人会鼓励学习者完成更多的练习或鼓励他们在家练习（Kennedy et al.，2016[42]）。同时，机器人也可以用于教授和促进软技能和社交技能的提升。例如，众所周知，机器人能有效地帮助自闭症谱系障碍儿童练习社交技能（Robins et al.，2004[43]；Scassellati，2007[44]）。这里，机器人使用了应用行为分析法（Applied Behaviour Analysis）①，这是

---

① 拓展阅读：应用行为分析是国内外应用和研究较广泛的孤独症谱系障碍患儿治疗方法之一，其核心是对行为进行分析而不是简单消除，强调将复杂的目标任务分解成具体的小步骤，采用适当强化方法，按照顺序逐步训练，直到患儿掌握全部步骤，可以独立完成任务，并且能够在不同场合下应用所学习到的知识和技能。

成诺，严芳．应用行为分析疗法联合家庭教育训练在孤独症谱系障碍患儿中的应用[J]．护理研究，2021（22）：4084-4088．

一种通过反复练习使社交技能得到内化的治疗方法。

在运动技能或身体康复等体能辅导方面,机器人也有着独特的优势。机器人不仅可以演示动作,还可以在过程中提供支持。例如,一款社交机器人已被用来提高6—8岁儿童的书写能力。该机器人采用的是同伴学习的方式:向孩子们呈现机器人潦草的字迹,并要求他们向机器人展示工整的字迹。事实证明,随着机器人书写能力的提高,原本最差的学生的字迹也得到了改善(Hood, Lemaignan and Dillenbourg, 2015[20]; Zhexenova et al., 2020[45])(见专栏7.4)。

最具挑战性的学习领域,也是机器人辅导有可能投资回报率最高的领域,是基于无约束社会互动开展的学习活动。语言学习就是一个非常典型的例子,因为学习者可以通过与机器人进行口语互动练习来提升目标语言的听说能力。这些机器人还能够提供正式教学以外的支持,如社会心理支持。然而,无约束的人机交互在技术层面的挑战仍然很大,该应用很可能还需要几十年的时间才能成熟。如上所述,在此期间由人类操控的远距临场机器人可以填补这一空白。

专栏7.4 哈萨克斯坦:机器人帮助学生提高书写能力

2017年,哈萨克斯坦政府决定将政府通信和教育用语从西里尔语转变为拉丁语。这一转变将在七年内分阶段进行,正式教育将在此过程中发挥至关重要的作用。一个研究小组研究了如何利用机器人来支持儿童学习新采用的文字及其书写体系。他们采用了"教中学"模式,让孩子们来教机器人写字。虽然这种方法与使用平板电脑学习或由教师教授得到的结果相似,但机器人在提高儿童积极性方面效果显著。此外,研究还发现这种方法是孩子们首选的学习方法(Zhexenova et al., 2020[45])。

图7.6 实验设置

资料来源:Zhexenova et al.(2020[45])

第七章 教育机器人

对教育机器人的技术探讨

辅导机器人大小不同，形状各异，既有 10 厘米高的简单机器人，也有高大的人形机器人。具体应用和目标受众往往决定了哪种机器人更合适：对年龄较小的孩子来说，小型机器人可能更合适；而在报告厅为成人学生授课的机器人可能需要有更高的威信，因此要看起来更高、更像人一些。机器人的实际外观似乎对学习结果影响不大；研究表明，更像人类的机器人不一定能帮助学生取得更好的学习结果，反而机器人的表现形式和社会临场感对学习结果而言很重要。例如，一项元分析（Belpeame et al., 2018[3]）显示，类似小型玩具的机器人，如 15 厘米高的 Keep On 机器人，在帮助学生取得学习结果方面可与更昂贵的人形机器人相媲美（如专栏 7.4 中的机器人）。

在最简单的形态下，社交机器人的交互能力非常有限。通过简单的脚本运行，机器人对最小的输入作出响应，如按下按钮或在平板电脑上输入指令。在此基础上，机器人可以根据学习者的表现来塑造交互。它可以监测测验的答题情况，并为学生建立一个学习轨迹模型。该模型随后被用于塑造交互，就像智能辅导系统所做的那样。近年来，机器学习技术被用来建构更详细的学习者绩效模型，并预测机器人的哪些反应最有可能提升学习效果（Schodde, Bergmann and Kopp, 2017[46]; Spaulding, Gordon and Breazeal, 2016[47]）。因此，机器人可以提供能最大限度挑战学生的练习和材料，并且不会令他们反感。社交机器人也可以针对错误的回答给予鼓励或表示同情，前提是需要为它们提供诸如答题情况、反应时长等适量的信息。这些方法虽然已经在教育软件中使用了一段时间，但在商用社交机器人中才刚刚出现。

然而，除了因材施教之外，我们还假设社交机器人可以通过一系列社交反馈来补充其教育功能。一个提升社交反馈能力的要素是个性化的使用（Molenaar, 2021[48]）。这意味着机器人不仅可以为学习者定制教学或测验，还能存储和调用个人信息，从使用学习者的姓名到存储其家庭背景和个人爱好等信息，再到根据学习者的个性调整行为。研究表明，学生与适当使用个人信息的机器人建立联系（Belpeame et al., 2012[9]），会对学习结果和动机产生积极影响。巴克斯特等人（Baxter et al., 2017[49]）将一款社交机器人在英国两所小学的教室里放置了两个月，作为学生学习熟悉的和全新主题时的同伴。其中一个机器人的反馈是个性化的，它通过说话时直呼学生姓名及调整个性化方案来辅助学生学习，另一个机器人则没有这种功能。结果显示，在与第一类机器人互动时，学生学习新主题的效果有所提高，而且有迹象表明这种益处延伸到了没有机器人参与的其他课堂表现。该研究还显示，与第二类机器人相比，学生对第一类机器人同伴的接受度更高。

最后，充分的社交互动还要求机器人能够解释语言和非语言社交信号，并作出适当的回应。有些要素在技术上很容易实现：机器人可以使用摄像头检测人们，并对他们的存在作出回应；它可以进行眼神交流，并读懂简单的情绪。语音识别，即把语音转为书面语言，目前已相当成熟；该技术尽管对年轻用户来说还不太好用，但在向机器人作出口头回应方面已足够先进，可用于简单的回合制口语互动。例如，机器人先提出一道选择题，然后听取用户的口头回答。

但无约束的对话在技术上仍然是不可能实现的。为此，机器人不仅需要转语音，还需要理解对方所说的内容并作出适当的回应。这只能在有限的交互环境中才有可能实现，当前的技术水平还不能处理用户与机器人之间的开放式对话。不过，这一点和其他社交技能将打造出一个总体上非常有说服力且实用的社交机器人。这会对社交机器人的应用产生巨大影响，包括教育领域。

教师的态度

由于教师的态度是课堂上技术使用的强有力预测指标，因此教师对机器人的积极态度将成为推进机器人在教育领域应用的主要动力。研究表明，教学专业人员对在教育领域使用社交机器人持多种态度，其中许多人对在课堂上引入机器人持保留态度（Kennedy, Lemaignan and Belpaeme, 2016[50]; Kim and Lee, 2015[51]; Reich-Stiebert and Eyssel, 2016[52]; Serholt et al., 2014[53]）。

一般来说，对技术抱有较积极态度的教师，对机器人在教育领域的应用也持更积极的态度，这或许并不令人意外。他们还认为机器人擅长支持STEM学科的教学活动，但不适用于社交技能或语言等其他学科。肯尼迪、勒迈尼昂和贝尔帕米（Kennedy, Lemaignan and Belpaeme, 2016[50]）针对英国小学教师开展的一项调查显示：57%的教师认为机器人可以用于协助STEM学科的教学，但只有13%的教师认为机器人适用于人文与艺术学科的教学。这可能反映了教师更习惯于将机器人视为学习设备和工具，而忽略了其承担的教学功能。

研究还调查了教师在机器人使用方面的顾虑，主要包括：
- 机器人可能会中断课堂活动，造成注意力分散，而不是支持教学。
- 机器人使用的公平性问题，尤其在机器人数量很少、距离很远的情况下，应该让获益最多的学习者使用机器人，而不是享有特权的学习者。机器人的成本确实是一个问题，如果机器人价格昂贵，那么只有具备足够经济实力的学习者和学校才能够使用它们。

● 机器人可能会增加教学人员的工作量。如果机器人在课堂上充当教学辅助工具，它应该是易于使用的，其设置、操作及收放也应不耗时、不费力。

● 最后，经常听到的一种顾虑是社交机器人可能会对人际关系产生负面影响，甚至加剧社交孤立。由于机器人的互动方式过于简单（被称作"机器人式互动"），缺乏同理心和灵活性，这也许会对年轻的学习者产生负面影响。

然而，我们需要强调的是，这些结果都是基于问卷调查，调查对象是那些从未接触过社交机器人或将机器人当作辅助工具使用的教师。这样的话，这些教师对机器人会有先入为主的印象，其作答会受到大众传媒和科幻小说的影响，可能无法反映出他们今后的态度。据了解，那些在课堂上与社交机器人合作过的教师通常对机器人教师的潜在应用持积极态度。

在所有调查中，一个有趣的发现是很少或几乎没有教师担心机器人的出现会导致他们失业：教师并不认为机器人会取代他们，而是将其视为自己专业的技术辅助工具。

其中一些顾虑似乎是合理的，另一些则不然。例如，对机器人式互动缺乏深度和温度的担忧目前还站得住脚，但认为儿童（和成人）无法与机器人进行情感互动实际上是不正确的。研究表明，儿童和成人很容易与机器人形成情感纽带，这些情感纽带又能以积极的方式来支持他们学习（Belpaeme et al., 2012[9]）。如上所述，机器人可以帮助解决社会情感问题；已有研究显示，在了解了机器人的局限性并认识到它们只是机器这一事实后，孩子们仍然会"喜欢"精心设计的机器人（van Straten，Peter and Kühne，2020[54]）。

研究人员和开发人员在设计教育机器人时，必须考虑到教师工作量、教学中断、技术维护和学习者注意力分散等问题。在教育领域如何最好、最有效地使用社交机器人和远距临场机器人还有待进一步研究和实验。

商业产品

机器人的成本和用户的经济承受能力是教育界非常关注的问题。

目前，市场上可用于教育的社交机器人种类非常少。一些产品针对的是寓教于乐市场。比如由伟易达①（Vtech Playtime）推出的一款名为 Cody The Smart Cub 的互动

---

① 伟易达电子实业（深圳）有限公司，十大学步车品牌，上市公司，美国及西欧较大的婴幼儿及学前儿童电子学习产品供应商，领先的电子玩具生产商，被《商业周刊》选为全球信息技术公司百强之一。——译者注

熊玩具，广告宣称它是适合 6—36 个月大幼儿使用的可爱的学习伴侣，但其功能仅限于播放预先录制的适合学习者的语音和歌曲。WEDRAW 教育机器人是一款会说话的笔式绘图仪，专为 3—8 岁孩子设计，可在纸上作画，同时播放预先安装的有关形状、图形和数字的内容。除此之外，还有更先进的产品，比如被软银机器人公司（Softbank Robitics）宣传为"教育机器人"的 Nao 和 Pepper 机器人①。而一款搭载在 Pepper 机器人上的英语学习应用程序已实现商业化（Tanaka et al., 2015[55]）。

至于商用的远距临场机器人，它们目前的价格低于 1000 美元。然而，这个价位的远距临场机器人在传感器、执行器和控制界面方面的能力也是有限的。最新的远程化身系统配备了功能更好的传感器、执行器和虚拟现实界面（供机器人操作员使用），这就拉高了远距临场机器人的价格。换言之，用于教育的远距临场机器人有可能比目前可用的机器人更昂贵。TELESAR 系列是最先进的"远距临场"（telexistence）系统之一，研发起步较早，由馆暲（Susumu Tachi）及其同事自 20 世纪 80 年代启动研发（Tachi, 2015[56]）。TELESAR 第六代（见图 7.7）包括一个具有 67 个自由度的远程化身，可开展类人的活动。原则上，该系统还可配备丰富的传感能力，包括视觉、听觉和触觉。虽然这些系统代表研究前沿，且目前价格非常昂贵，但这项研究让我们看到了远程教育的未来发展方向，即远距临场机器人能够在教室里完成越来越复杂的任务。

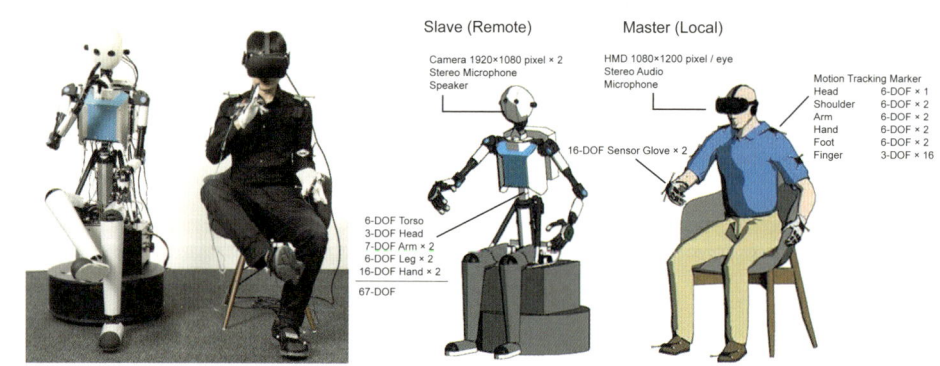

图 7.7　TELESAR 第六代（2019）

资料来源：Courtesy of Prof. Tachi

---

① Nao 是一个应用于全球教育市场的双足人形机器人，高 58 厘米，拥有流畅的肢体语言，能够听、看、说，也能与人互动，或 Nao 之间彼此进行互动。Nao 提供了一个独立、可编程、功能强大且易用的操作应用环境。Pepper 机器人高 120 厘米，拟人化的设计与肢体语言使其能够轻易地与人交流，在商业与教育领域提供各种不同的可能性。——译者注

限制这些机器人在商业上取得成功主要有两方面原因。一方面,需要对机器人有大量的供应与需求,这往往会形成一个"先有鸡还是先有蛋"的问题。如果对机器人导师的需求为零,开发这些系统就无利可图,反之亦然。开发人员需要编写软件与内容(供应),从而使这些机器人在买家(包括家庭和教育机构)眼里具有吸引力(需求)。目前,这方面缺乏公共和私人投资,因为大多数内容供应商都不愿为教育机器人提供内容。另一方面,在被成功引入并产生实际需求之前,用于教育的社交机器人需要适当的流程和生态系统的支持。当前,教学实践与教师培训项目之间仍存在真空,这不仅阻碍了社交机器人在教育领域的应用,甚至会影响那些已投入使用的机器人。

这些局限性构成了一个"先有鸡还是先有蛋"的难题:只要市场得不到发展,内容开发商和机器人制造商就会停止投资这些新技术;而且,由于价格合理的硬件与内容数量有限,市场占有率也非常低。尽管如此,还是有一批早期使用者——一些学校已投资购买了一个或几个社交机器人用于有限的课程教学,如教日本学生学英语。

前景展望

机器人教师或导师的商用化可能性有限,且短期内不太可能改变。一方面,该技术不得不面临来自其他课堂教育技术工具的竞争。另一方面,虽然研究表明,与基于屏幕的技术相比,机器人在教育产出方面确实优势更加明显,但尚不清楚这是否足以说服技术公司和学校投资机器人以协助教师进行教学。因此,我们眼光要放长远,这项技术将如何成熟及如何进入主流教育仍未可知。

虽然当前研究的重点是外观特征明显(有头、有眼睛、有嘴巴)的机器人,但另一个可能的研究方向是将机器人技术的某些方面率先应用到其他设备上,如数字语音助手(显然其外观并不具有社交属性)。诸如情绪感知或学习者的自适应建模等技术则并非机器人所独有的,在其他教育技术中也可能会用到。

有人担心机器人在教育领域的应用会加剧数字鸿沟。世界各地的人们仍然无法平等地获得教育技术:从高速的网络连接到计算机和教育技术软件的使用,再到不同种族、性别、社会经济地位和地理区域对数字技术的接受度的差异。由于在可预见的未来,教育机器人将是一项独家技术,因此早期使用者有可能是那些富裕的教育机构和家庭。尽管这属于典型的创新生命周期,后续通常会迎来更为广泛的使用,但教育领域的数字鸿沟可能会持续存在,继而对机器人在教育领域的应用产生影响。

尽管目前还不清楚机器人是否以及何时可用于支持教育，但针对社交机器人应用于教育领域的研究与思考很可能会促进未来教育技术的发展。这些机器人的社交功能对学习者的学习过程和学习动机都很重要，而推动社交互动的技术，如情感识别、机器人的同理心或个性化互动的构建，很可能会体现在未来的教育技术中。同样需要明确的是，机器人不会取代人类教师；相反，在最佳的情况下，它们对人力、时间、资源稀缺的教育行业来说是一种补充。在未来十年，这些机器人还不太可能出现在正式教育中，它们作为导师的首秀预计将是作为教育玩具出现在家庭中。尽管如此，机器人在教育方面的潜力还是相当大的，在教室里使用机器人助手只是时间问题。

译后感

本章重点讲述了教育机器人的类型、用途以及不同情境下扮演的不同角色。按照功能，教育机器人可分为社交机器人和远距临场机器人。社交机器人能够胜任导师、教师（或助教）、同伴学习者等角色。远距临场机器人则是由人类操作员远程控制的机器人，将操作员的存在具体化为机器人化身，为探索新颖的教学形式提供了机遇。

从广义上来说，物理实体和社会临场感是教育机器人的两大优势。作为教育基础设施的一部分，与虚拟代理相比，教育机器人的物理实体具有几方面的优势：（1）适用于个性化的课程需求或需要与现实世界交往的群体；（2）在人机交互时，用户表现出更多有利于学习的社交行为；（3）用户可以有更多的学习收获。例如，远距临场机器人不受物理空间的限制，可以与特殊需要学生或疫情、战争等特殊时期有需要的学生（用户）建立点对点关系，化身为教师、助教或同伴学习者，根据明确的课程和学习材料要求，创新教学策略，通过创造游戏式的学习环境，实现跨校、跨地区学生的有效学习，尽可能地激发标准学校和特殊学校孩子的创造力和潜力，在一定程度上实现教育公平和教育均衡的发展目标。

除了功能维度之外，教育机器人还可以提供独特的社会维度。社交机器人能够为学生提供量身定制的学习体验，以弥补当前资源有限的教育环境所无法提供的学习方式。最新研究表明，社交机器人鼓励的交互式学习让学生更多地参与到各类学习活动中，有助于发展他们的各种学术技能。例如，在科学理解、数学概念、工程应用、语言技能等方面的分数显著提高，对激发学习兴趣和提高学习成效产生了积极的影响。此外，社交机器人在情感辅导领域也显示出潜力，可以直接应用于教学，比如对学习者进行练习鼓励等。但是教师们普遍认为机器人不会在教学中取代人类教师，而是作为专业的技术辅助工具或对教师资源的有益补充。社交机器人的应用可以为人类教师腾出宝贵的时间,让教师专注于他们最擅长的事情:为学生提供全面的、富有同理心的、有益的教育经历。

目前,受到技术、高额成本和后勤保障等限制,不太可能在教育环境中大规模地使用教育机器人。但就其优势而言,机器人在教育领域的潜力相当可观,未来课堂很有可能将教育机器人作为人类教师助教。

除此之外,教育机器人在教育教学中的应用也为我们带来以下几点启示。

第一,人机协同教学,打造新型"双师课堂",开展精准的"双师"教学实践。联合国教科文组织在2019年发布了《教育中的人工智能:可持续发展的机遇和挑战》研究报告,该报告系统提出了人工智能作为虚拟教学助手、开展人机协同教学、实施"双师课堂"的融合策略,引起了较大关注。与传统的电子屏幕进课堂相比,教育机器人可以利用其物理实体与社会临场感,通过人形外表与拟人特征、夸张的表情和动作表演等,增强课堂教学的趣味性,让学生更有体验感,从而有效改善教学效果;同时,利用机器学习、语音识别、知识图谱、自然语言处理、人机交互等人工智能技术来支持优化学生的学习策略。教育机器人主要从课前任务布置、课中协作教学、课后个性辅导等方面实现双师合作,与学生交互。教师根据教育机器人在教学过程中的动态数据采集,借助大数据和学习分析技术,为学生提供适切有效的学习资源和路径,进一步优化教学效果,做到精准教学。

第二,教育机器人的情感支持为特殊教育提供补偿教学。融合教育提倡不让一个孩子掉队,让所有学生在合适的教育环境中接受教学。教育机器人一方面可以为特殊孩子的缺陷治疗提供支持,比如帮助聋哑儿童学习词汇。教育机器人会耐心地进行教学,不会流露出任何负面情绪,更多的是予以鼓励与支持。另一方面,教育机器人可以帮助自闭症儿童开展沟通治疗。通过教育机器人的长期陪伴和对话,教师可以收集此类人群的社交数据信息,从而判断自闭症的改善情况。

随着人工智能、仿生学等技术的更新,研究人员会充分挖掘教育机器人在社会行为复杂性方面的潜能,将其重要优势付诸实践,使其成为有温度的教育机器人,从而更好地促进教师的"教"和学生的"学"。使用教育机器人有很多益处,除了在教育环境中应用的实际考虑之外,伦理问题也不容忽视。例如,作为教师或家长,我们希望孩子的教育在多大程度上依赖于教育机器人,特别是社交机器人,相信这将成为教育机器人未来发展需要回应的问题。

(陈晨、袁文俊译,张怀浩一校,梁力萌二校)

参考文献

Alemi M., A. Meghdari and M. Ghazisaedy (2014), "Employing Humanoid Robots for Teaching English Language in Iranian Junior High-Schools", *International Journal of Humanoid Robotics*, Vol. 11/3, p. 1450022, http://dx.doi.org/10.1142/s0219843614500224. [25]

Aleven, V. et al. (2003), "Help Seeking and Help Design in Interactive Learning Environments", *Review of Educational Research,* Vol. 73/3, pp. 277-320, http://dx.doi.org/10.3102/00346543073003277. [40]

Alnajjar, F. et al. (2021), *Robots in Education*, Routledge. [1]

Anthony, A. (2017), *The robot that staves off loneliness for chronically ill children,* The Guardian, https://www.theguardian.com/technology/2017/aug/13/robot-to-help-sick-children-norwegian-start-up (accessed on 18 May 2021). [29]

Bainbridge, W. et al. (2011), "The Benefits of Interactions with Physically Present Robots over Video-Displayed Agents", *International Journal of Social Robotics,* Vol. 3/1, pp. 41-52, http://dx.doi.org/10.1007/s12369-010-0082-7. [7]

Bartneck, C. et al. (2020), *Human-Robot Interaction,* Cambridge University Press, http://dx.doi.org/10.1017/9781108676649. [4]

Belpaeme, T. et al. (2012), "Multimodal Child-Robot Interaction: Building Social Bonds", *Journal of Human-Robot Interaction,* Vol. 1/2, http://dx.doi.org/10.5898/jhri.1.2.belpaeme. [9]

Belpaeme, T. et al. (2018), "Social robots for education: A review", *Science Robotics,* Vol. 3/21, p. eaat5954, http://dx.doi.org/10.1126/scirobotics.aat5954. [3]

Belton, P. (2018), *My robot makes me feel like I haven't been forgotten,* BBC, https://www.bbc.com/news/business-45332710 (accessed on 18 May 2021). [28]

Benitti, F. (2012), "Exploring the educational potential of robotics in schools: A systematic review", *Computers & Education,* Vol. 58/3, pp. 978-988, http://dx.doi.org/10.1016/j.compedu.2011.10.006. [2]

Beran, T. et al. (2011), "Understanding how children understand robots: Perceived animism in child–robot interaction", *International Journal of Human-Computer Studies,* Vol. 69/7-8, pp. 539–550, http://dx.doi.org/10.1016/j.ijhcs.2011.04.003. [38]

Bethel, C. et al. (2016), "Using robots to interview children about bullying: Lessons learned from an exploratory study", *2016 25th IEEE International Symposium on Robot and Human Interactive Communication (RO-MAN),* http://dx.doi.org/10.1109/roman.2016.7745197. [24]

Bethel, C., M. Stevenson and B. Scassellati (2011), "Secret-sharing: Interactions between a child, robot, and adult", *2011 IEEE International Conference on systems, man, and cybernetics,* pp. 2489–2494, IEEE. [23]

Bhakta, R., M. Savin-Baden and G. Tombs (2014), "Sharing Secrets with Robots?", in Viteli, J. and M. Leikomaa (eds.), *Proceedings of EdMedia 2014–World Conference on Educational Media and Technology,* pp. 2295–2301. [13]

Breazeal, C. (2004), *Designing sociable robots,* MIT press. [5]

Catlin, D. (2014), "Using peer assessment with educational robots", in *International Conference on Web-Based Learning,* Springer, Cham. [14]

Chase, C. et al. (2009), "Teachable Agents and the Protégé Effect: Increasing the Effort Towards Learning", *Journal of Science Education and Technology,* Vol. 18/4, pp. 334–352, http://dx.doi.org/10.1007/s10956-009-9180-4. [21]

Gordon, G. et al. (2016), "Affective personalization of a social robot tutor for children's second language skills", in *Proceedings of the Thirtieth AAAI Conference on Artificial Intelligence,* pp. 3951–3957. [36]

Hood, D., S. Lemaignan and P. Dillenbourg (2015), "When Children Teach a Robot to Write", in *Proceedings of the Tenth Annual ACM/IEEE International Conference on Human-Robot Interaction,* http://dx.doi.org/10.1145/2696454.2696479. [20]

Kennedy, J., P. Baxter and T. Belpaeme (2015), "The Robot Who Tried Too Hard", in *Proceedings of the Tenth Annual ACM/IEEE International Conference on Human-Robot Interaction,* http://dx.doi.org/10.1145/2696454.2696457. [10]

Kennedy, J. et al. (2016), "Social robot tutoring for child second language learning", *2016 11th ACM/IEEE International Conference on Human-Robot Interaction (HRI)*, http://dx.doi.org/10.1109/hri.2016.7451757. [42]

Kennedy, J., S. Lemaignan and T. Belpaeme (2016), "The cautious attitude of teachers towards social robots in schools", *Robots 4 Learning Workshop at IEEE RO-MAN 2016*. [50]

Kim, S. and Y. Lee (2015), "A Survey on Elementary School Teachers' Attitude toward Robot", in *E-Learn: World Conference on E-Learning in Corporate, Government, Healthcare, and Higher Education*, Association for the Advancement of Computing in Education (AACE). [51]

Lemaignan, S. et al. (2016), "Learning by Teaching a Robot: The Case of Handwriting", *IEEE Robotics & Automation Magazine*, Vol. 23/2, pp. 56–66, http://dx.doi.org/10.1109/mra.2016.2546700. [22]

Leyzberg, D. et al. (2012), "The physical presence of a robot tutor increases cognitive learning gains", in *Proceedings of the annual meeting of the cognitive science society*. [11]

Li, J. (2015), "The benefit of being physically present: A survey of experimental works comparing copresent robots, telepresent robots and virtual agents", *International Journal of Human-Computer Studies*, Vol. 77, pp. 23–37, http://dx.doi.org/10.1016/j.ijhcs.2015.01.001. [8]

Molenaar, I. (2021), *Personalisation of learning: Towards hybrid human-AI learning technologies*, OECD Publishing. [48]

Mon cartable connecté (n.d.), http://www.moncartableconnecte.fr/index.php (accessed on 18 May 2021). [30]

Okamura, E. and F. Tanaka (2020), "Deployment of a Social Robot into a Classroom of Remote Teaching by Elderly People to School Children: A Case Report", *2020 29th IEEE International Conference on Robot and Human Interactive Communication (RO-MAN)*, http://dx.doi.org/10.1109/ro-man47096.2020.9223499. [26]

Okamura, E. and F. Tanaka (2016), "A pilot study about remote teaching by elderly people to children over a two-way telepresence robot system", *2016 11th ACM/IEEE International Conference on Human-Robot Interaction (HRI),* http://dx.doi.org/10.1109/hri.2016.7451820. [35]

Ramachandran, A., A. Litoiu and B. Scassellati (2016), "Shaping productive help-seeking behavior during robot-child tutoring interactions", *2016 11th ACM/IEEE International Conference on Human-Robot Interaction (HRI),* http://dx.doi.org/10.1109/hri.2016.7451759. [41]

Reich-Stiebert, N. (ed.) (2017), "Robot education peers in a situated primary school study: Personalisation promotes child learning", *PLOS ONE,* Vol. 12/5, p. e0178126, http://dx.doi.org/10.1371/journal.pone.0178126. [49]

Reich-Stiebert, N. and F. Eyssel (2016), "Robots in the Classroom: What Teachers Think About Teaching and Learning with Education Robots", in *Social Robotics, Lecture Notes in Computer Science,* Springer International Publishing, Cham, http://dx.doi.org/10.1007/978-3-319-47437-3_66. [52]

Robins, B. et al. (2004), "Effects of Repeated Exposure to a Humanoid Robot on Children with Autism", in *Designing a More Inclusive World,* Springer London, London, http://dx.doi.org/10.1007/978-0-85729-372-5_23. [43]

Saerbeck, M. et al. (2010), "Expressive robots in education: Varying the degree of social supportive behavior of a robotic tutor", in *Proceedings of the SIGCHI conference on human factors in computing systems*, pp.1613–1622. [12]

Scassellati, B. (2007), "How Social Robots Will Help Us to Diagnose, Treat, and Understand Autism", in *Springer Tracts in Advanced Robotics,* Springer Berlin Heidelberg, Berlin, Heidelberg, http://dx.doi.org/10.1007/978-3-540-48113-3_47. [44]

Schodde, T., K. Bergmann and S. Kopp (2017), "Adaptive Robot Language Tutoring Based on Bayesian Knowledge Tracing and Predictive Decision-Making", in *Proceedings of the 2017 ACM/IEEE International Conference on Human-Robot Interaction*, pp. 128–136. [46]

Serholt, S. et al. (2014), "Teachers' views on the use of empathic robotic tutors in the classroom", *The 23rd IEEE International Symposium on Robot and Human Interactive Communication,* http://dx.doi.org/10.1109/roman.2014.6926376. [53]

Spaulding, S., G. Gordon and C. Breazeal (2016), "Affect-aware student models for robot tutors", in *Proceedings of the 2016 International Conference on Autonomous Agents & Multiagent Systems*, pp. 864–872. [47]

Tachi, S. (2015), *Telexistence* (2nd Edition), World Scientific. [56]

Tanaka, F. et al. (2015), "Pepper learns together with children: Development of an educational application", *2015 IEEE-RAS 15th International Conference on Humanoid Robots (Humanoids),* http://dx.doi.org/10.1109/humanoids.2015.7363546. [55]

Tanaka, F. and T. Kimura (2009), "The Use of Robots in Early Education: A Scenario based on Ethical Consideration", in *18th IEEE International Symposium on Robot and Human Interactive Communication*, pp. 558–560. [18]

Tanaka, F. and S. Matsuzoe (2012), "Children Teach a Care-Receiving Robot to Promote Their Learning: Field Experiments in a Classroom for Vocabulary Learning", *Journal of Human-Robot Interaction*, pp. 78–95, http://dx.doi.org/10.5898/jhri.1.1.tanaka. [19]

Tanaka, F. et al. (2014), "Telepresence Robot Helps Children in Communicating with Teachers Who Speak a Different Language", in *Proceedings of the 2014 ACM/IEEE International Conference on Human-Robot Interaction*, pp. 399–406. [32]

Tanaka, F. et al. (2013), "Child-operated telepresence robot: A field trial connecting classrooms between Australia and Japan", *2013 IEEE/RSJ International Conference on Intelligent Robots and Systems,* http://dx.doi.org/10.1109/iros.2013.6697211. [27]

Tan, Q. et al. (2019), "Toward a telepresence robot empowered smart lab", *Smart Learning Environments,* Vol. 6/1, http://dx.doi.org/10.1186/s40561-019-0084-3. [34]

Telepresencerobots (n.d.), https://telepresencerobots.com/education-telepresence-robot (accessed on 15 May 2021). [31]

van den Berghe, R. et al. (2019), "Social Robots for Language Learning: A Review", *Review of Educational Research,* Vol. 89/2, pp. 259–295, http://dx.doi.org/10.3102/0034654318821286. [15]

van Straten, C., J. Peter and R. Kühne (2020), "Child–Robot Relationship Formation: A Narrative Review of Empirical Research", *International Journal of Social Robotics,* Vol. 12/2, pp. 325–344, http://dx.doi.org/10.1007/s12369-019-00569-0. [54]

VanLehn, K. (2011), "The Relative Effectiveness of Human Tutoring, Intelligent Tutoring Systems, and Other Tutoring Systems", *Educational Psychologist,* Vol. 46/4, pp. 197–221, http://dx.doi.org/10.1080/00461520.2011.611369. [6]

Vinciarelli, A., M. Pantic and H. Bourlard (2009), "Social signal processing: Survey of an emerging domain", *Image and Vision Computing,* Vol. 27/12, pp. 1743–1759, http://dx.doi.org/10.1016/j.imavis.2008.11.007. [39]

Vogt, P. et al. (2019), "Second Language Tutoring Using Social Robots: A Large-Scale Study", *2019 14th ACM/IEEE International Conference on Human-Robot Interaction (HRI),* http://dx.doi.org/10.1109/hri.2019.8673077. [16]

Vogt, P. et al. (2019), "Second Language Tutoring Using Social Robots: L2TOR - The Movie", *2019 14th ACM/IEEE International Conference on Human-Robot Interaction (HRI),* http://dx.doi.org/10.1109/hri.2019.8673016. [17]

Weber, K. and S. Zeaiter (2018), "Project H.E.A.R.T. (Humanoid Emotional Assistant Robots in Teaching)", in Buchner, J. et al. (eds.), *Inverted Classroom,* Fachhochschule St. Pölten, Fachhochschule St. Pölten GmbH. [37]

Yun, S. et al. (2011), "Engkey: Tele-education Robot", in *Social Robotics, Lecture Notes in Computer Science,* Springer Berlin Heidelberg, Berlin, Heidelberg, http://dx.doi.org/10.1007/978-3-642-25504-5_15. [33]

Zhexenova, Z. et al. (2020), "A Comparison of Social Robot to Tablet and Teacher in a New Script Learning Context", *Frontiers in Robotics and AI,* Vol. 7, http://dx.doi.org/10.3389/frobt.2020.00099. [45]

第八章

学习分析技术在学校管理中的应用

德克·伊芬塔勒,德国曼海姆大学,澳大利亚科廷大学

过去十年来,学习分析技术在教育机构管理中的应用一直是一个重要的讨论话题。然而,在整个教育机构中系统、全面地应用学习分析技术的案例并不多。本章对一些可行框架和可采用模型进行了探讨,它们有助于将学习分析技术更好地应用于教育机构管理,进而推动教育机构的组织变革。虽然高等教育机构已开始关注学习分析技术的应用,并开始让学生与教师尝试使用仪表盘,但这离教育机构管理的整体转型还相去甚远。关于学习分析技术在中小学校实践应用的研究也是凤毛麟角。本章将在更广泛的国际化背景下考察可采用的模型和政策建议,这可能有助于将学习分析技术的应用从个别独立试点推向主流。

引言

随着教育数据量的增加、数据存储和处理技术的改进，以及计算和相关分析工具与算法的进步，学习分析技术开始被教育机构所接受。通过对学习者及学习环境静态和动态信息的评估、导出和分析，学习分析技术可以实时建模、预测和优化学习过程与学习环境，并为机构中的教育决策提供支持（Ifenthaler，2015[1]）。为使学习分析技术在教育机构中发挥作用，可行框架和可采用模型不可或缺（Buckingham Shum and McKay，2018[2]；Dyckhoff et al.，2012[3]）。然而，这些框架和模型在不同国家和机构，甚至同一机构内都可能有所不同（Klasen and Ifenthaler，2019[4]）。

过去十年来，学习分析技术在教育机构管理变革方面的潜在益处一直备受关注（Pistilli and Arnold，2010[5]）。然而，鲜有教育机构能够系统而全面地应用学习分析技术（Gašević et al.，2019[6]）。学习分析技术在教育机构内的应用程度是通过计算使用该技术或因该技术而改变其教育教学实践的利益相关方人数来衡量的（Colvin et al.，2015[7]）。为将学习分析技术推广到更多教育机构，我们需要建立沟通机制，为那些潜在用户后期决策是否要采用学习分析技术提供参考（Kotter，2007[8]；Rogers，1962[9]）。那些希望推动学习分析技术应用的公众人物必须确保沟通渠道畅通，吸引、鼓励人们去尝试并运用这种技术（Colvin et al.，2015[7]；Drachsler and Greller，2016[10]；Ifenthaler and Gibson，2020[11]）。

高等教育机构已对采用学习分析技术表现出了兴趣，但这并不是它们的主要优先事项（Ifenthaler and Yau，2019[12]；Tsai and and Gašević，2017[13]；Lester et al.，2017[14]）。一些机构已开始尝试为学生和教师提供仪表盘，但这离教育机构管理的转型还相去甚远（Siemens，Dawson and Lynch，2014[15]；Viberg et al.，2018[16]）。

虽然已有一些关于在高等教育领域采用学习分析技术的研究，但该技术在基础教育领域的应用仍然很少（Andresen，2017[17]；Gander，2020[18]）。关于学习分析技术在基础教育领域的作用，目前主要有两派观点。阿加西斯蒂和鲍尔斯（Agasisti and Bowers，2017[19]）认为教育类数据的挖掘与分析有助于政策制定、机构管理和课堂教学。而塞尔吉斯和桑普森（Sergis and Sampson，2016[20]）认为学习分析技术给中小学、幼儿园带来的益处可能不如给高等院校或教育机构带来的那样多——如果要使学习分析起到监控和部分干预学校发展的作用，从而更好地满足学生、教师、家长和外部政策目标的需求，那么对于中小学、幼儿园校内数据的采集、分析和应用而言，需要采用一个包含多层数据的整体、多维的分析框架，以便向学校领导和其他利益相关方提供足够细致的反馈。为此，塞尔吉斯和桑普森（Sergis and Sampson，2016[20]）针对学校运用学习分析技术提出了一个分析框架，该框架包括微观层面（学习过程性监控、学习过程性评价、学习者表现性监控、学习者表现性评价）、中观层面（课程规划、教学人员管理、教学人员专业发展）及宏观层面（区域利益相关方职责、基础设施资源管理、财务资源管理、学习者数据管理）。尽管如此，关于州和地方政策如何利用数据分析来改进学校的研究却很少（Jimerson and Childs，2017[21]）。

本章聚焦于学习分析技术为教育机构带来的益处及该技术在教育机构管理中面临的挑战。下文将通过三个案例，展现学习分析技术如何被成功地应用于教育机构管理，以及如何促进教育机构的发展，乃至帮助教育机构克服困难。结论部分为政策制定者、研究人员和采用学习分析技术的教育机构提供了一些建议，并提出了一系列有待在未来研究和实践中解决的开放性问题。

学习分析技术为教育机构管理带来的益处

目前，澳大利亚、英国和美国有关学习分析的研究与实践证明，该技术在指导成功学习、识别高危学生相关问题（Sclater and Mullan，2017[22]），以及监控和提高学校管理能力方面具有很大的价值（Ifenthaler，Yau and Mah，2019[23]）。

在超宏观层面，学习分析技术通过整合来自所有层面的学习分析项目的数据来促进跨组织分析。基于公共数据标准和开放数据模式，丰富的数据集能够形成识别和验证组织内部及跨组织的模式，进而为教育政策制定提供有价值的见解。政府层面应用的例子包括机构绩效优化——涵盖制定基准，以及为跨国、州、学区的政策制定和资源分配提供建议等。在像新冠疫情这样的危机中，这种在政府层面开展的学习分析最有效，可以起到快速反应与协调、按需为机构提供专家支持的作用。

在宏观层面，针对学校层面开展的学习分析可以使管理者更好地理解学生群体，优化管理流程。这包括分配关键资源来做一些事情，比如降低辍学率、提高合格率及优秀率。它还可以用于支持学校招生，预测学校的整体表现（基于每个学生的表现），支持学生在升学、求职等方面的学籍转换。学习分析技术在学校中观和微观层面的作用将不再作进一步讨论（Ifenthaler and Widanapathirana，2014[24]）。

能否发挥学习分析技术潜力的关键前提是要知道数据和分析可以用来做什么。它们可以被分解为：（1）总结和描述，在一个学习阶段（如单元、学期、学位申请）后进行详细分析，通常是与之前定义的参考点或基准相比较；（2）过程和（近乎）实时反馈，运用即时生成的信息，实时干预，改进流程；（3）预测和诊断，预测结果发生的可能性，用于制定后期干预、战略和行动计划。表 8.1 列举了将所有数据和分析结果应用到政府和学校层面的示例（Ifenthaler，2015[1]）。这些用处可映射到不同的数据应用场景（如丰富学生数据、学习过程数据和课程实施资料），包括多种分析指标（如伴随式采集数据、家庭背景、课程特征）。为确定学习分析技术具体能带来哪些益处，研究人员对其各项指标进行了深度分析（Yau and Ifenthaler，2020[25]）。

表 8.1　政府和学校层面运用学习分析的益处示例

	数据与分析视角		
	总结性/描述性	过程性/实时反馈性	预测性/诊断性
政府层面	• 用于跨机构比较 • 开发基准测试 • 支持政策制定 • 支持质量把关	• 提高生产力 • 对重大事件作出快速反应 • 分析表现 • 提供专家支持	• 模拟组织决策的影响 • 计划管理变革
学校层面	• 分析教育过程 • 优化资源配置 • 满足学校发展标准 • 跨项目/学科比较	• 监控教育过程 • 评估教育资源 • 跟踪入学情况 • 分析变动情况 • 让校友参与其中	• 预测教育过程 • 预测人员流失 • 模拟人员留存率 • 识别差距

资料来源：Ifenthaler（2015[1]）

三个案例

尽管关于学习分析给教育带来益处的研究有很多，但在学校管理层面应用学习分析技术的实例却很少（Buckingham Shum and McKay，2018[2]）。以下三个案例展示了学习分析技术是如何在学校层面影响学校管理和发展的。

案例 1：澳大利亚伍伦贡大学对学习分析技术的应用

澳大利亚伍伦贡大学在学术副校长的管理层面面临如何应用学习分析技术的挑

战，该大学需要寻找能够整合不同学科学习和教学文化的方法，并向学生和教师展示该技术的价值（Heath and Leinonen，2016[26]）。伍伦贡大学首先考虑将现有的支持学习分析的工具和资源运用到学校中。尽管已有一个成熟的数据仓库基础设施，但仍有必要增加人员，以专注于分析、大数据和统计。伍伦贡大学选择以"遍地开花"的模式来推进学习分析技术的应用，而不是分阶段的"逐步扩大"模式——后者通常从雏形开始，然后不断扩大规模，直到全面实施学习分析技术（Ferguson et al.，2014[27]）。在采用"遍地开花"模式时，学院之间的差异相当大，这增加了整所学校推进的复杂性。除了技术方面的要求，学生对学习分析技术的看法也被纳入考虑范围，包括他们对功能、干预策略的偏好和对隐私的看法。随后该大学成立了两个管理委员会：一个是学习分析管理委员会，重点关注学习分析技术的应用情况；另一个是数据伦理使用咨询小组，重点关注学生隐私和教育数据伦理问题（Heath and Leinonen，2016[26]）。

总之，要想在整个机构范围内成功地应用学习分析技术，应考虑到以下四个要点（Heath and Leinonen，2016[26]）：（1）使用公共的技术基础设施，比如数据仓库；（2）让学生参与学习分析技术应用的各个阶段；（3）吸引早期应用者，并建立实践社区供他们交流经验；（4）建立治理框架，重点关注学习分析策略、数据隐私和伦理规范。

案例2：德国霍恩海姆大学对教学诊断支持系统的应用

位于德国斯图加特市的霍恩海姆大学的研究人员开发了一个教学诊断支持系统（Teachers' Diagnostic Support System，简称TDSS），用于帮助教师调整教学，以适应课堂上学生的各种需求。在该系统中，利益相关方是教师和学生。TDSS所采集和分析的数据是有特定指向的。采集的数据包括：（1）学生的个人特征（如特定领域的知识和能力，情绪-动机特征）；（2）有关教学特征的描述（如学习内容方面的特征）；（3）学生的学习经历和学习进度（如对学科内容的偏好、对具体主题的掌握情况）（Kärner，Warwas and Schumann，2020[28]）。图8.1对TDSS的工作流程进行了描述。该系统基于客户机/服务器架构，并针对移动设备进行优化。

该教学诊断支持系统允许教师在教学中和教学后查看、分析数据，使他们可以实时了解自身的教学情况，以便于准备教学资源，设计后续教案。这种在微观层面（具体教学）对学习分析技术的应用或许可以扩展到跨学科教学活动或全校范围的教学诊断。

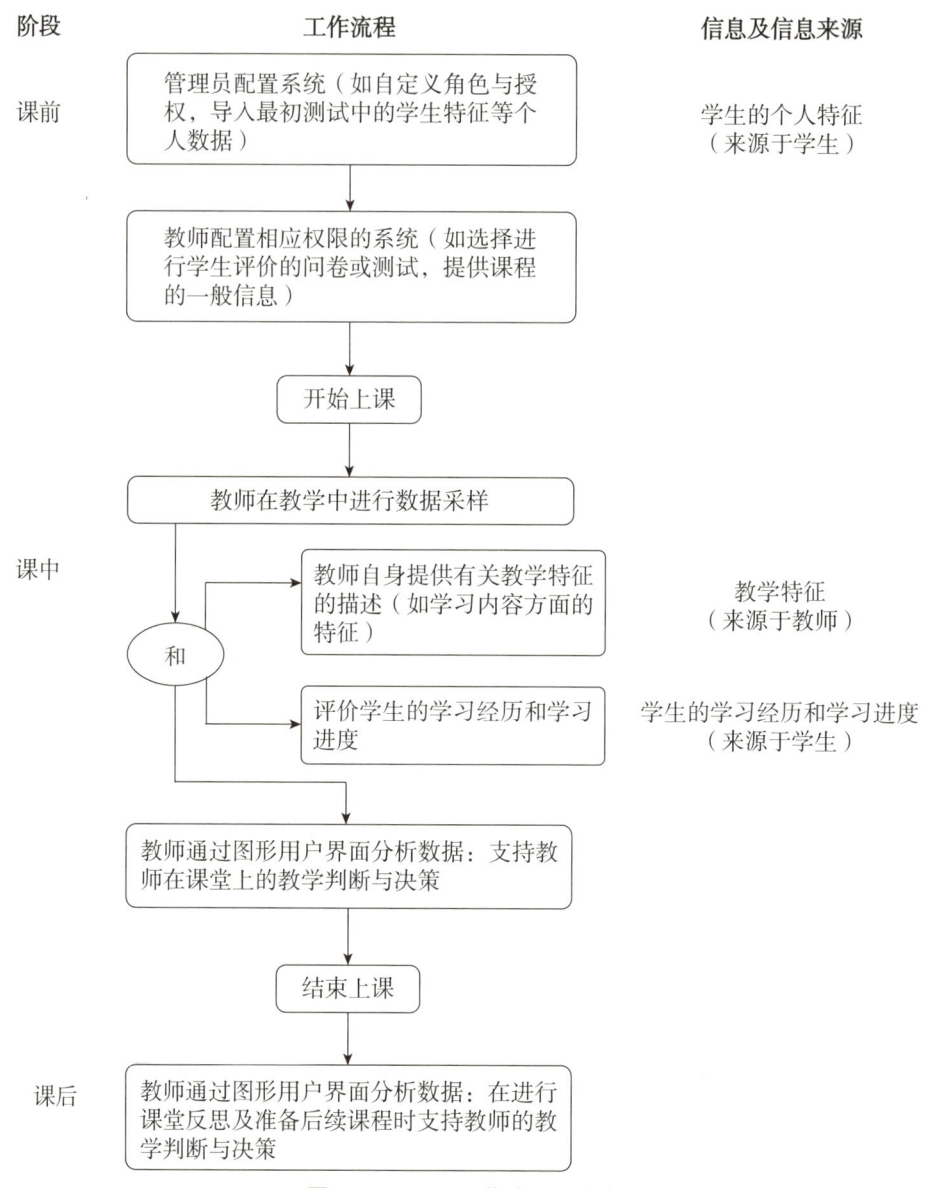

图 8.1 TDSS 工作流程和信息

资料来源：Kärner, Warwas and Schumann（2020[28]）

案例 3：德国斯图加特传媒大学运用机器学习技术为学生学习的早期阶段提供支持

测试与学业评估学习分析项目（Learning analytics for exams and study success，简

称 LAPS）的开发是为了识别那些有学业失败风险的学生。该项目于 2014 年在德国斯图加特传媒大学实施，其目标是在学习的早期阶段为师生创建一个基于证据的讨论空间。在该项目中，隐私、自愿、自我决定、自我责任、尊重个性、保密和匿名等伦理问题至关重要。该项目按学期更新数据，可以为学生生成关键学习进展报告。它可以识别超过 200 种个体学习的风险特征（见图 8.2）及具有高潜质的学习进展（Hinkelmann and Jordine, 2019[29]）。此外，该项目还可用于质量保证，提供关于具体课程、讲座和学生群体的信息，包括不同课程的注册学生人数、退出人数、顺利完成学业人数、可能性风险、最小/平均/最大学生年龄、性别分布、大学入学资格的平均成绩和退出考试人数。

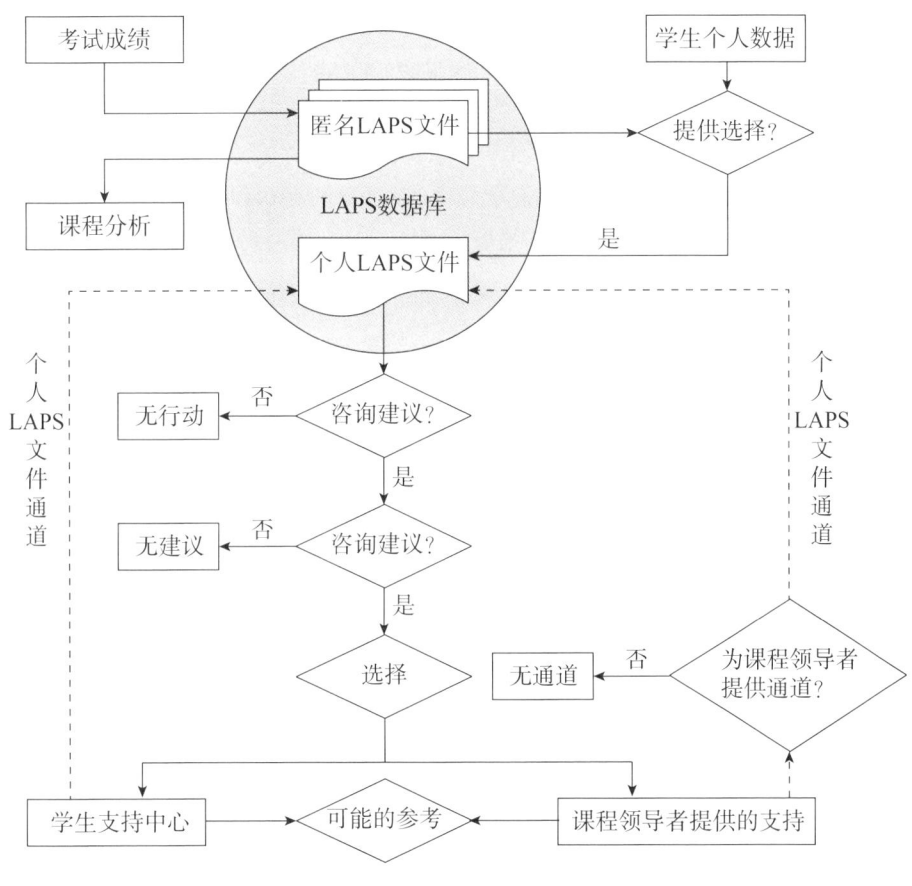

图 8.2　LAPS 流程

资料来源：Hinkelmann and Jordine（2019[29]）

该项目的讲座分析报告将对每学期的讲座进行详细分析,并提供成绩分布、考试成功次数、平均成绩、退出人数、注册人数等信息。该项目的群组视图不仅能对学生每学期获得的欧洲学分转换系统(European Credit Transfer System,简称ECTS)学分分布情况进行对比,还能识别出学生没有达到规定学分时可能存在的结构性问题(Hinkelmann and Jordine, 2019[29])。

在管理层面应用学习分析技术面临的挑战

以上三个案例呈现了学习分析技术在推动机构管理变革、支持教师课堂教学和学生学习等方面的一些可能的益处。然而,在这个过程中也面临着一些挑战,教育机构如何能在投入有限资源的同时取得最大的效益。研究人员指出教育机构在实施学习分析项目时将面临以下挑战(Tsai and Gašević, 2017[13]):

- 在规划、监督学习分析技术应用和机构变革过程中领导力不足。
- 利益相关方(行政、技术和教学人员)对项目的理解和承诺参差不齐。
- 缺乏教学理念和对推动教与学取得预期效益的学校校园文化的普遍认识。
- 对教学人员、保障人员、技术人员等有关学习分析及其技术基础设施优劣势的专业培训不足。
- 缺少足够严格的实验证据来证明学习分析技术在支持学校决策方面的有效性。
- 没有足够的政策、法规和行为准则来规范学习分析中涉及的隐私和伦理问题。

莱特纳、埃布纳等人(Leitner, Ebner and Ebner, 2019[30])推荐了一个包含7个类别的框架,用于推动学习分析技术在学校管理中的应用:(1)明确学生、教育工作者、研究人员和管理层如何从学习分析中获益;(2)利益相关方可以获取仪表盘上分析好的信息;(3)与所有利益相关方进行公允、透明的沟通,确保政策(尤其是隐私方面的政策)符合组织的核心原则和其他诸如欧盟《通用数据保护条例》等法律法规的要求;(4)建设和管理支持学习分析项目要求的信息技术(IT)基础设施,此类先进的IT基础设施可以通过组织内部自有服务或外部服务供应商提供;(5)学习分析功能应实现可扩展开发和运行,且组织可对其进行监控和评估;(6)围绕学习分析制定的行为准则应适应本地文化背景;(7)因地制宜,按照上述计划与伦理规范应用学习分析技术。

德拉克斯勒和格雷勒(Drachsler and Greller, 2016[10])为开展可信度高的学习分析制作了一份检查列表。该检查列表包括8个要点,涵盖了莱特纳、埃布纳等人提出的策略框架(Leitner, Ebner and Ebner, 2019[30])中的各要点。此外,检查列表中还根据需要增加了以下内容：数据获取的合法化、合理化，确保征得被采集方的同意，数据和被采集方匿名化，确保校外利益相关方遵守国家相关法规。

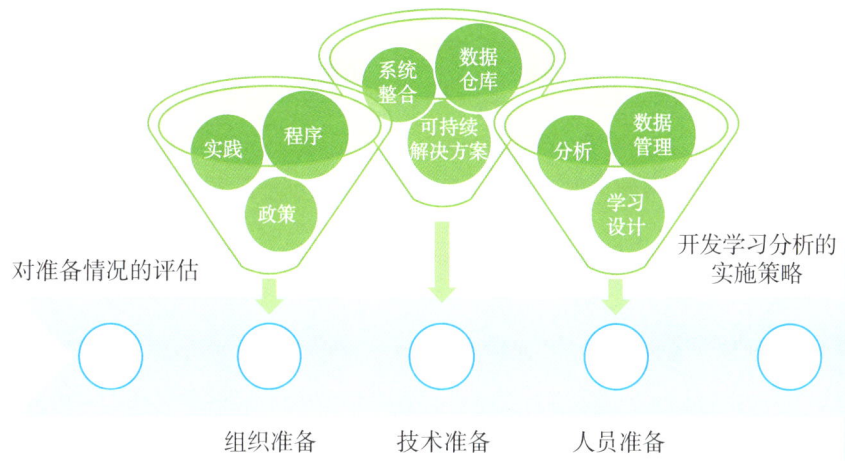

图 8.3　实施学习分析技术的管理策略

资料来源：Ifenthaler（2020[31]）

在学校管理中应用学习分析技术首先需要对准备情况进行评估。第一步要明确从学习分析应用中预期获取的益处，然后深入审视校内的现有实践、程序步骤和组织能力（见案例 1），最后列出学习分析的具体特征、能够带来的益处，以及学习分析的成功实施需要配套哪些基础设施。

对准备情况的评估也可以使用标准化工具。采集学校准备情况的相关数据，如现有的学校政策和数据保护条例，并将评估聚焦于学校在技术层面的准备情况（如数据仓库、系统整合）和教职工的教育数据素养水平（Schumacher, Klasen and Ifenthaler, 2019[32]）。

在完成对准备情况的评估后，任何由此产生的实施策略都应该包含监控和评估学习分析是否采用预先设定的、可测量的关键绩效指标（Key Performance Indicators，KPIs）。更重要的是，投资回报情况，即单位成本（投资）所带来的预期收益（回报），需要密切监控（Psacharopoulos, 2014[33]）。这些可能是货币方面的回报，也可能是诸如学生毕业率、教学改进（见案例 2）、学生满意度等方面的回报（Gibson et al., 2018[34]）。

综上所述，在学校管理中应用学习分析技术可以遵循以下原则（Ifenthaler, 2020[31]；Leitner, Ebner and Ebner, 2019[30]；Tsai and Gašević, 2017[13]）：

● 明确学习分析的愿景与目标（如表 8.1 提到的内容），使其与学校的使命和学习文化保持一致。

- 识别将影响实施的组织管理、政策法规或技术类因素。
- 获取包括学生、教师、管理层等在内的所有利益相关方参与及持续参与的信息。
- 围绕短期和长期利益制定（并不断更新）战略计划，包含需求和风险分析、明确的时间节点和利益相关方的职责。
- 配置资源，遴选校内外专家，以达成学习分析的目标。
- 对学习分析进行严格的过程性和终结性评估，以进一步完善实施策略，优化学校变革方向。

学习分析技术的未来走向

许多学习分析项目或采用行动研究（Argyris and Schon，1974[35]），或采用基于设计的研究方法（Huang，Spector and Yang，2019[36]）。例如：在宏观层面，学习分析的结果可以帮助教师确定学生的发展方向（见案例3）；在中观层面，数据分析报告有助于教师改进教学（见案例2）；在微观层面，提供给教师的"高危"学生名单，使他们对这些学生的干预有的放矢（见案例3）或因材施教（见案例2）。

尽管有这些益处，在教育机构中应用学习分析技术往往是一种自相矛盾的做法。一所考虑开展学习分析的研究机构可能拥有数据科学、信息系统、管理、教育领导力和学习科学方面的世界级专家。这些专家甚至可能为开发强大的学习分析系统作出过贡献，但这并不一定意味着他们对在机构管理层面应用学习分析技术所需的"政治"维度有清晰的洞察力。或者，即便他们拥有机构发展方面的专业知识，也不一定会受到机构管理层的重视。此外，随着官僚主义的盛行，这些专家可能会对应用学习分析技术推动机构变革失去兴趣。

为克服上述障碍，白金汉·肖姆和麦凯（Buckingham Shum and McKay，2018[2]）提出以下三点建议：

- 由学校信息化部门负责开发和实施学习分析系统，因为他们原本就负责对校内学习管理系统、数据仓库、学生信息系统等进行监管。但在这种情况下，教学人员不太可能指导以证据为中心的学习分析系统的开发与实施。
- 由教学人员发起学习分析的循证研究，然后将研究成果用于推动学习分析系统的开发与实施。
- 由更高一级的教育部门（能够很好地联结教学人员和管理层）发起学习分析项

目，促成所有利益相关方间的协同，共同推进项目的开展。这一创新模式结合了前两者的优势。

在一篇关于学习分析技术应用的系统综述中，研究人员分析了过去六年内超过 6000 个案例，指出需要在学校管理中加强对学习分析技术的应用（至少相关研究要跟进）（Ifenthaler and Yau，2020[37]）。标准的建立有助于加快学习分析技术在学校管理中的系统推进。虽然当前在数据建模和数据采集（如 xAPI）方面已建有相关标准（Kevan and Ryan，2016[38]），但缺少能够使学习分析支持有效教学的指标、可视化方式及设计指南方面的标准（Seufert et al.，2019[39]；Yau and Ifenthaler，2020[25]）。这是学习分析研究和系统开发需要解决的问题。以下准则可能有助于解决这些问题（Ifenthaler, Mah and Yau，2019[40]）：

● 开发灵活的系统，以适应不同学校的需求，如校园文化特征、具体学习项目的要求、教师和学生的偏好、技术及管理细则等。

● 明确数据和算法方面的要求。

● 让所有利益相关方都参与到学习分析战略的制定与实施中。

● 为推进学习分析系统的应用，建立管理、技术和教学方面的架构和流程，同时为所有利益相关方持续使用该系统提供支持。

● 告知所有利益相关方有关伦理和数据隐私方面的规范要求，包括专业学习机会（如教育数据素养）。

● 构建一个稳健的流程，确保系统、数据、算法和干预措施的有效性和准确性。

● 资助关于学习分析的研究。

● 成立地方、区域或国家层面的学习分析委员会，吸纳科学界、经济界或政界人士加入其中，重点关注学习分析系统的开发、实施及普及。

结论

学习分析技术通过综合运用多种方法和数据，为优化教与学、提高组织效率、促进决策制定提供总结性的、实时的或预测性的意见或建议（Lockyer, Heathcote and Dawson，2013[41]；Long and Siemens，2011[42]）。尽管学习分析技术因能够预测学生潜在的学业危机而备受关注，但这仅在个别课程中得到了证实，并没有证据表明这项技术在学校管理方面也具有同样的功效（Gašević, Dawson and Siemens，2015[43]）。此外，如道森等人（Dawson et al.，2017[44]）所述，似乎并非所有的学习分析技术都能对教与学产生作用。学习分析技术在学校管理方面的应用尚未被完全开发（Ifenthaler，2017[45]）。目前还没有任何大规模地在学校管理层面应用学习分析技术的案例,因此缺少学习技术能够提高教育机构绩效的实验证据。关于应用模型的国际视角(Nouri et al., 2019[46])和政策建议(Ifenthaler and Yau, 2019[12];Tsai et al., 2018[47])可能有助于推动这一进程。

还有一些重要的问题需要考虑:谁拥有这些可供教师和学生使用的数据?哪些数据应该开放?哪些数据应该保密?谁来分析这些数据,分析的目的是什么?教师可以用这些数据做什么?学生可能希望学习分析起到怎样的监控作用,并从中获取哪些反馈信息?如何公平地使用技术主导或技术驱动的评价?使用数据评价学生的成绩存在哪些风险?

在考虑学习分析给学校和系统管理方面带来益处的同时,可以尝试以下策略:

● 学习分析可用于开发符合就业市场需求的专业课程,让学生更好地适应未来的职场。支持工作场所学习的就业市场分析已经出现(Berg, Branka and Kismihók, 2018[48])。这可能只有一步之遥。

● 学习分析可以促进课程管理和学习材料的重新设计,为学生提供灵活的学习机会(Gosper and Ifenthaler, 2014[49])。其中可能也包括为教育工作者提供自适应的、按需的专业学习机会。

● 学习分析应用程序可以支持大量繁杂的行政工作(Bowers et al., 2019[50]),比如预算编制、采购和采购活动及设施管理。此外,人力资源管理方面的应用可以更好地满足教职工个体的需求。这些系统能够以最经济的方式为在校内外开展灵活的教与学提供支持。它们可以用来协助管理不同的课程专业、班级规模、师资力量、技术,以及满足诸如教室甚至课桌椅等学习环境方面的一般需求。

● 学习分析技术在学校申请及入学等方面的应用将更好地满足学生的需求,而且能够帮助学校和教职工根据学生的需求对学习环境进行精细化的调整。自适应的翻译应用程序将帮助学校更好地与家长沟通,处理好学生生病或缺勤等问题。

此外,建议政策制定者制定和调整相关政策,以鼓励采用学习分析技术进行学校和系统的管理。这需要基于严谨的研究结果,而这恰恰是目前所欠缺的。因此,应鼓励研究和开发用于学校和系统管理的可靠有效的学习分析技术。

总而言之,政策制定者、研究人员和从业人员(Ifenthaler et al., In progress[51])可以借鉴以下策略和举措:

● 由分析主导的循证实践:研究人员需要从学习分析的应用中采集更多的证据,用来开发对学习产生积极影响的系统。这样政策制定者可以更有信心地制定学习分析方面的政策,尤其是领导力、专业学习、驱动机制及数据治理方面的政策。

第八章　学习分析技术在学校管理中的应用

- 推进学习分析的应用：在校园文化变革上做好准备，不仅为接受和采用学习分析奠定了基础，还有助于推动政策制定者制定相关的标准、原则和实施步骤。这样做也能解决更新原则和政策带来的挑战，使受影响的团体能够参与到适应和完善机构变革的持续过程中。

- 为数据服务提供者和用户提供信息和指导：可信的、符合伦理规范的学习分析项目有赖于政策机制的支持，如标准、认证流程、审计，以及实践过程中产生的循证建议。其中，研究人员在促进政策和实践的可持续性和可扩展性方面起到关键作用，例如，他们通过研究形成了有效的嵌入式分析和即时的数据服务所需的知识基础，可支持学习决策的正确制定。这种策略很明智，它在数据服务的提供方和使用者之间建立了一种平衡，即同时为信息流动的供给方和需求方提供支持，从而加速了学习分析的应用，并带来了积极的变化。

- 通过分析工具影响学习：学习分析的首要任务应该是优化学习，以实现一个更加公平、有效的教育系统。其次才是问责制、测试、机构变革或财务效率。所有利益相关方，包括从业人员、研究人员和政策制定者，都需要更高水平的数据素养来使用这个新工具，并能利用好学习分析提供的建议或意见。

- 供应商在分析解决方案及分析系统的应用与推进中的作用：越来越多的供应商开始为学校管理提供学习分析系统。诸如 BrightBytes（https://www.brightbytes.net）等供应商研发了解决方案，并在自费研究中展示了应用学习分析系统带来的益处。研究人员应该辩证地看待这些商业解决方案，找到严格意义上独立的证据来证实学习分析系统的益处。政策制定者可以对现有的商业解决方案及其在教育机构内日益增长的使用情况进行评估。

译后感

学习分析研究学会（Society for Learning Analytics Research，简称 SoLAR）将学习分析定义为：对学习者及其学习环境数据进行测量、收集、分析与报告，其目的是理解并优化学习及学习环境。本章聚焦于学习分析对学校和机构管理的益处，以及在教育机构中采用学习分析带来的挑战，通过三个案例展示了机构如何成功开展学习分析及如何克服应用过程中的困难，并为决策者、研究者及教育机构如何采用学习分析提供了指导意见，提出了有待在未来的研究和实践中解决的开放性问题。学习分析的益处是优化学校组织管理，监控学生学习，并对学生学习进行风险预估和诊断等。运用新技术面临的挑战一方面体现在整体规划不足，各执行层面理解存在差异，导致投入度不一；另一方面包括基础设施建设及更新的问题，以及决策指导的信度、隐私及伦理问题等。

传统的学习测评或教育测评是基于项目反应理论进行数据收集和统计学分析，数据量相对较小。学习分析的优势在于能够采用机器学习和人工智能的方法，最大限度地收集、分析和展示学习者及其相关数据，并将结果反馈用于指导教育和学习，以量化的方式为教育和学习的改进、发展提供证据支持。很多人可能会感到疑惑：学习分析和一般的数据挖掘技术有什么区别呢？两者在一定程度上有重合，关注点都是通过对教育和学习中数据的分析和解释来指导实践操作，但它们之间也有一定的差异。

教育数据挖掘（Educational Data Mining）是综合运用统计学、机器学习算法和数据挖掘技术，对教育大数据进行处理和分析，通过建模发现学习结果与学习内容、学习资源与教学行为等变量的关系，进而预测学生未来的学习趋势。学习分析（Learning Analytics）则是利用松散耦合的数据收集工具与分析技术，研究分析学生学习参与、学习表现、学习过程的相关数据，运用不同的分析方法和数据模型来解释这些数据，再根据解释结果探究过程与情境，为其提供相应的反馈，进而促进有效学习。

首先，两者对数据的应用取向不同。数据挖掘倾向于探索性和发现性分析，通过数据分析来更好地预测未来发展趋势；而学习分析更关注数据对人的意义，希望数据分析结果能够更好地解释和理解已有现象，并且有判断和指导的作用。

其次，两者对数据的处理方式不同。数据挖掘更关注数据本身所包含的特定模型和数量关系，侧重从数据中明确现象、寻找规律、解释原因；而学习分析强调整体性，关注数据分析结果在实践中的价值。

最后，两者对数据分析后的结果处理不同。数据挖掘的实践指导方式更直接地面向学习者个人；而学习分析的结果倾向于面向教师和导师，有助于他们及时对学生的学习进行监控和干预。

简而言之，学习分析中上千万的庞大行为数据的样本量不仅能让研究者冲破传统假设检验 P 值的藩篱，体验处理非结构化数据的快乐，还能提升各种机器算法。

但学习分析的重点和难点不是单纯地在技术层面提升机器学习算法，而是对数据进行分析并应用分析结果，后者显然更有价值。

综上所述，目前在实践层面，新技术的运用范围较小，大多集中在高等教育院校，基础教育领域的应用案例较少。此外，缺乏大规模使用的案例，尤其是中国教育环境中的学习分析技术及应用鲜少被提及。但可以预见的是，在数字化转型的浪潮中，大量新技术，包括学习分析技术的开发、应用、迭代，不仅会深刻影响未来教育发展的方向和实践路径，还能为学校带来组织上的变革。

（许伶萍、张泽堃译，张怀浩一校，梁力萌二校）

参考文献

Agasisti, T. and A. Bowers (2017), "Data analytics and decision-making in education: Towards the educational data scientist as a key actor in schools and higher education institutions", in Johnes, G. et al. (eds.), *Handbook of contemporary education economics,* Edward Elgar Publishing, Cheltenham, UK. [19]

Andresen, B. (2017), "Learning analytics for formative purposes", in Tatnall, A. and M. Webb (eds.), *Tomorrow's Learning: Involving Everyone. Learning with and about Technologies and Computing. WCCE 2017. IFIP Advances in Information and Communication Technology,* Springer, Cham. [17]

Argyris, C. and D. Schon (1974), *Theory in practice: Increasing professional effectiveness,* Jossey-Bass, San Francisco, CA. [35]

Berg, A., J. Branka and G. Kismihók (2018), "Combining learning analytics with job market intelligence to support learning at the workplace", in Ifenthaler, D. (ed.), *Digital workplace learning: Bridging formal and informal learning with digital technologies,* Springer, Cham. [48]

Bowers, A. et al. (2019), *Education leadership data analytics (ELDA): A white paper report on the 2018 ELDA Summit,* Teachers College, Columbia University. [50]

Buckingham Shum, S. and T. McKay (2018), "Architecting for learning analytics. Innovating for sustainable impact", *EDUCAUSE Review,* Vol. 53/2, pp. 25–37. [2]

Colvin, C. et al. (2015), *Student retention and learning analytics: A snapshot of Australian practices and a framework for advancement,* Australian Government Office for Learning and Teaching, Canberra, ACT. [7]

Dawson, S. et al. (2017), "From prediction to impact : Evaluation of a learning analytics retention program", in Molenaar, I., X. Ochoa and S. Dawson (eds.), *Proceedings of the 7th international learning analytics & knowledge conference,* ACM, New York, NY. [44]

Drachsler, H. and W. Greller (2016), *Privacy and analytics - it's a DELICATE issue. A checklist for trusted learning analytics.* [10]

Dyckhoff, A. et al. (2012), "Design and implementation of a learning analytics toolkit for teachers", *Educational Technology & Society,* Vol. 15/3, pp. 58–76. [3]

Ferguson, R. et al. (2014), *Setting learning analytics in context: Overcoming the barriers to large-scale adoption,* http://dx.doi.org/10.1145/2567574.2567592. [27]

Gander, T. (2020), "Learning analytics in secondary schools", in Peters, M. and R. Heraud (eds.), *Encyclopedia of educational innovation,* Springer, Singapore. [18]

Gašević, D., S. Dawson and G. Siemens (2015), "Let's not forget: Learning analytics are about learning", *TechTrends,* Vol. 59/1, pp. 64–71, http://dx.doi.org/10.1007/s11528-014-0822-x. [43]

Gašević, D. et al. (2019), "How do we start? An approach to learning analytics adoption in higher education", *International Journal of Information and Educational Technology,* Vol. 36/4, pp. 342–353, http://dx.doi.org/10.1108/IJILT-02-2019-0024. [6]

Gibson, D. et al. (2018), *Return on investment in higher education retention: Systematic focus on actionable information from data analytics.* [34]

Gosper, M. and D. Ifenthaler (2014), "Curriculum design for the twenty-first Century", in Gosper, M. and D. Ifenthaler (eds.), *Curriculum models for the 21st Century: Using learning technologies in higher education,* Springer, New York, NY. [49]

Heath, J. and E. Leinonen (2016), "An institution wide approach to learning analytics", in Anderson, M. and C. Gavan (eds.), Developing effective educational experiences through learning analytics, IGI Global, Hershey, PA. [26]

Hinkelmann, M. and T. Jordine (2019), "The LAPS project: Using machine learning techniques for early student support", in Ifenthaler, D., J. Yau and D. Mah (eds.), *Utilizing learning analytics to support study success,* Springer, Cham. [29]

Huang, R., J. Spector and J. Yang (2019), "Design-based research", in Huang, R., J. Spector and J. Yang (eds.), *Educational technology: A primer for the 21st century,* Springer, Singapore. [36]

Ifenthaler, D. (2020), "Change management for learning analytics", in Pinkwart, N. and S. Liu (eds.), *Artificial intelligence supported educational technologies,* Springer, Cham. [31]

Ifenthaler, D. (2017), "Are Higher Education Institutions Prepared for Learning Analytics?", *TechTrends,* Vol. 61/4, pp. 366–371, http://dx.doi.org/10.1007/s11528-016-0154-0. [45]

Ifenthaler, D. (2015), "Learning analytics", in Spector, J. (ed.), *The SAGE encyclopedia of educational technology,* Sage, Thousand Oaks, CA. [1]

Ifenthaler, D. and D. Gibson (2020), *Adoption of data analytics in higher education learning and teaching,* Springer, Cham. [11]

Ifenthaler, D. et al. (In progress), "Putting learning back into learning analytics: Actions for policy makers, researchers, and practitioners", *Educational Technology Research and Development.* [51]

Ifenthaler, D., D. Mah and J. Yau (2019), "Utilising learning analytics for study success: Reflections on current empirical findings", in Ifenthaler, D., J. Yau and D. Mah (eds.), *Utilizing learning analytics to support study success,* Springer, Cham. [40]

Ifenthaler, D. and C. Widanapathirana (2014), "Development and Validation of a Learning Analytics Framework: Two Case Studies Using Support Vector Machines", *Technology, Knowledge and Learning,* Vol. 19/1–2, pp. 221–240, http://dx.doi.org/10.1007/s10758-014-9226-4. [24]

Ifenthaler, D. and J. Yau (2020), "Utilising learning analytics to support study success in higher education: A systematic review", *Educational Technology Research and Development,* Vol. 68/4, pp. 1961–1990, http://dx.doi.org/10.1007/s11423-020-09788-z. [37]

Ifenthaler, D. and J. Yau (2019), "Higher Education Stakeholders' Views on Learning Analytics Policy Recommendations for Supporting Study Success", *International Journal of Learning Analytics and Artificial Intelligence for Education (iJAI),* Vol. 1/1, p. 28, http://dx.doi.org/10.3991/ijai.v1i1.10978. [12]

Ifenthaler, D., J. Yau and D. Mah (2019), *Utilizing learning analytics to support study success,* Springer, New York, NY. [23]

Jimerson, J. and J. Childs (2017), "Signal and symbol: How state and local policies address data-informed practice", *Educational Policy,* Vol. 31/5, pp. 584–614. [21]

Kärner, T., J. Warwas and S. Schumann (2020), "A Learning Analytics Approach to Address Heterogeneity in the Classroom: The Teachers' Diagnostic Support System", *Technology, Knowledge and Learning,* http://dx.doi.org/10.1007/s10758-020-09448-4. [28]

Kevan, J. and P. Ryan (2016), "Experience API: Flexible, Decentralized and Activity-Centric Data Collection", *Technology, Knowledge and Learning,* Vol. 21/1, pp. 143–149, http://dx.doi.org/10.1007/s10758-015-9260-x. [38]

Klasen, D. and D. Ifenthaler (2019), "Implementing learning analytics into existing higher education legacy systems", in Ifenthaler, D., J. Yau and D. Mah (eds.), *Utilizing learning analytics to support study success,* Springer, New York, NY. [4]

Kotter, J. (2007), "Leading change: Why transformation efforts fail", *Havard Business Review,* Vol. January, pp. 96–103. [8]

Leitner, P., M. Ebner and M. Ebner (2019), "Learning analytics challenges to overcome in higher education institutions", in Ifenthaler, D., J. Yau and D. Mah (eds.), *Utilizing learning analytics to support study success,* Springer, Cham. [30]

Lester, J. et al. (2017), *Learning analytics in higher education,* Wiley, Malden, MA. [14]

Lockyer, L., E. Heathcote and S. Dawson (2013), "Informing Pedagogical Action", *American Behavioral Scientist*, Vol. 57/10, pp. 1439–1459, http://dx.doi.org/10.1177/0002764213479367. [41]

Long, P. and G. Siemens (2011), "Penetrating the fog: Analytics in learning and education", *EDUCAUSE Review,* Vol. 46/5, pp. 31–40. [42]

Nouri, J. et al. (2019), "Efforts in Europe for Data-Driven Improvement of Education – A Review of Learning Analytics Research in Seven Countries", *International Journal of Learning Analytics and Artificial Intelligence for Education (iJAI),* Vol. 1/1, p. 8, http://dx.doi.org/10.3991/ijai.v1i1.11053. [46]

Pistilli, M. and K. Arnold (2010), "Purdue Signals: Mining real-time academic data to enhance student success", *About campus: Enriching the student learning experience,* Vol. 15/3, pp. 22–24. [5]

Psacharopoulos, G. (2014), "The returns to investment in higher education", in Menon, M., D. Terkla and P. Gibbs (eds.), *Using data to improve higher education. Global perspectives on higher education,* Sense Publishers, Rotterdam. [33]

Rogers, E. (1962), *Diffusion of innovations,* Free Press of Glencoe, New York, NY. [9]

Schumacher, C., D. Klasen and D. Ifenthaler (2019), "Implementation of a learning analytics system in a productive higher education environment", in Khine, M. (ed.), *Emerging trends in learning analytics,* Brill, Leiden, NL. [32]

Sclater, N. and J. Mullan (2017), *Learning analytics and student success – assessing the evidence,* JISC, Bristol. [22]

Sergis, S. and D. Sampson (2016), "School analytics: A framework for supporting school complexity leadership", in Spector, J. et al. (eds.), *Competencies in teaching, learning and educational leadership in the digital age,* Springer, Cham. [20]

Seufert, S. et al. (2019), "A pedagogical perspective on big data and learning analytics: A conceptual model for digital learning support", *Technology, Knowledge and Learning,* Vol. 24/4, pp. 599–619, http://dx.doi.org/10.1007/s10758-019-09399-5. [39]

Siemens, G., S. Dawson and G. Lynch (2014), *Improving the quality and productivity of the higher education sector - Policy and strategy for systems-level deployment of learning analytics.* Australian Government Office for Learning and Teaching, http://solaresearch.org/Policy_Strategy_Analytics.pdf. [15]

Tsai, Y. and D. Gašević (2017), *Learning analytics in higher education - challenges and policies: A review of eight learning analytics policies.* [13]

Tsai, Y. et al. (2018), "The SHEILA Framework: Informing Institutional Strategies and Policy Processes of Learning Analytics", *Journal of Learning Analytics,* Vol. 5/3, http://dx.doi.org/10.18608/jla.2018.53.2. [47]

Viberg, O. et al. (2018), "The current landscape of learning analytics in higher education", *Computers in Human Behavior,* Vol. 89, pp. 98–110, http://dx.doi.org/10.1016/j.chb.2018.07.027. [16]

Yau, J. and D. Ifenthaler (2020), "Reflections on Different Learning Analytics Indicators for Supporting Study Success", *International Journal of Learning Analytics and Artificial Intelligence for Education (iJAI)*, Vol. 2/2, p. 4, http://dx.doi.org/10.3991/ijai.v2i2.15639. [25]

第九章

高中生辍学的早期预警系统和指标：数字技术的新应用

亚历克斯·鲍尔斯，美国哥伦比亚大学教育学院

本章对运用新兴技术预防高中生辍学的研究与实践进行了探讨。首先，本章介绍了早期预警系统和早期预警指标的研究现状，探讨了现有辍学预测指标的准确性，对学生辍学类型进行了分类，呈现出此类研究的价值。其次，本章对目前可用于准确预测辍学的新兴数字技术进行了概述，主要包括模式分析、数据科学、大数据分析、学习分析和机器学习。最后，本章从研究和政策视角出发，展望了早期预警系统及指标的未来发展方向，呼吁为预警系统和指标的研究与实践开放算法和代码，并将社区纳入其设计与应用，同时提出了早期预警指标的4A原则，即准确、可获取、可操作、可问责。

引言

高中生辍学是一个全球性问题。虽然经合组织成员国的高中生平均毕业率是81%，但各国之间的差异很大——从25岁前高中生毕业率统计情况来看，墨西哥的毕业率较低，仅为60%；而希腊、韩国和斯洛文尼亚的毕业率较高，超过90%的高中生都能顺利毕业（OECD，2019[1]）。众所周知，辍学与一系列学生负面生活问题相关，如较低的学历、较低的收入、较高的监禁率及不良健康影响（Belfield and Levin，2007[2]；Lyche，2010[3]；Rumberger，2011[4]；Rumberger et al.，2017[5]）。因此，确保高中生能够毕业成为教育系统工作的重中之重。我们需要尽早预测哪些学生最有可能在学校教育过程中出现辍学问题。因为有了准确的预测指标和早期预警之后，就可以为这类学生提供额外的资源，帮助他们坚持并完成高中学业（Bowers and Zhou，2019[6]）。教育早期预警系统和早期预警指标（EWS/EWI）是一个新兴研究领域（Allensworth，2013[7]；Balfanz and Byrnes，2019[8]；Carl et al.，2013[9]；Davis，Herzog and Legters，2013[10]；Frazelle and Nagel，2015[11]；Kemple，Segeritz and Stephenson，2013[12]；Mac Iver，2013[13]；McMahon and Sembiante，2020[14]），聚焦于为高中生辍学提供具有可操作性的预测方法（Allensworth，Nagaoka and Johnson，2018[15]）。然而迄今为止，尽管教育之外的行业不断尝试运用大数据、数据科学、数据分析和机器学习等新兴技术（Piety，Hickey and Bishop，2014[16]），但这些技术直到最近才被应用于针对辍学的早期预警系统（Agasisti and Bowers，2017[17]；Baker et al.，2020[18]；Bowers et al.，2019[19]）。本章的目的是讨论辍学预测、早期预警系统及指标的研究和实践现状，主要关注当前机器学习、数据分析和数据科学模式分析等新技术在辍学预测方面的创新应用，并就相关的发展前景进行探讨。由于该类研究大多发生在美国，因此本章主要关注美国的研究，并尽可能地兼顾其他国家的研究。最后，本章将对该领域下一阶段的发展进行展望。

早期预警系统和指标

在所有关于辍学的研究文献中，有一个重点是构建早期预警系统（Early Warning Systems，简称EWS）和早期预警指标（Early Warning Indicators，简称EWI）。早期预警系统旨在为识别辍学生提供可操作的预测方法，支持学校将工作重点放在具体的干预措施、系统的完善以及帮助学生坚持并完成学业上（Allensworth，Nagaoka and

Johnson，2018[15]；Balfanz and Byrnes，2019[8]；Mac Iver and Messel，2013[20]；Davis，Herzog and Legters，2013[10]；McMahon and Sembiante，2020[14]）。作为在教育中运用数据进行个性化干预的一种方式（Agasisti and Bowers，2017[17]），早期预警系统对早期预警指标相关数据的采集是在一个单独的系统中进行的，这种系统设计的目的就是将有限的学校资源更有效地分配给在特定学科或领域有辍学风险的学生（Carl et al.，2013[9]；Dynarksi et al.，2008[21]；Dynarski and Gleason，2002[22]；Mac Iver，2013[13]；Rumberger et al.，2017[5]；Stuit et al.，2016[23]）。美国芝加哥市学校系统是一个庞大且多样化的城市教育系统，主张"对学生的坚持予以肯定或鼓励"，并在多项研究中把这些指标称为"步入正轨"的毕业指标（Allensworth，2013[7]；Allensworth and Easton，2005[24]；Allensworth and Easton，2007[25]；Hartman et al.，2011[26]；Kemple，Segeritz and Stephenson，2013[12]）。重要的是，比起学生处境、背景和人口统计等与其坚持完成学业高度相关的因素（Rumberger，2011[4]），如家庭社会经济状况，这类系统更关注可塑性强的预测因素和指标，以便学校能够干预并为学生提供支持（McMahon and Sembiante，2020[14]）。

然而，还有很多需要搞清楚的地方——哪些指标对哪些系统来说是最准确、最具预测性的，如何为学校的干预和循证实践提供预测性信息，以及学校可以利用这些信息做什么。例如，曾有一项研究随机选取美国73所学校使用早期预警干预和监测系统，一年后这些学校发现存在辍学风险的学生长期缺勤次数有所减少，课程合格次数有所增加，但休学、平均绩点低和学分累积情况并没有什么变化（Faria et al.，2017[27]）。学生学分累积被视作这些研究早期的主要发现，是衡量学生能否坚持并顺利完成学业的直接指标。类似地，在最近一项针对美国41所高中进行的随机对照试验中，干预校指派一名兼职人员监测九年级的早期预警指标并为学生提供支持，结果表明长期缺勤的人数减少了，但在课程合格人数或获得学分方面没有显著差异（Mac Iver et al.，2019[28]）。另一个困难是相关的预警指标在不同的文化中可能有所不同（见专栏9.1和专栏9.2）。因此，尽管仍有许多内容有待研究，但早期预警系统和指标体系是一个有趣的、不断发展的研究和实践领域，它试图利用最新的数据挖掘技术来识别有辍学风险的学生，同时积极干预，以支持学生顺利完成学业。

对辍学的准确预测

早期预警系统和指标体系的一个核心问题是预测学生辍学概率的指标的准确

性。之前有许多研究使用相关性、逻辑回归或类似的统计方法来检验一系列预测指标，然后总结哪些变量在预测学生毕业或辍学方面效果最显著（Allensworth and Easton，2007[25]；Balfanz，Herzog and Mac Iver，2007[33]；Bowers，2010[34]），而近期的研究开始关注使用信号检测理论来比较辍学预测指标的准确性（Bowers，Sprott and Taff，2013[35]；Bowers and Zhou，2019[6]）。在信号检测理论中（Swets，1988[36]；Swets，Dawes and Monahan，2000[37]），所有潜在的预测变量都通过受试者操作特征（Receiver Operating Characteristic，简称ROC）曲线进行比较，包括预测指标的灵敏度和特异度，或者真阳性率与假阳性率，正如人们希望一类事件的预测指标能够识别此类事件中的所有情况（此处指辍学），而不是将没有辍学风险的学生误识别成具有辍学风险（Bowers and Zhou，2019[6]）。比如，某个辍学预测指标可能非常具体，所有符合该特性的学生都有可能辍学，但并不敏感，因为样本中符合这些条件并最终辍学的学生比例可能非常小。

> ### 专栏9.1　印度的早期预警系统
>
> 为对抗高辍学率，印度东南部的安德拉邦政府通过由微软研发的软件Azure，以机器学习的方式来预测学校的辍学率。该软件基于入学率、学生表现、性别、社会经济人口统计、学校基础设施以及教师技能和经验等数据，可提取模式并进行预测。教育官员利用这些结果来指导他们的干预措施，并确定资源投入的优先次序。据一位政府消息人士称，Azure发现该州有60多种辍学模式。例如，使用过时的教学大纲影响了一些学生的学习，英语或数学成绩较差的学生辍学的概率更高，因为他们觉得自己不太可能找到一份好工作或进入一所好大学。另一种模式是如果学校的厕所坏了，女生往往不会去上课。据报道，2019年安德拉邦有超过1万所学校将Azure作为早期预警系统。
>
> 资料来源：India AI（2019[29]）；The Wire（2016[30]）；MSV（2016[31]）

> ### 专栏9.2　芬兰：提升赫尔辛基职业教育与培训的毕业率
>
> 在芬兰，大约有一半学生在完成基础教育后选择就读职业院校（而不是高中，但如果他们愿意，可以在职业院校毕业后继续上大学）。职业教育与培训以能力为基础，给学生留出许多自由的空间：没有培养计划，没有班级，没有传统的课程，没有院系专业，也没有传统的每周课程时间表。一些学生可以在几个月内毕业，另一些学生则在三年内毕业。所有学生都有一项个人能力发展计划，可以支持他们在各自的领域达到资格要求。赫尔辛基开发的一个人工智能系统（AI-HOKS）可用来支持职业院校学生毕业（并降低他们的辍学风险），其主要目标是尽早确定学生最有可能需要支持的情况和学习阶段，并提供自动和半自

第九章　高中生辍学的早期预警系统和指标：数字技术的新应用

> 动的支持（如移动辅导）。该系统可以为学生和教师提供支持，以时间为线索，主要关注学习阶段、学习活动、学习和社会参与、学习进步四个维度。早期预警和干预的指标基于以下四点：(1)个人能力发展计划（包括实施时间线、获得的能力和自我评估）；(2)各种工具和学习环境的登录及使用情况；(3)每周发送至学生手机的电子问卷；(4)通过系统提供的学生反馈。为提供合乎伦理的学习分析，该系统没有使用对学生进行分类或分析的传统统计方法，而是通过早期干预系统采集低粒度数据，随着时间的推移，数据将逐渐丰富充实起来，支持机器学习模型开展分析。截至2021年，该系统仍处于试点阶段，因此尚未获得关于其有效性的信息。
>
> 资料来源：Interview between Pasi Silander and Stéphan Vincent-Lancrin（2021[32]）

鲍尔斯、斯普罗特和塔夫（Bowers，Sprott and Taff，2013[35]）采用信号检测理论，对以往研究中发现的110个辍学预测指标进行了比较，发现绝大多数预测指标和随机猜测的结果差不多。尽管如此，他们还是找到了两组特定的比其他指标更准确的早期预警指标。

第一组是芝加哥早期预警指标。从对美国芝加哥市学校系统十余年的研究中发现（Allensworth，2013[7]；Allensworth and Easton，2005[24]；Allensworth and Easton，2007[25]；Allensworth et al.，2014[38]；Allensworth，Nagaoka and Johnson，2018[15]），"芝加哥正轨"指标被认为是最准确的横截面辍学预测指标（横截面指预测的数据来自单一年份），重点关注九年级学生，以及这些学生在数学或英语等核心学科中的低分、不及格情况和累积的学分。作为教育工作者很容易采集到的横截面指标，"芝加哥正轨"指标是一套非常有效的早期预警指标，它比综合了学校教育数据管理系统中已有信息的横截面指标具有更高的准确性。然而，尽管这一指标与其他横截面指标相比更为准确，但鲍尔斯等人（Bowers，Sprott and Taff，2013[35]）开展的类似研究表明，基于长期纵向数据的辍学预测准确性更高。

另一组较为准确的早期预警指标源自一种能够不断提供最准确的辍学预测的方法（Bowers，Sprott and Taff，2013[35]），即增长混合模型（Growth Mixture Modelling，简称GMM）。这种方法能够在一段时间内识别出显著不同的学生辍学数据模式（见专栏9.3）。与其他预测指标相比，有三个增长混合模型分析在预测辍学方面具有极高的准确性（Bowers，Sprott and Taff，2013[35]）。一是参与度预测模型，基于加拿大魁北克省10000多名12—16岁学生的学习数据，分析这些学生学业参与度随时间的变化，如出勤率、纪律、对学科的喜爱度和兴趣等，确定具体可用于预测辍学的低参与度轨迹（Janosz et al.，2008[39]）。二是成绩预测模型，基于美国数千名中学生的数学成绩，

243

确定能够预测辍学的特定的数学成绩提高或下降轨迹（Muthén，2004[40]）。三是非累积平均绩点预测模型，在这些预测准确性极高的研究中，最主要的是对非累积平均绩点轨迹的研究（Bowers and Sprott，2012[41]）。

> **专栏 9.3　增长混合模型**
>
> 　　增长混合模型是一个模式分析框架，用于识别被调查对象在某一变量中随时间推移显著增长或下降的轨迹（Bowers and White，2014[42]；Martin and von Oertzen，2015[43]；Masyn，2011[44]；Muthén，2004[40]；Ram and Grimm，2009[45]；Vermunt, Tran and Magidson，2008[46]）。实质上，增长混合模型是一种介于数据挖掘和推断统计的混合模型，既使用与其他模式分析技术相关的统计模型（如聚类分析），又使用分析框架来推测集群组成员的可能性，可在包含假设检验和控制变量的情况下，推测集群组成员出现的概率（Martin and von Oertzen，2015[43]；Vermunt and Magidson，2002[47]；Vermunt, Tran and Magidson，2008[46]）。

鲍尔斯和斯普罗特（Bowers and Sprott，2012[41]）对5000多名美国高中生前三个学期的非累积平均绩点情况进行了研究，包括九年级第一学期、第二学期和十年级第一学期。非累积平均绩点是学生在任一年级的所有学科的平均成绩。他们认为，随着各国教育系统定期分配、采集教师评定的学生成绩，绩点数据对于了解学生发展情况变得非常重要，但从历史上看，在一些国家的教育政策系统中，这类数据很少被当作重要数据使用（Bowers，2009[48]；Bowers，2011[49]；Bowers，2019[50]；Bowers and Sprott，2012[41]；Brookhart，2015[51]）。关注非累积平均绩点相对于累积平均绩点来说也是一大改进，因为学生数据每年都在发生变化，它们可用于捕获不同的轨迹类型（Bowers，2007[52]）。

鲍尔斯和斯普罗特（Bowers and Sprott，2012[41]）识别出四种显著不同的非累积平均绩点轨迹：（1）在这段时间成绩下滑的学生；（2）起始成绩相对较低但随时间缓慢提高的学生；（3）成绩平稳且接近平均水平的学生，也是大多数学生；（4）在这段时间取得高分的学生。得出的主要结论是：尽管前两种类型的学生只占样本的25%，但他们的辍学率高达90%（Bowers and Sprott，2012[41]）。大部分辍学生属于第二类：虽然成绩在上升，但显然不够快；第一类学生在辍学生中所占的比例要小得多。结合以往针对教师评定学生成绩的研究（Allensworth and Luppescu，2018[53]；Allensworth, Nagaoka and Johnson，2018[15]；Battin-Pearson et al.，2000[54]；Bowers，2010[34]；Bowers，2010[55]；Finn，1989[56]；Hargis，1990[57]），以上结论证实了成绩对于学生的长期表现（如坚持并完成学业）有较强的预测能力。尽管一些心理测量学文章认为成绩不如标准化测试可靠（Brookhart, 2015[51]），但过去100年的研究表明，成绩既可以用来衡量学生的学业成就，也可以用来衡量学生的在校社交能力，后者又与学习参与度、学业坚持及今后的生活质量高度相关（Bowers, 2009[48]; Bowers, 2011[49]; Bowers, 2019[50]; Brookhart et al., 2016[58]; Kelly, 2008[59]; Willingham, Pollack and Lewis, 2002[60]）。

在一项后续的研究中，鲍尔斯和斯普罗特（Bowers and Sprott, 2012[61]）使用潜类别分析方法（Latent Class Analysis，简称LCA）和一个大型的美国全国通用的辍学生样本库，进一步确定了这两类辍学生，并确定了占辍学人数不到10%的其他小群体。和增长混合模型一样，潜类别分析也是一种混合分析模型，可以在一组调查项目中识别出显著不同的受访者类型，确定受访者所属的类型（Collins and Lanza, 2010[62]; Masyn, 2011[44]; Muthén, 2004[40]; Vermunt and Magidson, 2002[47]）。他们确定了三种辍学类型，这与之前的辍学类型研究相一致，并且明确了美国辍学生在每一种类型中的比例（Bowers and Sprott, 2012[61]）。

第一种辍学生类型是厌倦型，占辍学生总人数的38%。这些学生符合以往研究中关于辍学者"不适应"（学校学习）的传统观念，即这些学生不喜欢学校，不认为老师是为他们服务的，并且对学校教育过程普遍感到厌恶。这些学生的成绩低且不断下滑，返回学校的次数最少，长期成果也不佳。

第二种辍学生类型是安静型，占辍学生总人数的53%，对应的是成绩低且上升缓慢的学生。这是一个重大发现，这些学生占辍学生中的大多数，但很少被学校教育系统认定为"有风险"，因为他们通常喜欢学校，与学校有联系，成绩也在缓慢上升——尽管他们成绩上升的速度不足以让他们最终通过所有课程并顺利毕业。

第三种辍学生类型是参与型，占辍学生总人数的9%。这些学生高度参与学校活动，成绩通常很好，而且随着时间的推移，会经常返回学校完成学业，并继续接受高等教育。之前对于他们的假设是"在最后一刻迷失"的学生（Menzer and Hampel, 2009[63]）。这些辍学生虽然占比最小，但似乎是第一批可尝试进行干预的辍学生，因为他们在辍学前在校时间最长，辍学的原因经常是某一重大的生活事件（如怀孕、经常搬家），或因为发现成绩单上的错误，抑或突然发现需要额外选修课程才能完成学业。

正如这些研究（Bowers and Sprott, 2012[41]; Bowers and Sprott, 2012[61]; Bowers, Sprott and Taff, 2013[35]）所指出的，这种针对辍学者的类型学观点是一个重大进步，因为以前辍学或"有风险"被视为一个单一的类别。辍学的单一类别视角导致针对辍学生设计的干预措施过于理想化，这可能是造成在关注辍学的随机对照试验

（randomised controlled trials，简称 RCTs）中难以找到一致的干预效果的原因（Agodini and Dynarksi，2004[64]；Freeman and Simonsen，2015[65]）。例如，基于以上研究发现，随机对照试验尝试通过创建干预措施来干预并支持学生的在校时长，这些干预措施可以将学生和学校教育重新联系起来，而这建立在辍学生都是传统的厌倦型的假设之上。这种随机对照试验只关注到了三分之一的辍学生，而忽视了绝大多数安静型和参与型辍学生。这样看来，许多试验都难以证明干预效果也就不足为奇了，因为迄今为止的辍学干预随机对照试验并没有注意到应该为三种不同类型的辍学生设计不同的干预措施（McMahon and Sembiante，2020[14]；Sansone，2019[64]）。例如，厌倦型辍学生可能需要重新融入学校教育，而安静型辍学生可能会从额外的学术指导和辅导中受益，对于参与型辍学生，则可以从生活事件、入学和早期成绩单需求审核等方面入手进行干预（Bowers and Sprott，2012[61]）。

许多关于早期预警系统和指标的研究通过将学生辍学的可能性视为一个单一的类别，从而估计和评估一组变量，以预测学生的辍学概率。正如辍学预测准确性文献（Bowers，Sprott and Taff，2013[35]）和早期预警系统文献（McMahon and Sembiante，2020[14]）所述，正是对辍学分类理论的关注，显著提高了上文提到的增长混合模型预测辍学的准确性，使其能够识别出 90% 以上的辍学生。此外，也许同样重要的是这些准确的预测指标的纵向属性，它们能捕捉到随时间推移而显著不同的学生轨迹。辍学文献中的一个核心理论在一些早期预警系统和指标文献中经常被忽视（McMahon and Sembiante，2020[14]），即所谓的"生命历程视角"（Alexander，Entwisle and Kabbani，2001[67]；Dupéré et al.，2018[68]；Dupéré et al.，2015[69]；Finn，1989[56]；Pallas，2003[70]）。在这个理论中，学生未能完成高中学业被视为一个长期的过程，而不是单一发生的事件，其间多种压力因素随着时间的推移不断累积，最终达到学生辍学的阈值。因此，捕捉这一长期过程对于准确预测早期哪些学生有可能辍学非常重要。上文提到的增长混合模型为分析这种类型的数据提供了一种有用的方法，它依赖于随时间累积的长期数据，而不是单个时间点的预测指标，从而提高了基于增长混合模型的预测准确性（Bowers，Sprott and Taff，2013[35]）。

在一项研究中，诺尔斯（Knowles，2015[71]）使用美国威斯康星州多年来所有学生的州级数据集，运用多种数据挖掘和机器学习技术，研究了一系列可用来预测学生辍学的个人变量。然而，事实证明没有一个比增长混合模型的预测更准确。实际上，诺尔斯在研究中既没有考虑到数据的纵向属性，也没有采用分类理论的视角，而这正是增长混合模型的核心创新和附加值。同样，桑索内（Sansone，2019[66]）基于全美"2009 年高中纵向研究"项目（High School Longitudinal Study of 2009，简称HSLS：2009）中21000多名学生的数据，采用类似的机器学习和逻辑回归模型，着重对九年级学生的学业成就、行为与态度数据进行了分析。该研究获得了与诺尔斯（Knowles，2015[71]）几乎一样的结论，再次证明没有一个模型能够像增长混合模型那样预测得准确（Sansone，2019[66]）。有趣的是，最近的一项研究对1998—2013年美国马萨诸塞州、北卡罗来纳州和华盛顿州三个州的100多万名学生的数据进行了分析，检验了只使用三年级或八年级学生的数学、英语阅读和写作标准化州级考试分数的单一时间点数据来预测高中辍学的准确性（Goldhaber，Wolff and Daly，2020[72]）。研究发现，其预测准确性与"芝加哥正轨"指标大致相同，遗漏了25%或更多最终辍学的学生。跳出美国来看，一项包括危地马拉和洪都拉斯数十万学生单一年份数据的研究（Adelman et al.，2018[73]）分析了一系列变量对辍学的影响，如学业成就、学生、学校和社区人口统计，通过简单的逻辑回归方法获得了与诺尔斯（Knowles，2015[71]）和桑索内（Sansone，2019[66]）相似范围的预测准确性。这再次凸显了增长混合模型方法的优势，但也表明对预测辍学的准确性而言，数据分析方法和指标的选择要比数据集的规模或全面性更重要。

新兴数字技术的应用：模式分析与数据科学

总之，这些来自早期预警系统和指标文献的研究结果表明，新兴技术在确定高中辍学的准确预测指标方面发挥着越来越大的作用，这些预测指标侧重于学生个人数据在群体中随时间变化的情况。尽管研究领域总体而言还比较新，尚有许多工作亟待开展，但模式分析、数据分析、数据科学、学习分析、教育数据挖掘、机器学习等技术的出现和发展（Koedinger et al.，2015[74]；Piety，2019[75]）为研究人员、教育从业者和政策制定者提供了一个很有吸引力的机会。他们可以利用这些新兴技术来增强现有教育系统的能力，以新的方式来处理学校已有的学生数据，为决策制定和教学改进提供信息支持（Agasisti and Bowers，2017[17]；Baker and Inventado，2014[76]；Bienkowski，Feng and Means，2012[77]；Bowers，2017[78]）。正如宾科夫斯基等人（Bienkowski，Feng and Means，2012[77]）所指出的，这些技术"使那些迄今未被发现、未被注意，因而无法采取行动的数据可视化"。为了给早期预警系统和指标的研究与实践提供信息，本文在此主张应该更多地关注这些技术所能提供的机会——它们不仅能够提高早期预警系统指标的准确性，还有助于教育工作者基于这些技术提供的有用的、可操作的信息采取行动。

辍学与劝退

例如，一个可以应用数据分析技术的辍学研究领域是研究辍学和学校劝退（也称"开除"）。这个问题在早期预警系统及指标研究中得到的关注度很少，但在很多辍学文献中经常被提及。纵观历史，根据上文提到的生命历程分类学的观点，辍学从理论上来说是一个长期持续的、多重压力因素累积的过程，这些压力因素可能以不同方式影响学生（Alexander, Entwisle and Kabbani, 2001[67]；Dupéré et al., 2018[68]；Dupéré et al., 2015[69]）。通过使用上文提及的分析技术，研究人员能够运用这种理论来匹配辍学过程中的实际情况，这可能会提高包含此类信息的预测指标（如增长混合模型预测指标）的准确性。然而，一组规模较小的研究表明，不同于单一的自愿过程，未能从中学毕业的学生可能是自愿离开学校，也可能是被学校劝退的（Riehl, 1999[79]；Rumberger and Palardy, 2005[80]）。有证据表明，特别是在问责制的压力下，一些学校可能会通过各种手段鼓励表现不佳的学生离开学校，以提高全校的平均考试成绩（Rumberger and Palardy, 2005[80]）。其中一种方法是将表现不佳的学生转到另一所学校，避免他们参加作为学校问责制基础的强制性考试。经过多次转学之后，这些学生最终会离开学校（Riehl, 1999[79]）。学校决策者的这种行为是非常有问题的，也是不道德的，更不利于学生获得成功。因此，要尽早发现这种情况，通过后续适当的管理、政策调整和专业发展等措施，让学校把重点重新放在使学生坚持完成学业和对他们的支持上。上述这类数据分析技术也可用于分析大型学校教育系统的数据，以确定是否存在学校劝退学生的事件。诸如纵向分析等模式分析技术可用来检测和确定学生是否是通过与自愿辍学有着本质区别的方式离开学校的。当整个系统的深度纵向数据集可用时，检测的效果更佳。具体来说，类型学分析（如潜类别分析和增长混合模型）在识别这些类型的学校行为方面可能相当有用。因此，这些数字技术不仅有助于为早期预警系统和指标的研究与实践提供信息，还可以在系统内部和系统之间使用，检测出许多不同类型的模式。

迄今为止，该领域的研究仍在不断发展，一系列可用于优化早期预警系统和指标的模式分析技术正在被开发出来。下文将对此进行重点讨论。

机器学习预测：决策树和随机森林

在不断探索运用数据挖掘、数据科学、纵向建模领域技术进行分析的可能性的同时，研究人员最近也开始尝试在早期预警系统和指标的研究与实践中使用更多新的技术（Agasisti and Bowers, 2017[17]；Piety, 2019[75]），包括决策树、纵向聚类分析可视化、时间嵌套的生存和风险模型。

  首先，分类与回归决策树（Classifcation and Regression Decision Trees，简称 CART）是一个众所周知的模型系列，对研究人员和决策者都有帮助，因为决策树提供了与结果相关的变量的切点、优先级和权重，而这些都是根据经验确定的。作为数据挖掘的一种形式，决策树的输出形式是图形，它对算法在预测结果时识别出的最重要的变量进行划分和优先级排序，如果该变量是连续的，则给出该变量的切入点，然后代入树中进行分支，显示下一组最高优先级的变量，以此类推（Breiman et al.，1993[81]；Quinlan，1993[82]；Quinlan，1990[83]）。分类与回归决策树分析模型已被用于教育研究和政策制定，以预测学生的学业成就和考试分数（Koon and Petscher，2015[84]；Koon，Petscher and Foorman，2014[85]；Martínez Abad and Chaparro Caso López，2017[86]），但较少用于预测学业完成度和学生辍学情况。例如，贝克等人（Baker et al.，2020[18]）使用回归树分析美国得克萨斯州近 5000 名学生的数据（涵盖了 23 组可变特征），分析结果证实了许多关于辍学预测指标文献的研究结论，同时他们还找到了其他一些有趣的预测指标，如违反着装规定和学生缺勤被纠正为出席的次数（Baker et al.，2020[18]）。在另一个预测辍学的例子中，索兰（Soland，2013[87]；Soland，2017[88]）使用了美国的大型通用数据集和 40 多个变量，发现除了平均绩点、标准化考试分数和教师期望之外，大学选择和职业抱负也是可以纳入辍学早期预警指标的重要变量（Soland，2013[87]；Soland，2017[88]）。

  事实上，使用机器学习决策树模型的研究人员发现，这类方法在不同国家背景下对辍学预测的准确性均很高，包括墨西哥（Márquez-Vera, Morales and Soto, 2013[89]）、丹麦（Sara et al., 2015[90]）和韩国（Chung and Lee, 2019[91]）。在墨西哥，研究人员对萨卡特卡斯州 670 名中学生的数据和 70 多个预测指标进行了分析，发现回归树预测学生最终辍学的准确性最高（Márquez-Vera et al., 2013[92]；Márquez-Vera, Morales and Soto, 2013[89]）。

  其次，随机森林是另一种基于决策树的强大的数据分析技术。顾名思义，随机森林有许多回归"树"，在使用一系列随机起始参数的同时，能够预估一系列分类与回归决策树集，最后找到最佳解决方案（Breiman, 2001[93]）。丹麦的研究人员使用超过 72000 名学生的大样本，基于学生数据（包括成绩、缺勤情况、缺课作业，以及学校规模、入学人数和社区人口统计）展开分析（Sara et al., 2015[90]），验证了多种机器学习程序预测辍学的准确性。随机森林技术比分类与回归决策树技术的准确性更高。类似地，研究人员使用随机森林技术对韩国超过 165000 名高中生的数据进行了分析，涵盖了包括缺勤情况、上学或上课迟到、个人/课外活动/社团及志愿者活动时间在内的一系列预测指标,发现随机森林预测辍学的准确性很高(Chung and Lee,2019[91])。另一项研究中,他们在使用同一数据集进行分析时发现韩国的辍学数据在分布上极度不平衡,因为韩国辍学生的占比非常小,这可能会给许多基于标准回归树的机器学习算法带来困难。为解决这个问题,研究人员对这一不平衡问题进行了修正,使回归树和随机森林算法的准确性都有所提高(Lee and Chung,2019[94])。

研究人员最近还使用美国的数据对随机森林机器学习算法的准确性进行了检验。一项分析针对"中大西洋地区"学区约11000名学生数据的研究涵盖了诸如学业成就、出勤率和流动性等预测指标(Aguiar et al.,2015[95])。由于研究人员没有对实际的辍学事件进行预测,而是预测了占各风险类别前10%的学生,因此很难将该研究的成果与其他情境或研究进行比较。最近,另一项研究使用随机森林机器学习算法和美国数百万名学生的数据(Christie et al.,2019[96]),对一个囊括了70多种预测指标(如学业成就、出勤率、行为表现、纪律和课程学分等)的模型进行分析。遗憾的是,虽然研究人员证明了该模型在预测辍学方面有着很高的准确性,但他们并没有列出这70个预测指标、相关算法,以及预测指标在模型中的权重或使用方法,这导致后续的研究将很难评估和使用这些研究结果。

有趣的是,在这些使用随机森林机器学习技术的研究中,每一项研究的总体预测准确性都与上文的增长混合模型相当,超过80%—90%。然而,对随机森林等机器学习模型的一致批评(Villagrá-Arnedo et al.,2017[97])是这些模型很难被解析,因而也就难以作为下一步的行动依据,因为代码和算法详细的运行方式并不明显,也很难用一两句话解释清楚;况且,在这么多预测指标中,知道如何使用这些预测指标和采用何种干预手段并非易事(Knowles,2015[71])。虽然在具体的模型中,将预测指标综合起来预测辍学的准确性可能很高,但如果算法过于复杂、隐蔽或未被公布,那么想要跨情境地去理解并运用模型就更困难了;也许更重要的是,我们将很难设计和验证干预措施的有效性。

层次聚类分析热图

在辍学早期预警系统和指标领域,一个持续存在的问题是需要解密并开放算法和预测因素,不仅要检验代码,还要检验通过该方法识别出的辍学模式(Agasisti and Bowers,2017[17];Bowers et al.,2019[19])。这使专家不仅可以看清预测算法和代码的内在逻辑,了解其工作原理,还能在系统中综合已有数据,以学生个体的形式将其整个生命历程呈现出来(Bowers,2010[34]),而不只是总结学生的总体平均数、预测分数或辍学风险类别(Hawn Nelson et al.,2020[98])。解决这些问题的一种方法是

第九章　高中生辍学的早期预警系统和指标：数字技术的新应用

应用层次聚类分析（hierarchical cluster analysis，简称 HCA）热图的可视化数据分析技术。该方法改编自大数据分类和生物信息学领域（Bowers，2010[34]；Eisen et al.，1998[99]；Wilkinson and Friendly，2009[100]），但很少用于教育研究（Kinnebrew，Segedy and Biswas，2014[101]；Lee et al.，2016[102]；Moyer-Packenham et al.，2015[103]）。聚类分析热图将学生个体数据的类别进行聚集并可视化，并将聚类信息与学生群体的研究结果相关联，不仅为学生聚类信息提供了可视化的图案，也为类别之间、学生个体之间，以及其他变量之间的变异度提供了一种检视手段。例如，鲍尔斯（Bowers，2010[34]）运用层次聚类分析热图分析了美国两个小型学区 188 名学生的历年成绩数据（见图 9.1）。该图对所有学生的数据进行类别聚类处理，将收集到的学生从幼儿园到 12 年级每门学科的历年成绩处理为标准差分布形式并将其可视化，再将成绩结果与毕业、辍学或高考（该研究中指的是美国大学入学考试）的各项结果进行关联分析。每个学生的成绩数据都以"热图"的形式表示，每门学科的高分是较热的红色，而低分是较冷的蓝色，这样就用色块代替了数字，这也是可视化的重要一环。

层次聚类分析依靠数据挖掘中历史悠久的聚类分析技术（Bowers，2007[52]；Romesburg，1984[104]；Wilkinson and Friendly，2009[100]），为教育数据的组织和关联模式分析提供了一种有效的手段。一直以来，教育领域的数据文件总是先将学生按姓名或身份识别码排列，再紧跟其他变量列。当聚类分析被应用于教育领域的数据时，与其说是根据姓名或身份识别码来对学生进行排列，不如说是根据变量列中所包含的各种学生变量属性的相似性来重新组织列表，以表明每个学生与其他聚类学生在各种变量属性上的相似或不相似程度（Bowers，2010[34]）。然后，热图提供了一个显示所有学生数据的视觉手段，由于相似的变量模块彼此相邻，整个数据集形成了颜色块，使研究人员和决策者能够直观地感受整个数据集和观察所有学生的数据，并与总体结果相联系。相比之下，学生数据的柱状图或折线图等更传统的教育数据查看方式需要通过选择变量来显示，即使只有 100 个学生，结果也会因为这么多柱形或线条而变得难以理解。层次聚类分析热图不是将学生数据总结为只选择少数变量的总体平均数，而是将数据集中的每个学生与每个数据点一起显示出来，并为检验每个聚类与研究结果的相关性提供了一种模块化的方式。

在鲍尔斯（Bowers，2010[34]）的研究中，每个学生在 K12 教育体系中的历年成绩均以模块化的形式呈现，并与其在整个 K12 阶段的研究结果相关联。重要的是，学生的历年成绩数据可以形成一系列具体的条块，这是以往学校无从了解的信息。比如有一个学生群体在三年级和四年级之前能获得高分，随后成绩就开始下降，这样的学生与获得低分的学生是相匹配的，他们更容易辍学（见图 9.1 底部用绿色标注出来的集群）。相反，有一个极小的学生群体在进校的前几年成绩较低，但在临近小学毕业时成绩迅速上升，并能全部毕业（见图9.1顶端用黄色标注出来的集群）。在这两个例子中，每个群组中的所有学生都可以在可视化的图表中与他们的实际数据一起被识别。这就为决策者提供了一个独特的机会——他们能够看到不同的时间变量和学生群体变量对高中毕业所产生的重要影响。除了整体性的模块展示，层次聚类分析热图还允许决策者关注特定的学生，通过学生所在的学校系统，更深入地了解该学生的生活经历。因此，这项技术有助于创造更多可行的干预措施，有可能根据学生在学校系统中的进展情况对其进行个性化干预。

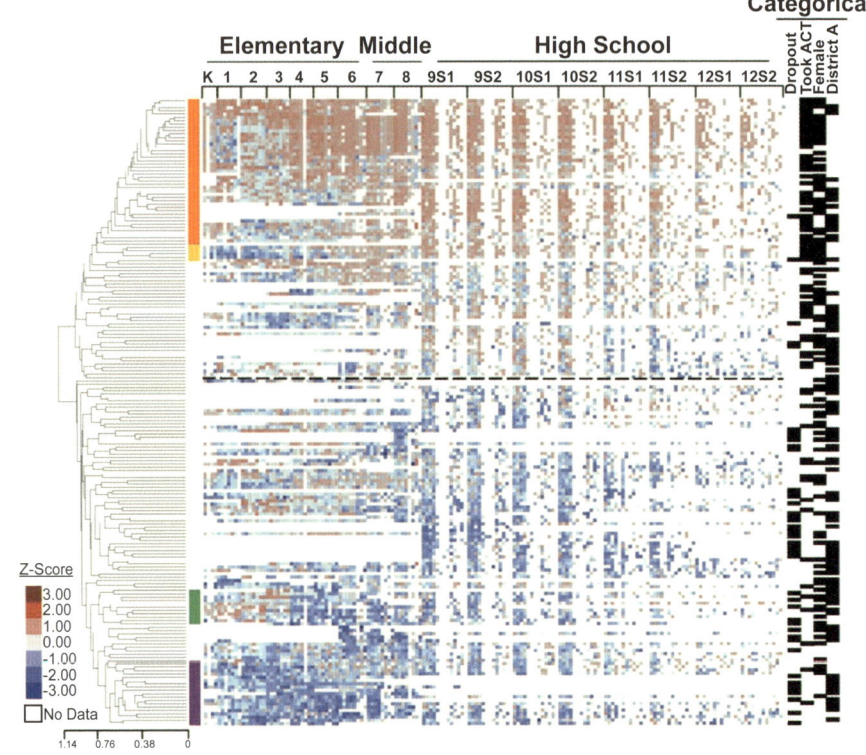

图9.1 运用K12学生特定学科成绩的层次聚类分析结果来识别学生的辍学情况

注：数据集中的每行代表一个学生，每列代表K12年级的每个学科，从左（核心学科，如数学、阅读/英语、科学等）到右（非核心学科，如语言、体育等）排列。每一格热图代表每个学生每个学科的Z值评分（标准差评分），从冷蓝色（低于该年该学科的平均成绩）到灰色（平均成绩），再到热红色（高于平均成绩）。白色代表没有数据。左边是聚类树，较小的水平线代表行与行之间具有较高的相似度。右边的注释代表以二分法为结果的人口统计学变量特征。请注意，数据集的模块总体分为两个大的聚类（虚线上方和下方）：顶部为成绩好的学生（红色），他们不会辍学，并能参加大学入学考试，而底部为成绩较差的学生（蓝色），他们经常辍学，也不参加大学入学考试。左边的色块注释表示特定的兴趣群组，其中在小学早期出现的模式对整个高中毕业具有预测作用。

资料来源：Bowers（2010[34]）

机器学习与数据挖掘：通用性、公开可得性和准确性

在这些类型的数据挖掘和可视化数据分析技术中，一个主要局限在于这些模型是基于特定的学校、地区或州际数据训练出来的，很难为更大范围的教育系统提供可操作信息。一直以来，这些数据挖掘模型的能力都限定在训练数据集之内，很难应用到更广泛的人群中。事实证明亦是如此，最近一项针对美国俄亥俄州三个学区的早期预警系统和指标的研究表明，每个学区的结果都不一样（Stuit et al., 2016[23]）。因此，斯图伊特（Stuit）等人建议研究者和从业人员不应画地为牢，采用各自的系统来开展研究，而应采用相同的变量和本地数据来得出研究结论，然后相互进行比较。正如斯图伊特等人在文中所说：

鉴于各学区……在预测不能按时毕业方面的一致性，以及预测不能按时毕业的指标的相对准确性方面存在差异，研究结果表明，各学区必须检查和分析自身学生层面的数据，以建立自己的早期预警系统。（序言第 2 页）

最近一项针对更大范围的研究也证实了上述观点。该研究使用 100 多万美国学生的学习成绩、出勤率和行为数据来训练模型，当将该数据挖掘预测算法应用于数据集之外的 30 个目标地区时，"没有一个……模型的预测结果高于平均值"（第 735 页）（Coleman, Baker and Stephenson, 2019[105]）。可见目前数据挖掘技术在辍学预测方面的一个主要局限是训练数据集之外的通用性，然而这对包含在训练数据内的学校系统来说是至关重要的。对学校校长和系统领导而言，教育数据科学技术，如数据挖掘、模式分析、数据可视化和预测准确性，是近期几项重要的创新，可以帮助他们用好数据，并支持他们做好决策（Agasisti and Bowers, 2017[17]; Bowers, 2010[55]; Krumm, Means and Bienkowski, 2018[106]; Bowers, 2017[78]; Piety, 2019[75]）。正如最近有关数据科学、循证改进周期和学校领导力交叉的文献所指出的那样，教育领导力数据分析（Education Leadership Data Analytics，简称 ELDA）（Bowers et al., 2019[19]）这项工作包括：

教育领导力数据分析的从业人员与学校教育系统的领导和教师合作，对从教育机构采集到的大量学生数据进行分析、模式化和可视化，发现以往未发现的模式和信息，然后用易于理解的语言和数字工具，与利益相关方一起将研究结果整合到协作的和社区构建的循证改进周期中。（第 8 页）

因此，每个学区和学校系统内的这种模式分析工作非常重要，可为决策提供信息（Bowers, 2017[78]; Mandinach and Schildkamp, 2020[107]）。

然而，这种本地复制和模型比较只有在所使用的方法和算法是公开和开放访问的情况下才能进行。科研、卫生、工业和政府的多个领域呼吁通过采用类似的方式分析大型数据集来提出建议（Stodden et al., 2016[108]; Wachter and Mittelstadt, 2019[109]），最近又有人呼吁公开并可开放获取教育领域所有已发布的算法。尽管教育数据必须是私人和保密的，但如果算法能为学生、教师或学校提供建议、预测或决策，那么将代码和算法公开或开放访问，且不隐藏其专有特征也是合乎伦理的（Agasisti and Bowers, 2017[17]; Bowers et al., 2019[19]）。教育决策算法的公开发表和使用可以防止其他社会学数据科学和数据挖掘领域出现问题，如银行贷款和监禁建议。隐藏的算法和意料之外的后果会导致算法出现偏见和不公平，产生的结果也无法被识别（Benjamin, 2019[110]; Hawn Nelson et al., 2020[98]; O'Neil, 2016[111]），而具有适当数据的开放算法可以测试偏见和公平性（Corbett-Davies and Goel, 2018[112]; d'Alessandro, O'Neil and LaGatta, 2017[113]; Dudik et al., n.d.[114]; Loukina, Madnani and Zechner, 2019[115]; Zehlike et al., 2017[116]）。

最近，为帮助地方学校系统从业人员评估其早期预警系统和指标的准确性，研究人员为他们提供了受试者工作特征分析指南（Bowers and Zhou, 2019[6]）。如上所述，受试者工作特征分析可以比较不同预测指标在预测结果方面的准确性——采用受试者工作特征曲线（以下简称ROC曲线）下面积技术，对两个预测指标的准确性进行连续的测量比较，并对准确性进行差异性统计检验（Bowers and Zhou, 2019[6]）。然而，由于学校教育系统中数据从业人员的专业背景和以往的工作经历各不相同（Bowers, 2017[78]; Bowers et al., 2019[19]），他们几乎没有在如何比较不同预测指标的准确性方面接受过培训。此外，在许多情况下，那些忙于早期预警系统和指标工作的教育数据从业人员可能没有时间来编写早期预警指标准确性评估和比较的代码，或可能根本没有接受过与此相关的培训。更困难的是，目前很少有教育领域的研究会发布其完整的算法和代码，供他人复制和使用（Bowers et al., 2019[19]; Knowles, 2015[71]）。为解决这个问题，研究人员使用开放和公开的大型、综合的美国全国通用数据集，为教育数据的从业人员编制了一个指南，支持他们采用ROC曲线下面积（receiver operating characteristic area under the curve，简称ROC AUC）分析其早期预警系统中的预警指标，评估每个指标的准确性及它们在统计学上的显著差异水平。重要的是，该研究不仅提供了一个指南，展示了从辍学到高中毕业再到高考录取和学业完成等一系列教育成果的ROC曲线下面积指标准确性分析（Bowers and Zhou, 2019[6]），同时提供了补充材料，其中包含研究中每一个表格、方程和数字的开源R统计语言的所有代码。这类研究有助于促进不同情境下算法资源的共享、测试结果的代码比较,并将其应用于当地教育社区的决策(Bowers et al., 2019[19])。

结论和未来发展趋势

在降低辍学率的早期预警系统和指标的研究与实践中,模式分析、数据挖掘、学习分析和机器学习的新兴技术为我们提供了一个机会——首先拓宽了有关如何准确预测学生学业完成情况的已有认识,然后提供了有助于支持学生取得成功的干预措施。然而,预测识别和准确性分析只是系统中一个很小的组成部分。

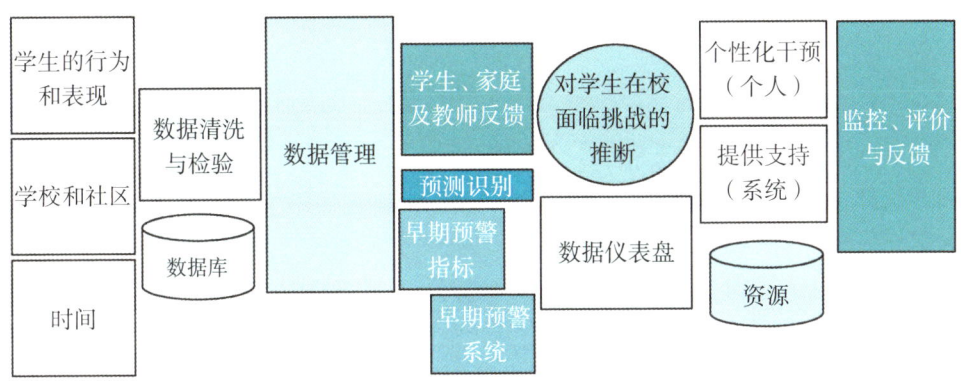

图 9.2 预测识别只是学校早期预警系统中的一小部分

资料来源:Alex J. Bowers

尽管最近有许多研究和兴趣涉及应用早期预警指标和系统预测学生的学业完成情况及其准确性分析,但这只是庞大系统中的一小部分。正如谷歌公司的工程师们在一篇论文中指出的那样,机器学习只是非常小的一部分,而其中"所需的周边基础设施是巨大而复杂的"(第 4 页)(Sculley et al., 2015[117])。图 9.2 把"预测识别"的问题放在防止学生辍学的大背景和系统中。从图 9.2 左侧开始,多个部门在整个过程中协同工作,与社区成员合作收集、清洗和管理随时间推移不断增多的学生和学校数据,通过早期预警系统和仪表盘向利益相关方提供信息,并将这些信息与学生、教师和家庭成员的数据相结合。这就促使人们对学生在教育系统中遇到的困境或取得的成功进行推断;当该推断与适当、可用的资源相结合时,我们就可以根据学生的需求为他们定制干预措施,或调整当前教育系统为所有人提供的支持。如图 9.2 右侧所示,最终我们可以收集信息并反馈到系统中,帮助系统持续改进。

虽然本章探讨的重点一直是早期预警指标的具体内容及其准确性，但这只是教育机构庞大系统中的一小部分，可用来帮助学生取得成功，这一点在美国芝加哥的实践中得到了证明（Allensworth，Nagaoka and Johnson，2018[15]）。如上所述，芝加哥"步入正轨"指标是一个众所周知且相当准确的学生辍学横截面预警指标。在过去20年里，芝加哥市的高中生毕业率大幅上升（Allensworth et al.，2016[118]），从1998年的52.4%上升到2019年的90%以上（Issa，2019，August 22[119]）。然而，正如芝加哥的研究人员所说，寻找更准确的跟踪指标并将这些指标应用于早期预警系统并没有带来什么改善，因为这只是解决辍学问题的一个必要不充分条件。更确切地说，早期预警系统只是一套大得多的系统中的一小部分，它需要与教育工作者的行动相结合，为他们提供有用的数据，然后由教育工作者为学生量身定制干预措施，创建或调整当前的系统，帮助学生坚持完成学业。正如艾伦斯沃思（Allensworth，2013[7]）所说：

十年前，降低高中辍学率似乎是一个棘手的问题……。那是学生数据系统普及之前的日子。现在，教育工作者可以跟踪学生在校期间的发展情况，他们有可用的早期预警指标，能够准确预测学生何时开始高中生涯，并随时提供给高中从业人员。此外，与最终毕业最直接相关的因素也是教学实践中最具可塑性的指标，即学生的出勤率和在课程中付出的努力。学校不仅可以确定学生是否需要干预和支持，还可以利用指标中的模式来解决使学生更难毕业的结构性问题。（第68—69页）

早期预警指标之4A：准确、可获取、可操作、可问责

为成为支持学生坚持和完成高中学业的有效策略的核心组成部分，早期预警系统指标必须具备四个核心原则。本章将其命名为"早期预警指标之4A"，旨在强调学生学业完成情况的预测指标必须是准确的（Accurate）、可获取的（Accessible）、可操作的（Actionable）和可问责的（Accountable）：

● **准确**指预测学生能否完成学业的指标实际上在某个较早的时间点就完成了识别。这是最容易使用准确度指标来进行评价的，如上文提到的 ROC AUC 技术。

● **可获取**指预测指标本身易于理解，且对外公开。这并不是简简单单地将预测系统拿出来，而是指预测算法可以被获取、检验和理解。可获取意味着算法是开放、公开和可理解的，那些对预测发生方式进行混淆的专有、隐藏或机器学习后形成的算法都不属于这个范围。

● **可操作**指预测指标可被用于采取行动，帮助制定学生的个性化干预措施或通过调整当前的系统和组织来解决面上的问题。具有可操作性的早期预警指标依赖于

第九章　高中生辍学的早期预警系统和指标：数字技术的新应用

近期或实时的、可调整的及受利益相关方影响的预测指标，而不是学生、教师、管理人员及家庭和社区成员无法控制的预测指标。

● **可问责**指预测指标需要定期检查是否存在偏见，接受其预测的社区的监督和检查，并定期进行审计和批评，以检查算法偏见的程度并促进公平性。可问责的早期预警指标将社区纳入其设计与应用，以解决社区关切的问题，并邀请社区共同参与早期预警系统的设计。

在4A之中，可问责可能是早期预警系统和指标需要考虑的最重要的方面。当问责制得到很好的解决时，准确、可获取、可操作就会变得更清晰。事实上，预测算法中的问责制已成为全球日益关注的一个领域。在讨论欧盟和美国有关数据隐私和算法预测的合法性问题时，瓦赫特和米特尔施泰特（Wachter and Mittelstadt, 2019[109]）指出：

> 遗憾的是，几乎没有理由认为机构会自愿提供完整的解释，包括算法决策的过程、判断和准确性，除非他们不得不这样做。这些系统通常非常复杂，涉及（敏感的）个人数据，使用的方法和模型被视为商业机密……系统输出的解释可能会让个人对结果或决策以及导致结果的基本假设、预测或推断有所了解。然而，这并不能确保这些决策、假设、预测或推断是合理的。简言之，对决策的解释不能等同于推断或决定的合理化。因此，如果算法决策的合理性是算法可问责和可解释要求的核心……则需要获得个人层面的授权，使数据主体能够管理好推断侵犯隐私的程度，并在作出不合理的推断或将其用于重要决策时进行纠正。（第503—505页）

由于医疗保健、金融、治安和监禁方面的算法预测和推荐系统一直存在种族、民族和社区偏见，这个问题变得更加棘手。正如本杰明（Benjamin, 2019[110]）最近在《科学》期刊上指出的：

> 用于训练自动化系统的数据通常是历史数据。比如在医疗保健领域，这一历史数据包括医院隔离设施、种族主义医疗课程和不平等的保险结构等。然而，从教育和银行业到治安和住房，医疗保健之外的许多行业和机构正在整合自动化工具，并承诺算法决策没有人类决策那么多的偏见。但是，人类的决策包含数据并决定了算法的设计，而这现在被中立的承诺所掩盖，并且与有偏见的个体相比，反而会带来更大范围的不公正的歧视。（第422页）

因此，对其所服务的社区负责是教育早期预警系统的核心问题。这引发了最近在教育数据使用和预测系统方面的呼吁——发挥并扩大社区在这些数据系统规划、设计、测试和使用方面的核心作用（Bowers et al., 2019[19]；Hawn Nelson et al., 2020[98]；

Mandinach and Schildkamp, 2020[107]）。这些建议鼓励社区与研究人员、教师和管理人员合作，成为循证干预周期的平等参与者，为如何设计早期预警系统和指标，推断学生的学业完成情况，以及如何以积极、支持的方式设计具体、可行的干预措施提供信息（Hawn Nelson et al., 2020[98]）。

早期预警指标研究与实践的未来发展趋势

鉴于目前的研究现状，在推进早期预警指标研究和实践方面，未来有三个方向值得关注。

第一，早期预警指标研究领域的一个议题是在多种情境和数据集中对准确性结果和算法的复制，以及对新的预测指标的测试。每项确定早期预警指标的研究通常都会先分析数据，记录准确（或不准确）指标，然后尝试将确定的指标应用于实践。然而，所有的指标，特别是机器学习算法，需要不断地在不同的情境下进行复制，确认准确性并测试偏见，从而提供基线比较，然后在已知的基础上进行创新。因此，更多关于早期预警指标的研究应该将以往研究中对结果预测得最准确的指标复制到新的数据集中，就像最近这些案例一样（Bowers, Sprott and Taff, 2013[35]; Coleman, Baker and Stephenson, 2019[105]; Knowles, 2015[71]），报告 ROC AUC 数据，然后通过新兴分析技术比较这些数值，并公开代码（Agasisti and Bowers, 2017[17]; Bowers et al., 2019[19]）。为鼓励这种类型的代码共享跨数据集的复制，在该领域实施 FAIR 数据标准，即鼓励可查找、可获取、可互操作、可复制的"去识别化"数据集和算法，将极大地促进创新（Austin et al., 2017[120]; Singh et al., 2019[121]）。关于 FAIR 数据标准的具体总结可查看奥斯汀等人的论文（Austin et al, 2017[120]）。

第二，大多数早期预警系统中的绝大多数指标都是横截面的单一时间点变量，其中许多数据是在初中阶段收集的。然而，如上文所述，最准确的预测指标使用纵向数据，考查学生随时间推移的轨迹。因此，该领域未来的一个方向是纳入更多的纵向和时间嵌套数据，这些数据使用远远早于中学阶段的长期数据。然而，时间作为一个变量，会给传统的统计学和数据挖掘带来诸多问题，因为随着时间的推移，学生的数据取决于早期和后期的时间点，这违反了基于回归的统计学的核心假设。此外，辍学数据还有另一个时间上的问题，即随着时间的推移，样本数据集会随着学生的辍学和"离开"数据集而动态变化。这种在个体层面和样本层面对时间嵌套的纵向数据的依赖性，可能会给希望应用文献中关于横截面方法的研究人员和实践人员带来困难。虽然迄今为止的辍学研究很少遇到这个问题，但在一些致力于应用来自流行病学的模型的研究中，这些纵向时间依赖的条件数据问题一直存在（Bowers，2010[55]；Lamote et al.，2013[122]）。有趣的是，使用生存建模技术，特别是离散时间风险模型，可以很好地对这些问题进行建模（Singer and Willett，2003[123]）。正如鲍尔斯（Bowers，2010[55]）所述，辍学的风险是与时间相关的，预估这一风险取决于剩余学生的样本。如果考虑到这一点，就可以对大量感兴趣的预测指标进行测试，看看它们何时对特定时间点的辍学风险产生最大的影响。关注不同时间点的辍学风险可能会为干预措施提供参考信息，因为某一在中学早期起作用的干预措施可能后来就没有效果了，反之亦然。

第三，在美国，与辍学相关的一个众所周知的问题被称为"辍学工厂"（Balfanz et al.，2010[124]；Balfanz and Legters，2006[125]；Balfanz and West，2009[126]）。这个问题是指一个国家有一些特定学校的辍学生人数在总辍学人数中占有很大的比例。在美国，有些学校只有50%的学生毕业。这些"辍学工厂"表明，在某种程度上应该从学校和学校教育系统层面对辍学进行分析。这意味着需要构建一个将学生适当地嵌套在学校内的多层次模型框架（Hox，2010[127]；Raudenbush and Bryk，2002[128]），然后对由学生层面和学校层面造成的辍学差异作出预估（Lamote et al.，2013[122]），前文的辍学与劝退的例子中就隐含了这个问题（Rumberger and Palardy，2005[80]）。对于早期预警系统和指标研究来说，未来一个富有成效的研究领域是将这些层次模型框架与上述模式和预测分析结合起来，从而提供可操作的信息。例如，多层次的增长混合模型或多层次的潜类别分析可以呈现出哪些学校有不同比例的不同类型辍学生。在上述有关时间嵌套数据的依赖性的例子中，拉莫特等人（Lamote et al.，2013[122]）使用了多级离散时间风险模型，并在早期预警指标文献中证明了考虑到学校间纵向学生流动的重要性。因此，学校层面是早期预警系统和指标研究中一个重要的变量。如果特定类型的辍学生同在一所特定的学校，那么学校的管理层和政策制定者可以重点关注学校的具体组织，帮助其所在社区改善这些学生的学业完成情况。

总之，最近教育早期预警系统和指标的研究取得了许多进展。得益于数据分析技术，一些早期预警系统预测辍学的准确性在80%—90%以上。然而，还有一些特定领域需要进一步的研究和实践。例如，那些依靠机器学习和数据挖掘的技术大多不能轻易地从一个教育情境迁移到另一个。更令人担忧的是，许多早期预警指标仍然非常不准确。

早期预警指标之4A（准确、可获取、可操作、可问责）为推动预测分析和算法领域的发展提供了一个有用的框架，有助于支持学生完成学业。最后，早期预警系统和指标的技术只是学校庞大数据系统中的一小部分，该系统还包括社区的强大作用和话语权、整个过程中数据和算法的使用符合伦理规范，以及持续关注如何通过提供个性化干预和解决系统层面的产品服务和政策问题来支持学生获得成功。开发使数据具有可操作性的技术和工具只是支持学习改进和学生成功的有效行动的步骤之一，但数据挖掘与数据分析技术的数字化和创新将使其可持续发展在不久的将来成为可能。

译后感

　　早期预警系统的目的是为识别辍学生提供可操作的预测方法，支持学校将重点放在具体的干预措施、系统的完善和让学生坚持完成学业上。本章主要讨论了模式分析、机器学习等新兴数字技术为识别和预测学生辍学风险提供了机会，认为这些新兴技术能够提高辍学预警指标的准确性，可以通过层次聚类分析热图将学生个体数据进行聚类并以可视化的方式呈现。新兴数字技术的应用可以增强现有教育系统的功能，为大量学生数据的处理提供新的方法，有助于提高对学生辍学预测的准确性，为教育决策者提供信息支持和决策依据，为支持学生获得成功提供个性化的干预措施。

　　本章在阐述辍学问题时，不仅考虑到学校范围内学生的各项数据，还关注到更大范围的社区合作，家校社协同育人，通过综合分析利益相关方的多源数据，推断学生辍学的困境和原因，以便更好地制定和调整干预措施。但机器学习和数据挖掘等新兴技术的使用也存在一些局限和问题，如：根据特定数据集训练出来的模型往往很难在更大范围内推广到教育系统的其他方面，即通用性有待提升；目前很少有教育研究会发表完整的算法和代码，无法为其他研究者提供可复制、可迁移的借鉴，导致算法偏见和不公平。这些都是未来相关研究需要重点关注的方向。

　　当前，数字化已成为经济社会发展的核心驱动力。上海作为全国教育数字化转型试点区，推动教育数字化转型，让学生的学习更有乐趣、学生的成长更加快乐是具体任务之一。而本章提出的辍学预警系统和新兴技术的应用为上海教育数字化转型提供了可借鉴的操作方法。要实现教育数字化转型战略，促进学生健康成长，离不开对学情的了解和对学生学习兴趣的激发。预警系统可以及时识别学生的学业困难、异常行为、身心困扰等问题，支持教育工作者采取有效措施帮助学生回到正轨。为促进学生德智体美劳全面发展，学生综合素质评价也可以通过预警系统来监测，及时发现学生在德育、智育、体育、美育、劳动教育等方面的欠缺之处，便于教师因材施教，因需施教，促进五育融合，培养全面发展的、完整的人。近年来，人工智能、物联网、大数

第九章　高中生辍学的早期预警系统和指标：数字技术的新应用

据分析等新兴技术的迅速发展为实现培养全人目标提供了支持和辅助作用，如提高预警系统和影响因素的准确性、可视化地呈现预测结果等，使教师、教育行政管理人员、教育研究者、家长等利益相关方在多个场景中针对学生开展精准决策、服务和教学干预成为可能。需要注意的是，在开展研究的过程中，数据是不可或缺的基础要素，研究者不仅要关注某个横截面上的数据，也要关注个体的长期纵向数据，同时要注意保护学生隐私和数据安全，让新兴数字技术真正起到为学生服务的作用。

（姚媛媛译，张怀浩一校，梁力萌二校）

参考文献

Adelman, M. et al. (2018), "Predicting school dropout with administrative data: New evidence from Guatemala and Honduras", *Education Economics,* Vol. 26/4, pp. 356–372, http://dx.doi.org/10.1080/09645292.2018.1433127. [73]

Agasisti, T. and A. Bowers (2017), "Data Analytics and Decision-Making in Education: Towards the Educational Data Scientist as a Key Actor in Schools and Higher Education Institutions", in Johnes, G. et al. (eds.), *Handbook on the Economics of Education,* Edward Elgar Publishing, Cheltenham, UK, https://doi.org/10.7916/D8PR95T2. [17]

Agodini, R. and M. Dynarksi (2004), "Are experiments the only option? A look at dropout prevention programs", *The Review of Economics and Statistics,* Vol. 86/1, pp. 180–194. [64]

Aguiar, E. et al. (2015), *Who, when, and why: A machine learning approach to prioritizing students at risk of not graduating high school on time*, ACM, Poughkeepsie, New York, http://dx.doi.org/10.1145/2723576.2723619. [95]

Alexander, K., D. Entwisle and N. Kabbani (2001), "The dropout process in life course perspective: Early risk factors at home and school", *The Teachers College Record,* Vol. 103/5, pp. 760–822. [67]

Allensworth, E. (2013), "The Use of Ninth-Grade Early Warning Indicators to Improve Chicago Schools", *Journal of Education for Students Placed at Risk (JESPAR),* Vol. 18/1, pp. 68–83, http://dx.doi.org/10.1080/10824669.2013.745181. [7]

Allensworth, E. and J. Easton (2007), *What matters for staying on-track and graduating in Chicago public high schools: A close look at course grades, failures, and attendance in the freshman year,* The University of Chicago, http://www.consortium-chicago.org. [25]

Allensworth, E. and J. Easton (2005), *The on-track indicator as a predictor of High School graduation,* http://www.consortium-chicago.org/publications/p78.html. [24]

Allensworth, E. et al. (2014), *Looking Forward to High School and College: Middle Grade Indicators of Readiness in Chicago Public Schools,* http://ccsr.uchicago.edu/sites/default/files/publications/Middle%20Grades%20Report.pdf. [38]

Allensworth, E. et al. (2016), *High school graduation rates through two decades of district change: The influence of policies, data records, and demographic shifts,* http://consortium.uchicago.edu/sites/default/files/publications/High%20School%20Graduation%20Rates-Jun2016-Consortium.pdf. [118]

Allensworth, E. and S. Luppescu (2018), *Why do students get good grades, or bad ones? The influence of the teacher, class, school, and student,* https://consortium.uchicago.edu/sites/default/files/publications/Why%20Do%20Students%20Get-Apr2018-Consortium.pdf. [53]

Allensworth, E., J. Nagaoka and D. Johnson (2018), *High School Graduation and College Readiness Indicator Systems: What We Know, What We Need to Know,* https://consortium.uchicago.edu/sites/default/files/publications/High%20School%20Graduation%20and%20College-April2018-Consortium.pdf. [15]

Austin, C. et al. (2017), "Key components of data publishing: Using current best practices to develop a reference model for data publishing", *International Journal on Digital Libraries,* Vol. 18/2, pp. 77-92, http://dx.doi.org/10.1007/s00799-016-0178-2. [120]

Baker, R. et al. (2020), "Predicting K-12 Dropout", *Journal of Education for Students Placed at Risk (JESPAR),* Vol. 25/1, pp. 28-54, http://dx.doi.org/10.1080/10824669.2019.1670065. [18]

Balfanz, R. et al. (2010), *Building a grad nation: Progress and challenge in ending the high school dropout epidemic,* https://www.americaspromise.org/resource/building-grad-nation-progress-challenge-ending-high-school-dropout-epidemicnovember-2010 (accessed on 18 January 2021). [124]

Balfanz, R. and V. Byrnes (2019), "Early Warning Indicators and Intervention Systems: State of the Field", in Fredricks, J., A. Reschly and S. Christenson (eds.), *Handbook of Student Engagement Interventions,* Elsevier, http://dx.doi.org/10.1016/b978-0-12-813413-9.00004-8. [8]

Balfanz, R., L. Herzog and D. Mac Iver (2007), "Preventing Student Disengagement and Keeping Students on the Graduation Path in Urban Middle-Grades Schools: Early Identification and Effective Interventions", *Educational Psychologist,* Vol. 42/4, pp. 223-235, http://dx.doi.org/10.1080/00461520701621079. [33]

Balfanz, R. and N. Legters (2006), "Closing 'dropout factories': The graduation-rate crisis we know, and what can be done about it", *Education Week,* Vol. 25, pp. 42-43. [125]

Balfanz, R. and T. West (2009), *Raising graduation rates: A series of data briefs: Progress toward increasing national and state graduation rates,* https://new.every1graduates.org/raising-graduation-rates/ (accessed on 18 January 2021). [126]

Battin-Pearson, S. et al. (2000), "Predictors of early high school dropout: A test of five theories", *Journal of Educational Psychology,* Vol. 92/3, pp. 568-582, http://dx.doi.org/10.1037/0022-0663.92.3.568. [54]

Belfield, C. and H. Levin (2007), "The education attainment gap: Who's affected, how much, and why it matters", in Belfield, C. and H. Levin (eds.), *The price we pay: Economic and social consequences of inadequate education,* Brookings Institution Press, Washington, D.C. [2]

Benjamin, R. (2019), "Assessing risk, automating racism", *Science,* Vol. 366/6464, pp. 421-422, http://dx.doi.org/10.1126/science.aaz3873. [110]

Bienkowski, M., M. Feng and B. Means (2012), *Enhancing Teaching and Learning Through Educational Data Mining and Learning Analytics: An Issue Brief,* http://www.ed.gov/edblogs/technology/files/2012/03/edm-la-brief.pdf. [77]

Bowers, A. (2019), "Towards Measures of Different and Useful Aspects of Schooling: Why Schools Need Both Teacher Assigned Grades and Standardized Assessments", in Brookhart, S. and J. McMillan (eds.), *Classroom Assessment as Educational Measurement, National Council on Measurement in Education (NCME) Book Series,* Routledge, New York. [50]

Bowers, A. (2017), "Quantitative Research Methods Training in Education Leadership and Administration Preparation Programs as Disciplined Inquiry for Building School Improvement Capacity", *Journal of Research on Leadership Education,* Vol. 12/1, pp. 72-96, http://dx.doi.org/10.1177/1942775116659462. [78]

Bowers, A. (2011), "What's in a grade? The multidimensional nature of what teacher-assigned grades assess in high school", *Educational Research and Evaluation,* Vol. 17/3, pp. 141-159, http://dx.doi.org/10.1080/13803611.2011.597112. [49]

Bowers, A. (2010), "Analyzing the longitudinal K-12 grading histories of entire cohorts of students: Grades, data driven decision making, dropping out and hierarchical cluster analysis", *Practical Assessment Research and Evaluation,* Vol. 15/7, pp. 1-18, http://pareonline.net/pdf/v15n7.pdf. [34]

Bowers, A. (2010), "Grades and Graduation: A Longitudinal Risk Perspective to Identify Student Dropouts", *The Journal of Educational Research,* Vol. 103/3, pp. 191-207, http://dx.doi.org/10.1080/00220670903382970. [55]

Bowers, A. (2009), "Reconsidering grades as data for decision making: More than just academic knowledge", *Journal of Educational Administration,* Vol. 47/5, pp. 609-629, http://dx.doi.org/10.1108/09578230910981080. [48]

Bowers, A. (2007), *Grades and data driven decision making: Issues of variance and student patterns,* Michigan State University, East Lansing, http://files.eric.ed.gov/fulltext/ED538574.pdf. [52]

Bowers, A. et al. (2019), *Education leadership data analytics (ELDA): A white paper report on the 2018 ELDA Summit,* Teachers College, Columbia University, https://doi.org/10.7916/d8-31a0-pt97. [19]

Bowers, A. and R. Sprott (2012), "Examining the Multiple Trajectories Associated with Dropping Out of High School: A Growth Mixture Model Analysis", *The Journal of Educational Research,* Vol. 105/3, pp. 176-195, http://dx.doi.org/10.1080/00220671.2011.552075 [41]

Bowers, A. and R. Sprott (2012), "Why Tenth Graders Fail to Finish High School: A Dropout Typology Latent Class Analysis", *Journal of Education for Students Placed at Risk (JESPAR),* Vol. 17/3, pp. 129-148, http://dx.doi.org/10.1080/10824669.2012.692071. [61]

Bowers, A., R. Sprott and S. Taff (2013), "Do we know who will drop out? A review of the predictors of dropping out of high school: Precision, sensitivity and specificity", *The High School Journal,* Vol. 96/2, pp. 77–100, http://muse.jhu.edu/journals/high_school_journal/v096/96.2.bowers.html. [35]

Bowers, A. and B. White (2014), "Do Principal Preparation and Teacher Qualifications Influence Different Types of School Growth Trajectories in Illinois? A Growth Mixture Model Analysi", *Journal of Educational Administration,* Vol. 52/5, pp. 705–736. [42]

Bowers, A. and X. Zhou (2019), "Receiver Operating Characteristic (ROC) Area Under the Curve (AUC): A Diagnostic Measure for Evaluating the Accuracy of Predictors of Education Outcomes", *Journal of Education for Students Placed at Risk (JESPAR),* Vol. 24/1, pp. 20–46, http://dx.doi.org/10.1080/10824669.2018.1523734. [6]

Breiman, L. (2001), "Random forests", *Machine learning,* Vol. 45/1, pp. 5–32. [93]

Breiman, L. et al. (1993), *Classification and regression trees,* Routledge, New York. [81]

Brookhart, S. (2015), "Graded Achievement, Tested Achievement, and Validity", *Educational Assessment,* Vol. 20/4, pp. 268–296, http://dx.doi.org/10.1080/10627197.2015.1093928. [51]

Brookhart, S. et al. (2016), "A Century of Grading Research", *Review of Educational Research,* Vol. 86/4, pp. 803–848, http://dx.doi.org/10.3102/0034654316672069. [58]

Carl, B. et al. (2013), "Theory and Application of Early Warning Systems for High School and Beyond", *Journal of Education for Students Placed at Risk (JESPAR),* Vol. 18/1, pp. 29–49, http://dx.doi.org/10.1080/10824669.2013.745374. [9]

Christie, S. et al. (2019), *Machine-Learned School Dropout Early Warning at Scale,* Paper presented at the 12th International Conference on Educational Data Mining, Montreal, Canada, https://www.infinitecampus.com/pdf/Machine-learned-School-Dropout-Early-Warning-at-Scale.pdf. [96]

Chung, J. and S. Lee (2019), "Dropout early warning systems for high school students using machine learning", *Children and Youth Services Review,* Vol. 96, pp. 346–353, https://doi.org/10.1016/j.childyouth.2018.11.030. [91]

Coleman, C., R. Baker and S. Stephenson (2019), "A Better Cold-Start for Early Prediction of Student At-Risk Status in New School Districts.", in *Proceedings of the 12th International Conference on Educational Data Mining.* [105]

Collins, L. and S. Lanza (2010), *Latent Class and Latent Transition Analysis: With Applications in the Social, Behavioral, and Health Sciences,* Wiley, Hoboken, NJ. [62]

Corbett-Davies, S. and S. Goel (2018), *The Measure and Mismeasure of Fairness: A Critical Review of Fair Machine Learning,* Stanford University. [112]

d'Alessandro, B., C. O'Neil and T. LaGatta (2017), "Conscientious Classification: A Data Scientist's Guide to Discrimination-Aware Classification", *Big Data*, Vol. 5/2, pp. 120–134, http://dx.doi.org/10.1089/big.2016.0048. [113]

Davis, M., L. Herzog and N. Legters (2013), "Organizing Schools to Address Early Warning Indicators (EWIs): Common Practices and Challenges", *Journal of Education for Students Placed at Risk (JESPAR),* Vol. 18/1, pp. 84–100, http://dx.doi.org/10.1080/10824669.2013.745210. [10]

Dudik, M. et al. (n.d.), *Fairlearn: A Python package to assess and improve fairness of machine learning models,* Redmond, WA: Microsoft, https://fairlearn.github.io/. [114]

Dupéré, V. et al. (2018), "High School Dropout in Proximal Context: The Triggering Role of Stressful Life Events", *Child Development,* Vol. 89/2, pp. e107–e122, http://dx.doi.org/10.1111/cdev.12792. [68]

Dupéré, V. et al. (2015), "Stressors and Turning Points in High School and Dropout", *Review of Educational Research,* Vol. 85/4, pp. 591–629, http://dx.doi.org/10.3102/0034654314559845. [69]

Dynarksi, M. et al. (2008), *Dropout prevention: A practice guide,* http://ies.ed.gov/ncee/wwc/pdf/practiceguides/dp_pg_090308.pdf. [21]

Dynarski, M. and P. Gleason (2002), "How can we help? What we have learned from recent federal dropout prevention evaluations", *Journal of Education for Students Placed at Risk,* Vol. 2002/1, pp. 43–69, http://dx.doi.org/10.1207/S15327671ESPR0701_4. [22]

Eisen, M. et al. (1998), "Cluster analysis and display of genome-wide expression patterns", in *Proceedings of the National Academy of Sciences,* Vol. 95, pp. 14863-14868, http://rana.lbl.gov/papers/Eisen_PNAS_1998.pdf. [99]

Faria, A. et al. (2017), *Getting students on track for graduation: Impacts of the Early Warning Intervention and Monitoring System after one year,* https://ies.ed.gov/ncee/edlabs/projects/project.asp?projectID=388. [27]

Finn, J. (1989), "Withdrawing from school", *Review of Educational Research,* Vol. 59/2, pp. 117-142. [56]

Frazelle, S. and A. Nagel (2015), *A practitioner's guide to implementing early warning systems,* http://ies.ed.gov/ncee/edlabs/regions/northwest/pdf/REL_2015056.pdf. [11]

Freeman, J. and B. Simonsen (2015), "Examining the Impact of Policy and Practice Interventions on High School Dropout and School Completion Rates", *Review of Educational Research,* Vol. 85/2, pp. 205-248, http://dx.doi.org/10.3102/0034654314554431. [65]

Goldhaber, D., M. Wolff and T. Daly (2020), *Assessing the Accuracy of Elementary School Test Scores as Predictors of Students' High School Outcomes: CALDER Working Paper No. 235-0520,* https://caldercenter.org/sites/default/files/CALDER%20WP%20235-0520_0.pdf. [72]

Hargis, C. (1990), *Grades and grading practices: Obstacles to improving education and helping at-risk students,* Charles C. Thomas, Springfield. [57]

Hartman, J. et al. (2011), *Applying an on-track indicator for high school graduation: Adapting the Consortium on Chicago School Research indicator for five Texas districts,* http://ies.ed.gov/ncee/edlabs/regions/southwest/pdf/REL_2011100.pdf. [26]

Hawn Nelson, A. et al. (2020), *A Toolkit for Centering Racial Equity Throughout Data Integration,* https://www.aisp.upenn.edu/wp-content/uploads/2020/05/AISP-Toolkit_5.27.20.pdf. [98]

Hox, J. (2010), *Multilevel Analysis: Techniques and Applications,* Routledge, http://dx.doi.org/10.4324/9780203852279. [127]

India AI (2019), *AI is being used to identify potential school dropout rate in Andhra Pradesh,* https://indiaai.gov.in/case-study/ai-is-being-used-to-identify-potential-school-dropout-rate-in-andhra-pradesh (accessed on 29 April 2021). [29]

Interview between Pasi Silander and Stéphan Vincent-Lancrin (2021), *Private communication between Pasi Silander, City of Helsinki, and Stéphan Vincent-Lancrin, OECD.* [32]

Issa, N. (2019, August 22), *Chicago high school dropout rate hits all-time low, CPS says,* https://chicago.suntimes.com/2019/8/22/20828653/cps-chicago-public-schools-dropout-rate (accessed on 18 January 2021). [119]

Janosz, M. et al. (2008), "School engagement trajectories and their differential predictive relations", *Journal of Social Issues,* Vol. 64/1, pp. 21–40. [39]

Kelly, S. (2008), "What Types of Students' Effort Are Rewarded with High Marks?", *Sociology of Education,* Vol. 81/1, pp. 32–52, http://dx.doi.org/10.1177/003804070808100102. [59]

Kemple, J., M. Segeritz and N. Stephenson (2013), "Building On-Track Indicators for High School Graduation and College Readiness: Evidence from New York City", *Journal of Education for Students Placed at Risk (JESPAR),* Vol. 18/1, pp. 7–28, http://dx.doi.org/10.1080/10824669.2013.747945. [12]

Kinnebrew, J., J. Segedy and G. Biswas (2014), "Analyzing the temporal evolution of students' behaviors in open-ended learning environments", *Metacognition and Learning,* Vol. 9/2, pp. 187–215, http://dx.doi.org/10.1007/s11409-014-9112-4. [101]

Knowles, J. (2015), "Of Needles and Haystacks: Building an Accurate Statewide Dropout Early Warning System in Wisconsin", *Journal of Educational Data Mining,* Vol. 7/3, pp. 18–67, http://www.educationaldatamining.org/JEDM/index.php/JEDM/article/view/JEDM082. [71]

Koedinger, K. et al. (2015), "Data mining and education", *Wiley Interdisciplinary Reviews: Cognitive Science,* Vol. 6/4, pp. 333–353, http://dx.doi.org/10.1002/wcs.1350. [74]

Koon, S. and Y. Petscher (2015), *Comparing methodologies for developing an early warning system,* http://ies.ed.gov/ncee/edlabs/regions/southeast/pdf/REL_2015077.pdf. [84]

Koon, S., Y. Petscher and B. Foorman (2014), *Using evidence-based decision trees instead of formulas to identify at-risk readers,* http://dx.doi.org/REL 2014–036. [85]

Krumm, A., B. Means and M. Bienkowski (2018), *Learning Analytics Goes to School,* Routledge, New York, NY, http://dx.doi.org/10.4324/9781315650722. [106]

Lamote, C. et al. (2013), "Dropout in secondary education: An application of a multilevel discrete-time hazard model accounting for school changes", *Quality and Quantity,* Vol. 47/5, pp. 2425–2446. [122]

Larusson, J. and B. White (eds.) (2014), *Educational data mining and learning analytics,* Springer, New York, http://link.springer.com/chapter/10.1007%2F978-1-4614-3305-7_4. [76]

Lee, J. et al. (2016), *Hierarchical Cluster Analysis Heatmaps and Pattern Analysis: An Approach for Visualizing Learning Management System Interaction Data,* Paper presented at the International Conference of Educational Data Mining (EDM), Raleigh, NC, http://www.educationaldatamining.org/EDM2016/proceedings/paper_34.pdf. [102]

Lee, S. and J. Chung (2019), "The Machine Learning-Based Dropout Early Warning System for Improving the Performance of Dropout Prediction", *Applied Sciences,* Vol. 9/15, p. 3093, https://doi.org/10.3390/app9153093. [94]

Loukina, A., N. Madnani and K. Zechner (2019), "The many dimensions of algorithmic fairness in educational applications", in *Proceedings of the Fourteenth Workshop on Innovative Use of NLP for Building Educational Applications,* http://dx.doi.org/10.18653/v1/w19-4401. [115]

Lyche, C. (2010), *"Taking on the Completion Challenge: A Literature Review on Policies to Prevent Dropout and Early School Leaving",* OECD Education Working Papers, No. 53, OECD Publishing, Paris, https://dx.doi.org/10.1787/5km4m2t59cmr-en. [3]

Mac Iver, M. (2013), "Early Warning Indicators of High School Outcomes", *Journal of Education for Students Placed at Risk (JESPAR),* Vol. 18/1, pp. 1–6, http://dx.doi.org/10.1080/10824669.2013.745375. [13]

Mac Iver, M. and M. Messel (2013), "The ABCs of Keeping On Track to Graduation: Research Findings from Baltimore", *Journal of Education for Students Placed at Risk (JESPAR),* Vol. 18/1, pp. 50–67. [20]

Mac Iver, M. et al. (2019), "An Efficacy Study of a Ninth-Grade Early Warning Indicator Intervention", *Journal of Research on Educational Effectiveness,* Vol. 12/3, pp. 363–390, http://dx.doi.org/10.1080/19345747.2019.1615156. [28]

Mandinach, E. and K. Schildkamp (2020), "Misconceptions about data-based decision making in education: An exploration of the literature", *Studies in Educational Evaluation,* http://dx.doi.org/10.1016/j.stueduc.2020.100842. [107]

Márquez-Vera, C. et al. (2013), "Predicting student failure at school using genetic programming and different data mining approaches with high dimensional and imbalanced data", *Applied Intelligence,* Vol. 38/3, pp. 315–330, http://dx.doi.org/10.1007/s10489-012-0374-8. [92]

Márquez-Vera, C., C. Morales and S. Soto (2013), "Predicting School Failure and Dropout by Using Data Mining Techniques", *IEEE Revista Iberoamericana de Tecnologias del Aprendizaje,* Vol. 8/1, pp. 7–14, http://dx.doi.org/10.1109/rita.2013.2244695. [89]

Martin, D. and T. von Oertzen (2015), "Growth Mixture Models Outperform Simpler Clustering Algorithms When Detecting Longitudinal Heterogeneity, Even With Small Sample Sizes", *Structural Equation Modeling: A Multidisciplinary Journal,* Vol. 22/2, pp. 264–275, http://dx.doi.org/10.1080/10705511.2014.936340. [43]

Martínez Abad, F. and A. Chaparro Caso López (2017), "Data-mining techniques in detecting factors linked to academic achievement", *School Effectiveness and School Improvement,* Vol. 28/1, pp. 39–55, http://dx.doi.org/10.1080/09243453.2016.1235591. [86]

Masyn, K. (2011), *Latent class analysis and finite mixture modeling,* Oxford University Press, Oxford. [44]

McMahon, B. and S. Sembiante (2020), "Re-envisioning the purpose of early warning systems: Shifting the mindset from student identification to meaningful prediction and intervention", *Review of Education,* Vol. 8/1, pp. 266–301, http://dx.doi.org/10.1002/rev3.3183. [14]

Menzer, J. and R. Hampel (2009), "Lost at the last minute", *Phi Delta Kappan,* Vol. 90/9, pp. 660-664. [63]

Moyer-Packenham, P. et al. (2015), "Examining Patterns in Second Graders' Use of Virtual Manipulative Mathematics Apps through Heatmap Analysis", *International Journal of Educational Studies in Mathematics,* Vol. 2/2, pp. 1-16, http://dx.doi.org/10.17278/ijesim.2015.02.004. [103]

MSV, J. (2016), *Forbes,* https://www.forbes.com/sites/janakirammsv/2016/07/30/how-microsoft-is-making-big-impact-with-machinelearning/?sh=784705a02f16 (accessed on 29 April 2021). [31]

Muthén, B. (2004), "Latent variable analysis: Growth mixture modeling and related techniques for longitudinal data", in Kaplan, D. (ed.), *The Sage handbook of quantitative methodology for the social sciences,* Sage Publications, Thousand Oaks, CA, http://www.statmodel.com/papers.shtml. [40]

OECD (2019), *Education at a Glance 2019: OECD Indicators,* OECD Publishing, Paris, https://dx.doi.org/10.1787/f8d7880d-en. [1]

O'Neil, C. (2016), *Weapons of math destruction: How big data increases inequality and threatens democracy,* Broadway Books. [111]

Pallas, A. (2003), "Educational transitions, trajectories, and pathways", in Mortimer, J. and M. Shanahan (eds.), *Handbook of the life course,* Kluwer Academic/Plenum Publishers, New York. [70]

Piety, P. (2019), "Components, Infrastructures, and Capacity: The Quest for the Impact of Actionable Data Use on P–20 Educator Practice", *Review of Research in Education,* Vol. 43/1, pp. 394-421, http://dx.doi.org/10.3102/0091732x18821116. [75]

Piety, P., D. Hickey and M. Bishop (2014), *Educational data sciences: Framing emergent practices for analytics of learning, organizations, and systems,* ACM. [16]

Quinlan, J. (1993), *C4.5: Programs for Machine Learning,* Morgan Kaufmann, San Mateo, CA. [82]

Quinlan, J. (1990), "Probablistic decision trees", in Kodratoff, Y. and R. Michalski (eds.), *Machine learning,* Morgan Kaufmann, San Francisco, CA, https://doi.org/10.1016/B978-0-08-051055-2.50011-0. [83]

Ram, N. and K. Grimm (2009), "Methods and Measures: Growth mixture modeling: A method for identifying differences in longitudinal change among unobserved groups", *International Journal of Behavioral Development,* Vol. 33/6, pp. 565–576, http://dx.doi.org/10.1177/0165025409343765. [45]

Raudenbush, S. and A. Bryk (2002), *Hierarchical linear models: Applications and data analysis methods (2nd ed.),* Sage Publications, Thousand Oaks, CA. [128]

Riehl, C. (1999), "Labeling and letting go: An organizational analysis of how high school students are discharged as dropouts", in Pallas, A. (ed.), *Research in sociology of education and socialization,* JAI Press, New York. [79]

Romesburg, H. (1984), *Cluster analysis for researchers,* Lifetime Learning Publications, Belmont, CA. [104]

Rumberger, R. (2011), *Dropping Out: Why Students Drop Out of High School and What Can Be Done About It,* Harvard University Press, Cambridge, Mass. [4]

Rumberger, R. et al. (2017), *Preventing dropout in secondary schools (NCEE 2017-4028),* https://ies.ed.gov/ncee/wwc/Docs/PracticeGuide/wwc_dropout_092617.pdf. [5]

Rumberger, R. and G. Palardy (2005), "Test Scores, Dropout Rates, and Transfer Rates as Alternative Indicators of High School Performance", *American Educational Research Journal,* Vol. 42/1, pp. 3–42, http://dx.doi.org/10.3102/00028312042001003. [80]

Sansone, D. (2019), "Beyond Early Warning Indicators: High School Dropout and Machine Learning", *Oxford Bulletin of Economics and Statistics,* Vol. 81/2, pp. 456–485, http://dx.doi.org/10.1111/obes.12277. [66]

Sara, N. et al. (2015), *High-School Dropout Prediction Using Machine Learning: A Danish Large-scale Study,* Paper presented at the European Symposium on Artificial Neural Networks, Computational Intelligence and Machine Learning, Bruges, Belgium. [90]

Sculley, D. et al. (2015), *Hidden Technical Debt in Machine Learning Systems,* Paper presented at the Advances in Neural Information Processing Systems. [117]

Singer, J. and J. Willett (2003), *Applied Longitudinal Data Analysis,* Oxford University Press, http://dx.doi.org/10.1093/acprof:oso/9780195152968.001.0001. [123]

Singh, L. et al. (2019), "NSF BIGDATA PI Meeting - Domain-Specific Research Directions and Data Sets", *ACM SIGMOD Record*, Vol. 47/3, pp. 32–35, http://dx.doi.org/10.1145/3316416.3316425. [121]

Soland, J. (2017), "Combining Academic, Noncognitive, and College Knowledge Measures to Identify Students Not on Track For College: A Data-Driven Approach", *Research & Practice in Assessment,* Vol. 12/Summer 2017, pp. 5–19, http://www.rpajournal.com/dev/wp-content/uploads/2017/07/Summer_2017.pdf#page=5. [88]

Soland, J. (2013), "Predicting High School Graduation and College Enrollment: Comparing Early Warning Indicator Data and Teacher Intuition", *Journal of Education for Students Placed at Risk (JESPAR),* Vol. 18/3–4, pp. 233–262, http://dx.doi.org/10.1080/10824669.2013.833047. [87]

Stodden, V. et al. (2016), "Enhancing reproducibility for computational methods", *Science,* Vol. 354/6317, pp. 1240–1241, http://dx.doi.org/10.1126/science.aah6168. [108]

Stuit, D. et al. (2016), *Identifying early warning indicators in three Ohio school districts,* http://ies.ed.gov/ncee/edlabs/regions/midwest/pdf/REL_2016118.pdf. [23]

Swets, J. (1988), "Measuring the accuracy of diagnostic systems", *Science,* Vol. 240/4857, pp. 1285–1293, http://dx.doi.org/10.1126/science.3287615. [36]

Swets, J., R. Dawes and J. Monahan (2000), "Psychological Science Can Improve Diagnostic Decisions", *Psychological Science in the Public Interest,* Vol. 1/1, pp. 1–26, http://dx.doi.org/10.1111/1529-1006.001. [37]

The Wire (2016), *Aadhaar in Andhra: Chandrababu Naidu, Microsoft Have a Plan For Curbing School Dropouts,* https://thewire.in/politics/aadhaar-in-andhra-chandrababu-naidu-microsoft-have-a-plan-for-curbing-school-dropouts (accessed on 29 April 2021). [30]

Vermunt, J. and J. Magidson (2002), "Latent class cluster analysis", in Hagenaars, J. and A. McCutcheon (eds.), *Applied latent class analysis,* Cambridge University Press. [47]

Vermunt, J., B. Tran and J. Magidson (2008), "Latent class models in longitudinal research", in Menard, S. (ed.), *Handbook of longitudinal research: Design, measurement and analysis,* Elsevier, Burlington, MA, http://www.statisticalinnovations.com/articles/VermuntTranMagidson2006.pdf. [46]

Villagrá-Arnedo, C. et al. (2017), "Improving the expressiveness of black-box models for predicting student performance", *Computers in Human Behavior,* Vol. 72, pp. 621-631, http://dx.doi.org/10.1016/j.chb.2016.09.001. [97]

Wachter, S. and B. Mittelstadt (2019), "A right to reasonable inferences: Re-thinking data protection law in the age of big data and AI", *Columia Business Law Review,* Vol. 494. [109]

Wilkinson, L. and M. Friendly (2009), "The History of the Cluster Heat Map", *The American Statistician,* Vol. 63/2, pp. 179-184, http://dx.doi.org/10.1198/tas.2009.0033. [100]

Willingham, W., J. Pollack and C. Lewis (2002), "Grades and test scores: Accounting for observed differences", *Journal of Educational Measurement,* Vol. 39/1, pp. 1-37, http://www.jstor.org/stable/1435104. [60]

Zehlike, M. et al. (2017), *FA*IR: A Fair Top-k Ranking Algorithm,* ACM, Singapore, Singapore, http://dx.doi.org/10.1145/3132847.3132938. [116]

第十章

基于游戏的教育评价

杰克·巴克利,劳拉·科洛西莫,丽贝卡·坎塔尔,马蒂·麦考尔,埃丽卡·斯诺
美国英贝勒斯公司

  本章探讨了数字技术的进步如何推动新一代基于游戏的标准化教育评价的产生与发展。这类评价可测试的技能范围比传统的标准化测试要广。基于以上优势,本章讨论了这类评价的构建方式、工作原理及它们的一些局限性。尽管游戏在提高测评质量和测评学习者复杂技能方面具有较大潜力,但它们也许只能作为传统测试的补充,因为传统测试仍保有其优势。本章通过三个融合了一系列先进技术的教育评价案例来阐释这一观点。

引言

虚拟现实和增强现实、数字用户界面和体验设计、机器学习和人工智能、教育数据挖掘等技术的快速发展，促进了模拟数字环境的改进，加快了数字模拟和电子游戏在质量与设计方面的发展步伐。这不仅推动了在线学习技术的发展，使一系列可在课堂内外使用的应用程序得以开发（从虚拟实验室到模拟医学在线学习工具），还为基于游戏的标准化评价开辟了道路。新一代评价可用于衡量学习者多方面的技能，如创造力、协作能力与社会情感能力，以及学习者在科学、数学等传统领域的思维品质。此外，由于模拟环境更贴近"真实世界"，因此对知识与技能的评价也更接近现实应用。

基于游戏的标准化评价固然有着不错的前景，但要想实现它，挑战也不小。例如，这类评价因不再像传统的标准化测试那样以简单连续的离散问题或小型任务为基础，故开发成本更高，难度也更大。尽管如此，现在已经成功开发了一些基于游戏的标准化评价，它们很有可能成为未来评价学习者的一种方式。本章的内容结构如下：首先论证了基于游戏的评价能够解决传统评价存在的许多争议性问题，并有可能与课堂上的教与学更紧密地结合起来；然后解释了这类评价是如何开展的、使用了哪些技术、利用了哪些数据，还强调了构建这类评价将面临哪些挑战；接着对三个基于游戏的标准化评价案例进行分析，思考它们在未来可能发挥的作用，以及大规模普及这类评价可能需要哪些配套的基础设施。

为什么要在教育中使用基于游戏或模拟环境的评价

在教育中使用标准化评价，以及越来越多地将其与界定清晰的学术内容标准相结合并不是一个新的想法，一些高收入国家在大约40年前就已经这样做了，在国际上也至少可以追溯到20年前（Braun and Kanjee，2006[1]）。最近，教育政策、教学和学习及认知理论的领导者们共同呼吁提高教学、课程和评价之间的一致性，提倡建立一个全面的评价系统，把决策"从州议会到学校"一以贯之地落实下去（Gong，2010[2]）。作为这项改进措施的一部分，新的评价技术和方法日益受到大家的关注，其中就包括沉浸式的基于游戏或模拟环境的评价（DiCerbo，2014[3]；Shaffer et al.，2009[4]；Shute，2011[5]）。正如下文所述，这些新方法充分利用了教育技术（主要是个人计算机和高速网络）在学校中日益普及的优势，以及心理测量学、计算机化评价设计、教育数据挖掘、机器学习和人工智能等领域取得的进步。

第十章　基于游戏的教育评价

在教育领域，传统的标准化评价长期以来一直被一种模型所主导，该模型以离散问题（或称"题项"）集合为中心，其评价框架覆盖的内容有限，只能解决待评价领域的部分问题（Mislevy et al., 2012[6]）。另一方面，基于游戏的评价旨在模糊传统评价与更具吸引力的学习活动之间的界限，通过使用游戏和模拟环境，在一个极其"连贯"的环境中测量学习者的构念，激励他们在更有吸引力和真实的情况下展现自己的认知过程，而不仅仅是展现记住关键事实的能力（Shute et al., 2009[7]）。

尽管传统的教育评价的设计一般都符合技术质量标准，比如效度（评价是否能够测量所需测量的事物）、信度（评价是否具有一致性且误差最小）和公平性（评价是否具有文化敏感性和可获得性，是否能够做到对不同组别的评价对象没有偏见），但它还是饱受各方诟病。下面我们简要地回顾一下传统的标准化评价受到的具体批评（Sanders and Horn, 1995[8]），以及基于游戏的评价是如何对此进行改良的。

（1）评价需要结合现代心理学理论开展。

（2）评价与课程、教学不一致（Duncan and Hmelo-Silver, 2009[9]）。

（3）缺乏对不同目的评价的整合，包括形成性评价、中期评价和总结性评价（Perie, Marion and Gong, 2009[10]）。

（4）传统评价无法测量某些重要的、与政策紧密联系的构念（Darling-Hammond, 2006[11]）。

（5）学生的参与度和积极性下降（Nichols and Dawson, 2012[12]）。

现代心理学理论在评价中的应用

作为一部具有开创意义的作品，《了解学生的知识》（*Knowing What Students Know*）（National Research Council, 2001[13]）将认知理论引入评价领域，并采用了一个教师和政策制定者都可接受的框架。它要求对涉及深度理解的心理功能进行评估，而这些概念很难用标准化测试中常见的简短、不连贯的问题来评价（Darling-Hammond et al., 2013[14]）。因此，我们需要一种新的任务类型（或在课堂上经常使用但不在标准化测试中使用的评价项目），使学生能够在更真实的任务中展现其综合学力，如论文、项目、作品集和课堂表现等。在这一背景下，游戏和模拟的重要性日益凸显，因为它们有可能挖掘出学习者更深层次的理解和认知过程的证据。通过解读学习者玩游戏时或与精心设计的数字用户界面交互时产生的数据流，研究人员可以评估这些学习者是如何解决问题的，从而得到更有针对性的反馈（Chung, 2014[15]）。例如，科学学科当前的学术内容标准越来越多地要求学生学习并展示科学实践（即他们可以像科学家一样思考和推理）及科学事实。因此，基于游戏的评价为教育评价者提供了构建问题场景和模拟环境的机会，让他们能够观察学生与游戏或模拟内容之间的复杂交互，进而了解学生的推理和认知过程。

评价需要与课程、教学更好地保持一致

为配合推动教育改革，课程已逐渐发生了变化。目前的课程普遍与学习理论相结合，采用以证据为中心的设计方法，为学生呈现基础知识和实操案例（Mislevy et al.，2012[6]；Arieli-Attali et al.，2019[16]）。然而，传统的标准化评价仍然相对停滞，只能为教师和学习者提供有限的信息，这导致学什么（课程内容）和考什么（评价内容）之间的差距进一步扩大（Martone and Sireci，2009[17]）。随着研究人员和政策制定者不断呼吁建立新的评价框架，将学习理论和与课堂活动相一致的基础性可迁移技能融入其中（National Research Council，2012[18]；Darling-Hammond et al.，2013[14]；Conley，2018[19]），这也增加了人们围绕学习进度或具体教学单元设计并开发游戏、模拟和智能辅导系统的兴趣。

提高评价的一致性

教育评价可按目的，即根据测评结果的使用方式和解释方式进行分类。总结性评价在教学结束时进行，目的是评估学生学到了什么。这类评价在教育领域很常见，既包括年度学业水平考试、大学入学考试，也包括一些"从天而降"的监测测试，如国际学生评估项目（PISA）、国际数学与科学趋势测评项目（Trends in International Mathematics and Science Study，简称TIMSS）和各种国家级测评项目（Oranje et al.，2019[20]）。有些总结性评价对学生来说可能是高利害①的（如大学入学考试或毕业考试），但大多数情况下是低利害的，所谓的高利害只不过是针对教育系统中的其他参与者而言的。中期评价在教学过程中进行，目的是评估终结性目标的达成情况，并为教学提供改进建议。形成性评价也出现在教学期间，但与具体的教学和个人表现密切相关。中期评价与形成性评价的不同之处在于：前者可基于不同的教育水平进行汇总，且与广泛的总结性目标相关；后者则需要根据学生个体需要和即时的教学策略进行调整（Shepard，Penuel and Pellegrino，2018[21]）。这些教育评价的目的各不相同，通

---

① 当标准化测试的结果被视作某个重大决策的唯一决定性因素时，该测试就被称为高利害测试。——译者注

常需要采用适切的测量模型和验证方法（Ferrara et al.，2017[22]）。

将所有这些不同类型的评价融入教学中，会给教育工作者和家长带来困惑，而且往往以牺牲教学时间为代价。因此，人们开始关注如何使这一令人感到困惑和割裂的系统变得合理。例如在美国，随着以理论为基础、与教学相关的评价变得日益引人注目，人们普遍呼吁各层次的评价要保持"一致性"（Gong，2010[2]；Marion et al.，2019[23]）。也就是说，政策制定者和教育工作者越来越希望学生在整个学年中收到的评价能够作为一个单一的、连贯的系统发挥作用。

虽然游戏和模拟技术通常用于形成性评价，但随着近年来在开发和评分方面取得的进展，它们也可以被应用于国家层面的考试或国际大型比较类评价项目等总结性评价（Verger，Parcerisa and Fontdevila，2019[24]；Klieme，2020[25]）。例如，在一个连贯的系统中，一种沉浸式的基于游戏的评价可通过多种方式实施：就形成性评价而言，可在教学过程中提供持续的反馈和个性化建议；就中期评价而言，可在标准化程度更高的模拟条件下对学生进行评价，测量其终结性目标的达成度；就总结性评价而言，即使在没有形成性评价数据的支持下，也能为学生呈现一个新颖但相关的基于游戏的评价场景，从而让教师更好地了解学生掌握的知识与能力。专栏 10.1 重点介绍了德国一个职业技能评价的例子。

测量传统标准化评价"难以测量"的技能

另一种批评的声音是，传统的标准化评价在知识、技能和能力方面的评价能力有限，只对限定领域中极其简单的内容有效（Madaus and Russell，2010[27]）。例如，虽然传统的标准化测试可能是测评代数的一种有效、可靠、公平、高效的方式，但它可能不适用于测量创造性思维、协作解决问题等特质和能力。就教育的本质而言，这一批评非常中肯，原因有两方面：其一，世界各地的现代课程框架无论在跨领域技能还是传统的学术内容方面，都愈发呈现出多维特征，比如美国新一代科学教育标准（Next Generation Science Standards，简称 NGSS）（www.nextgenscience.org）不仅包括科学学科核心概念，还包括科学的交叉思想，以及科学和工程实践；其二，国际政策制定者日益认识到所谓的"21 世纪技能"或"深度学习"相关技能的重要性，如批判性思维、沟通能力、协作能力和创造力（Trilling and Fadel，2009[28]；Vincent-Lancrin et al.，2019[29]；Fadel，Bialik and Trilling，2015[30]）。无论是作为课程框架修订后的一部分，还是作为常规标准化测试内容的全新补充，使用游戏或模拟技术来评价这些复杂的特质和能力都是颇有前景的（Stecher and Hamilton，2014[31]；Seelow，2019[32]）。

> **专栏 10.1　德国：使用模拟技术来训练和评价职业技能**
>
> 德国联邦教育与研究部正通过 ASCOT+[①] 项目为不同领域职业技能的数字化培训和评价提供支持，如汽车机电一体化、技术系统问题解决、商业问题解决、护理的跨专业和社会情感能力等。除了在数字化培训单元采用视频和模拟技术之外，该项目还通过开发评价系统来认证学徒的技能是否达到预期水平。以商业领域正在开发的一种以能力为导向的评价任务创建器为例，它可以帮助评价人员设计出能够检验学生和员工能力的测试，实现从基于知识的考试向基于能力的考试转变。该项目将于 2022 年推出数字测试任务评价库，允许评价人员通过微调或组合定制评价内容，并在德国的考试中得到了法律认可。类似测试任务的开发、应用也出现在汽车机电一体化领域，受训人员因此得以在模拟环境中测试和发展自己的能力。
>
> 资料来源：Bundesministerium für Bildung und Forschung（n.d.[26]）

在互动和参与中测量构念

显然，大部分评价对象并不喜欢传统的评价体验（Nichols and Dawson，2012[12]；Madaus and Russell，2010[27]）。基于游戏的评价的吸引力之一——除了上文提到的那些——是有望对复杂的构念进行有效、可靠的测量，同时带来一些现代电子游戏所特有的参与感和沉浸感。尽管随着这类评价的广泛运用，有越来越多的证据证实了这一点（Hamari et al.，2016[33]），但我们必须记住用于评价的游戏（特别是那些在高利害情境中开展的评价，但不仅限于这类评价）与用于娱乐的游戏在本质上存在差异。此外，基于游戏的评价需要在效度、信度和公平性方面符合更为严格的科学标准，这意味着人们在其中的参与感和沉浸感可能会受到一些限制，或至少与娱乐性游戏带来的感受是不同的（Oranje et al.，2019[20]）。简言之，基于游戏的评价可能不像"真正的"游戏那样有趣。

下面我们将仔细分析基于游戏的评价的特点，并简要探讨如何设计此类评价。

如何构建基于游戏的评价

从头开始设计

使用游戏及其特点来提高学习者的参与感及捕捉那些难以测量的构念并不是一

---

① ASCOT+ 项目是德国联邦教育与研究部开展的职业教育能力测评项目（Technology-Based Assessment of Skills and Competences in VET，简称 ASCOT）（2011—2015）的延续。——译者注

个新的想法（Cordova and Lepper，1996[34]）。然而，教育评价领域的工作者对如何更好地实施这类评价，以及如何更好地利用其所提供的数据，仍处于认知发展阶段。将游戏及其特点整合到系统或评价中有多种方法，它们对学习者产生的影响也各不相同。因此，构建基于游戏的评价时，需要提前考虑这些特点的确切类型及其对学习者和数据收集产生的潜在影响（Shute and Ventura，2013[35]）。

评价设计者必须事先确定游戏具体要测量的是什么，以及每个基于游戏的元素如何为这种测量提供证据支持。这包括围绕感兴趣的测量点设计游戏情节、明确需要采集的证据，以及精确量化这些证据。正如梅斯雷弗（Mislevy，2018[36]）所指出的，"设计一种基于游戏或模拟的评价时，最糟糕的一种方式是先设计一个看起来很棒的游戏或模拟环境，再收集一些观察结果，目的是从学习者的表现中随便获取一些信息，然后把数据交给心理测量学家或数据科学家，让他们'弄清楚如何评分'"。虽然事后的探索性分析也有一定的价值，但它们不应该成为对评价进行评分的驱动机制。在设计团队具体开发游戏之前，必须先搞清楚他们的测量目标是什么、测量的方式有哪些，其中包括证据的量化方法和计划使用的量表。

这项重要的基础性工作不能在事后进行，因为这往往会导致心理测量性能不佳或缺乏可解释性。例如，当把现有的游戏改编为评价使用时，乍一看，似乎每个评价对象都生成了大量的数据，但通常情况下，这些数据产生的题项或测量点很难与需要考查的内容保持一致，或很难表现出强相关性（导致许多题项作废），也可能是难度水平不合适（对目标群体来说太容易或太难）。因此，题项设计环节应安排在整个项目一开始，因为设计基于游戏的评价需要提前考虑大量问题，事先制定好各项准则，否则一旦出现错误，可能会付出高昂的代价。

不过，这并不是说在开发基于游戏的评价时，对评价对象实际产生的数据进行分析不重要。设计者不仅要进行传统的经验心理测量分析，构建有效、可靠的评价，还应利用好这类评价产生的大量额外数据，运用来自机器学习等领域的新方法，提取更多有关评价对象能力或其他构念的有用信息（Gobert，Baker and Wixon，2015[37]）。

与"游戏化"的区别

在此，我们要将两种做法区分开来：一种是针对测量而明确设计的游戏或模拟，一种是"游戏化"或为激发学生参与度、心流体验与学习动机而在现有的任务与活动中添加类似游戏的元素（Deterding et al.，2011[38]）。一个"游戏化"的例子是在课堂活动中添加排行榜、徽章、个性化角色或进度条，尽管这可能有助于提高学生的参与度或积极性，但它并不是本章所讨论的那种经过设计的基于游戏的评价。值得注意的是，虽然两者有明显区别，但它们在评价社会情感学习及教育和职场中"非认知"技能方面的界限比较模糊。尽管如此，这并不妨碍我们使用设计好的游戏来评价其他类型的技能和态度（Yang et al., 2019[39]），而不仅仅是在传统测试中添加类似游戏的元素。

遥测与"隐蔽性"的问题

基于游戏或以模拟情境为中心的评价收集了大量的数据，这些数据往往是传统测试所遗漏或无法捕捉的——有时是"隐蔽的"或测试者不知道的（Shute and Ventura, 2013[35]）。其中包括选择模式、搜索行为、任务时间行为，在某些情况下还包括眼动或其他生物识别信息。这些丰富的数据可以帮助我们了解学生完成任务时的认知过程（Sabourin et al., 2011[40]；Snow et al., 2015[41]），而不仅仅是将评价聚焦于他们表现的最终产物上。然而，为收集和量化这些信息，这类评价的开发者需要对系统所要收集的数据作出详细的规定，通常被称为"遥测"。整个过程包括在设计阶段规划用户可执行的每个操作，并在数据基础结构中为该操作分配一个值或名称。这通常可以通过数据收集或测量框架来完成，如以证据为中心的设计（Evidence-Centred Design，简称ECD）（Mislevy et al., 2012[6]）。在设计师、软件工程师和测量科学家的共同努力下，遥测将被成功地映射到测量目标上。与任何评价一样，利益相关方都应该对测量内容和方式抱有信心。要想在教育评价，特别是高利害和总结性评价中使用遥测技术，我们必须对正在捕捉的行为、对这些行为的解释，以及这些行为应该如何存储和量化了然于胸。

技术难度与成本

经验表明，构建有效、可靠、公平的基于游戏的评价比开发传统的测试要复杂得多，也更具挑战性。要想成功开发这类评价系统，我们需要一个拥有多种技能的跨学科团队，包括游戏设计师、（最好）具有游戏领域背景的软件工程师、认知科学家，也和开发一般评价一样需要测试设计师、内容专家、教育研究人员和心理测量学家。鉴于这个原因，构建基于游戏的评价相对而言成本较高，对测量简单构念来说并不是一种有效的方法。例如，在注意到基于游戏的评价的优势后，PISA和美国国家教育进展评价（National Assessment of Educational Progress，简称NAEP）等多个操作性评价项目都添加了游戏或模拟组件，但由于成本的原因应用有限，只能采用混合方法将其与更传统的题项和评价策略结合使用（Bergner and von Davier, 2018[42]）。

另一个要考虑的挑战是让障碍学生能够使用基于游戏的评价。尽管最近几十年来教育测评领域已在这方面取得了重大进展，但将通用学习设计（Universal Design for Learning）这样的框架（Rose, 2000[43]）扩展到基于游戏的评价还需要精心设计，广泛测试；在某些情况下，还需要发明新的方法和新的技术，比如触觉反馈技术，使基于游戏的评价可以依托触摸式用户界面实现对视障学生的评价（Darrah, 2013[44]）。

新的心理测量方法和挑战

除了需要更广泛的技术专长之外，基于游戏的评价还需要在测量技术或统计方法上进行创新。例如，心理测量学家已提出新的能够反映任务复杂性的测量模型（Mislevy et al., 2000[45]；Bradshaw, 2016[46]；de la Torre and Douglas, 2004[47]）。这些新模型和其他正在开发的模型有助于更好地阐释认知和学习理论，捕捉复杂的潜在能力结构。它们为游戏和模拟所产生的新数据流提供了合适的测量模型。

基于游戏的教育评价也带来了新的公平性和公正性问题。例如，在家里或学校使用电脑的机会不同，以及（可能由性别差异导致的）对电子游戏规则或用户界面组件的熟悉程度不同，可能会拉大现有的成绩差距或导致产生新的成绩差距。开发者需要承担的责任之一是监测这些差距，并尽量减少常见分组（性别、种族、语言状况）和潜在新分组（如游戏经验）中的题项功能差异（differential item functioning，简称 DIF，指测试能力相同但背景不同的评价对象时，题项不能像预期的那样产生相同的测量结果）。在基于游戏的评价中，降低题项功能差异风险的一个关键设计元素是在每个游戏或模拟中设计有效的教程，让那些可能不太熟悉用户界面的评价对象快速掌握必要的游戏规则。

人工智能和机器学习的前景

除了心理测量方面的创新，基于游戏和模拟的评价也为基于机器学习和人工智能最新发展的技术创新带来了新的机遇（Ciolacu et al., 2018[49]）。例如，高利害的各项评价要求采用多种形式的评价以确保可靠性，而计算密集型的人工智能算法作为换算过程中的一部分，能够校准游戏内各种场景的难度水平，保证所有评价对象在难度水平上享有同等的公平。换句话说，在基于游戏的评价中，人工智能可以用来顺利通关或完成支线任务，以确保在进行昂贵且耗时的人工测试之前，它们在难度水平上是相当的。

从更广泛的意义上来说，类似的人工智能游戏，以及机器学习技术在游戏生成的海量试验数据集上的应用,可以作为提取过程数据的一种方式,从遥测数据日志(即在评价游戏或模拟过程中收集到的数据)中提取有意义的信息。也就是说,在开发基于游戏的评价时,当关于评价对象的海量数据变得容易获取时,一个关键阶段就是通过探索性数据分析和教育数据挖掘来完善和优化题项评分。尽管这种数据挖掘不应取代上文所述的设计过程,但经验表明,这种计算机辅助的迭代可通过增加评价数据的量来提高基于游戏的评价的可靠性和效率(Mislevy et al., 2014[50])。

专栏 10.2　技术的选择事关性别平等:来自智利实验的启示

圣地亚哥一所公立学校的实验表明,男女生在教育游戏中的学习差异可能是由所使用的技术平台造成的(Echeverría et al., 2012[48])。这可能也适用于他们在基于游戏的评价中的表现。实验中,11 年级学生在玩《第一殖民地》(*First Colony*),这是一款要求学生应用静电学概念的教育游戏。学生扮演宇航员的角色,任务是带回一颗珍贵的水晶。由于水晶很脆弱,"宇航员"只能用电力来移动它。在多鼠标版本中,这个游戏是在一个带有多个电脑鼠标的平台上操作的,学生三人一组,每人控制一个鼠标。通过鼠标,学生们可以移动"宇航员",改变他们的电荷值和极性,并激活他们的电荷,与水晶进行互动。在增强现实版本中,学生可以利用平板电脑进行同样的操作。在这里,教室与游戏世界融为一体:每张桌子上都有一组标记,允许增强现实系统在桌子上放置虚拟物体。通过屏幕上方的网络摄像头,系统可以检测到学生与纸质标记的相对位置,从而确定每个学生(宇航员)的位置。虽然在使用多鼠标平台玩游戏时,学生们的表现并没有性别差异,但在使用增强现实平台时,男生的表现优于女生,在统计学上具有显著性差异。

　　实验结果显示,男生和女生在使用增强现实平台后的表现有显著性差异。鉴于男女生在多鼠标版本游戏中不存在性别差异,这表明平台的选择会在学习上造成性别鸿沟,而这与游戏无关。由于女生在使用增强现实平台时似乎更吃力,因此将该技术用于基于游戏的评价可能会让她们处于劣势。教育工作者应谨慎选择在基于游戏的评价中使用哪种技术,因为他们的选择可能会产生意想不到的效果。

三个教学应用案例

《模拟城市(教育版):挑战污染治理》(GlassLab)

《模拟城市(教育版):挑战污染治理》(*SimCity EDU: Pollution Challange*)是 GlassLab 于 2014 年发布的一款基于游戏的评价。GlassLab 是一项由麦克阿瑟基金会及比尔和梅琳达·盖茨基金会资助的合作开发计划。该游戏以热门的《模拟城市》系列游戏的设计为基础,让评价对象扮演一个虚拟城市的市长,负责在四个复杂程度递增的关卡中平衡经济增长和环境保护。该游戏被用于开展形成性评价,主要用于评价初中(ISCED-2)学生的问题解决、系统思维和因果关联能力。

该游戏的评价内容与"21 世纪学习框架"(Framework for 21st Century Learning)和美国经济教育学会(Council for Economic Education)的标准相吻合,也与美国新一代科学教育标准和国家数学学科通用核心标准(Common Core State Standards in Mathematics,简称 CCSSM)相关内容保持一致。与源游戏一样,解决问题的任务非常吸引人,而且大部分是空间和经济类的。GlassLab 还投入了大量资源来解决"教程"和遥测处理等问题,并开创了新的心理测量模型来支持推理和报告(Mislevy et al., 2014[50]; Misevy, 2018[36])。

图 10.1 《模拟城市(教育版):挑战污染治理》(GlassLab)

注:《模拟城市(教育版):挑战污染治理》由现已关停的 GlassLab 于 2013 年推出,它转化自热门电子游戏《模拟城市》,是一款面向中学生(主要是初中生)的评价游戏。评价对象通过修改后的《模拟城市》界面便可解决各种城市问题。遥测数据须借助复杂的心理测量模型进行处理。

资料来源:Games for change(n.d.[50]); Glasslab(n.d.[51])

《太空危机》(ACTNext)

在《太空危机》(Crisis in Space)中,ACTNext 开发了一款基于游戏的评价的试验版,旨在评价初中生合作解决问题的能力及相关的社会情感能力。在这款游戏中,两名评价对象需要共同解决空间站上的一系列问题,其中一人扮演空间站的宇航员,另一人扮演地面任务控制中心的工作人员。通过让学生在合作类游戏中真实地开展协作,《太空危机》为评价对象提供了一种真实且富有吸引力的体验,改进了早期通过学生与"虚拟代理"(聊天机器人)交互来测量协作能力的方式。

《太空危机》荣获了 2020 年电子评估奖的创新奖，特别值得一提的是它对多种数据类型的使用，包括用户界面生成的遥测数据、学生对话的音频记录和评价对象的眼动追踪数据。ACTNext 还采用诸如自然语言处理（natural language processing，简称 NLP）等先进的机器学习技术来处理这些数据，对协作案例的成功与否进行评分（Chopade et al.，2019[53]）。

图 10.2 《太空危机》（ACTNext）

注：《太空危机》是 ACT 公司开发的一款基于游戏的评价的试验版，是其研究机构 ACTNext 正在进行的关于协作解决问题能力评价的研发项目的一部分。在这个游戏场景中，两名玩家一起工作，为空间站排除故障。测量用到的技术包括眼动追踪和自然语言处理。

资料来源：https://actnext.org/collaboration-assessment-online-games/；https://actnext.org/research-and-projects/cps-x-crisis-in-space/（经许可复制）

《玩转生态系统（教育版）》（Imbellus）

第三个例子是《玩转生态系统（教育版）》（*Project Education Ecosystem Placement*，简称 PEEP），目前也正处于试验阶段，其目的是通过一个游戏来测量初高中学段学生的问题解决能力。在这个游戏中，评价对象需要构建一个可在自然环境中自我繁衍的食物链或生态系统。PEEP 由沃尔顿家族基金会资助，改编自一项最初为就业选拔设计的基于游戏的评价。目前全球咨询公司麦肯锡正是通过这种方法来遴选新的商业分析师。

改编后的 PEEP 能够更加准确地反映生命科学的内容，同时更加符合学生的发展规律。PEEP 将最终用于高利害的总结性评价，并支持创建许多平行的形式或版本，以提高测试的安全性。为了达到上述目的，PEEP 使用一种算法，创建了多个可行的、难度大致相当的、基于大型生物库的生态系统解决方案。PEEP 也可以作为一种"阶段自适应"评价任务，向评价对象出示一系列亟待解决的问题，问题难度将在算法的支持下根据他们之前的表现有所变化。

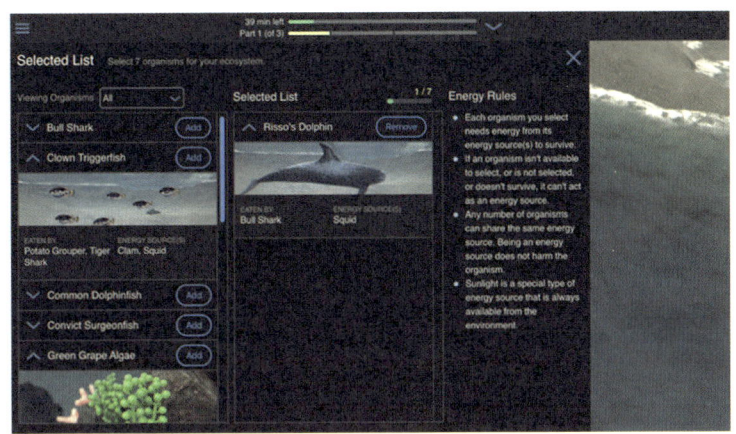

图 10.3　《玩转生态系统（教育版）》（Imbellus）

注：作为对问题解决能力长期评价的一部分，PEEP 为学生们提供了一系列挑战性任务，使他们可以创建一个可在自然环境中繁衍的食物链或生态系统。PEEP 的前身是 Imbellus 创建的用于就业选拔的评价项目，得到了沃尔顿家族基金会的支持，并与萨米特学校和其他学校系统进行合作。通过使用学生遥测技术，PEEP 为认知过程和最终结果的测评创造了机会，即可采用项目反应理论进行评分。

资料来源：Courtesy of Imbellus

应用前景及实现方式

　　教育工作者、管理者和政策制定者应考虑将基于游戏的评价纳入他们的教育评价系统中，因为相比传统的评价方式，它具有独一无二的优势。基于游戏的评价是特殊的，因为它可以反映出真实情境中的动态交互、复杂结构和反馈环路。从长远来看，综合性的评价系统应依靠基于游戏和模拟的场景来评价学生对知识、技能和能力的整合与应用。强大的场景可涵盖某个学术领域的所有内容子集，但其最大的优势也许在于能够帮助测量学习者问题解决与协作能力的水平——这两者是 21 世纪的重要生存技能。

　　基于游戏的评价不仅能够对一直以来被认为难以测量的认知过程作出评价，与现代课程更加契合，还能够提升学生在测量过程中的参与度，这使它将成为未来所有教育评价系统的重要组成部分。然而，基于游戏的评价往往不能像我们所希望的那样产生许多可用的题项评分，因为与传统的、离散的题项评分相比，它们的开发成本相对较高。因此，一个具有高性价比的、强大的评价系统可能结合了基于游戏的场景和传统的、成本较低的、离散技术增强的评价题型。就这种评价系统而言，一个好的设计原则是在可行的情况下使用相对便宜的传统评价（例如，测量对学术内容的熟练度），同时保留相对昂贵的基于游戏或模拟的评价场景，用于测量更复杂的认知结构。此外，基于游戏的评价不应仅限于在总结性评价中使用，而应成为整个学年中连贯的评价系统的一部分。从理论上说，这样一个高效的、混合的评价系统可设计成具有多种用途，包括用于责任报告、推动本地教学和建立学生个人成长模型。

为了在国家层面实现基于游戏和模拟的评价的美好愿景，教育部需要在设计、实施和部署开展这类评价所需的基础设施方面有所投入。尽管其中一部分工作可以外包给私企供应商，但要想成功开展这类评价，我们还需要公共部门的参与，比如学校需要配置充足的计算机硬件（尽管越来越多的国家开始考虑"自带设备进课堂"的政策），主干网络要能够满足数据高速传输的需要。

译后感

随着 5G、人工智能、大数据等信息化前沿技术在教育领域的深入应用，越来越多的人关注到了游戏与教育结合的巨大潜力，基于游戏的教育评价应运而生，并成为教育数字化转型进程中浓墨重彩的一笔。本章主要介绍了基于游戏的标准化教育评价的应用价值、构建方式、实践案例及应用前景，让读者从理论与案例中逐步了解基于游戏的教育评价为什么评、如何评。

在本章中，"游戏"是一个核心概念，是评价内容和形式的载体，即通过游戏或模拟情境的设计，为评价对象提供一种仿真的情境，实现让学生在真实情境中解决问题的目标。因此，这里的"游戏"不同于我们日常语境中的玩耍或竞争性游戏。有研究者对"游戏"进行了分类，游戏首先分为没有规则的自由玩耍和有规则的游戏两类，有规则的游戏又分为竞争类和非竞争类，非竞争类的游戏中包含情境模拟。对照本章的内容可知，文中的游戏是指模拟真实情境的、非竞争类的、有规则的游戏，也称为严肃游戏，其核心目的是训练和教育，而非娱乐，它具有游戏的外观和感觉，但实质是对现实事件或过程的模拟。

由此，基于游戏的评价是数字化技术在情境化评价中的一种创新应用，它的设计是从情境化评价的理念出发，与技术结合，通过设计模拟情境，对学生的学习进行连贯性、关联性、系统性的评价，以此考查学生更为复杂的技能或素养，如问题解决能力、协作能力、创造力、社会情感等，对知识与技能的评价更接近于现实应用，能够解决传统考试注重知识记忆、课程教学和考试评价不一致等问题，和当前我国及世界范围内的素养培育的教育评价理念保持高度的一致性。

尽管基于游戏的评价有诸多优势,但其发展和推广并非一帆风顺,目前还处于理论探索和小范围实践阶段,正如本章作者所说,基于游戏的教育评价在评价构建、评价的公平性、设计开发成本和硬件设备要求等方面都面临着挑战。在我国,游戏与教育的结合也有着多年的探索,2015 年 8 月成立的中国教育技术协会教育游戏专业委员会关注教育游戏、游戏化学习领域的研究与实践,已在北京等部分学校、区域开展实践,目前主要的实践点在于游戏和学习动机、学习过程的结合,将游戏运用于评价,特别是标准化评价的探索还比较少。

虽然在过去的二三十年间,我们还没有看到技术给教育带来的实质性变化,但随着人工智能、数字技术的高速发展及逐渐融入人们的生活,我们有理由期待在当前已有的基础上,基于游戏和仿真数字技术的评价能够在我国教育领域发挥更大的作用,当然这也会为现有教育系统带来一些调整。

首先,基于游戏的教育评价的运用需要教育系统和社会力量形成合力。基于游戏的教育评价的构建是一项高度综合、系统、复杂的工作,需要教育研究者、游戏设计师、心理测量学家、测试专家等跨学科团队的合作,且有着很高的开发成本,这显然不是一名教师或一所学校能够完成的,在课堂上开展形成性评价所用的游戏情境可能是由每位教师提出需求,评价和技术人员完成设计,游戏开发商提供游戏,这种通力合作也将增加教育的开放性。

其次,基于游戏的教育评价需要与政策接轨进行顶层设计。2020 年 10 月,中共中央、国务院印发了《深化新时代教育评价改革总体方案》,指出要坚决改变用分数给学生贴标签的做法,创新德智体美劳过程性评价办法,完善综合素质评价体系,基于游戏的评价或许是一个很好的切入口,但这要求基于游戏的评价设计能够有适用场景的顶层设计,如基于游戏的标准化测试用在哪些测试中、谁来评价、评价谁。用于课堂教学形成性评价的游戏情境的开发和用于学生总结性评价的游戏情境的开发有着显著的不同,基于游戏的教育评价要想真正走进课堂、学校,必须与国家的课程、教材、评价等政策制度相结合,进行整体架构。

最后,基于游戏的教育评价的运用需要充分考虑到地区和学生差异。基于游戏的评价的实施依赖于计算机等硬件设备和学生对设备操作的熟悉程度,考虑到中国地区性差异大、学生家庭经济背景差异大、特殊学生等现实,在运用和推进基于游戏的教育评价时应"小步走",避免产生更大的不公平,偏离评价设计的初衷。

(杨兰、戴歆紫译,张怀浩一校,梁力萌二校)

参考文献

Arieli-Attali, M. et al. (2019), "The Expanded Evidence-Centered Design (e-ECD) for Learning and Assessment Systems: A Framework for Incorporating Learning Goals and Processes Within Assessment Design", *Frontiers in Psychology,* Vol. 10, http://dx.doi.org/10.3389/fpsyg.2019.00853. [16]

Bergner, Y. and A. von Davier (2018), "Process Data in NAEP: Past, Present, and Future", *Journal of Educational and Behavioral Statistics*, Vol. 44/6, pp. 706–732, http://dx.doi.org/10.3102/1076998618784700. [42]

Bradshaw, L. (2016), "Diagnostic Classification Models", in *The Handbook of Cognition and Assessment*, John Wiley & Sons, Inc., Hoboken, NJ, USA, http://dx.doi.org/10.1002/9781118956588.ch13. [46]

Braun, H. and A. Kanjee (2006), "Using assessment to improve education in developing nations", in Braun, H. et al. (eds.), *Improving Education Through Assessment, Innovation, and Evaluation,* American Academy of Arts and Sciences, Cambridge, MA. [1]

Bundesministerium für Bildung und Forschung (n.d.), *ASCOT+*, https://www.ascot-vet.net (accessed on 30 May 2021). [26]

Chopade, P. et al. (2019), "CPSX: Using AI-Machine Learning for Mapping Human-Human Interaction and Measurement of CPS Teamwork Skills", *2019 IEEE International Symposium on Technologies for Homeland Security (HST)*, http://dx.doi.org/10.1109/hst47167.2019.9032906. [53]

Chung, G. (2014), "Toward the Relational Management of Educational Measurement Data", *Teachers College Record*, Vol. 116/11. [15]

Ciolacu, M. et al. (2018), "Education 4.0 - Artificial Intelligence Assisted Higher Education: Early recognition System with Machine Learning to support Students' Success", *2018 IEEE 24th International Symposium for Design and Technology in Electronic Packaging (SIITME)*, http://dx.doi.org/10.1109/siitme.2018.8599203. [49]

Conley, D. (2018), *The Promise and Practice of Next Generation Assessment*, Harvard University Press, Cambridge, MA. [19]

Cordova, D. and M. Lepper (1996), "Intrinsic motivation and the process of learning: Beneficial effects of contextualization, personalization, and choice", *Journal of Educational Psychology*, Vol. 88/4, pp. 715–730, http://dx.doi.org/10.1037/0022-0663.88.4.715. [34]

Darling-Hammond, L. (2006), "Constructing 21st-Century Teacher Education", *Journal of Teacher Education*, Vol. 57/3, pp. 300–314, http://dx.doi.org/10.1177/0022487105285962. [11]

Darling-Hammond, L. et al. (2013), "Criteria for High-quality Assessment", *Stanford Center for Opportunity Policy in Education.* [14]

Darrah, M. (2013), "Computer Haptics: A New Way of Increasing Access and Understanding of Math and Science for Students Who are Blind and Visually Impaired", *Journal of Blindness Innovation and Research*, Vol. 3/2, http://dx.doi.org/10.5241/3-47. [44]

de la Torre, J. and J. Douglas (2004), "Higher-order latent trait models for cognitive diagnosis", *Psychometrika*, Vol. 69/3, pp. 333–353, http://dx.doi.org/10.1007/bf02295640. [47]

Deterding, S. et al. (2011), "From game design elements to gamefulness", in *Proceedings of the 15th International Academic MindTrek Conference on Envisioning Future Media Environments - MindTrek '11*, http://dx.doi.org/10.1145/2181037.2181040. [38]

DiCerbo, K. (2014), "Game-Based Assessment of Persistence", *Educational Technology & Society,* Vol. 17/1, pp. 17–28. [3]

Duncan, R. and C. Hmelo-Silver (2009), "Learning progressions: Aligning curriculum, instruction, and assessment", *Journal of Research in Science Teaching*, Vol. 46/6, pp. 606–609, http://dx.doi.org/10.1002/tea.20316. [9]

Echeverría, A. et al. (2012), "Exploring different technological platforms for supporting co-located collaborative games in the classroom", *Computers in Human Behavior*, Vol. 28/4, pp. 1170–1177. [48]

Fadel, C., M. Bialik and B. Trilling (2015), *Four-dimensional Education: The Competencies Learners Need to Succeed*, Center for Curriculum Redesign, Cambridge, MA. [30]

Ferrara, S. et al. (2017), "Principled Approaches to Assessment Design, Development, and Implementation", in *The Handbook of Cognition and Assessment,* John Wiley & Sons, Inc., Hoboken, NJ, USA, http://dx.doi.org/10.1002/9781118956588.ch3. [22]

Games for change (n.d.), Games for change, http://www.gamesforchange.org/game/simcityedu-pollution-challenge/ (accessed on 30 April 2021). [51]

Glasslab (n.d.), *SIMCITY edu: Pollution challenge,* https://s3-us-west-1.amazonaws.com/playfully-games/SC/brochures/SIMCITYbrochure_v3small.pdf (accessed on 30 April 2021). [52]

Gobert, J., R. Baker and M. Wixon (2015), "Operationalizing and Detecting Disengagement Within Online Science Microworlds", *Educational Psychologist,* Vol. 50/1, pp. 43–57, http://dx.doi.org/10.1080/00461520.2014.999919. [37]

Gong, B. (2010), *Using balanced assessment systems to improve student learning and school capacity: An introduction*, Council of Chief State School Officers, Washington, D.C. [2]

Hamari, J. et al. (2016), "Challenging games help students learn: An empirical study on engagement, flow and immersion in game-based learning", *Computers in Human Behavior,* Vol. 54, pp. 170–179, http://dx.doi.org/10.1016/j.chb.2015.07.045. [33]

Klieme, E. (2020), "Policies and Practices of Assessment: A Showcase for the Use (and Misuse) of International Large Scale Assessments in Educational Effectiveness Research", *International Perspectives in Educational Effectiveness Research,* Springer International Publishing, Cham, http://dx.doi.org/10.1007/978-3-030-44810-3_7. [25]

Madaus, G. and M. Russell (2010), "Paradoxes of High-Stakes Testing", *Journal of Education*, Vol. 190/1-2, pp. 21–30, http://dx.doi.org/10.1177/0022057410190001-205. [27]

Marion, S. et al. (2019), "A Tricky Balance: The Challenges and Opportunities of Balanced Systems of Assessment", *Paper Presented at the Annual Meeting of the National Council on Measurement in Education,* National Center for the Improvement of Educational Assessment, https://www.nciea.org/sites/default/files/inline-files/Marion%20et%20al_A%20Tricky%20Balance_031319.pdf (accessed on 2 January 2020). [23]

Martone, A. and S. Sireci (2009), "Evaluating Alignment Between Curriculum, Assessment, and Instruction", *Review of Educational Research,* Vol. 79/4, pp. 1332–1361, http://dx.doi.org/10.3102/0034654309341375. [17]

Mislevy, R. (2018), *Sociocognitive Foundations of Educational Measurement*, Routledge, New York. [36]

Mislevy, R. et al. (2000), "Bayes nets in educational assessment: Where do the numbers come from?", *CSE Technical Report 518*, University of California, National Center for Research on Evaluation, Standards, and Student Testing, Los Angeles, CA. [45]

Mislevy, R. et al. (2012), "Design and discovery in educational assessment: Evidence-centered design, psychometrics, and educational data mining", *Journal of Educational Data Mining,* Vol. 4/1, pp. 11–48. [6]

Mislevy, R. et al. (2014), *Psychometric Considerations in Game-Based Assessment*, Glasslab Games, Redwood City, CA. [50]

National Research Council (2001), *What Students Know: The Science and Design of Educational Assessment*, National Academies Press, Washington, D.C., http://dx.doi.org/10.17226/10019. [13]

Nichols, S. and H. Dawson (2012), "Assessment as a Context for Student Engagement", *in Handbook of Research on Student Engagement,* Springer US, Boston, MA, http://dx.doi.org/10.1007/978-1-4614-2018-7_22. [12]

Oranje, A. et al. (2019), "Summative Game-Based Assessment", in Ifenthaler, D. and Y. Kim (eds.), *Game-Based Assessment Revisited,* Springer. [20]

Pellegrino, J. and M. Hilton (2012), *Education for Life and Work: Developing Transferable Knowledge and Skills in the 21st Century*, National Academies Press, Washington, D.C., http://dx.doi.org/10.17226/13398. [18]

Perie, M., S. Marion and B. Gong (2009), "Moving Toward a Comprehensive Assessment System: A Framework for Considering Interim Assessments", *Educational Measurement: Issues and Practice,* Vol. 28/3, pp. 5-13, http://dx.doi.org/10.1111/j.1745-3992.2009.00149.x. [10]

Rose, D. (2000), "Universal Design for Learning", *Journal of Special Education Technology,* Vol. 15/3, pp. 45-49, http://dx.doi.org/10.1177/016264340001500307. [43]

Sabourin, J. et al. (2011), "When Off-Task is On-Task: The Affective Role of Off-Task Behavior in Narrative-Centered Learning Environments", in *Lecture Notes in Computer Science, Artificial Intelligence in Education,* Springer Berlin Heidelberg, Berlin, Heidelberg, http://dx.doi.org/10.1007/978-3-642-21869-9_93. [40]

Sanders, W. and S. Horn (1995), "Educational Assessment Reassessed", *Education Policy Analysis Archives,* Vol. 3, p. 6, http://dx.doi.org/10.14507/epaa.v3n6.1995. [8]

Seelow, D. (2019), "The Art of Assessment: Using Game Based Assessments to Disrupt, Innovate, Reform and Transform Testing", *Journal of Applied Testing Technology,* Vol. 20/S1, pp. 1-16. [32]

Shaffer, D. et al. (2009), "Epistemic Network Analysis: A Prototype for 21st-Century Assessment of Learning", *International Journal of Learning and Media,* Vol. 1/2, pp. 33-53, http://dx.doi.org/10.1162/ijlm.2009.0013. [4]

Shepard, L., W. Penuel and J. Pellegrino (2018), "Using Learning and Motivation Theories to Coherently Link Formative Assessment, Grading Practices, and Large-Scale Assessment", *Educational Measurement: Issues and Practice,* Vol. 37/1, pp. 21-34, http://dx.doi.org/10.1111/emip.12189. [21]

Shute, V. (2011), "Stealth Assessment in Computer-Based Games to Support Learning", *Computer Games and Instruction*, Information Age Publishing, Charlotte, NC, http://myweb.fsu.edu/vshute/pdf/shute%20pres_h.pdf. [5]

Shute, V. and M. Ventura (2013), "Stealth Assessment: Measuring and Supporting Learning in Video Games", in John, D. and C. MacArthur (eds.), *Foundation Reports on Digital Media and Learning*, The MIT Press, Cambridge, MA, http://dx.doi.org/10.7551/mitpress/9589.001.0001. [35]

Shute, V. et al. (2009), "Melding the power of serious games and embedded assessment to monitor and foster learning", *Serious Games: Mechanisms and Effects,* Vol. 2, pp. 295-321. [7]

Snow, E. et al. (2015), "Does agency matter?: Exploring the impact of controlled behaviors within a game-based environment", *Computers & Education,* Vol. 82, pp. 378-392, http://dx.doi.org/10.1016/j.compedu.2014.12.011. [41]

Stecher, M. and L. Hamilton (2014), Measuring hard-to-measure student competencies: A research and development plan, RAND Corporation, Santa Monica, CA, https://www.rand.org/pubs/research_reports/RR863.html. [31]

Trilling, B. and C. Fadel (2009), *21st century skills: Learning for Life in Our Times*, Jossey-Bass. [28]

Verger, A., L. Parcerisa and C. Fontdevila (2019), "The growth and spread of large-scale assessments and test-based accountabilities: A political sociology of global education reforms", *Educational Review*, Vol. 71/1, pp. 5-30, http://dx.doi.org/10.1080/00131911.2019.1522045. [24]

Vincent-Lancrin, S. et al. (2019), *Fostering Students' Creativity and Critical Thinking: What It Means in School,* Educational Research and Innovation, OECD Publishing, Paris, https://dx.doi.org/10.1787/62212c37-en. [29]

Yang, F. et al. (2019), "Game Design for Eliciting Distinguishable Behavior", *Paper Prepared for the 33rd Conference on Neural Information Processing Systems.*, https://papers.nips.cc/paper/8716-game-design-for-eliciting-distinguishable-behavior.pdf (accessed on 2 January 2020). [39]

第十一章

教育中的区块链：一种全新的认证生态

纳塔莉·斯莫伦斯基，美国海兰认证公司

区块链技术通过提供用于数字货币交易的分布式网络，深刻地改变了世界金融服务业的格局。同样的数字基础设施也可以用来验证教育领域中重要的声明和凭证，如教育和学业记录。在全球教育行业中，使用区块链技术来发布、分享和验证教育经历和专业证书的势头已非常明显。本章将对区块链技术进行概述，并重点介绍如何运用该技术在教育领域创建可迁移、可互操作且全由用户控制的数字凭证。这些可验证的声明构成了一种社交货币的新形态，使学生和劳动者可将自己的能力和技能转移到他们生活、学习、工作的任何地方。

引言

本章展示了区块链技术这一新的数字验证基础设施对教育的价值。简言之，区块链技术使任何人都能验证个人或机构发布的声明，包括其特征和资质能力，而且验证过程既快速又准确。这不仅能有效消除数据造假，还能促进学习者、劳动者在机构和地区间的流动，并使他们对自己的数据有更多的控制权。

本章分为四个部分：（1）概述区块链技术；（2）解释区块链如何助力教育认证；（3）概览全球范围内区块链技术在教育领域的应用情况；（4）为政策制定者和教育机构提供一系列关于如何最好地使用这项新技术的建议。

第一部分"了解区块链技术"，旨在帮助不熟悉该领域的读者了解区块链的基本运作模式，从而更好地理解其在教育领域的应用案例。这部分概述了区块链的发展历程，阐明了其基本概念、主要功能，并提供了相关应用案例。简言之，区块链的主要价值在于提供了一种使不互信的多方之间达成共识的机制。这部分将重点关注区块链技术首个具体应用——数字货币，以及其他可能的应用实例。

因此，熟悉区块链技术的读者可选择跳过第一部分，直接阅读第二部分"区块链助力教育认证"。这部分展示了如何运用区块链技术可靠地验证和转移学位、学业记录及其他各类证明类凭据。区块链技术虽然已经在一些教育场景中展现其应用潜力，比如可用于简化行政流程，但截至目前，该技术在教育领域最成熟的应用仍然是认证，因此这也是本章的重点。

第三部分"现实世界的应用"为读者提供了一份关于可验证数字凭证解决方案的全球市场调查，该方案中大量运用了区块链技术。这部分内容介绍的是截至 2021 年第二季度的最新情况，由于该市场当前仍在快速发展，不排除会在接下来的几年甚至几个月内发生重大变化。区块链技术的前景是被广泛看好的，原因之一就是它正在全球范围内迅速普及，无论教育还是其他行业都是如此。

作为一种真正意义上的全球网络技术，区块链从某种程度上来说是整个互联网的缩影。因此，第四部分"推动变革"建议政府、企业和教育机构为他们构建的区块链认证解决方案赋予相应权限，使它具备跨国、跨平台的认证能力。新冠疫情凸显了人与机构及机构之间在数据传输时对安全、即时、可验证等特性的迫切需求。与任何数字化项目一样，向可验证的数字认证模式迁移既需要资金的支持，也需要管理模式的变革。然而，上述组织如果能选择基于开放标准的解决方案和供应商，则可以使他们的项目适应未来并确保长期可行。

第十一章　教育中的区块链：一种全新的认证生态

若能向支持区块链及提供可验证数字凭证的方向转变，我们最终就有可能建立起一个可交互、可操作的全球生态系统，一个支持人才、服务在全球流通的全新信用体系。它还能支持"终身学习"的教育模式，在这种模式下，个人学习的边界将被不断拓宽，而传统的学校学习将只是那漫长历程中的一个节点。21世纪的经济，以及在网络时代出生和长大的数字原住民已经将这种个人发展模式内化了，他们希望生活中的各种凭证也能像其他数据格式一样，表现出相应的便利性、安全性和可携带性。一种可用来保存学业记录的跨国数字账本，会让教育机构前所未有地成为领衔应用该技术的全球先锋，开创下一代"非货币"社交货币使用的先河。

了解区块链技术

计算机科学的突破

2009年以前，数字货币从未被广泛使用过。究其原因，是因为所谓的"双重支付"在那时太容易了：有些人很容易就能假装自己拥有数字货币，然后不停地消费。任何人都可以随心所欲地创造货币，这将导致任何形式的数字货币变得毫无价值。

计算机科学家们花费了数十年时间试图解决这个问题，最终他们找到了一种相对完美的解决办法，即通过比特币协议实现点对点的电子现金交易（Nakamoto，2008[1]）。比特币是"区块链"技术的首个应用，它是第一种通过网络中的对抗节点进行验证的不可编辑交易链。关于比特币与区块链的确切定义，下文将会重点阐述。在真正理解区块链技术的突破性贡献之前，我们首先需要了解它是如何解决一个更基础的计算机科学问题的，即拜占庭将军问题（Byzantine Generals Problem，简称BGP）。

拜占庭将军问题涉及协调多方的行动，各方之间并不能完全地相互信任、依靠。在典型的拜占庭将军问题的案例中，多位拜占庭将军计划进攻一座城市，但只有当他们同时进攻时才会成功。如果这些将军无法在行动上协调一致，那么每个人都会被判定为失败，但如果他们能够协调成功，则每个人都能成为赢家（Moskov，2018[2]）。这是一个二元格局：彻底失败或完全胜利。完全胜利所需的条件在任何一个社会群体中都很难达成，即共识。

能在多个不可信或对立系统之间达成可靠共识的计算机系统被称为"拜占庭容错"（byzantine fault-tolerant，简称BFT）。依靠拜占庭容错机制才能工作的系统有航空控制系统、航天控制系统、核能系统及数字货币系统（Wikipedia, n.d.[3]；Binance

Academy，n.d.[4]）。这些系统使用不同的拜占庭将军解决方案或不同的共识机制。共识机制是一种在互不信任的各方之间达成共识的方式。不同的共识机制能满足各种拜占庭容错系统的不同需求和目的。

例如，如果你试图在供应链的多个站点间跟踪一个库存单位（stock-keeping unit，简称SKU），并且你并不完全信任供应链中的各个环节，那么你就会需要一个带有拜占庭容错特性的系统。另一方面，如果你试图追踪数字货币的消费情况，而网络中的每一个人都假装自己拥有超过实际金额的货币，那么你就会需要一个更健全的共识机制。并非每一个拜占庭容错系统都使用区块链。但作为区块链技术的首个应用，比特币是一个可用于追踪数字货币所有权和支付状况的拜占庭容错系统。除了解决拜占庭将军问题之外，比特币还通过一种被称为"工作量证明"（proof of work）的共识机制来解决双重支付问题（Wikipedia，n.d.[5]）。

工作量证明可以被看作是在计算机系统中运行的"验证码"①。其基本原理为：网站会要求你解答一个对人类来说非常简单，但对计算机来说很难的问题，以此来证明你的人类身份。如果你能解答该问题，接收端的计算机便会允许你发送数据或订购服务。同理，计算机之间若要求对方执行某项任务，比如一方向另一方汇款，也可能让发起请求的设备先解决一个复杂问题，以获得业务许可。验证发起端的计算机已经解决了这个问题，就是"工作量证明"。

设置工作量证明的目的是提高计算机之间的通信成本，以消除网络上低俗甚至带有欺骗性的应用。比如，工作量证明可以防止分布式拒绝服务（Distributed Denial of Service，简称DDoS）攻击和垃圾邮件（SPAM）——一些恶意用户会通过类似方法用大量恶意或无意义的数据将网络"淹没"，就好比在齿轮上撒沙。随着计算机变得越来越快速、智能，工作量证明的实施也变得越来越难——在处理能力方面的成本越来越高。这对保障拜占庭容错网络的安全性、稳定性和可用性是十分必要的。但处理能力的不断增强也意味着能源消耗量（以下简称"能耗"）的增加，这就是为什么比特币这样的工作量证明系统会因其对环境的影响而饱受批评（Temple，2019[6]）。作为回应，运行比特币协议的计算机集群现在经常使用可再生能源，并安放在寒冷的环境中，以降低冷却所需的能耗（Baydakova，2019[7]；Morris，2018[8]）。尽管比特币的能耗相对较高，但过去几项关于其能耗研究的影响力报告已被证明是极不准确的（DiChristopher，2017[9]）。"到

---

① 验证码，原文为CAPTCHA，即Completely Automated Public Turing test to tell Computers and Humans Apart，中文全称为"全自动区分计算机和人类的图灵测试"。——译者注

2020年比特币网络将消耗全球一半电力"的预言显然没有应验（Cuthbertson，2017[10]）。而且随着计算机处理能力变得日益节能，比特币网络在不牺牲数字货币长期存储所需的安全性和可用性的情况下，也一样可以减少能源的消耗（American Chemical Society，2019[11]）。事实上，方舟投资管理公司（Ark Invest）最近发布的一份白皮书指出：通过参与能源市场的供需管理，比特币的"挖矿"（Bitcoin mining）行为可能在促进可再生能源转化方面发挥关键性作用（Ark Invest，2021[12]）。

综上所述，比特币是一个拜占庭容错网络，旨在通过工作量证明来防止双重支付问题，从而使数字货币保值甚至升值。但它为什么会被称作区块链呢？

区块链和分布式账本

如上所述，并非所有的拜占庭容错系统都是区块链。尽管关于区块链和其他拜占庭容错系统之间究竟有何不同还存在争议，但业界普遍认为"区块链"指的是一种分布式账本，它记录了一类仅能追加且不可变的交易数据库。"区块链"一词最初与比特币连在一起使用，被用来描述数字货币交易时产生的分类账。比特币的发明者中本聪（Satoshi Nakamoto）最初称其为"工作量证明链"或"时间链"，因为交易记录是按照时间顺序加盖时间戳后添加到账本中，并根据其创建的先后次序被永久保存的（Messari，2019[13]）。此外，这些交易记录被分组存放在"区块"（block）中，并在一段固定时间后存入链中（在比特币系统中，每10分钟就有新的交易区块被添加到链中）。这种基于区块的架构很容易让人联想到早期比特币圈子所"创造"的术语——区块链。

还有一类拜占庭容错系统并不依赖于不可变数据库的交易区块，这些系统有时被称为"分布式账本"①（distributed ledgers）。分布式账本可以跟踪，也可以不跟踪网络中的货币分配，通常使用不同于工作量证明的共识机制。得到充分授权的终端可以对分布式账本进行编辑。有些人把分布式账本和区块链区分开来，将二者视为不同的事物，有些人则认为区块链其实是分布式账本的一种特定类型。

在这场区块链和分布式账本的概念之争中，我们不必选择一方站队，因为不同的拜占庭容错网络是出于不同的目的而创建的。这些拜占庭容错网络之间的区别主要取决于它们相对的中心化或去中心化水平。换言之，此类网络的基础设施是由谁提供的，共识是由谁决定的，是单个还是多个权威机构，很大程度上决定了该网络的中心化或去中心化水平。在某些情况下，一个更加中心化的区块链结构是有意义的，对其

---

① 分布式账本技术，即 Distributed Ledgers Technology，简称 DLT。——译者注

他情况来说则不然。下面我们将从区块链的应用群体及其特定的应用目的来介绍不同去中心化水平的区块链的应用。

> **专栏 11.1　公共/私有，开放/授权许可：它们之间有何区别？**
>
> 对于网络中的交易写入、链上节点运行、交易验证等行为，区块链系统有着很明确的规则。以下为区分不同类型区块链的一般指导准则。
>
> **写入链**
>
> 公共：任何人都可以向链上写入交易，并查看自己写入交易的历史记录。
>
> 私有：只有被授权的用户才能向链上写入交易，并查看自己写入交易的历史记录。
>
> **运行节点和验证交易**
>
> 开放：任何人都可以运行链上的节点并验证链上的交易（这里的"开放"不同于"开源"，许多私有区块链都是使用开源代码架构的，但封闭的网络结构决定了它们的私有属性）。
>
> 授权许可：只有获得许可的用户才能运行链上的节点并验证链上的交易。
>
> 区块链系统可以是以下任意一种组合：公共/开放、公共/授权许可、私有/授权许可（虽然理论上私有/开放式的区块链是有可能的，但目前所有的私有链系统都是按授权许可的方式运行的）。
>
> 需要注意的是，发生在公共区块链上的交易虽然允许任何人查看，但这并不代表任何人都能理解其含义。这是因为公共区块链通常以假名或匿名的方式记录交易，并对交易内容进行散列加密，一般用户无法直接阅读。这是在公共平台上保护隐私的一个必要步骤（这也是为何我们常说对公共区块链不保护隐私的批评往往具有误导性）。
>
> 为了验证公共区块链上的交易，用户需要借助技术标准所提供的一系列技术支持。这类验证通常能得到一些应用程序的支持，比如网络浏览器或手机钱包。这类为过去交易提供验证服务的应用程序可以是开放的、免费的，也可以设置收费或其他访问限制。
>
> 例如一些使用公共区块链来追踪交易的认证公司，其部分收入来源就是提供凭证验证收费服务。那些私有或授权许可的区块链也可以对凭证验证设置收费限制，或提供某种类型的身份验证服务。

去中心化与中心化

将比特币[①]看作一个典型的区块链案例，对我们理解"去中心化"很有帮助。比特币之所以选择去中心化，是因为这有助于解决它所面临的一个最主要的问题——货币无限超发所导致的贬值。纵观历史，激励政府滥发货币的要素无处不在，包括充实军费、支撑市场、偿还债务等（Bhatia, 2021[14]）。随着时间的推移，引发的货币贬值将

---

① 在英文中，比特币协议通常以首字母大写表示，即 Bitcoin，而作为加密货币的比特币因为并不是官方法币，所以一般以首字母小写表示，即 bitcoin，有时也缩写为 BTC。——译者注

对普通百姓的存款和财富造成巨大的冲击（Alden，2021[15]）。比特币在诞生之初即被赋予了数字化稀缺性，固定供应量为 2100 万枚，从而能够预防货币贬值带来的风险。任何个人或政府都无法改变这一特性。这意味着比特币生来就具备通缩属性，会随着时间的推移而升值。

一些比特币业内人士预测：由于一种被称作"超级比特币化"（hyperbitcoinisation）的过程的出现，比特币将会以意想不到的速度快速升值，且不会出现回落，这使其与那些恶性通货膨胀的货币形成鲜明对比（Krawisz，2014[16]；Kenobit，2018[17]）。虽然中本聪从未明确这样说过，但他设计的比特币持有机制表明他已预计到一枚比特币的价值会涨到很高，以至于大多数人可能永远赚不到一枚完整的比特币。中本聪为此设计了名为 SAT（satoshi）的最小计价单位，代表一亿分之一枚比特币。拜这种设计所赐，人们在将比特币用于货币交易或长期储蓄时可避免大额票面所带来的不便。

中本聪的意图是保护比特币免受激进货币政策的干预，这清楚地表明比特币设计之初就是一种"无国籍货币"。这意味着其架构可以有效避免任何形式的中央集权。因为比特币的区块链是开放且公开的，任何人都可以运行协议上的部分或全部节点，并使用工作量证明向网络提交交易。该网络上的交易目前是允许不记名的，并且正在向匿名机制发展（Nuzzi，2019[18]）。所有的网络代码都是开源的，这意味着所有人都可以参与其开发；当然，承担维护工作的志愿者团队还是会由一组核心开发者和密码专家共同组成。对比特币运行方式不满的人也可以对其代码进行"分叉"（fork）操作，建造可以与比特币竞争的其他区块链应用。而且市场是开放的，允许用户选择他们中意的区块链平台来完成储蓄和交易。到目前为止，比特币的市值在所有基于区块链的加密货币中是最高的。截至 2021 年 4 月，所有比特币的总值已经超过 10000 亿美元，是虚拟货币中首个达到该量级的币种（Ali，2021[19]）。排在第二位的则是以太币（ether，简称 ETH），其资产总额大概是比特币的三分之一，即 3000 亿美元（CoinMarketCap，n.d.[20]），下文也会谈到发行以太币的区块链网络——以太坊（Ethereum）。

可以理解的是，这种彻底的去中心化已经使比特币遭到了一些国家的排斥（McWhinney，2019[21]）。银行（尤其是中央银行）对这种无国籍加密货币特别谨慎（Steenis，2017[22]），一部分原因在于这种货币提供了另外一种可替代的价值存储和媒介交换方式，可以不受官方货币政策干预的影响。许多公司和产业联盟也有类似的想法，他们通常不愿使用开放的、公共的区块链，而是倾向于使用私有的或公共加授权许可的模式，以便对使用其网络的用户及其权限施加更多的控制。此外，去中心化也确实需要在技术层面做好权衡：在集中程度更高的网络中，网络传输和交易处理的效率也更容易提升。这是因为只授权可信方访问可以减少对拜占庭容错的需求：强大的拜占庭容错需求往往会拖慢网络的决策速度，而你对网络参与方的信任度越高，这种需求也就越小。

比特币虽然引起了非议，令部分人不满，但也激起了一批开发者积累巨大的个人财富的野心——毕竟数字货币几乎不会产生任何铸币税。于是其他各种数字货币和分布式账本的架构也被迅速开发出来，这固然对比特币倡导的去中心化网络理念有所助益，但这些框架在更大程度上体现出的还是中心化的特征，期望授信度更高的用户能够参与其中。上文已经提到，这些中心化的区块链系统很多都不涉及加密货币，而是作为提供服务的基础设施，并有可能凭借服务收费。因此，我们可以把去中心化看作一个频谱，它可以在区块链架构的不同部分或多或少地表现出来。

还有一点很重要，目前对于"去中心化"该如何界定还存在很大的争议。一些人认为属于去中心化的架构，另一些人则认为是高度中心化的。这些争议中的一部分应该归咎于区块链空间所蕴含的价值观和意识形态判断。对某些人来说，去中心化是一件显而易见的好事，中心化则不然。反过来，另一些人认为去中心化是不道德的、有罪的，更有甚者还持有更过激的观点。有关这个领域的激烈争论持续不断。本章不会直接用"好"或"不好"对去中心化或中心化作价值判断。相反，本章一直在强调：系统的特征必然是由构建系统的目的所决定的。

以太坊是当今市值第二高的区块链（CoinMarketCap, n.d.[20]），是遵循比特币高度去中心化架构的又一个区块链技术应用。和比特币一样，以太坊是一个开放的公共区块链系统，任何人都可以在网络上进行交易、运行节点或参与开源代码的开发。2018年，美国证券交易委员会（US Securities and Exchange Commission）做出决定：比特币和以太坊都不能被视为证券，因为就其发行和价值而言，没有第三方履行"企业和管理职能"（entrepreneurial and managerial functions）（Sharma, 2018[23]; Pisani, 2018[24]）。

然而，比特币和以太坊之间有两大重要区别，这使它们走向了截然不同的发展道路。其一，比特币被打造成了最安全的数字货币，以太坊则被打造成了分布式"虚拟机"——一种用于运行去中心化应用的基础平台。以太坊的加密货币以太币被称为"燃料"，因为其主要功能是支持网络上应用程序的运行（尽管不是唯一功能），而不是作为存储或交换的通用媒介。作为一个虚拟计算平台，以太坊允许在其区块链交易中包含被称为"智能合约"（smart contracts）的可执行代码。智能合约允许相关组织实

第十一章 教育中的区块链：一种全新的认证生态

施大规模的自动化操作和协同操作。通过 if-then 这样的逻辑，智能合约能在满足给定条件的前提下执行某些特定功能（通常为支付功能）（CoinTelegraph, n.d.[25]）。以太坊的这一特性催生了一类被称为"去中心化应用"（decentralised applications）的应用程序（也称为 DApps），其章程和流程都被嵌入智能合约（Wikipedia, n.d.[26]）。尽管比特币也能执行智能合约，但以太坊在这方面的应用更广泛，对开发者也更友好，这使其成为开发去中心化应用时使用最多且最受欢迎的区块链技术（Leising and Kharif, 2020[27]）。

其二，比特币的创始人至今仍保持匿名，并在该网络启动运行两年后便不再参与其管理工作——至少表面上是如此（Bernard, 2018[28]）。尽管之后几年很多人都声称自己就是中本聪，但没有人能够拿出确凿的证据，也没有人能够对比特币网络的技术架构产生实质性影响。相比之下，以太坊的主要发明者维塔利克·布特林（Vitalik Buterin）则为世人所熟知，并且始终在以太坊网络的管理中发挥着积极作用。例如，布特林一直致力于将以太坊的共识机制从工作量证明转变为权益证明（proof-of-stake，简称 PoS），他是这一转型的主要推手之一，这一变化也被称为以太坊 2.0 版（Foxley, 2020[29]）。

> **专栏 11.2　权益证明**
>
> 权益证明机制的支持者认为，"挖矿"这样的工作量证明行为意味着越来越高的能源成本，滋生了被称为"矿池"的强大利益集团，导致普通用户已无法正常运行区块链节点（Muzzy, 2020[30]）。为了解决这个问题，权益证明机制要求他们的"矿工"（或被称为"铁匠"，以区别于工作量证明机制的用户）在持有数字货币时，通过承担一定的风险来验证交易，而不是通过消耗能源来解决复杂的数学运算。对在权益证明系统中进行不诚信交易的惩罚是没收其部分加密货币。就以太坊而言，向权益证明机制转型也被认为是安全提升网络交易总量的必要前提。
>
> 然而，权益证明也招来了一些批评的声音。梅萨里研究公司（Messari）指出，权益证明机制有可能创建一个等级制的区块链治理系统，在这类区块链网络中最富有的参与者会有很强的话语权，或在验证方面享有优先权（Watkins, 2020[31]）。对于那些实施"链上治理"（on-chain governance）的区块链系统来说，这类风险尤为明显。"链上治理"会将网络控制权赋予代币持有者而非核心开发者，而这个群体有时被认为以自我为核心，不会对其他网络用户负责任（Messari.io., 2019[32]）。简单来说，权益证明系统中有一个风险——富有的代币持有者可以操控系统的运作，以实现自己的利益最大化。
>
> 这些富有的持币者可能是该区块链网络的原始投资人，原本就持有大量加密货币，

> 也可能是后来大量购买加密货币并通过频繁验证交易获得增值回报的投资者——即所谓的马太效应，最终小用户会被彻底排挤出该网络（Watkins，2020[31]）。其他的权益证明批评者则认为，区块链网络交易量的提升并非一定要通过"上链"来达成。例如，类似比特币这样扩张速度极慢的工作量证明系统已经催生出另一类相当繁荣的行业，即"二层"应用，它使用户可以在链下进行绝大多数交易，而仅在最终结算时"上链"完成交易（Coin Telegraph，n.d.[33]）。
>
> 这里需要注意的是，区块链网络（包括比特币、以太坊及其他网络）的出现并没有解决贫富不均或财富再分配的问题。与当今世界的人口相比，任何一种加密货币的持有者数量都非常少，加密货币的财富分配必然是不均衡的。虽然区块链网络是帮助我们重构21世纪全球治理体系的重要干预手段，但其针对性很强，产生的社会效应有限，不可能代替政策或社会管理平台发挥作用。

自2016年发生著名的"DAO黑客"事件后，布特林在以太坊网络管理中所发挥的作用就变得日益显著。一名攻击者利用以太坊网络中一个由去中心化自治组织（Decentralised Autonomous Organisation，简称DAO）开发的智能合约漏洞，盗取了价值超过8900万美元的以太币（Kar，2016[34]）。布特林领导的一个小组对该黑客进行了反击，成功地夺回了这些资产，但一封据称来自该攻击者的匿名信声称，他们之前的获取行为是合法的，因为他们实施的所有操作都是智能合约所允许的，即"代码即法则"（code is law）（Siegel，2016[35]）。然而，布特林十分担心默许黑客的这种逻辑会破坏投资者对以太坊及未来各种基于以太坊的DApp、DAO的信任。因此，他提出了"硬分叉"（hard fork）模式，即可以将网络回滚至攻击发生前的状态，并将被盗取的资金返还给DAO投资者。

以太坊网络去中心化的特性使得采用其协议的众多矿工不得不考虑是否要采纳布特林的建议。但鉴于布特林在圈子中的地位，以及他从以太坊其他创始人处获得的支持，大多数以太坊开发者都选择支持分叉代码，这使新开发的、可回滚的以太坊最终成为该类区块链系统中接受度最高的版本。当然，也有一些开发者拒绝接受新的模式，他们所支持的未分叉区块链被称为以太经典（Ethereum Classic，简称ETC）。相比之下，在2017年上演的"比特币内战"（Bitcoin Civil War）期间，那些自称为中本聪的人中没有一个能影响比特币的技术架构（Dinkins，2017[36]），这场战争反倒催生出一些小的流派分支，如比特现金（Bitcoin Cash，简称BCH）、比特黄金（Bitcoin Gold，简称BTG）、比特币中本聪愿景（Bitcoin Satoshi's Vision，简称BSV）等。这些分支发展到今天，无论是财富规模还是应用范围，都远没有达到正统比特币（BTC）的规模（CoinMarketCap，n.d.[20]）。

第十一章 教育中的区块链：一种全新的认证生态

布特林和其他以太坊创始人对网络治理的持续参与，为以太坊网络未来的发展提供了丰富的可能性——特别适用于那些希望简化核心业务应用和服务的企业与政府。以太坊的智能合约功能使那些互不信任甚至互不相识的机构可以共同执行需要进行大量协调的任务，如付款结算、提供托管服务、投资人红利支付、提供安全的电子投票、通过供应链进行 SKU 追踪及许多其他功能。已有公司在这方面展开行动，比如康赛系统公司（ConsenSys），这是一家由以太坊联合创始人约瑟夫·卢宾（Joseph Lubin）创立的公司，专注于使用以太坊技术开发企业级的 DApps（ConsenSys, n.d.[37]）。

但在许多已建立的机构中，参与者对使用公共的、开放的数字基础平台来实现基于智能合约的应用程序并不感兴趣。企业以太坊联盟（Enterprise Ethereum Alliance, 简称 EEA）（Enterprise Ethereum Alliance, n.d.[38]）的建立就是为了建设适用于公共-授权许可或私有架构下的以太坊版本，这些版本可以针对客户企业的特定需求构建特定的功能（Sharma, 2019[39]）。该联盟发展至今，已集合超过 200 家企业来共同部署各种版本的以太坊产品，这些产品由特定的公司或政府机构注资运营。企业以太坊应用的一个突出案例即欧洲区块链服务基础设施（European Blockchain Services Infrastructure, 简称 EBSI），这是一个由欧盟委员会创立的公共-授权许可的区块链平台，可以提供跨境公共服务（CEF Digital, n.d.[40]）。在私营企业中，该联盟成员摩根大通（J.P. Morgan）领衔开发了一个专用于金融行业的授权许可类以太坊产品——"多数派"（Quorum）（Quorum, n.d.[41]）。

2015 年，Linux 基金会公布了名为"超级账本"（Hyperledger）的项目，项目发起方是一个涉及技术、金融、供应链等多个领域的公司联盟，旨在构建一个私有区块链系统，该系统声称可以提高现有公共区块链的可扩展性和可靠性（Wikipedia, n.d.[42]）。超级账本项目现包含多种区块链"工具包"，使组织或联盟能够创建满足其特定业务需求的私有区块链。因为这些工具包都不支持加密货币的发行，所以许多人觉得它们更像是分布式账本而非区块链。当今流行的工具包括编织超级账本（Hyperledger Fabric）和锯齿波超级账本（Hyperledger Sawtooth），另外还有贝斯超级账本（Hyperledger Besu），这是一个于 2019 年设立的企业以太坊代码库（Castillo, 2019[43]）。在认证领域，包括 Salesforce、Workday 和 Greenlight 在内的多家公司已经开始使用超级账本工具包来构建他们主导的区块链网络（Lemoie and Souares, 2020[44]）。包括亚马逊、IBM、甲骨文和 SAP 在内的多家公司还通过超级账本工具包为使用其云服务的客户提供"区块链即服务"（Blockchain-as-a-Service, 简称 BaaS）

产品（Amazon, n.d.[45]；IBM, n.d.[46]；Oracle, n.d.[47]；SAP, n.d.[48]）。一些非营利组织也使用超级账本工具包（当然也使用其他区块链工具）来构建其区块链基础平台，提供公共服务和商业服务。一些著名的案例包括西班牙的阿拉斯特里亚（Alastria）联盟（Alastria, n.d.[49]）和美洲开发银行（Inter-American Development Bank，简称IDB）实验室发起的"艾尔链"（LACChain）（ConsenSys, 2020[50]）。

区块链平台R3科尔达（R3 Corda）平台是另一个私有的、企业级区块链应用的案例。R3成立于2014年，是一家私人公司，它创建了一个用来管理与同步财务协议的区块链系统（Wikipedia, n.d.[51]）。科尔达平台于2016年实现开源，最初建立的目的是符合金融行业的技术要求和标准。从那时起，科尔达平台便不断发展，以适应各行业的需求，其主要竞争对手是几年后才完成开发的编织超级账本（Shin, 2020[52]）。科尔达平台在编程语言和密码标准方面的做法一贯保守，最近一项由国际电气和电子工程师协会（Institute of Electrical and Electronics Engineers，简称IEEE）主持的研究对其给予高度评价，认为科尔达平台是唯一一个与美国国家标准技术研究所（National Institute of Standards and Technology，简称NIST）标准兼容的区块链平台，因此具有供美国联邦政府使用的资质（Jessel, 2020[53]）。然而有趣的是，美国联邦政府的首个区块链实施方案实际上是建立在编织超级账本上的联邦卫生与公共服务部的采购平台（Malone, 2020[54]）。

最后，与国家法定货币挂钩的数字加密货币，即所谓的"稳定币"（stablecoins），正越来越多地出现在我们的视野中，这必将促进法币与加密货币之间的相互交换。这些"稳定币"通常"由发行它们的私人公司完全控制并实施运营，这些公司将传统银行中的存款转化为各自的加密货币，然后分发给客户"（Dagger, 2020[55]）。然而，去中心化的稳定币也出现了，其目的主要是规避一些在使用中心化稳定币方面烦琐且相互矛盾的法律法规（Fitzpatrick, 2020[56]）。尽管如此，随着各个国家的央行开始发行数字法币，向政府运营的中心化稳定币过渡可能会加速。

成本和限制

区块链不是一项小工程，它的出现是为了解决拜占庭将军问题：如何才能在许多无法相互信任的参与者之间建立共识？答案是在节点间采用同一共识机制来验证交易的去中心化网络，并且这种网络只有在大规模部署时才能发挥作用。如果一个区块链网络中的验证者过少，一些动机不纯的参与者就很容易获得足够的网络算力来实施攻击，覆写对自己有利或对他人不利的共识。这便是所谓的"51%算力攻击"（51% Attack）。

相反，如果一个小型网络完全由受信任的参与者组成，那就没有必要采用拜占庭容错机制了，因为采用传统的数据库和应用程序来搭建这种网络通常成本更低，效率也更高。

创建、部署和运营区块链网络是一项浩大的工程。公共区块链系统的运营资金来自持有该类加密货币的利益相关方所获得的奖励：比特币和以太坊的"挖矿"即通过网络交易的验证来完成（该网络同时也能保证交易的安全进行），比特币和以太币本身即该类交易的回报。此外，交易费用经过评估后也会以此类网络加密货币的形式支付给区块验证者。

中本聪对比特币供应总量做出了限制（约为2100万枚），并提出了"超级比特币化"的假设：若该网络建设成功，比特币的价值将会飙升，全球经济中的很大部分将通过比特币交易来完成。这意味着随着"挖矿"回报的减少和网络使用量的增长，运营和维护比特币网络的成本可能会完全由交易费用来负担（类似于现在的VISA、万事达等信用卡系统）。

相比之下，以太坊的创始人并没有限制以太币的绝对数量。每一个区块的"挖矿"都能获得以太币奖励，奖励增量会随时间推移而减少（EthHub, n.d.[57]；ConsenSys, 2019[58]），且以太币总量会以每年约1800万枚的速度增加（Sharma, 2019[59]）。布特林曾宣称以太币的发行量至少要花一个世纪才能突破1亿（Buterin, 2016[60]），但随着以太坊网络的流行，这一目标其实在2018年就达成了（Varshney, 2018[61]）。为避免以太币进一步通货膨胀，布特林提议将以太币的发行量限制在1.2亿枚（或至少限制在1.44亿枚），但该提议目前仍未被采纳（Varshney, 2018[61]）。与比特币一样，以太坊的用户也会支付交易费用，但更重要的是，以太币（即挖出的"矿"）的真正作用在于支持智能合约的运行。换言之，以太坊不像比特币那样致力于成为世界储备货币，而是试图成为"世界的计算机"。如果有一天"挖矿"不再被给予奖励，以太坊网络的运营资金也可以由交易费用和"矿"产来一起负担。

同以上两者相比，授权许可区块链和私有区块链通常没有对应的加密货币。这意味着它们每年必须投入巨额资金来维持其网络运营，这笔费用往往高达数十万甚至数百万美元。在某些情况下（如管理整个行业的供应链），这样的成本需求也是合理的，可以由成员组织来分摊，最终以投资回报的方式来补偿。但当整个实施环节中仅有一个组织时，通过类似方法来简化内部流程的成本将远超其产出。在自有数据库即可满足需求的情况下，还强行上马区块链系统，往往就会因代价高昂、操作烦琐而导致失败。

由于区块链网络必须具备相当规模后才能使成本和收益达到平衡，这导致市场再度向公共区块链倾斜。毕竟，区块链只有通过网络效应[①]才能产生价值，但每个私有区块链网络在设计上都有自己的封闭网络。如果每家公司都去开发自己的私有区块链网络，世界上最终可能会出现大量基于不同标准但无法互联的私有网络。在投入大量的研发费用之后，"数据孤岛"的问题将再次出现。

安永公司（Ernst & Young）在行业中一直以直言不讳著称，他们认为私有区块链的时代实际上已经终结。安永全球区块链业务的负责人保罗·布罗迪（Paul Brody）曾这样写道：

迄今为止，通常是每当有一个组织愿意加入某个联盟或既有网络，就有两家公司开始自建网络。这种情况下，网络效应无从谈起。和大多数网络技术一样，区块链也是天然垄断的。私有区块链网络的用户越多，它们的用处就越大，而一旦在系统中获得主导地位，它们便无法遏制向系统成员收取"租金"的冲动。在若干消费类区块链应用中看到这种情形后，安永倾向于认为大多数企业会更愿意使用传统模式，而不是在B2B领域面对那种拥有强大垄断能力的区块链供应商。相比之下，以太坊这类公共区块链系统为企业用户提供了更好的选择，即使其地位的确同垄断无异，但它们并未借此索取超额利润——最终形成的是一个服务供应商相互竞争的良性生态系统。（Brody, 2019[62]）

布罗迪将公共区块链系统比作互联网——一种共享的基础设施，不受单个企业控制，而是支撑起所有企业的价值。这是一个恰当的比喻。在互联网时代早期，许多公司和政府机构都坚持必须拥有自己的"内网"，即仅供内部访问的私有网络。然而，随着时间的推移，只有一些运行最为关键的业务的内网被保留下来，大多数数字业务流程都被转移到互联网上。现在区块链领域也出现了类似的趋势，许多企业坚持使用私有区块链，认为它们更安全、更高效，但在投入大量资金后才意识到，由于限制了对其他网络的访问，他们这种做法实际上削弱了其区块链网络的价值。

布罗迪认为公共区块链在隐私保护方面已经相当成熟，这可能得益于某些背景。一开始，公共区块链就限制了可以上链的数据类型——除了公钥、散列值之外，有时也会有智能合约。尽管如此，黑客仍有可能利用某些漏洞来"戏弄"公开的智能合约——比如2016年的"DAO黑客"事件。基于类似原理，与已知标识符绑定的公钥就可以用来实施"网络分析"，并追踪用户在区块链上的交易（Chainalysis, n.d.[63]）。执法部门也可以使用这种方法来追踪区块链网络上的金融犯罪行为（Weinstein,

---

① network effects，即随着用户数量的增加，服务或产品的价值也随之增加。——译者注

2015[64])。虽然几乎无法通过重构散列值的方法来还原交易数据,但哈希值是否需要涵盖个人身份识别信息仍存在争议,因为如果使用不当,可能会造成个人身份信息泄露(Mearian, 2018[65]; Longstaff, 2018[66])。

零知识证明(Zero-Knowledge proofs,简称 ZKPs)技术能隐藏公共区块链上的所有交易数据,从而解决上述问题。虽然许多区块链用户都对这种技术颇感兴趣,但某些政府部门和执法机关却担心其使用会影响对金融犯罪的调查。直到最近,兹卡什和索夫林平台①(Zcash and Sovrin)已成为使用零知识证明技术的主要公共区块链平台(Sharma, 2019[67]; The Sovrin Foundation, 2018[68])。比特币和以太坊都拥有巨大的网络效应,启用这一功能就显得特别有意义。当然,除了零知识证明之外,我们现在还有许多方法来实现数据的最小化(限制验证所需的数据类型和数据量)。

那么私有区块链是否还有用武之地?毫无疑问,它们还是能够发挥作用的,主要应用于一些内网。发展区块链技术的最终目的,即促进不互信的各方达成共识,开展大规模交易和进行数据交换,只有在长期互操作后才有可能实现。这并不意味着世界上只会剩下一种区块链,但能够在最大范围内促进数据交换和数据验证的区块链系统必将占有最大的份额。

开放标准

区块链本身并不能保证数据的可迁移性和系统的互操作性。如专栏 11.1 所示,存储在区块链上的数据只有在能够被可靠地解读和验证时才能发挥作用。由于公共区块链不对链上的明文数据实施编码,而各类授权许可区块链和私有区块链对链上存储数据的标准又有很大区别,因此在开展身份验证、金融交易、协议签署及其他诸多业务时,需要采用同一标准来共享、验证和读取区块链上存储的数据。

这就是开放标准可以发挥作用的地方。开放标准本身不是应用程序,而是格式化、编写、共享、检索、验证数据的标准化方法。区块链技术的出现推动了开放标准领域的大量创新,因为企业、政府和个人贡献者都意识到必须有一种共享方法可以用来验证数据的真实性。这种共享方法可以减少对特定供应商的依赖性,进而使机构或个人在管理数据时避免对某个固定平台产生依赖。

在当今的区块链领域,从事开放标准设计的最知名的机构应该就是万维网联盟(World Wide Web Consortium,简称 W3C)。该联盟是在互联网早期(1994 年)由蒂

---

① 该代码库被以"因迪超级账本"(Hyperledger Indy)之名捐赠给了 Linux 基金会。——译者注

姆·伯纳斯-李（Tim Berners-Lee）、麻省理工学院、欧洲核子研究组织（CERN）、美国国防部高级研究计划局（DARPA）和欧盟委员会共同建立的，其目的是编纂用于全球建设基础数字网络并可进行信息交互的标准（W3C，n.d.[69]）。W3C 是世界上领先的独立互联网标准组织，许多个人和机构都志愿为其工作。

W3C 为区块链数据开发的首批标准中就包含了认证标准，即如何验证一方关于另一方的声明是有效的。这些标准中最受关注的是可验证凭证（Verifiable Crenditials，简称 VCs）（W3C，n.d.[70]）和去中心化身份标识（Decentralised Identifiers，简称 DIDs）（W3C，n.d.[71]）。可验证凭证开放标准已于 2019 年被 W3C 列为完全推荐①，其设立是为了和数字身份标识的新标准，即 DIDs 一起协同工作。DIDs 标准也已于 2021 年 4 月提交至联盟进行推荐审核②。

区块链使用中需要识别个人及机构所持的加密公钥，而 W3C 设立 DIDs 标准的目的就是提升这一过程的灵活性和私密性。综上所述，可验证凭证和 DIDs 摆脱了单一区块链网络的限制，增强了对用户的隐私保护，丰富了区块链的功能，进而构建出一个安全、可追溯的数字凭证生态系统。鉴于以上原因，美国国土安全局一直在资助研究这些技术的企业，推进这些新标准的开发速度（US Department of Homeland Security，2019[72]；US Department of Homeland Security，2017[73]；US Department of Homeland Security，2019[74]）。可验证凭证和 DIDs 也得到了多国政府和国际机构的认可，包括加拿大（VON，n.d.[75]；Benay，2019[76]）、新加坡（OpenCerts，n.d.[77]）、韩国（Insights，2020[78]）及欧盟委员会（Du Seuil and Pastor，2019[79]；EU Blockchain Observatory and Forum，2019[80]）。

值得注意的是，采用可验证凭证和 DID 标准记录内容，其记录方式和内容都是隐藏的。并且，此类标准采用无差别的记录方式，无论记录的内容是教育、财务、学术还是机要信息，均按照相同方式记录。为应对各行业对记录内容和形式标准化的不同需求，其他相关的标准机构已陆续成立。由于本章关注的是区块链在教育行业中的应用，我们接下来将重点关注该领域的案例。在 W3C 中，涉及教育领域的团队包括可验证教育证书工作组（Verifiable Credentials for Education Task Force）（W3C，n.d.[81]）及 Schema.org 社区小组旗下的教育和职业证书小组（Educational and Occupational Credentials）

---

① 可验证凭证数据模型（Verifiable Credentials Data Model 1.0）于 2019 年 11 月被 W3C 列为正式推荐标准，并于 2022 年 3 月进行了版本修订（Verifiable Credentials Data Model 1.1）。——译者注
② 去中心化身份标识（Decentralised Identifiers v1.0）于 2022 年 7 月被 W3C 列为正式推荐标准。——译者注

第十一章　教育中的区块链：一种全新的认证生态

（W3C，n.d.[82]）。其他的教育类凭证描述标准还有欧洲慕课联盟（European MOOC Consortium）推行的通用微型证书框架（Common Microcredential Framework，简称 CMF）（Konings，2019[83]）、证书引擎（Credential Engine，n.d.[84]）和徽章联盟（Badge Alliance，n.d.[85]）开发的凭证透明度描述语言（Credential Transparency Description Language），以及全球教学管理系统（IMS Global，n.d.[86]）负责监管的综合学习者记录（Comprehensive Learner Record，简称 CLR）标准。W3C 还通过与其中一些机构（如证书引擎和全球教学管理系统）密切合作来完善自己的标准，创建全球可互操作的记录定义。

然而，W3C 并非唯一一家致力于去中心化认证标准互操作性的机构。认证只是数字身份技术大类下可验证声明技术的应用之一。还有许多机构也提出了基于网络的下一代身份验证技术标准，比如重启信任网络（Rebooting Web of Trust，简称 RWoT）（Web of Trust，n.d.[87]）、互联网身份研讨会（Internet Identity Workshop，简称 IIW）（Internet Identity Workshop，n.d.[88]）、美国商会基金会旗下的 T3 创新网络（T3 Innovation Network）（US Chamber of Commerce Foundation，n.d.[89]）、数字凭证联盟（Digital Credentials Consortium）（MIT Open Learning，2020[90]）、Linux 基金会托管的 IP 信任基金会（Trust Over IP Foundation，n.d.[91]；The Linux Foundation，2020[92]）及去中心化身份识别基金会（Decentralised Identity Foundation，简称 DIF）（Decentralised Identity Foundation，n.d.[93]）。最近，IEEE 的学习技术标准委员会（Learning Technology Standards Committee，简称 LTSC）（IEEE，n.d.[94]）和学习经济基金会（Learning Economy Foundation）（Learning Economy Foundation，n.d.[95]）联合提出了"教育互联网"（Internet of Education，简称 IoE）的概念（Internet of Education，n.d.[96]），以统一上述各组织在教育和认证方面的技术标准（Education，n.d.[97]）。

尽管以上这些组织的目标成员各不相同，但他们之间还是有许多共同点。IP 信任基金会和去中心化身份识别基金会主要由企业会员组成，T3 创新网络是一个公私合营的会员组织，学习经济基金会主要由具有教育技术背景和从事教育政策制定的成员组成，数字凭证联盟是一个学术会员组织，重启信任网络和互联网身份研讨会则吸引了各组织中致力于互联网隐私和自治研究的技术专家志愿者。W3C 充当这些组织和其他组织之间形成技术共识的一种节点。

自我主权身份

在网络上为去中心化身份建立一个认证标准体系所采用的各项技术，与自我主权身份（Self-Sovereign Identity，简称 SSI）认证运动所采用的技术有着很大的重合。业界对于"自我主权"的定义和必要程度存在诸多分歧，但致力于该项运动的人通常都认为个人用户应该对他们私有的数据拥有更多的控制权（Smolenski，2016[98]）。这意味着在数据管理上，个人将减少对平台和政府机构的依赖性。事实上，数据的可迁移性和平台的独立性可以说是数字自我主权身份最具标识性的两个特征。有人认为这些描述在实践中比"自我主权"一词更有用（Renieris，2020[99]）。

关于自我主权身份原则最知名的表述大概是由计算机科学家克里斯托弗·艾伦（Christopher Allen）在2016年一篇广为人知的博文中提出的（Allen，2016[100]）。从那时起，关于这些原则的具体含义及最佳技术的实现路径就一直存在很大争议。各种关于自我主权身份的理念都有其拥护者，他们往往观点大相径庭，却又都积极参与到上述数字身份标准的开发工作中。此外，自我主权身份标准的技术实现必然会同现有的加密和数据保护法律法规相悖。这有时会导致对标准定义进行技术实现时思路的扩散而非一致。尽管如此，在构建具有更好的可交互性和用户友好特点的可验证凭证和数字身份标准方面还是持续取得了进展（T3 Innovation Network，2020[101]）。

区块链助力教育认证

区块链作为基础设施之所以能够兴起，是因为它提供了能在对抗性网络中验证交易的技术框架，而对抗性网络本身就是由互不信任的各方构成的。虽然区块链可以通过智能合约来扩展功能，从而得以执行自动化业务流程，但其主要价值还是在于作为一个共享的、单一的真实数据来源。区块链系统的联合验证和智能合约功能使教育业务流程的自动化变得可能，比如证书转移、学业记录转移、证书对等设置，甚至还包括高校的行政管理业务。

然而，区块链并非业务流程自动化的先决条件。许多已有的软件和应用程序都可以实现业务流程自动化，那些采用工作流、智能流程自动化（intelligent process automation，简称IPA）和机器人流程自动化技术的应用已在很大程度上提升了这一功能。但如果自动化必须在互不信任、缺少协调的网络中实施，那么区块链就显得至关重要。在这样一种情况下，接下来的问题是能否产生足够的网络效应，使建设和维护区块链网络持续产生的高成本得到回报。

为更具体地说明以上观点，让我们列举一个经常被提及的教育行业区块链应用的案例：当学生转学时，是否能自动完成学分转换认证？虽然有些人认为区块链将解决这个问题（一些供应商也专门开发了相应的区块链网络系统），但通过被广泛认可的

第十一章　教育中的区块链：一种全新的认证生态

学分标准和被广泛接受的数据迁移规范，现有的申请人跟踪系统和数据库系统也能自动完成学分转换的判定。换句话说，迄今为止，自动学分转换的主要障碍不是技术问题，而是社会问题：每个学区（甚至细分到每所学校）往往都有自己的学分认定标准，可能并不愿意遵循其他地方的学分转换标准。这其实是一个构建社会共识的问题，现在却要求区块链以技术手段来解决它。在一些地区的高等教育领域，因为已经确立了学分认定的共识和标准，学分自动转换会相对容易一些。例如在欧盟，其欧洲学分转换系统就是这种情况。

另一方面，有些系统在多方协作时需要一个受到信任的第三方作为媒介，区块链恰巧能充当这个缺失的第三方。但在教育领域，即便是目前最为成功的案例，也没能让区块链系统达到自动化使用的水平。伍尔夫大学曾被全球媒体誉为"区块链大学"（Young，2018[102]；Vander Ark，2018[103]），它最初便是完全建立在分布式账本平台上的（Parisi，2018[104]）。其创始人约书亚·布罗基（Joshua Broggi）声称："我们使用区块链来完成学费托管，加强规范互信，建立自动化流程，由此来提升管理效率。"（Vander Ark，2018[103]）伍尔夫大学在早期运营中尝试了多种区块链方案，但后来还是放弃了区块链技术，转而专注于为机构和学生提供基于云计算的 SaaS（Software-as-a-Service）平台服务，以贯彻让全世界享受优质教育资源的理念。伍尔夫大学现在自称为"无国界大学"，他们的平台正切实地为全世界师生提供服务（Woolf University，n.d.[105]）。基于 Web 的应用服务可以在不使用区块链技术的情况下精简高校的管理机构。

相比之下，其他运用区块链技术搭建教育平台的公司都在着力突出其区块链方面的特征。比如 ODEM 公司（Maaghul，2019[106]）和 BitDegree 公司（BitDegree，2017[107]）都使用公共型以太坊区块链，并拥有自己的 ERC20 代币。在美国，学习经济基金会（Learning Economy Foundation，n.d.[95]）提出了一个基于区块链"生态系统"的愿景，该系统将认证管理机构、学生、教育机构管理者、教育科技公司及其他各方整合起来，在这个整合的市场中，成果产出的激励是通过货币化（奖励）来实现的。学习经济基金会联合创始人克里斯·普里福伊（Chris Purifoy）和杰克森·史密斯（Jackson Smith）在 G20 峰会杂志的封面故事中描述了他们的愿景："通过量化教育真正的价值，可以围绕教育建立起一个完整的经济圈，用来支付学生的学习费用，为教师开发课程提供资金支持，并推动学习经济的增长。区块链提供了去中心化的方法，使每个人都能为全球教育的提升作出贡献，而且这种协作是围绕共同利益展开的，不会存在个体之间的摩擦。"（Purifoy and Smith，2018[108]）

按照学习经济基金会创始人的预计，区块链平台的建立将掀起一股"学习淘金热"（这也是他们所提出的路线图的标题）（Learning Economy Foundation, n.d.[109]），在这个平台上，每个人都会因为教学、学习、管理等行为得到经济上的回报。

学习经济模型将区块链的前景描述得更远，它推测区块链不仅能协调社会活动，还能确保市场上所有的利益相关方都能在参与时自动获得充分的经济回报，从而自下而上地实现"改善学习成果"这一定义模糊的目标。这一崇高愿景固然值得称道，但这种近似于乌托邦的理想与任何区块链网络的实际能力都不匹配。从长远来看，能让学习经济受益的基于标准化的认证才是当前区块链技术最有可能实现的功能（参见下文"现实世界的应用"）。

因此，在短期内，区块链对教育的主要作用仍然只体现在基础层面：凭证审核速度、成本控制、安全性都会有质的提升。当与开放标准结合使用时，区块链能消除对第三方认证机构（如颁发机构、软件供应商等）的持续依赖。此外，区块链可以让发行者和接收者都能直接持有数字凭证。

我们还是要强调：关于数字凭证发行、存储、共享、验证的开放技术标准是让区块链技术发挥其优势的前提（Jagers, 2018[110]）。就像其他类型的软件一样，如果无法将一个区块链中引用的数据同外界交流，那么它也只会成为一个孤岛。因此，可验证凭证共享、开放标准的开发是区块链体系中发展最快的领域之一。

上文提到的W3C可验证凭证和DID标准正在教育行业开创其实践应用的先例。这在很大程度上得益于教育机构、非营利组织和教育科技公司多年来一直致力于数字认证工作，为W3C标准的制定奠定了基础。可验证凭证的早期版本区块证明（Blockcerts）（Blockcerts, n.d.[111]）是由麻省理工学院和学习机器（Learning Machine）公司专门为文凭和成绩单等教育类证书开发的。区块证明的前身是用于可迁移式数字凭证的开放徽章（Open Badges）标准，该标准由Mozilla基金会于2011年牵头创立，并于2017年交由全球教学管理系统托管（Wikipedia, n.d.[112]）。

同开放徽章相比，区块证明因安全性和可迁移性都有了显著改进，能被更广泛地应用于文凭、成绩单等高利害相关认证事项（Federation of State Medical Boards, 2019[113]）。基于麻省理工学院开发的免费开源软件（Free and Open Source Software，简称FOSS）授权的区块证明参考资料库已于2016年发布（Learning Machine Newsroom, 2016[114]）。2017年，学习机器成为第一家推出商用区块证明发行平台的公司，该平台后来被出售给教育机构，用于发行数字文凭和其他教育类证书（Hyland Credentials, n.d.[115]）。其他公司在该领域也迅速跟进，一些学校还开发了自己的区块证明发行平台（McMaster University Office of the Registrar, n.d.[116]；Universidad Carlos Ⅲ de Madrid，2018[117]）。在另一个相关项目中，新加坡政府将区块证明代码库进行了分叉改造，创建了自己的数字凭证开放标准——开放证明（OpenCerts）（OpenCerts, n.d.[118]）。2020年，学习机器公司被开发企业内容管理软件的海兰公司收购，更名为海兰认证公司（Hyland Credentials）。

随着 W3C 可验证凭证规范的成熟，区块证明和开放徽章（以及开放证明）的托管者都已承诺升级它们的标准，以符合可验证凭证的规范。这种升级是可行的，因为可验证凭证标准本身就足够灵活，可以容纳许多不同类型的凭证。随着教育行业可验证凭证标准化的持续推进，跨平台的凭证交换和协同操作将显著增多（T3 Innovation Network, 2020[101]）。为教育凭证标准化所做的工作将极大促进学校间和国家间教育记录的处理和交换。

区块链技术与这些新兴的教育凭证开放标准的结合，还有助于消除记录造假，简化并降低记录共享与验证的成本，将个人数据的控制权归还给用户并降低机构风险。

消除记录造假

1. 现状

学业记录造假的现象是普遍存在的。据研究估计，在美国，每年有超过 10 万的学位是直接购买的（Accredited Online Colleges, n.d.[119]），其中可能包含超过一半的博士学位（Ezell and Bear, 2012[120]）。此外，验证记录的真实性和验证学校的真实性其实是两个相互独立的过程：一份"真实"的文凭可能是从一所虚假的学校购买的，而看似来自真实学校的文凭也有可能是伪造的。2012 年，全球有超过 3300 所未被承认的高校，其中有许多只是单纯的文凭工厂（Ezell and Bear, 2012[120]），现在这个数字也许更加惊人。此外，即使是正规的学校，也有可能为帮助学生获得特定的工作或参与特定的项目而去篡改他们的学业记录。记录造假在一些地区是非常严重的，甚至有传闻称一些中学只能通过停发成绩单来应对该问题（Smolenski, 2018[121]）。

专业执照伪造与学业记录造假类似。俄亥俄州立大学的一项研究表明，仅在美国就有多达 200 万医疗从业人员可能以伪造的文凭或执照执业（Gibson, 2017[122]）。世界各国都有关于专业人员无证执业或伪造证照执业的新闻报道（Gibson, 2017[122]；CNN, 2020[123]）。鉴于上述原因，一套由凭证验证机构（Credential Verification Organisations，简称 CVOs）检验学校和相关记录真实性的机制应运而生，但其成效非常有限。

这些造假问题和那些未经认证的高等教育机构提供的毫无价值的学位，已经对高等教育国际化造成了消极的影响（OECD，2004[124]）。2005 年，联合国教科文组织和经合组织共同发布了《跨境高等教育办学质量保障指南》（*Guidelines for Quality Provision in Cross-Border Higher Education*），随后联合国教科文组织基于此建立了认证机构的数据库（OECD，2005[125]）。尽管如此，这个数据库也很难做到全面覆盖和及时更新。

2. 如果采用开放标准的区块链技术

区块链为跨国认证提供了一种去中心化的基础设施，以避免学业记录造假，促进国际学生流动，保护公众免受世界各地伪造非法凭证的侵害。区块链技术与诸如区块证明和可验证凭证这类领先的开放标准相结合，通过高级加密和数字签名方式来验证凭证来源（由哪个机构颁发）和授权接收者（凭证颁发给谁）。数字签名、散列数据，结合不可变的区块链账本，可以确保凭证无法被篡改。去中心化验证允许任何一个第三方（雇主、政府、学校或个人）验证该凭证是否真的由声明的机构颁发给声明的个人，以及自凭证颁发以来是否进行过任何改动。凭证的撤销或过期与否也能在第一时间得到最可靠的验证。正如这些技术标准可以用来验证颁发给个人的凭证一样，它们同样可以用来验证机构的凭证，包括凭证状态等要素。

简化并降低记录共享与验证的成本

1. 现状

现在，个人申请就业或深造须先向学校索取正式的学业记录，这通常是收费的，具体取决于国家或机构。申请人还必须请学校或同学校合作的软件供应商将以上记录发送给他们所申请的机构。然后，接收机构将通过他们的软件供应商，联系学校或第三方凭证验证机构来审核以上记录。这个过程非常耗时，且通常价格不菲。

以上所述其实是相当理想的情况——发证机构依然存在，不仅能够被找到、被验证，也能将相应记录发送给接收机构（依赖方）。然而，在许多情况下，特别是在发生政治动乱或自然灾害的国家，相应记录已经遗失，发证机构也可能无法正常运作。在这种情况下，许多记录持有者（大多为持有自己记录的个人主体）的资格甚至身份都无法被验证，他们因此会丧失就业、定居等一系列公民权利及进一步深造的权利。

当一条记录必须在外国验证时，经历的流程会更复杂，该流程被称为"海牙认证"（Apostille）。1961 年，几个国家联合签署了一项条约，宣布统一不再受理外国公共文件合法化的要求（Hague Convention，1961[126]）。签署该条约的国家通过特殊的认证程

第十一章　教育中的区块链：一种全新的认证生态

序来认证指定机构签发的文件。未签署该条约的国家需要持有签署国当局出具的认证证书来验证该外国公共文件的真实性（US Department of State, Bureau of Consular Affairs, n.d.[127]）。认证的过程通常为将该文件的原始实物正本连同补充申请表和相应的费用送交至有权签发或核验加签证书的政府机构，该机构会在文件或补充申请表上盖章，并将文件寄回给申请人，申请人需要将该文件转交给他们计划居住、工作或学习的所在国家当局。这一过程平均要花费几个月时间，申请人也将支付高额费用。如果文件最终未能被认证，申请人将失去旅行、就业或深造的机会。

2. 如果采用开放标准的区块链技术

区块链与开放标准结合后，签发机构可以只向申请人发送一次记录。之后，申请人能够以加密方式验证该记录是否已发送，以及由哪家机构发送。申请人可以自主决定是否分享他们的记录，甚至可以选择性公开某一记录中的某条数据。记录可由申请人授权的任何人进行验证，这一授权是免费且即时生效的。这不仅有利于文凭、成绩单等学术凭证的验证，也有利于其他加签文件（包括加签证书本身）的验证。2020年，海兰认证公司和哈希图公司（Hedera Hashgraph）宣布将与得克萨斯州政府合作开展将电子加签证书上链的项目，并完成了概念验证（Texas Blockchain Council, 2021[128]）。这次概念验证利用可验证凭证和PDF散列，以及基于应用程序的工作流管理技术，精简了加签发布和加签验证的大部分流程，同时提升了其自动化水平。

区块链的验证是基于开放标准的，即使遇到签发机构关闭、数据丢失或软件供应商的数字凭证失效等情况，申请人依旧可终身持有该记录，并能随时验证或分享。以上可验证凭证也完全支持机器读取，学校可以通过这些记录对申请人进行预筛选，以确定其是否适合特定的项目或课程。这不仅能减少接收机构用于验证记录的开销，更能减小申请人寻求深造机会时可能遇到的阻力。

当使用可验证凭证标准时，有验证需求的组织无须同颁发凭证的机构位于同一国家。任何国家的任何机构都可以凭借文件的完整性、颁发者和接收者的加密标识、记录的状态等来验证申请人的身份和资质。简单来说，随着时间的推移，区块链和开放标准的结合能够显著减少，甚至最终消除加签认证或跨国鉴定证书的需求。

在以上发展的基础上，基于区块链认证的开放标准便能提高人们对移民和国际旅行的信任度。这也是包括美国国家安全局在内的政府部门一直在投资开发可验证凭证和DIDs的原因——一些联邦机构，如海关与边境保护局（Customs and Border Protection，简称CBP）、运输安全管理局（Transportation Security Administration，简称TSA），已将其视为防伪技术的标准。

最终，在区块链技术和开放标准的支持下，使用可验证的数字记录将显著减少目前人工审核纸质记录及传统数字记录所消耗的人力、物力。

将个人数据的控制权归还给用户并降低机构风险

1. 现状

现在，个人也可能持有其官方记录的副本甚至原件，但若没有正式机构发起认证或传输要求，这些个人通常无法要求第三方对自己的记录进行验证。这就导致个人所持有的官方记录无法发挥其应有的功能，因为个人分享和验证自己记录的能力事实上被剥夺了，他们不得不重新依赖于凭证颁发机构和第三方验证机构。即使这些记录确实是由个人持有的，但很难说他们真正掌控着这些记录。

当前的这种状态也增加了机构的负担，它们不得不代表其委托人终身对这些官方记录进行管理并响应各种验证需求。机构不仅要存储、维护越来越多的个人数据，还需要代表个人分享文件，并在此过程中遵守烦琐的法规，以保护记录主体的隐私。对数据的不当处理可能会面临高额的罚款，尤其是在欧盟的《通用数据保护条例》等新法规下。

2. 如果采用开放标准的区块链技术

一旦使用开放标准将区块链和个人凭证绑定，个人即拥有了一份数字文件，可以用来证明该凭证的来源和完整性，其中包括个人对该凭证的管理权。这样的话，个人手中的记录也就变得可用了，他们有权在任何时候与任何人分享这些记录，且无须支付费用。数字区块链的记录可无限次重复使用，并且不需要再由颁发机构或任何第三方额外验证。

因为记录的所有权和分享权都转移到了个人手中，相应的验证行为也就变得去中心化了，颁发机构不再需要代表其委托人分享这些记录，维护记录的负担显著减轻。这样机构便无须长期存储大量个人数据，必须分享个人数据的情况将大幅减少，从而降低了机构管理数据的风险。

总结

将区块链技术与教育凭证开放标准（如 W3C 可验证凭证和 DIDs）结合使用的优势，主要可以归纳为以下三个方面。

1. 安全性

区块链认证采用的开放标准可有效防止欺诈，降低官方机构发行和验证文件时可能遇到的风险,保护教育机构的品牌、名誉和资质。随着可验证凭证使用量的增加,它们在认证、选拔和人事方面的应用将成为行业的必然选择,甚至有可能成为法定规范。

2. 公共利益

使用开放标准的区块链凭证在获取机会方面消除了障碍,并通过提高对机构和个人资质的信任度、减轻政治冲突和自然灾害带来的破坏性影响来促进经济发展。当人们能掌握自己的凭证时,他们便可在世界上任何地方不受限制地使用这些凭证,而依赖方也将高度信任任何地方颁发的凭证。

3. 效率

使用开放标准的区块链凭证大大提高了管理的效率和便利性:重新发布或手动验证文件的需求会大幅下降;随着时间的推移,其他类型的凭证将退出历史舞台;凭证的分享和验证都将是即时且免费的。教育机构的学分转换工作是异常复杂且耗时的,但随着可验证、可机器读取的课程内容的出现,这类工作也将实现自动化。

在这些益处背后,大家的共识也在不断增长。美国商会基金会的 T3 创新网络最近发布了一份关于采用自适应方法采集学习记录的报告,指出其优势如下:

- 学习者可以自主决定哪些人可以访问他们的记录,记录的哪些内容可供访问,以及何时可以访问。
- 认证是加密保护的,最典型的做法是使用分布式账本,这样的话无论颁发机构处于何种状态,该凭证都将是可验证、可访问的。
- 对学习者和颁发机构的在线认证都将是安全、简便的。
- 可验证凭证支持对非传统成果的验证,并能提供在复杂环境下学习的证据。

(T3 Innovation Network,2020[101])

运用区块链技术和开放标准的认证方法,其优势会使其成为任何一个发布或验证官方文件机构所开展的数字化项目的重要组成部分。这种方法是创建一个真正具备互操作性的全球数字认证生态系统的先决条件:任何人都可以与他人交换学业记录,可以即时进行遴选和验证,且无须担心造假。由于教育提供方在认证经济上进行了大量投资,它们已成为首批实施区块链认证项目的机构。下面我们将介绍在该领域开展探索的几个教育机构的例子。

现实世界的应用

任何对防止欺诈有迫切需求的情况都是区块链技术的潜在应用场景。如前文所述,区块链主要是一种用于验证声明的基础设施,因此它将深刻变革所有涉及"信用"的行业,从金融到保险再到法律,包括医疗卫生和供应链管理(McCauley,2019[129])。教育一直处于区块链技术应用的最前沿,因为学历认证的需求始终是持续且紧迫的(Grech and Camilleri,2017[130])。

但对资格认证的需求远远超出教育行业的范畴,全世界的雇主都对高可信度的凭证有着非常明确的兴趣。美洲开发银行等多边机构指出,以可验证的方式对人力资源进行认证是在全球经济中建立信任的一种最简单的方法(Cabrol,2018[131])。出于该原因,美国教育理事会评论称:"区块链技术尤其能在教育和工作岗位之间建立更有效、更持久的联系。它所提供的技术框架能帮助失业的工人获得新的教育或工作机会,对那些现有的教育-就业模式无法直接覆盖的人群可能有着特别的价值。"(Lemoie and Souares,2020[44])尤其是随着终身学习模式的普及,以及学习者和雇员流动性的增强,可验证凭证已经成为21世纪经济维持发展的先决条件。"生态系统"这个术语也经常被区块链技术人员、雇主和教育机构提及,用来描述凭证交换和验证的理想状态。

下面将介绍几个基于区块链的教育认证应用案例,这些案例发生在世界各地。需要注意的是,到目前为止,并非所有已构建的项目都拥有真正的用户(在商业项目中则指代顾客或客户)。其中一些项目宣称已经实施,但几乎没有公开渠道能查询到其运行实施情况。因此,我们可以将这部分看作对区块链认证市场近几年发展情况的概述,同时认识到它还将继续快速发展。

美国

可以说,可验证数字凭证的开放技术标准诞生于麻省理工学院。2015年,麻省理工学院媒体实验室"学习项目"① 小组启动了一个项目,试图将学术凭证和区块链绑定(MIT Media Lab,n.d.[132])。此后不久,学习机器公司(自2020年起改名为海兰认证公司)的参与使该项目取得了一定成果(MIT Media Lab,n.d.[133])。2016年,数字凭证的开放标准"区块证明"在 FOSS 的许可下,发布在 blockcerts.org 上(Blockcerts,n.d.[111])。自2017年起,区块证明的参考资料库便允许任何人创建自己的软件应用程序,用来发布、存储、共享并验证安全的数字凭证。可验证凭证的技术被有意开源,

---

① 学习项目(Learning Initiative)小组已经合并到 Digital Learning & Collaboration Studio,目前网址为 https://www.media.mit.edu/groups/digital-learning-studio/overview/。——译者注

第十一章 教育中的区块链：一种全新的认证生态

以避免供应商垄断，并为凭证应用创造了一个开放的生态系统。区块证明也支持跨区块链，这意味着它能兼容大多数区块链网络类型，目前已经囊括了比特币、以太坊（Learning Machine，2018[134]）和编织超级账本（Castro-Iragorri，2018[135]）。2017年，学习机器公司推出商业凭证发布系统，并在2019年宣布将升级该系统的区块证明，使其成为符合W3C标准的可验证凭证（Jagers，n.d.[136]）。

许多美国高校和K12机构使用区块证明向他们的学生和毕业生颁发证书（Hargrave and Karnoupakis，2020[137]），包括麻省理工学院（Durant，2017[138]）、南新罕布什尔大学（Kelly，2018[139]）、俄克拉何马州塔尔萨市联合公立学校（Friedman，2019[140]）、东ECPI大学（Southside Daily Staff，2018[141]）、马利维尔大学（Learning Machine Newsroom，2019[142]）和新墨西哥中央社区学院（Salas，2018[143]）。2020年，新墨西哥州高等教育部启动了美国首个在全州范围内实施的区块链认证项目（Hyland Newsroom，2020[144]）。

2020年2月，一个遍布全球的研究机构联盟发布了bloxberg平台——作为区块证明的一个分支，它是一个专门发布与共享科学研究凭证的私有区块链网络（Bloxberg，2020[145]）。

大量新的研究项目也在持续出现。2020年2月，数字凭证联盟发布了一份关于未来数字凭证基础平台建设的白皮书，该白皮书内容与W3C的可验证凭证模型及欧盟的《通用数据保护条例》基本保持一致（Digital Credentials Consortium，2020[146]）。2018年，麻省理工学院与加拿大、德国、意大利、墨西哥、荷兰和美国的11所国际大学共同成立了数字凭证联盟，这是一个专门用于高等教育学术成就发布、共享和验证的平台。美国教育委员会和美国教育部教育技术办公室之前曾开展了一项调查，对我们了解全美的区块链认证项目很有帮助（Lemoie and Souares，2020[44]）：

● Workday Credentials是一个基于W3C可验证凭证标准提供区块链服务的平台（Workday Credentials，n.d.[147]），其链上的数据是基于编织超级账本的私有代码实现的（Ledger Insights，2020[148]；Meetup，2020[149]）。

● Pistis.io网站使用区块链提供网络钱包和移动钱包服务。由用户上传的文件会基于编织超级账本进行散列处理并存储到链上（Pistis.io，n.d.[150]）。

● Greenlight是一个提供学业记录交换服务的区块链网络，目前在北得克萨斯州的五个独立学区中使用，它可以帮助低收入学生同时向多所大学提出申请。该网络也是基于编织超级账本的私有代码实现的（Lemoie and Souares，2020[44]）。

● Salesforce公司推出了"受信任学习者网络"，这是一个基于锯齿波超级账本私有代码建立的区块链网络。

● 亚利桑那州立大学目前正通过 Salesforce 公司的"受信任学习者网络"向学生转学的两年制学校发送课程完成记录（Lemoie and Souares，2020[44]）。

● ODEM 公司和 BitDegree 公司还开拓了基于以太坊的教育市场，并将"认证"作为其业务之一。

● 圣何塞州立大学信息学院正在申请专项拨款，用于基于服务器端嵌入（Server Side Include，简称 SSI）通用编码器项目的开发。该项目"使持有可验证数字凭证的个人能访问所有的共享资料库"（Lemoie and Souares，2020[44]）。

● 学习经济基金会参与了亚利桑那州立大学"受信任学习者网络"项目的实施（Arizona State University，n.d.[151]）。由它牵头的区块链认证项目中还包括科罗拉多州（三星 C-Lab 实验室）（Learning Economy Foundation，n.d.[152]）、北达科他州（ND ILR 联合实验室）[（n.a.），n.d.[153]]、佛罗里达州（布劳沃德县 OpenCLR 实验室）（Learning Economy Foundation，n.d.[154]）以及亚太地区（亚太 AP 实验室）（Learning Economy Foundation，n.d.[155]）。

加拿大

在自我主权认证方面，加拿大政府可能处于国际领先地位。2018 年，加拿大财政委员会数字身份办公室发布了名为《加拿大可信数字身份愿景》的宣传短片，展示了未来该国公民可通过私密、安全的线上认证方式来申请、享受各种政府服务和公共福利的场景（Treasury Board of Canada Secretariat，2018[156]）。不列颠哥伦比亚省作为首批尝鲜者，率先使用 SSI 实施实时自我主权身份认证技术项目 OrgBook，并通过因迪超级账本为超过 100 万家活跃企业用户管理可验证凭证（Lemoie and Souares，2020[44]）。

2019 年，加拿大政府提出"人才云"项目，使用区块证明技术构建了公共服务部门雇佣员工的"自由代理"系统（Benay，2019[76]；Talent Cloud | Nuage de talents，2018[157]）。"人才云"即公共服务部门的人才市场，它重构了加拿大公共服务人员所需职业技能、资格证书的认证体系（Government of Canada Talent Cloud，n.d.[158]；Greenspoon，2018[159]；World Government Summit et al.，2018[160]）。公共服务部门的员工可以在"人才云"上保存经过验证的个人资料，包括相关资质和经历。在申请任何公共服务部门的工作岗位时，这些都能被视作符合所需技能要求的佐证。

位于安大略省汉密尔顿市的麦克马斯特大学也建立了自己的区块证明分发系统，用来向毕业生颁发数字文凭（McMaster University Office of the Registrar，n.d.[116]）。

第十一章 教育中的区块链：一种全新的认证生态

最近，加拿大注册大学和学员协会（Association of Registrars of the Universities and Colleges of Canada，简称 ARUCC）宣布与 Digitary 公司合作，为加拿大高等教育机构建立一个国家认证网络（Hamdani, 2020[161]）。接着，Digitary 公司和 Evernym 公司合作，构建了基于区块链的认证技术解决方案（Crace, 2019[162]）。该解决方案采用索夫林和因迪超级账本区块链网络技术，在可验证凭证方面符合 W3C 标准。

欧盟和英国

欧盟内部，在区块链教育认证的应用方面取得最大进展的国家是马耳他。马耳他自 2017 年以来一直自称为"区块链岛"，该国总理约瑟夫·马斯喀特（Joseph Muscat）宣称：投资区块链技术所带来的"计算风险"是不可避免的，其分布式账本的天然属性可以用来打击腐败，消除官僚主义，并促进国家科技发展的多样性（Al Ali and van der Walt, 2018[163]）。2017 年 1 月，马耳他教育与就业部（Malta's Ministry for Education and Employment，简称 MEDE）开始使用区块链技术发放学术凭证，这是该领域内世界上首个全国性试点项目（Sixtin, 2017[164]; Cocks, 2017[165]）。从那时起，该项目的实施范围便扩展到马耳他国内的所有教育机构（Sansone, 2019[166]）。

在西班牙，超过 500 家企业、高校和政府机构组成联盟，设计并构建了阿拉斯特里亚区块链网络（Alastria blockchain network），以推进包括学术认证在内的多项数字服务（Alastria, n.d.[49]）。同时还发布了"智慧学位"（SmartDegrees），这是一个基于以太坊 Quorum 区块链来记录数字凭证的平台（SmartDegrees, n.d.[167]）。Vottun 是西班牙另一家从事区块链认证业务的公司，它使用的是公共的以太坊区块链技术架构（Vottun, n.d.[168]）。

在中欧，SAP 公司推出了使用以太坊技术的"真实记录"（TrueRec）认证平台，并与天主教鲁汶大学合作建设试点（Jonkers, 2018[169]）。斯洛文尼亚公司 0xcert 创建了自己的开放标准，以实施数字凭证或其他数字资产的权益转移和令牌化改造（0xcert, n.d.[170]）。

在英国，GradBase 公司基于比特币区块链技术架构了一个认证系统（GradBase, n.d.[171]）。普华永道英国公司推出了"智慧凭证"（SmartCredentials），这是一个建立在以太坊许可版本上的认证平台（PwC UK, n.d.[172]）。英国开放大学的开放式区块链实验项目（The Open University, n.d.[173]）使用以太坊的开放徽章和区块证明开发出区块链认证的一系列应用，其中就包括能将雇主和求职者进行匹配的平台 QualiChain（The Open University, n.d.[174]）及能为研究者提供权威评审记录的平台 PeerMiles（The Open University, n.d.[174]）。这两个平台都是研究项目而非商业软件。

所有这些项目都需要符合相应的国际标准，不仅包括 W3C、IEEE 和 ISO，还包括 EBSI。EBSI 是一个区块链网络集合，由欧盟委员会和致力于推动公共服务领域区块链技术应用的欧盟区块链联盟联合开发，由被授权支持整个欧盟的数字化单一市场的"连接欧洲基金"（Connecting Europe Facility）资助（CEF Digital, n.d.[40]）。EBSI 的目的是作为一个跨境数字服务的基础平台，从这个角度来说，它有点像西班牙阿拉斯特里亚网络的泛欧洲授权版本。阿拉斯特里亚项目的一些参与者目前也参与了 EBSI 的建设。

EBSI 现在使用的代码为贝斯超级账本（以太坊代码库中一种用于授权许可的版本）和编织超级账本，但它最终的目的是脱离区块链。这是一个开源项目，其技术文档是公开的（CEF Digital, n.d.[175]），EBSI 当前的四个初步应用场景为：

（1）审核文件的公证；

（2）文凭的认证；

（3）欧盟自我主权身份认同框架（European Self-Sovereign Identity Framework，简称 ESSIF）；

（4）可信数据共享（Allen, 2016[100]；CEF Digital, n.d.[176]）。

EBSI 的 1.0 版本于 2020 年 2 月发布，计划每年发布一版（Smolenski, n.d.[177]）。在开放式的市场协商机制下，那些有意参与该项目的私营公司未来也将获得发展的机会。

EBSI 有别于欧洲通行证（Europass）项目，尽管两者都倡议欧盟范围内的数字认证。欧洲通行证是由欧盟委员会教育和文化总局监督实施的，旨在使技能在欧洲范围内易携带、被认可。自 2012 年起，欧洲通行证门户网站开始允许用户创建个人电子档案，其中包含学历凭证和其他资格证书，即他们的"欧盟技能护照"（European Skills Passport）。这五个标准文档目前没有被设置在区块链上，而是以 XML 格式存储，之后可能由当局使用 eIDAS 电子身份技术为其加上数字签名。随着欧盟技能、资格和职业倡议（European Skills/Competencies Qualifications and Occupations，简称 ESCO）的实施，欧洲通行证的持有者也能通过该倡议的分类目录找到适合自己的工作机会（European Commission, n.d.[178]）。

2018 年，欧洲通行证对其文档所需数字签名的规范提出了具体要求，其中大量借鉴了 eIDAS 的既有信任框架。这组要求被称为欧洲数字凭证基础技术标准（European Digital Credentials Infrastructure，简称 EDCI）（everis, n.d.[179]）。与 EBSI 不同，EDCI 除了在某些颁发机构认定的场景之外，都不会使用区块链进行验证，而这些上链的特定场景可能会并入 EBSI 中。EDCI 实际上是一个用于分发、接收、存储、分享和验证数字签名文档的开放标准，与区块证明或可验证凭证非常相像。但 EDCI 没有遵循

第十一章 教育中的区块链：一种全新的认证生态

W3C 标准，因此它在许多方面和可验证凭证的规范有所不同，最明显的一点便是其使用 XML 而非 JSON。W3C 凭证社区内部目前正在对这些分歧进行协调。

中东和北非

中东和北非地区（The Middle East and North Africa，简称 MENA）对区块链技术一直抱有极大的热情，尤其是在阿联酋 2018 年公布"区块链战略 2021"之后（The United Arab Emirates' Government portal, n.d.[180]）。该计划的目标是在 2021 年将 50% 的政府交易放在区块链上，并与"智能迪拜 2021 计划"（Smart Dubai 2021, n.d.[181]）密切关联。作为其推动区块链战略的一部分，阿联酋政府赞助了一系列创业竞赛，以确定未来哪些企业能为公共和私营部门提供合格的服务。

"教育链"（Educhain）是一家总部位于阿联酋的学术认证机构。在赢得"技术之星"（Techstars）创业竞赛之后，他们继续与阿联酋的教育机构合作，开发针对 K12 和高等教育阶段的区块链认证试点项目。这些机构包括阿联酋大学（UAEU, 2019[182]）、迪拜大学（CNN, n.d.[183]）和国际学术管理解决方案（academia management solutions international）联盟（AMSI, n.d.[184]）。

2020 年，沙哈达公司（Shahada）成立（Smartworld, 2020[185]）。由该公司运营的一个名为沙哈达的 SaaS 平台可创建和发布基于区块链的数字凭证。该公司的网站宣称，沙哈达平台建立在麻省理工学院开发的开放标准之上（Shahada, n.d.[186]）。该平台是由在阿联酋处于领先地位的系统集成商智慧世界（Smartworld）和总部位于阿联酋的专攻区块链技术的初创企业格雷帕科技（Grape Technology）共同开发的（Shahada, n.d.[186]）。该平台已成功地为迪拜大学提供区块链证书服务（Zawya, 2020[187]），并同阿联酋通行证（UAE Pass）连通，以确保申请人能在全国范围内的政府或商业服务中完成身份验证（Smartworld, 2020[185]）。

在埃及，泽维尔科技城（Zewail City of Science and Technology）与初创企业易达利编码公司（Intelli Coders）签署了一份谅解备忘录，共同开发名为"区块信用"（BlockCred）（Abdou, 2019[188]）的区块链系统，为其教育和专业培训项目提供认证服务（BlockCred, n.d.[189]）。"区块信用"是一个基于区块堆栈（Blockstack）平台构建的 DApp。

沙特阿拉伯的阿卜杜拉国王科技大学（King Abdullah University of Science and Technology，简称 KAUST）是北非地区第一个在区块链上颁发学术凭证的大学（Company Newsroom of Learning Machine, 2018[190]）。2018 年，它在学习机器公司（现为海兰认证公司）的支持下颁发了第一份符合区块证明标准的数字文凭。巴林大学很快也跟进了相应业务（Global Blockchain Business Council，n.d.[191]）。截至 2020 年 11 月，两所大学都在继续实施其数字认证计划。

拉丁美洲和加勒比地区

近年来，越来越多的区块链认证项目开始在拉丁美洲部署。已宣布实施的项目一般都采用区块证明数字认证开放标准。其中包括墨西哥顶级科研高校蒙特雷科技大学颁发的数字文凭（Longino Torres，2019[192]）。新莱昂自治大学通过本地合作商 SYSARTEC 公司，与学习机器公司合作实施了区块证明认证项目（SYSARTEC，2020[193]）。巴哈马劳工部和加勒比考试理事会也实施了区块证明试点项目，以支持就业培训、毕业证书发放及考试成绩审核（Munro，2018[194]；Jamaica Observer，2019[195]）。

该地区的另一个区块证明认证系统方案是由 Xertify 公司提供的，这是一家总部位于哥伦比亚的数字认证企业（Xertify，n.d.[196]）。墨西哥克雷塔罗州就业指导部门已经使用 Xertify 平台为许多行业的从业者颁发了数字执业许可（La Fuente Querétaro，2020[197]；@profesionesqro，2020[198]）。Xertify 公司还与其他地区的大学合作研发数字文凭，比如哥伦比亚的 ECCI 大学（@xertifyco，18 June 2020[199]）和金迪奥大学（@xertifyco，12 June 2020[200]）。

总部位于阿根廷的软件服务公司普林斯咨询（Prince Consulting）也通过其子公司 OSCity 为教育机构提供基于区块证明的认证服务（Prince Consulting，n.d.[201]）。

一个由美洲开发银行赞助的地区项目以阿拉斯特里亚平台为蓝本开发了 LACChain 平台。该项目联盟由多个公共、私营机构组成，旨在为该地区的商业和公共管理服务提供区块链技术支撑（ConsenSys，2020[50]）。

亚太地区

在新加坡，区块链认证得到了迅速的普及。几家著名的初创企业已经创建了基于以太坊网络的证书发布平台。例如 Attores 公司，这是一家提供"智能合约服务"的区块链开发公司；还有 Indorse 公司，它运营着一个为求职者匹配工作岗位的信用平台。2017 年，Attores 公司在义安科技大学试点发行了区块链文凭（McSpadden，2017[202]）。目前 Attores 和 Indorse 两家公司已经合并，Indorse 品牌被保留下来，平台也转型为软件工程的专业开发工具（Indorse，n.d.[203]）。几乎同一时期，新加坡政府开发了开放证明，这是一种在区块证明源代码基础上改写并分叉编辑后产生的数字凭证开放标准

(OpenCerts, n.d.[118])。新加坡政府随后在大学中大力推广开放证明,并将开放证明作为开源参考资料库提供给本土的软件公司,用以开发新的应用(OpenCerts, n.d.[77])。

2018年,马来西亚教育部宣布了一个使用NEM区块链分发学术凭证的项目,该项目由马来西亚大学信息通信技术院长理事会负责开展(Asia Blockchain Review, 2018[204])。

2019年,帕拉文学习系统公司(Pallavan Learning Systems,简称PLS)成为印度甚至可能是世界上第一家向学生发放区块证明证书的K12教育机构,贾拉瓦尔邦、拉贾斯坦邦的帕拉文学校和新德里的瓦桑特山谷学校(Vasant Valley School)都发行了多种类型的证书,包括离校证书、语言证书、品格证书、推荐信和五维发展综合评价等(Company Newsroom of Learning Machine,2020[205])。

2019年,香港科技大学开始使用区块证明在校内部署平台,用来颁发奖励证明(HKUST Academic Registry,n.d.[206])。该大学目前正在持续改进系统,之后将会用它来颁发学位证书和成绩单。

推动变革

新技术的应用为那些期望改变现有实践和工作流程的机构带来了机遇和挑战。这些挑战大致分为两类:理念和保障。

理念上的挑战包括:

(1)需要以新的方式思考;

(2)在情感上接受新的改变,新理念必然会产生新的优势和不足;

(3)很难预测即将发生的变革;

(4)原本的角色和责任将发生变化;

(5)难以想象成功的标准是什么样的;

(6)将手段与目的分开考量,使用与现在不同的手段可能会更好地实现相同的目的(如安全、赋能、提振信心、减少风险等)。

保障上的挑战包括:

(1)如何采用新技术并开展相关流程;

(2)如何处理在传统技术上的既有投入;

(3)成本有多高;

(4)谁来指导、支持我们完成变革;

(5)如何才能最有效地利用我们的内部资源;

(6)如果新方法行不通,我们是否可以回到旧的模式;

(7)是否有我们所不知道的隐藏陷阱或诀窍。

这些挑战可以通过机构内富有技巧的管理团队来应对,帮助实施新技术的团队了解变革的原因(理念)和方法(保障)。这意味着在思考变革时,人们既要对变革所承诺的实际利益充满热情,又要正视实现变革过程中可能遇到的挑战。

在向可核验的教育认证转变的过程中,两个广泛的利益相关方,即政策制定者和教育机构对如何实现这一变化拥有极大的发言权。针对他们未来该如何应对这些技术转型,下面也提出了一些建议。

政策制定者的应对

许多人都寄希望于政策制定者了解他们的所作所为是否真正符合该地区的价值观或法律要求,而政策制定者也经常被要求对具体行为进行规范性指导。因此,政策制定者们需要考虑该地区发展的具体目标,以及新技术是否有助于达成这些目标。

可验证凭证技术的优势非常明确:它能增强地区互信,加快经济流通,简化就学、就业的申请流程,提升跨境流动的便利性和安全性,并使人们持有可验证的终身学习记录。在教育领域,实施基于区块链的认证解决方案显然有利于教育机构、学生、雇主,进而能够促进整个经济体的发展。

在审视现有的法律和政策时,一个很重要的方法是看实现某个特定目标(如验证某个凭证是否颁发自正确的机构)的法规是否同某项特定技术绑定。如果某项立法依赖于特定技术才能实现,这就可能从源头上扼杀创新,因为技术的快速发展往往是无法预测的。一般来说,有效的政策应该是为解决问题提供框架,而非过分关注解决方案本身。这既可以使一个地区的创造力蓬勃发展,也为法律管辖权划定了明确的边界。

在为地区发展确定项目的优先等级时,政策制定者也可以决定新技术项目的资金分配方案。这可能包括在研发项目上的支出,为年轻的初创企业提供资金的公共投资基金,资助落后地区的教育、培训,以及为新技术的试点和成熟技术的推广提供支持。

一些政府可能会选择资助他们自己建设的区块链网络或技术标准。但需要注意的是,可验证数字凭证的价值在于两点:一是跨国可迁移性,二是平台独立性。任何技术基础设施,无论建设的主体是公共管理部门还是私营机构,一旦抑制或限制了跨国业务的发展,其可扩展性和可用性必然会受到影响。它还容易滋生不必要的官僚主义障碍,这与可验证凭证的初衷相悖。因此,政府主导的技术项目应该同W3C、

IEEE、ISO 等全球标准机构保持密切同步，以确保它们为公众开发的产品在跨国、跨平台的环境中具备可用性。

资源同时也以时间和注意力形式进行分配。政策制定者花费一定的时间去了解那些提出新解决办法的技术人员的动机和顾虑，可以极大地提升地区创新发展的速度。反过来，政策制定者向技术人员敞开大门，让他们了解政府的观点和顾虑，同样可以有效地提升地区创新发展的速度。如果政策制定者和技术专家互相看不顺眼，那么他们的合作就会停滞不前，彼此之间的不信任就会使社会分化。因此，花时间使拥有不同观念和背景的人达成共识是非常值得的。

教育机构的应对

在考虑使用基于区块链的可验证凭证时，教育机构可以做的第一件事就是要认识到技术的应用方式正在发生变化。21 世纪的经济发展需要可迁移、可验证的数字凭证，学生们也越来越希望能从每一个学习机构中获取此类凭证。新冠疫情的暴发强调学校需要发布那种可远程接收、可共享和安全验证的便携式文件。虽然发展区块链技术可能尚未被纳入某个机构近期的实施计划，但我们有必要从现在开始了解此类产品的应用前景，并结合当前优秀的应用案例进行反思。

至于如何运用该技术，有很多方法可供机构采用。如果颁发机构选择基于开放标准的解决方案，如 W3C 可验证凭证或区块证明，主要有两种实现途径：基于开源参考资料库开发自己的凭证应用，或获得某个厂商的许可使用其产品、服务来分发符合标准的记录。对于后者来说，如果该机构选择的方案不是基于开放标准，他们的业务将受限于供应商的支持能力或机构内部的建设、维护能力。随着时间的推移，它们有可能会在数据迁移和互操作性上产生问题。

无论选择何种方法，每个考虑使用区块链发布其官方记录的机构都可以参考以下建议：

- 明确使用场景。区块链是最安全的凭证验证架构，非常适用于对确定性要求极高的记录。在教育领域，这些记录包括但不限于文凭、学位、成绩单、离校证书、文凭补充文件、综合学习记录、学生证、考试成绩等。对于教学人员来说，教师资格证、执照或职后专业发展证书都是理想的区块链初始应用对象。相比之下，将区块链技术应用于临时证明并不是那么合适，但这类应用可以"叠加"（stack up）成适用于在区块链上存储的永久记录凭证。

- 开放标准让未来可期。区块链领域中的许多供应商都创建了自己的解决方案，这类凭证仅能在他们自己控制的平台或网络中显示和验证。这意味着随后的凭证访问、共享和验证业务都会依赖于特定的供应商。一旦机构在正式记录的使用上产生了这种依赖性，切换供应商时就会面临整个数字认证架构推倒重来的风险，而选择开放式架构有助于构建可持续发展的解决方案。应该坚持使用开放标准（区块证明、可验证凭证）、公共区块链（如比特币、以太坊）或得到公共机构（政府或正规机构，如 EBSI）委托的私有/授权许可区块链。随着时间的推移，相比那些投入巨资自建私有或授权许可区块链网络的机构，倾向于开放标准的机构必将拥有更多的资源和更长久的业务。

如果您所在的机构计划采购供应商的区块链认证解决方案，而非在机构内部自建，以下建议将帮助您挑到最合适的供应商：

● 选择一个在提供基于开放标准的认证解决方案方面经验丰富的软件供应商。随着数字凭证行业的发展，能提供解决方案的供应商越来越多。这些供应商致力于运用开放标准来提供解决方案，其中一些已经拥有成功实施此类项目的经验。一个有经验的供应商将为您提供运用他们的软件构建和成功交付高风险数字认证项目方面的案例，并详细说明他们的解决方案将如何满足您所在机构的需要。

● 挑选一个能帮助您策划和执行实施方案的供应商。区块链认证是一个相对较新的领域，对项目变更的管理将成为项目成功的关键。可以请候选供应商介绍他们典型项目的启动和实施情况，以及在启动新的认证方案时如何帮助您维持既有认证业务。应该如何定义目标？应该如何衡量成功？一个得力的供应商可以协助您解决这些问题。

● 准备好为您的区块链认证计划留出预算。区块链认证是一个令人兴奋的领域，它利用最先进的新技术为数字声明提供了极大的便利性和确定性。但它是一项有待开发的先进技术，而不是现成的产品。您所在的机构需要按年编列预算来负担其成本，就像为发行纸质或 PDF 数字记录所做的预算那样。随着时间的推移，您可以抛弃旧的认证方式，并通过将业务完全切换至可验证凭证来潜在地节省成本。投资的经济回报将由机构当前的认证方式、区块链认证技术供应商的选择和具体的实施方案综合决定。在确定供应商之前，您可能还希望他们能提供投资回报率分析，但请注意，这需要您透露所在机构现有认证方式的成本（包含时间、人员、金钱）数据。

虽然采用新技术总是有转换成本，但教育机构的相关业务是时候开始向基于区块链的可验证凭证方式过渡了。这不仅是出于杜绝学业记录和专业资质造假泛滥的考量，也有助于应对地区冲突、自然灾害（包括气候变化）和因疫情引起的大规模流离失所，以及学习者和求职者持续增长的全球流动性。在此次新冠疫情中，可验证凭证也成了抗疫的关键支撑技术，它不仅能优化学习者在教育机构间流动或求职就业方面的流程，还能缓解不同司法体系、不同地理区域间人员流动带来的公共安全问题（Jagers, n.d.[207]）。因为疫情的缘故，教育机构被迫以前所未有的方式将业务向线上或国外迁移，向可验证数字凭证转变将是任何一个机构数字化转型战略的重要组成部分。

结论

全球教育格局正在迅速发生变化。到2030年，预计将有700多万名学生出国接受高等教育（Holon IQ, 2018[208]）。亚洲和非洲各发展中国家的快速发展，预计将推动教育行业大规模扩张，为全球市场提供超过3.5亿名大专毕业生和8亿名中学毕业生（Holon IQ, 2018[209]）。全球范围内的教育资源目前已相当紧张，但我们还需要1亿多名新教师来满足以上预期（Holon IQ, 2018[209]）。

这些需求对人工智能、流程自动化、数字教育、区块链等新技术而言都是重大的机遇，它们将扩大全球教育基础设施的规模。新的技术能够满足新一代学生的关键需求，它们将推动全球教育技术市场的发展，预计到2030年可达到10万亿美元的规模（Holon IQ, 2018[209]）。在所有的经济体中，新技术都让人们强烈感受到技能提升和再培训的必要性。

新冠疫情在一定程度上减缓了高等教育入学率的增长，但这个"减缓"既不是普遍性的，也不是永久性的（Hess, 2020[210]；Miller, 2020[211]）。它主要是对形势仍然严峻的实体教育现状的一种回应。尽管这种模式依旧很有价值，但它在应对传染病大流行和拓展在线教育版图方面都遇到了困难。此外，许多实体高等教育机构都处于亏损状态，只能依靠捐赠和资助来维持生计。在疫情暴发之前，许多机构的财政状况已经出现了问题，而疫情又加速了一些机构的破产（Thys, 2020[212]）。

然而，随着院校的适应，我们可能会看到，由于预期的人口增长，入学人数将持续回升。教育机构将更多地依靠技术来节约时间和成本，进而简化行政流程，提供教育资源，实施评估，授予学生证书，并将这些与就业关联起来。

这对认证意味着什么？最容易获得认证的技能，以及劳动力市场中最有价值的凭证，很可能依旧与所谓的"硬技能"或最容易量化和测评的技能相关联（Trilling and Fadel, 2009[213]）。需要凭证的工作和职业还是最可能留在技术和分析领域。当然，这并不意味着所谓的"软技能"不重要（Beheshti, 2020[214]），只是它们不太容易被量化、测评和认证。尽管为更广泛的学习经验（Parrish, Fryer and Parks, 2017[215]）、能力和技能（Reed, 2016[216]）提供认证的运动蓬勃发展，但雇主们在评估申请者的"软技能"

时可能还会继续依赖于个人推荐、过往成就或行业声誉等。

然而，在需要或期望认证的情况下，能够以可携带、可互操作的数字格式即时共享、接收和验证记录将被寄予厚望。区块链是实现这一目标的理想技术，因为它可以充当记录和声明的分布式数字验证基础设施。就个人数据的控制权应该回归用户这点而言，技术专家和政策制定者正逐步达成共识，之后还将出现一个国际标准，旨在确保基于区块链的凭证在发行、存储、共享及验证时都会保护用户隐私，并且这些过程都将独立于任何厂商的系统之外。

本章介绍了可验证凭证的国际技术标准是如何应用于教育领域的。由于该领域正在快速发展，这里描述的市场格局可能会在几个月内发生剧变。然而，本章所述的标准可能仍然是快速发展的凭证交换全球生态系统中的关键一环。计划实施可验证凭证项目的机构应该关注这些标准，以确保他们的项目能够保护隐私，助力用户，保证凭证可迁移、可交互。

那些很早就采用可验证凭证来验证学业记录的机构正将教育行业推向前沿，那是自互联网出现以来最重大的技术创新：数字声明中出现了一个全新的"信任层"，它在各个行业已经得到了广泛的应用。正如区块链技术代表一种分布式、防篡改的分类账本一样，可验证凭证标准是一种以去中心化方式来检测篡改行为并验证凭证来源、目标的机制。当各个机构都致力于打击欺诈，优化实施和验证流程，并将个人数据控制权归还给用户本人时，可验证凭证技术的应用在未来几年内将会呈几何级数增长。这些新技术最终会促成一个完整的生态系统，使个人能保存其终身的各类成就记录，并在不同机构和地域之间无缝迁移，从而更好地生活、工作与学习。

随着学习和工作变得日益移动和互联，人们在共同生活、学习、工作的过程中需要更高层次的数字互信。而促进这种信任的形成正是区块链技术的价值和前景所在。

专业词汇表

区块链（Blockchain）：一种分布式账本，记录了一个仅可追加、不可变更的交易数据库。区块链最初被用于维护数字货币的持有记录，防止数字资产被恶意复制、篡改。同样的技术也可用于验证数字资产的完整性并追踪其所有权，学业记录和证书也包含在内。

加密（Cryptography）：使用代码来保护信息的方法，可保证只有预期的接收者才能阅读或使用该信息。

去中心化身份标识（Decentralised Identifier，简称 DID）：通过分布式账本技术或其他形式的去中心化网络注册，因而不需要中央注册机构的全球唯一标识符。

分布式账本技术（Distributed Ledger Technology，简称 DLT）：可跨多个站点共享和同步的数据库。该类型网络的基础数据分散部署在网络的所有站点上，各站点都可以根据所赋权限跨网络访问、编辑其他站点的数据条目。任一站点对账本内容的修改、增删都将在所有站点上复制。区块链就是一种分布式账本，通常用于部署加密货币。

自我主权身份（Self-Sovereign Identity，简称 SSI）："试图将个人数据及个人数字身份的控制权更多地归还给用户的技术标准与数据发布准则"[1]。

可验证凭证（Verifiable Credential，简称 VC）：可有效记录数据修改痕迹，并能加密验证数据来源（作者）的数字凭证。

译后感

本章的主题是区块链在教育行业中的应用。作者从区块链技术的基本原理和历史发展开始，介绍了区块链技术在世界各地用于教育领域的丰富案例，也总结了国外同仁在长期实践中积累的诸多经验。

区块链技术近年来发展势头非常强劲，引起了圈内外许多关注。这是一项前沿技术，涉及数学和计算机科学的许多知识。但如果能厘清以下几个特征，那么大多数人都能把握区块链的基本概念。

一是区块链中"区块"与"链"的定义。所谓"区块"，是指存储各种数据的所在，包括需存储的业务数据、加解密所需的数据、和所有权相关的数据等。"链"的概念更为关键，是指以上区块按顺序排列，如同一条长链，新的区块只能出现在链的末端，链上已有的区块无论所含内容还是排列顺序都不可更改。

二是区块链的核心特征"去中心化"。它是指区块链系统的各个节点之间都是对等的，没有任何一台设备是这个网络的中心。每个节点在运行过程中都会定时下载、同步整条链上的所有区块，并将其存储在本地。只要网络中尚有一台设备未被销毁，则整个链都可以被重建。

---

[1] T3 Innovation Network. "Applying Self-Sovereign Identity Principles to Interoperable Learning Records: Principles, Challenges and Community Guidance", US Chamber of Commerce Foundation, June 2020, p. 2, https://www.uschamberfoundation.org/sites/default/files/mediauploads/Applying%20SSI%20Principles%20to%20ILRs%20Report.pdf

三是区块链能保证数据的"真实性"和"完整性"。区块链的"链"状结构是由数学算法确定的，对任何一个区块的细微修改都将导致前后区块的内容发生变化，进而影响整条区块链的数据。而"去中心化"的特征也保证了任意设备上的数据变化都能很快被其他对等节点纠正，除非有实体能同时伪造成百上千个节点的数据，否则任何形式的篡改都将是徒劳的。

了解了以上概念后，我们就能知道区块链可应用的范围远不止虚拟货币，也能理解为何国外的同行热衷于将该技术用于教育认证领域的记录防伪、凭证发布等事宜。

在我国的教育行业中，区块链的应用还不太广泛，但已经有许多高校和机构在从事相关研究。区块链在保护教育生态、维护版权秩序、鼓励教育创新等方面都展现出很好的发展前景。区块链技术能够服务于教育数字化转型的应用包括：防篡改、低成本的数字认证系统，用于重新梳理教育管理流程；强版权、高可信、低成本的学习资源生态，用于提升教师参与资源建设的主观能动性，创新教育资源建设模式；更高效、更真实的学术成果采集模式，用于改进现有的教育评价体系；去中心化的个体学信大数据，用于提升教育行业整体数据管理水平，夯实教育数字基座；等等。

需要指出的是，实现以上目标的手段的确有很多，可以仰仗的技术也并非只有区块链一种，但区块链在数据安全、版权保护等方面和其他技术手段有着本质的不同，从技术层面而言存在天然优势。我们在信息化应用研究的过程中，一定要避免简单地重复和事倍功半地堆砌，重视新老技术之间存在的差异，明确新技术真正的优势所在，所谓才尽其专、用尽其才，这才是技术创新的真正体现。

（薛川译，张怀浩一校，梁力萌二校）

参考文献

(n.a.) (n.d.), *ND Integrated Learner Record: Phase Ⅱ Project Charter*, https://docs.google.com/document/d/1hiKCNepcPQkCDHy7yFT9x613RWjK7Mjk/edit (accessed on 5 February 2021). [153]

@profesionesqro (2020), *Twitter*, https://twitter.com/profesionesqro/status/1256225566631567360. [198]

@xertifyco (12 June 2020), *Twitter*, https://twitter.com/xertifyco/status/1271571738044792832. [200]

第十一章 教育中的区块链：一种全新的认证生态

@xertifyco (18 June 2020), *Twitter,* https://twitter.com/xertifyco/status/1273813449311760390. [199]

0xcert (n.d.), *Blockchain API gateway,* https://0xcert.org/ (accessed on 16 November 2020). [170]

Abdou, M. (2019), *MOU between Zewail City and Intelli Coders, LLC to use blockcred.io for academic credentials issuing,* Medium, https://medium.com/blockcred/mou-between-zewail-city-and-intelli-coders-llc-to-use-blockcred-io-a3124bafe143 (accessed on 26 June 2020). [188]

Accredited Online Colleges (n.d.), *Fake Schools, Fake Degrees: Avoiding Diploma Mills,* https://www.accredited-online-college.org/avoiding-diploma-mills/ (accessed on 16 November 2020). [119]

Al Ali, N. and E. van der Walt (2018), *Blockchain Island Dream Is 'Calculated Risk' Says Malta Leader,* Bloomberg, https://www.bloomberg.com/news/articles/2018-09-10/blockchain-island-dream-is-calculated-risk-says-malta-leader (accessed on 16 November 2020). [163]

Alastria (n.d.), *Alastria,* https://alastria.io/en/la-red/ (accessed on 13 November 2020). [49]

Alden, L. (2021), *A Century of Fiscal and Monetary Policy: Inflation vs Deflation,* LynAlden.com., https://www.lynalden.com/fiscal-and-monetary-policy/. [15]

Ali, A. (2021), *Bitcoin Is the Fastest Asset to Reach a $1 Trillion Market Cap,* Visual Capitalist, https://www.visualcapitalist.com/bitcoin-is-the-fastest-asset-to-reach-a-1-trillion-market-cap/. [19]

Allen, C. (2016), *The Path to Self-Sovereign Identity,* Life with Alacrity, http://www.lifewithalacrity.com/2016/04/the-path-to-self-sovereign-identity.html (accessed on 17 November 2020). [100]

Alliance, B. (n.d.), *Badge Alliance,* https://www.badgealliance.org (accessed on 28 June 2020). [85]

Amazon (n.d.), *Blockchain on AWS,* https://aws.amazon.com/blockchain/ (accessed on 13 November 2020). [45]

American Chemical Society (2019), *Estimating the environmental impact of Bitcoin mining,* Science Daily, https://www.sciencedaily.com/releases/2019/11/191120080246.htm. [11]

AMSI (n.d.), *Our Schools | First in the World to Implement Blockchain-Based Digital Academic Credentials for Students,* https://amsi.ae/amsi-news/183-our-schools-first-in-the-world-to-implement-blockchain-based-digital-academic-credentialsfor-students (accessed on 17 November 2020). [184]

Arizona State University (n.d.), *Trusted Learner Network,* https://trust.asu.edu/ (accessed on 16 November 2020). [151]

Ark Invest (2021), *SolarBatteryBitcoin*, Github, https://github.com/ARKInvest/SolarBatteryBitcoin (accessed on 4 May 2021). [12]

Asia Blockchain Review (2018), *Malaysian Ministry of Education Applies Blockchain Technology as a Certificate Verification Against Degree Fraud,* https://www.asiablockchainreview.com/malaysian-ministry-of-education-apply-blockchain-technology-as-a-certificateverification-against-degree-fraud/ (accessed on 17 November 2020). [204]

Baydakova, A. (2019), *Bitcoin Mining Farms Are Flourishing on the Ruins of Soviet Industry in Siberia,* CoinDesk, https://www.coindesk.com/bitcoin-mining-farms-are-flourishing-on-the-ruins-of-soviet-industry-in-siberia (accessed on 17 November 2020). [7]

Beheshti, N. (2020), *5 of the Most In-Demand Soft Skills Companies Are Looking for This Year,* Forbes, https://www.forbes.com/sites/nazbeheshti/2020/01/28/5-of-the-most-in-demand-soft-skills-companies-are-looking-for-thisyear/?sh=5393bb2e56c7 (accessed on 17 November 2020). [214]

Benay, A. (2019), *Securing the future of talent mobility in the Government of Canada,* https://tbs-blog.canada.ca/en/securing-future-talent-mobility-government-canada (accessed on 13 November 2020). [76]

Bernard, Z. (2018), *Everything you need to know about Bitcoin, its mysterious origins, and the many alleged identities of its creator,* Business Insider, https://www.businessinsider.com/bitcoin-history-cryptocurrency-satoshi-nakamoto-2017-12?IR=T (accessed on 17 November 2020). [28]

Bhatia, N. (2021), *Layered Money: From Gold and Dollars to Bitcoin and Central Bank Digital Currencies,* Nikhil Bhatia. [14]

Binance Academy (n.d.), *Byzantine Fault Tolerance Explained,* Binance Academy, https://academy.binance.com/blockchain/byzantine-fault-tolerance-explained (accessed on 25 June 2020). [4]

BitDegree (2017), *Revolutionizing Global Education with Blockchain - White Paper,* https://www.bitdegree.org/bitdegree-vision.pdf (accessed on 17 November 2020). [107]

Blockcerts (n.d.), *Blockcerts,* https://www.blockcerts.org (accessed on 16 November 2020). [111]

BlockCred (n.d.), *BlockCred,* https://www.blockcred.io/ (accessed on 17 November 2020). [189]

Bloxberg (2020), *Bloxberg: The Trusted Research Infrastructure*, https://bloxberg.org/wp-content/uploads/2020/02/bloxberg_whitepaper_1.1.pdf (accessed on 5 February 2021). [145]

Brody, P. (2019), *How public blockchains are making private blockchains obsolete,* Ernst & Young, https://www.ey.com/en_us/innovation/how-public-blockchains-are-making-private-blockchains-obsolete (accessed on 17 November 2020). [62]

Buterin, V. (2016), *Let's talk about the projected coin supply over the coming years,* Reddit, https://www.reddit.com/r/ethereum/comments/5izcf5/lets_talk_about_the_projected_coin_supply_over/dbc66rd/ (accessed on 17 November 2020). [60]

Cabrol, M. (2018), *Technology Is Creating a Human-Centric Economy, and It's Based on Trust,* Inter-American Development Bank, https://blogs.iadb.org/caribbean-dev-trends/en/technology-is-creating-a-human-centric-economy-and-its-based-on-trust/ (accessed on 16 November 2020). [131]

Castillo, M. (2019), *Hyperledger Unanimously Approves First Ethereum Codebase for Enterprises,* Forbes, https://www.forbes.com/sites/michaeldelcastillo/2019/08/29/hyperledger-unanimously-approves-first-ethereum-codebasefor-enterprises/#838c037794cc (accessed on 17 November 2020). [43]

Castro-Iragorri, C. (2018), *Hyperledger Supporting Blockcerts Compliant Digital Diplomas Across Colombian Universities,* Hyperledger Global Forum, https://hgf18.sched.com/event/G8rr/hyperledger-supporting-blockcerts-compliant-digital-diplomas-across-colombianuniversities-carlos-castro-iragorri-universidad-del-rosario (accessed on 16 November 2020). [135]

CEF Digital (n.d.), *EBSI Documentation home,* https://ec.europa.eu/cefdigital/wiki/display/CEFDIGITALEBSI/EBSI+Documentation+home (accessed on 17 November 2020). [175]

CEF Digital (n.d.), *European Blockchain Services Infrastructure,* European Commission, https://ec.europa.eu/cefdigital/wiki/display/CEFDIGITAL/EBSI (accessed on 13 November 2020). [40]

CEF Digital (n.d.), *Use Cases and Functional Documentation,* https://ec.europa.eu/cefdigital/wiki/display/CEFDIGITALEBSI/Use+Cases+and+Functional+Documentation (accessed on 17 November 2020). [176]

Chainalysis (n.d.), *Chainalysis,* https://www.chainalysis.com/ (accessed on 13 November 2020). [63]

CNN (2020), *Almost 1 in 3 pilots in Pakistan have fake licenses, aviation minister says,* https://edition.cnn.com/2020/06/25/business/pakistan-fake-pilot-intl-hnk/index.html (accessed on 16 November 2020). [123]

CNN (n.d.), *University blockchain experiment aims for top marks,* https://edition.cnn.com/videos/tv/2018/06/28/blockhain-university-dubai-global-gateway.cnn (accessed on 17 November 2020). [183]

Cocks, P. (2017), *Malta first to launch education blockchain certification,* Malta Today, https://www.maltatoday.com.mt/news/national/80704/government_launches_first_blockhain_initiative_in_education (accessed on 16 November 2020). [165]

Coin Telegraph (n.d.), *What Is Lightning Network and How It Works,* Cointelegraph, https://cointelegraph.com/lightning-network-101/what-is-lightning-network-and-how-it-works (accessed on 27 June 2020). [33]

CoinMarketCap (n.d.), *CoinMarketCap,* https://coinmarketcap.com/ (accessed on 25 June 2020). [20]

CoinTelegraph (n.d.), *What Are Smart Contracts? Guide for Beginners,* https://cointelegraph.com/ethereum-for-beginners/what-are-smart-contracts-guide-for-beginners (accessed on 27 July 2020). [25]

Company Newsroom of Learning Machine (2020), *First Blockcerts Issued in India: Pallavan School and Vasant Valley School, Facilitated by Pallavan Learning Systems and Learning Machine, Issue Blockchain Credentials,* https://learningmachine.newswire.com/news/first-blockcerts-issued-in-india-pallavan-school-and-vasant-valley-21072917 (accessed on 17 November 2020). [205]

Company Newsroom of Learning Machine (2018), *Press Release: KAUST Set to Be First University in Middle East to Issue Blockchain Credentials Using Blockcerts Open Standard,* https://learningmachine.newswire.com/news/kaust-set-to-be-first-university-in-middle-east-to-issue-blockchain-20703496 (accessed on 17 November 2020). [190]

ConsenSys (2020), *Latin American and Carribean Citizens Are Coordinating COVID-19 Deconfinement with This New Ethereum Application,* ConsenSys, https://consensys.net/blog/news/latin-american-and-carribean-citizens-are-coordinating-covid-19-deconfinement-with-thisnew-ethereum-application/ (accessed on 17 November 2020). [50]

ConsenSys (2019), *The Thirdening: What You Need to Know,* ConsenSys, https://media.consensys.net/the-thirdening-what-you-need-to-know-df96599ad857 (accessed on 17 November 2020). [58]

ConsenSys (n.d.), *About,* https://consensys.net/about/ (accessed on 26 June 2020). [37]

Crace, A. (2019), *Digitary & Evernym Collaborate,* The PIE News, https://thepienews.com/news/digitary-evernym-collaborate-boost-credentialing/ (accessed on 16 November 2020). [162]

Credential Engine (n.d.), *Credential Transparency Description Language (CTDL) Handbook,* https://credreg.net/ctdl/handbook (accessed on 13 November 2020). [84]

Cuthbertson, A. (2017), *Bitcoin Mining on Track to Consume All of the World's Energy by 2020,* Newsweek, https://www.newsweek.com/bitcoin-mining-track-consume-worlds-energy-2020-744036 (accessed on 17 November 2020). [10]

Dagger, M. (2020), *A Comprehensive Guide to Decentralized Stablecoins,* Hackernoon, https://hackernoon.com/a-comprehensive-guide-to-decentralized-stablecoins-22f66553c807 (accessed on 17 November 2020). [55]

Decentralized Identity Foundation (n.d.), *Decentralized Identity Foundation,* https://identity.foundation/ (accessed on 13 November 2020). [93]

DiChristopher, T. (2017), *No, bitcoin isn't likely to consume all the world's electricity in 2020,* CNBC, https://www.cnbc.com/2017/12/21/no-bitcoin-is-likely-not-going-to-consume-all-the-worlds-energy-in-2020.html (accessed on 17 November 2020). [9]

Digital Credentials Consortium (2020), *Building the digital credential infrastructure for the future,* https://digitalcredentials.mit.edu/wp-content/uploads/2020/02/white-paper-building-digital-credential-infrastructure-future.pdf. [146]

Dinkins, D. (2017), *SegWit Locked-in, But Questions Remain About Bitcoin's Level of Decentralization,* CoinTelegraph, https://cointelegraph.com/news/Bitcoin-is-decentralized-but-not-distributed-and-that-fact-likely-contributed-to-Bitcoins-civilwar (accessed on 17 November 2020). [36]

Du Seuil, D. and C. Pastor (2019), *Understanding the European Self-Sovereign Identity Framework (ESSIF),* https://ssimeetup.org/understanding-european-self-sovereign-identity-framework-essif-daniel-du-seuil-carlos-pastorwebinar-32/ (accessed on 13 November 2020). [79]

Durant, E. (2017), *Digital Diploma Debuts at MIT,* MIT News, https://news.mit.edu/2017/mit-debuts-secure-digital-diploma-using-bitcoin-blockchain-technology-1017 (accessed on 16 November 2020). [138]

Education, T. (n.d.), *The Internet of Education,* https://docs.google.com/document/d/1tWiaiU95OvS_ktVDbSjQlwl6CZVUzgikWuTunTde8U0/edit (accessed on 13 November 2020). [97]

Enterprise Ethereum Alliance (n.d.), *Entethalliance,* https://entethalliance.org/ (accessed on 13 November 2020). [38]

EthHub (n.d.), *Monetary Policy,* https://docs.ethhub.io/ethereum-basics/monetary-policy/ (accessed on 13 November 2020). [57]

EU Blockchain Observatory and Forum (2019), *EU Blockchain Observatory and Forum: Workshop Report, e-Identity, Brussels,* https://www.eublockchainforum.eu/sites/default/files/reports/workshop_5_report_-_e-identity.pdf. [80]

European Commission (n.d.), *ESCO and the new Europass: occupations and skills for lifelong career management,* https://ec.europa.eu/esco/portal/news/fd542061-178a-4a04-81ae-b3b0eccb3edd (accessed on 17 November 2020). [178]

Everis (European Commission) (n.d.), *Europass framework for digitally-signed credentials,* https://ec.europa.eu/futurium/en/system/files/ged/europass_background-info_framework-digitally-signed-credentials.pdf (accessed on 17 November 2020). [179]

Ezell, A. and J. Bear (2012), *Degree Mills: The Billion-Dollar Industry That Has Sold over a Million Fake Diplomas,* Prometheus Books. [120]

Federation of State Medical Boards (2019), *Healthcare and Digital Credentials: Technical, Legal, and Regulatory Considerations,* https://www.fsmb.org/digitalcredentials/ (accessed on 16 November 2020). [113]

Fitzpatrick, L. (2020), *Expect a Huge Backlash If Stablecoins Are Banned,* Forbes, https://www.forbes.com/sites/lukefitzpatrick/2020/04/27/expect-a-huge-backlash-if-stablecoins-arebanned/# 634415c261d2. [56]

Foxley, W. (2020), *Vitalik Buterin Clarifies Remarks on Expected Launch Date of Eth 2.0,* CoinDesk, https://www.coindesk.com/vitalik-buterin-clarifies-remarks-on-expected-launch-date-of-eth-2-0. [29]

Friedman, S. (2019), *Union Public Schools Launches Blockchain-Based Credentials,* https://thejournal.com/articles/2019/04/30/union-public-schools-launches-blockchain-based-credentials.aspx. [140]

Gibson, K. (2017), *Your MD may have a phony degree,* CBS News, https://www.cbsnews.com/news/your-md-may-have-a-phony-degree/ (accessed on 16 November 2020). [122]

Global Blockchain Business Council (n.d.), *Chain Reaction: Blockchain Enters the Mainstream - 2020 annual report,* https://www.lw.com/thoughtLeadership/gbbc-report-blockchain-enters-mainstream (accessed on 17 November 2020). [191]

Government of Canada Talent Cloud (n.d.), *Talent Cloud,* https://talent.canada.ca/en (accessed on 16 November 2020). [158]

GradBase (n.d.), *GradBase,* https://www.gradba.se/en/ (accessed on 16 November 2020). [171]

Grech, A. and A. Camilleri (2017), *Blockchain in Education,* European Commission Joint Research Centre | Edited by Andreia Inamorato dos Santos, https://publications.jrc.ec.europa.eu/repository/bitstream/JRC108255/jrc108255_blockchain_in_education(1).pdf. [130]

Greenspoon, A. (2018), *The value of "free agents" inside the public service,* Policy Options, https://policyoptions.irpp.org/magazines/november-2018/the-value-of-free-agents-inside-the-public-service/ (accessed on 16 November 2020). [159]

Hague Convention (1961), *Convention Abolishing the Requirement of Legalisation for Foreign Public Documents,* https://www.hcch.net/en/instruments/conventions/full-text/?cid=41. [126]

Hamdani, Z. (2020), *ARUCC teams up with Digitary to build Made for Canada network,* Global Education Times, https://www.globaleducationtimes.org/news/north-america/arucc-teams-up-with-digitary-to-build-made-for-canada-network/1690/?fbclid=IwAR271A6g9UK3yjtND-Uclm3ymmD3h8hBToEsPa_MG4hUdjAjzvODMD81I0E (accessed on 16 November 2020). [161]

Hargrave, S. and E. Karnoupakis (2020), *Blockchain Success Stories: Case Studies from the Leading Edge of Business,* O'Reilly Media. [137]

Hess, A. (2020), *College enrollment is down because of the pandemic—and community colleges have been hit the hardest,* CNBC, https://www.cnbc.com/2020/10/01/how-the-coronavirus-pandemic-has-impacted-college-enrollment.html (accessed on 17 November 2020). [210]

HKUST Academic Registry (n.d.), *Electronic Documents Verification Program,* https://registry.ust.hk/verify/info (accessed on 17 November 2020). [206]

Holon IQ (2018), *Education in 2030: The $10 Trillion Dollar Question,* https://www.holoniq.com/2030/ (accessed on 17 November 2020). [209]

Holon IQ (2018), *Global Student Flows,* https://www.holoniq.com/global-student-flows (accessed on 17 November 2020). [208]

Hyland Credentials (n.d.), *Customer Stories,* https://www.hylandcredentials.com/customer-stories (accessed on 16 November 2020). [115]

Hyland Newsroom (2020), *New Mexico Higher Education Department selects Hyland Credentials for Higher Education,* https://news.hyland.com/new-mexico-higher-education-department-selects-hyland-credentials-for-higher-education/ (accessed on 16 November 2020). [144]

IBM (n.d.), *IBM Blockchain Services. Blockchain consulting that turns strategy into business outcomes,* https://www.ibm.com/blockchain/services/ (accessed on 13 November 2020). [46]

IEEE (n.d.), *Learning Technology Standards Committee (LTSC),* https://sagroups.ieee.org/ltsc/ (accessed on 13 November 2020). [94]

IMS Global (n.d.), *Comprehensive Learner Record,* https://www.imsglobal.org/activity/comprehensive-learner-record (accessed on 13 November 2020). [86]

Indorse (n.d.), *Indorse,* https://indorse.io/metamorph (accessed on 17 November 2020). [203]

Insights, L. (2020), *South Korea has global ambitions for decentralized identity systems,* https://www.ledgerinsights.com/south-korea-decentralized-identity-ambitions/ (accessed on 13 November 2020). [78]

Internet Identity Workshop (n.d.), *Internet Identity Workshop,* https://internetidentityworkshop.com/ (accessed on 28 June 2020). [88]

Internet of Education (n.d.), *Internet of Education,* https://www.internetofeducation.org/ (accessed on 13 November 2020). [96]

Jagers, C. (2018), *The Blockchain in Education,* Learning Machine Blog, https://medium.com/learning-machine-blog/the-blockchain-in-education-5a322fe9fe86. [110]

Jagers, C. (n.d.), *A Passport to Greater Opportunity,* Learning Machine Blog, https://www.learningmachine.com/passport-greater-opportunity/ (accessed on 17 November 2020). [207]

Jagers, C. (n.d.), *Future Proof,* Learning Machine Blog, https://www.learningmachine.com/future-proof (accessed on 16 November 2020). [136]

Jamaica Observer (2019), *CXC to provide students with e-certificates after successful trial,* http://www.jamaicaobserver.com/latestnews/CXC_to_provide_students_with_e-certificates_after_successful_trial?profile=1228 (accessed on 17 November 2020). [195]

Jessel, B. (2020), *Ethereum, Fabric, Corda, and Multichain. Only One Is Government Ready - New Report,* Forbes, https://www.forbes.com/sites/benjessel/2020/04/21/ethereum-fabric-corda-and-multichain-only-one-is-governmentreadynew-report/#4f0443ae263b. [53]

Jonkers, R. (2018), *SAP Blockchain for Higher Education,* https://www.slideshare.net/RobJonkers/sap-blockchain-for-higher-education (accessed on 16 November 2020). [169]

Kar, I. (2016), *The developers behind Ethereum are hacking the hacker that hacked it,* QZ, https://qz.com/713078/the-developers-behind-ethereum-are-hacking-the-hacker-that-hacked-it/ (accessed on 24 November 2020). [34]

Kelly, R. (2018), *Southern New Hampshire U Issues Blockchain Credentials to College for America Grads,* https://campustechnology.com/articles/2018/06/11/southern-new-hampshire-u-issues-blockchain-credentials-to-collegefor-america-grads.aspx (accessed on 16 November 2020). [139]

Kenobit, O. (2018), *Hyperbitcoinization: Winner Takes All,* Medium, https://medium.com/coinmonks/hyperbitcoinization-winner-takes-all-69ab59f9695f (accessed on 24 November 2020). [17]

Konings, L. (2019), *Electronic Platform for Adult Learning in Europe (EPALE): EMC launches Common Microcredential Framework,* https://epale.ec.europa.eu/en/content/emc-launches-common-microcredential-framework (accessed on 24 November 2020). [83]

Krawisz, D. (2014), *Hyperbitcoinization,* Satoshi Nakamoto Institute, https://nakamotoinstitute.org/mempool/hyperbitcoinization/ (accessed on 24 November 2020). [16]

La Fuente Querétaro (2020), *Profesionistas podrán tramitar cédula en línea,* https://periodicolafuente.com/profesionistas-tramitar-cedula-en-linea/ (accessed on 17 November 2020). [197]

Learning Economy Foundation (n.d.), *Broward OpenCLR Lab,* https://www. [154]
learningeconomy.io/browardlab (accessed on 16 November 2020).

Learning Economy Foundation (n.d.), *C-Lab: A Learning Economy Co-Lab,* https:// [152]
www.learningeconomy.io/clab (accessed on 16 November 2020).

Learning Economy Foundation (n.d.), *Learning Economy Foundation,* https://www. [95]
learningeconomy.io/ (accessed on 13 November 2020).

Learning Economy Foundation (n.d.), *Memo: AP-Lab Co-Lab Learning Ecosystems* [155]
for the Asia-Pacific Region, https://docs.google.com/document/d/1pzdcZdus73
4OF2olk1ZZjFY6vdjZY3G8-IVPZlqf4cA/edit#heading=h.9tijzbwkqbxf (accessed
on 24 November 2020).

Learning Economy Foundation (n.d.), *Roadmap,* https://www.learningeconomy. [109]
io/#Roadmap (accessed on 16 November 2020).

Learning Machine (2018), *Blockcerts Enables Multi-Chain Issuing and Verification* [134]
of Official Documents, https://learningmachine.newswire.com/news/blockcerts-
enables-multi-chain-issuing-and-verification-of-official-20680828 (accessed on
16 November 2020).

Learning Machine Company Newsroom (2019), *Press Release: Maryville University* [142]
Partners with Learning Machine to Issue Digital Diplomas Using Blockcerts,
https://learningmachine.newswire.com/news/maryville-university-partners-with-
learning-machine-to-issue-digital-21036653 (accessed on 24 November 2020).

Learning Machine Newsroom (2016), *Learning Machine and MIT Media* [114]
Lab Release Blockchain Technology for Educational Credentials, https://
learningmachine.newswire.com/news/learning-machine-and-mit-media-lab-
release-blockchain-technologyfor-11633933 (accessed on 16 November 2020).

Ledger Insights (2020), *Workday sees blockchain as key to employee credentialing,* [148]
https://www.ledgerinsights.com/workday-blockchain-employee-credentialing/
(accessed on 16 November 2020).

Leising, M. and O. Kharif (2020), *Ethereum Races Clock to Collect Enough Coins for* [27]
Big Upgrade, Bloomberg, https://www.bloomberg.com/news/articles/2020-11-23/
ethereum-races-clock-to-collect-enough-coins-for-huge-upgrade.

Lemoie, K. and L. Souares (2020), *Connected Impact: Unlocking Education and Workforce Opportunity Through Blockchain,* American Council on Education, https://www.acenet.edu/Documents/ACE-Education-Blockchain-Initiative-Connected-Impact-June2020.pdf (accessed on 24 November 2020). [44]

Longino Torres, J. (2019), *¡Hola, futuro! Inicia Tec era de títulos universitarios en blockchain,* Tecnologico de Monterrey, https://tec.mx/es/noticias/nacional/educacion/hola-futuro-inicia-tec-era-de-titulos-universitarios-en-blockchain?&utm_source=twitter&utm_medium=social-media&utm_campaign=addtoany (accessed on 17 November 2020). [192]

Longstaff, B. (2018), *Why hashed Personally identifiable information (PII) on the blockchain can be safe,* Medium, https://medium.com/meeco/why-hashed-personally-identifiable-information-pii-on-the-blockchain-can-be-safe-b842357b9663 (accessed on 24 November 2020). [66]

Maaghul, R. (2019), *Why ODEM is building on the Ethereum blockchain,* ODEM Blog, https://blogs.odem.io/why-odem-is-building-on-the-ethereum-blockchain (accessed on 24 November 2020). [106]

Malone, K. (2020), *Blockchain Saving HHS $30M on First Accelerate Contract,* MeriTalk, https://www.meritalk.com/articles/blockchain-saving-hhs-30m-on-first-accelerate-contract/ (accessed on 24 November 2020). [54]

McCauley, A. (2019), *Unblocked: How Blockchain Will Change Your Business (and What to Do About It),* O'Reilly. [129]

McMaster University Office of the Registrar (n.d.), *Digital diplomas,* https://registrar.mcmaster.ca/digitaldiplomas/#:~:text=McMaster%20University%20issues%20graduates%20a,protect%20and%20verify%20the%20diploma (accessed on 16 November 2020). [116]

McSpadden, K. (2017), *Ngee Ann Polytechnic to pilot blockchain diplomas,* partners Attores, e27, https://e27.co/ngee-ann-polytechnic-to-pilot-blockchain-diplomas-partners-attores-20170526/ (accessed on 17 November 2020). [202]

McWhinney, J. (2019), *Why Governments Are Afraid of Bitcoin,* Investopedia, https://www.investopedia.com/articles/forex/042015/why-governments-are-afraid-bitcoin.asp (accessed on 24 November 2020). [21]

Mearian, L. (2018), *Will Blockchain Run Afoul of GDPR? (Yes and no)*, Computerworld, https://www.computerworld.com/article/3269750/will-blockchain-run-afoul-of-gdpr-yes-and-no.html (accessed on 24 November 2020). [65]

Meetup (2020), *[Hyperledger SF] Workday and AWS discuss Hyperledger Fabric [Mon, Feb 24],* https://www.meetup.com/Hyperledger-SF/events/267518767/ (accessed on 16 November 2020). [149]

Messari (2019), *Timechains,* https://messari.io/article/timechains (accessed on 24 November 2020). [13]

Messari.io. (2019), *On-Chain Governance,* https://messari.io/article/on-chain-governance (accessed on 24 November 2020). [32]

Miller, L. (2020), *Four Bright Spots in a Year That's Irreversibly Changed Higher Ed Admissions,* Liaison International for Inside Higher Ed, https://narratives.insidehighered.com/bright-spots-year-changed-admissions/index.html (accessed on 17 November 2020). [211]

MIT Media Lab (n.d.), *Digital Certificates Project,* https://certificates.media.mit.edu/ (accessed on 16 November 2020). [133]

MIT Media Lab (n.d.), *Project: Digital Academic Credentials,* https://www.media.mit.edu/projects/media-lab-digital-certificates/overview/ (accessed on 16 November 2020). [132]

MIT Open Learning (2020), *University-Led Digital Credentials Consortium explores technology for digital academic credentials,* https://openlearning.mit.edu/news/university-led-digital-credentials-consortium-explores-technology-digitalacademic-credentials (accessed on 24 November 2020). [90]

Morris, C. (2018), *Bitcoin Mining Uses More Energy Than Homes Do in Iceland,* Fortune, https://fortune.com/2018/02/13/iceland-bitcoin-mining-electricity/ (accessed on 24 November 2020). [8]

Moskov, A. (2018), *What is the Byzantine Generals Problem?*, CoinCentral, https://coincentral.com/byzantine-generals-problem/ (accessed on 9 November 2020). [2]

Munro, A. (2018), *Good clean use case: Bahamian students graduate on the blockchain,* Finder, https://www.finder.com.au/good-clean-use-case-bahamian-students-graduate-on-the-blockchain (accessed on 17 November 2020). [194]

Muzzy, E. (2020), *What Is Proof of Stake?*, ConsenSys Blog, https://consensys.net/blog/blockchain-explained/what-is-proof-of-stake/ (accessed on 24 November 2020). [30]

Nakamoto, S. (2008), *Bitcoin: A Peer-to-Peer Electronic Cash System,* http://www.bitcoin.org (accessed on 24 November 2020). [1]

Nuzzi, L. (2019), *Schnorr Signatures & The Inevitability of Privacy in Bitcoin,* Medium, https://medium.com/digitalassetresearch/schnorr-signatures-the-inevitability-of-privacy-in-bitcoin-b2f45a1f7287 (accessed on 24 November 2020). [18]

OECD (2005), *Guidelines for quality provision in cross-border higher education,* http://www.oecd.org/education/innovation-education/35779480.pdf. [125]

OECD (2004), *Internationalisation and Trade in Higher Education,* OECD, http://dx.doi.org/10.1787/9789264015067-en. [124]

OpenCerts (n.d.), *Collaborate,* https://opencerts.io/collaborate (accessed on 13 November 2020). [77]

OpenCerts (n.d.), *OpenCerts,* https://opencerts.io/ (accessed on 16 November 2020). [118]

Oracle (n.d.), *Oracle Blockchain Enterprise Edition,* https://www.oracle.com/database/technologies/blockchain-platform-enterprise-edition.html (accessed on 13 November 2020). [47]

Parisi, B. (2018), *Woolf University: Will Blockchain Make College Affordable?,* In the Mesh, https://inthemesh.com/archive/woolf-university-will-the-blockchain-make-college-more-affordable/ (accessed on 24 November 2020) [104]

Parrish, J., J. Fryer and R. Parks (2017), *Expanding the Academic Record: Revolutionizing Credentials,* NACE, https://www.naceweb.org/job-market/trends-and-predictions/expanding-the-academic-record-revolutionizing-credentials/ (accessed on 17 November 2020). [215]

Pisani, B. (2018), *Bitcoin and ether are not securities, but some initial coin offerings may be,* SEC official says, CNBC, https://www.cnbc.com/2018/06/14/bitcoin-and-ethereum-are-not-securities-but-some-cryptocurrencies-may-be-sec-officialsays. html#close (accessed on 24 November 2020). [24]

Pistis.io (n.d.), *Pistis.io,* https://pistis.io/welcome/ (accessed on 16 November 2020). [150]

Prince Consulting (n.d.), *Prince Consulting,* http://princeconsulting.biz/ (accessed on 17 November 2020). [201]

Purifoy, C. and J. Smith (2018), *G20: Of Currency, New Gold Standards & Rocket Fuel to Coordinate Global Impact,* G20 Leaders Summit Magazine, https://www.learningeconomy.io/post/g20-cover-story-of-currency-new-gold-standards-and-rocket-fuel-to-coordinate-globalimpact (accessed on 24 November 2020). [108]

PwC UK (n.d.), *Smart Credentials,* https://www.pwc.co.uk/blockchain/smart-credentials.html (accessed on 16 November 2020). [172]

Quorum (n.d.), *Quorum,* https://www.goquorum.com/ (accessed on 13 November 2020). [41]

Reed, M. (2016), *Co-Curricular Transcripts? Questions about a potentially good idea,* Inside Higher Ed, https://www.insidehighered.com/blogs/confessions-community-college-dean/co-curricular-transcripts (accessed on 17 November 2020). [216]

Renieris, E. (2020), *SSI? What we really need is full data portability,* Women in Identity Blog, https://womeninidentity.org/2020/03/31/data-portability/ (accessed on 24 November 2020). [99]

Salas, R. (2018), *CNM named "Innovator of the Year" for their use of blockchain tech,* KOB4, https://www.kob.com/albuquerque-news/cnm-named-innovator-of-the-year-for-their-use-of-blockchain-tech-/5189370/ (accessed on 16 November 2020). [143]

Sansone, K. (2019), *Malta is first country to put education certificates on blockchain,* Malta Today, https://www.maltatoday.com.mt/news/national/93148/malta_is_first_country_to_put_education_certificates_on_blockchain#.XG67xpNKg0o (accessed on 16 November 2020). [166]

SAP (n.d.), *Intelligent Technologies,* https://www.sap.com/products/intelligent-technologies/blockchain.html (accessed on 13 November 2020). [48]

Shahada (n.d.), *Shahada,* https://www.shahada.ae/ (accessed on 2 November 2020). [186]

Sharma, R. (2019), *What is the Enterprise Ethereum Alliance?,* Investopedia, https://www.investopedia.com/tech/what-enterprise-ethereum-alliance/ (accessed on 24 November 2020). [39]

Sharma, R. (2019), *Why Is Ethereum Co-founder Proposing a Hard Cap?*, Investopedia, https://www.investopedia.com/news/why-ethereum-cofounder-proposing-hard-cap/ (accessed on 24 November 2020). [59]

Sharma, R. (2019), *Zero Knowledge Proofs' Could Boost Blockchain Adoption on Wall Street*, Investopedia, https://www.investopedia.com/news/zero-knowledge-proofs-could-boost-blockchain-adoption-wall-street/ (accessed on 24 November 2020). [67]

Sharma, R. (2018), *SEC Official Declares Ether Is Not a Security*, Investopedia, https://www.investopedia.com/news/sec-officially-declares-ether-not-security/#:~:text=Ether%20is%20not%20a%20security%2C%20according%20to%20Bill%20Hinman%2C%20U.S.,Commission%20Director%20of%20Corporate%20Finance.&text=After%20Bitcoin%2C%20ether%20is%20th (accessed on 24 November 2020). [23]

Shin, A. (2020), *Hyperledger Fabric vs R3 Corda: A Business Perspective*, Medium, https://medium.com/@kaishinaw/hyperledger-fabric-vs-r3-corda-a-business-perspective-cf935824de9 (accessed on 24 November 2020). [52]

Siegel, D. (2016), *Understanding the DAO Attack*, CoinDesk, https://www.coindesk.com/understanding-dao-hack-journalists (accessed on 24 November 2020). [35]

Sixtin, E. (2017), *Malta Introduces First Blockcerts Pilot in Europe*, BTCManager, https://btcmanager.com/malta-introduces-first-blockcerts-pilot-in-europe/ (accessed on 16 November 2020). [164]

Smart Dubai 2021 (n.d.), *Smart Dubai 2021*, https://2021.smartdubai.ae/ (accessed on 24 November 2020). [181]

SmartDegrees (n.d.), *SmartDegrees*, https://www.smartdegrees.es/en/home-en/ (accessed on 16 November 2020). [167]

Smartworld (2020), *Press Release: Smartworld and Grape Technology announced the launch of Shahada, a digital certificate protocol built on blockchain technology*, https://www.smartworld.com/smartworld-and-grape-technology-announced-the-launch-of-shahada-a-digital-certificateprotocol-built-on-blockchain-technology/ (accessed on 17 November 2020). [185]

Smolenski, N. (ed.) (n.d.), *Interview with Lluís Alfons Ariño Martín, Convenor of the Digital Diplomas Use Case for the EBSI*. [177]

Smolenski, N. (ed.) (2018), *Conversation with a private tutor living and working in China.* [121]

Smolenski, N. (2016), *Identity and Digital Self-Sovereignty,* Medium, https://medium.com/learning-machine-blog/identity-and-digital-self-sovereignty-1f3faab7d9e3 (accessed on 24 November 2020). [98]

Southside Daily Staff (2018), *Here's a new way ECPI University is issuing its degrees,* Wydaily, https://wydaily.com/local-news/2018/11/05/heres-a-new-way-ecpi-university-is-issuing-its-degrees/ (accessed on 16 November 2020). [141]

Steenis, H. (2017), *Bitcoin's bite: Why central banks should clamp down on cryptocurrencies,* Schroders, https://www.schroders.com/en/uk/private-investor/insights/markets/bitcoins-bite-why-central-banks-should-clamp-downon-cryptocurrencies/ (accessed on 24 November 2020). [22]

SYSARTEC (2020), *LinkedIn,* https://www.linkedin.com/feed/update/urn:li:activity:6745799560867700736/ (accessed on 4 May 2021). [193]

T3 Innovation Network (2020), *Applying Self-Sovereign Identity Principles to Interoperable Learning Records: Principles, Challenges, and Community Guidance,* US Chamber of Commerce Foundation, https://www.uschamberfoundation.org/sites/default/files/media-uploads/Applying%20SSI%20Principles%20to%20ILRs%20Report.pdf (accessed on 24 November 2020). [101]

Talent Cloud | Nuage de talents (2018), *Twitter,* https://twitter.com/GC_Talent/status/1066820323490897921 (accessed on 24 November 2020). [157]

Temple, J. (2019), *Bitcoin mining may be pumping out as much CO2 per year as Kansas City,* MIT Technology Review, https://www.technologyreview.com/2019/06/12/873/bitcoin-mining-may-be-pumping-out-as-much-cosub2-sub-per-year-askansas-city/ (accessed on 24 November 2020). [6]

Texas Blockchain Council (2021), *Hyland and Hedera Hashgraph Present Blockchain Proof of Concept for Records Verification to Texas Secretary of State,* https://www.prnewswire.com/news-releases/hyland-and-hedera-hashgraph-present-blockchain-proof-of-concept-forrecords-verification-to-texas-secretary-of-state-301204696.html?tc=eml_cleartime. [128]

The Linux Foundation (2020), *Cross-Industry Coalition Advances Digital Trust Standards,* https://www.linuxfoundation.org/press-release/2020/05/cross-industry-coalition-advances-digital-trust-standards/ (accessed on 13 November 2020). [92]

The Open University (n.d.), *Open Blockchain,* https://blockchain.open.ac.uk/ (accessed on 16 November 2020). [173]

The Open University (n.d.), *QualiChain,* https://qualichain-project.eu/ (accessed on 16 November 2020). [174]

The Sovrin Foundation (2018), *The Sovrin Network and Zero Knowledge Proofs,* The Sovrin Foundation, https://sovrin.org/the-sovrin-network-and-zero-knowledge-proofs/ (accessed on 13 November 2020). [68]

The United Arab Emirates' Government portal (n.d.), *Emirates Blockchain Strategy 2021,* https://u.ae/en/about-the-uae/strategies-initiatives-and-awards/federal-governments-strategies-and-plans/emiratesblockchain-strategy-2021 (accessed on 17 November 2020). [180]

Thys, F. (2020), *One Third of Private 4-Year Colleges Are at High Risk Financially, Model Predicts,* WBUR, https://www.wbur.org/edify/2020/05/08/higher-education-financial-crisis (accessed on 17 November 2020). [212]

Treasury Board of Canada Secretariat (2018), *Canada's trusted digital identity vision,* https://www.canada.ca/en/treasury-board-secretariat/corporate/news/canada-trusted-digital-identity-vision.html (accessed on 16 November 2020). [156]

Trilling, B. and C. Fadel (2009), *21st Century Skills: Learning for Life in Our Times,* John Wiley and Sons, Inc. [213]

Trust Over IP Foundation (n.d.), *Trust Over IP Foundation,* https://trustoverip.org/ (accessed on 13 November 2020). [91]

UAEU (2019), *United Arab Emirates University Launches UAEU Passport, University-Wide Blockchain Applications to Streamline Student Services,* https://www.uaeu.ac.ae/en/news/2019/feb/uaeu_passport.shtml (accessed on 17 November 2020). [182]

Universidad Carlos III de Madrid (2018), *Acreditaciones de Competencias Utilizando la Tecnología Blockchain en Cursos Spocs,* https://www.uc3m.es/sdic/articulos/2018/acreditaciones-utilizando-blockchain (accessed on 16 November 2020). [117]

US Chamber of Commerce Foundation (n.d.), *The T3 Innovation Network,* https://www.uschamberfoundation.org/t3-innovation (accessed on 13 November 2020). [89]

US Department of Homeland Security (2019), *News Release: DHS Awards $199K for Blockchain Credential Lifecycle Management,* https://www.dhs.gov/science-and-technology/news/2019/11/14/news-release-dhs-awards-199k-blockchain-tech (accessed on 13 November 2020). [74]

US Department of Homeland Security (2019), *News Release: DHS Awards $159K for Infrastructure to Prevent Credential Fraud,* https://www.dhs.gov/science-and-technology/news/2019/11/12/news-release-dhs-awards-159k-prevent-credential-fraud (accessed on 13 November 2020). [72]

US Department of Homeland Security (2017), *News Release: DHS S&T Awards $750K to Virginia Tech Company for Blockchain Identity Management Research and Development,* https://www.dhs.gov/science-and-technology/news/2017/09/25/news-release-dhs-st-awards-750k-virginia-tech-company (accessed on 13 November 2020). [73]

US Department of State, Bureau of Consular Affairs (n.d.), *Apostille Requirements,* https://travel.state.gov/content/travel/en/records-and-authentications/authenticate-your-document/apostille-requirements.html (accessed on 16 November 2020). [127]

Vander Ark, T. (2018), *Imagining a Blockchain University,* Forbes, https://www.forbes.com/sites/tomvanderark/2018/06/13/woolf-building-the-first-blockchain-university/?sh=41e45cff5ae5. [103]

Varshney, N. (2018), *Ethereum's supply has crossed 100M, here's what that means,* TheNextWeb, https://thenextweb.com/hardfork/2018/06/11/ethereums-total-supply/ (accessed on 24 November 2020). [61]

VON (n.d.), *Verifiable Organizations Network: Global Digital Trust for Organizations,* https://vonx.io/ (accessed on 13 November 2020). [75]

Vottun (n.d.), *Vottun,* http://vottun.com (accessed on 16 November 2020). [168]

W3C (n.d.), *Decentralized Identifiers (DIDs) v1.0,* https://w3c.github.io/did-core/ (accessed on 28 June 28). [71]

W3C (n.d.), *Educational and Occupational Credentials in Schema.org Community Group,* https://www.w3.org/community/eocred-schema/ (accessed on 28 June 2020). [82]

W3C (n.d.), *Facts about W3C,* https://www.w3.org/Consortium/facts.html (accessed on 13 November 2020). [69]

W3C (n.d.), *Verifiable Credentials Data Model 1.0,* https://www.w3.org/TR/vc-data-model/ (accessed on 24 November 2020). [70]

W3C (n.d.), *Verifiable Credentials for Education Task Force,* https://w3c-ccg.github.io/vc-ed/ (accessed on 13 November 2020). [81]

Watkins, R. (2020), *Power and Seigniorage in Proof of Stake,* Messari.io, https://messari.io/article/power-and-seigniorage-in-proof-of-stake (accessed on 24 November 2020). [31]

Web of Trust (n.d.), *Rebooting Web of Trust,* https://www.weboftrust.info/ (accessed on 13 November 2020). [87]

Weinstein, J. (2015), *How can law enforcement leverage the blockchain in investigations?,* Coin Center, https://coincenter.org/entry/how-can-law-enforcement-leverage-the-blockchain-in-investigations (accessed on 24 November 2020). [64]

Wikipedia (n.d.), *Byzantine fault,* https://en.wikipedia.org/wiki/Byzantine_fault (accessed on 25 June 2020). [3]

Wikipedia (n.d.), *Decentralized applications,* https://en.wikipedia.org/wiki/Decentralized_application#:~:text=A%20decentralized%20application%20(DApp%2C%20dApp,referred%20to%20as%20smart%20contracts (accessed on 27 July 2020). [26]

Wikipedia (n.d.), *Hyperledger,* https://en.wikipedia.org/wiki/Hyperledger (accessed on 28 June 2020). [42]

Wikipedia (n.d.), *Mozilla Open Badges,* https://en.wikipedia.org/wiki/Mozilla_Open_Badges (accessed on 26 June 2020). [112]

Wikipedia (n.d.), *Proof of work,* https://en.wikipedia.org/wiki/Proof_of_work (accessed on 25 June 2020). [5]

Wikipedia (n.d.), *R3 (company),* https://en.wikipedia.org/wiki/R3_(company) (accessed on 28 June 2020). [51]

Woolf University (n.d.), *Woolf University,* https://woolf.university/ (accessed on 26 June 2020). [105]

Workday Credentials (n.d.), *Workday Credentials & WayTo™ By Workday,* https://credentials.workday.com/docs/overview/ (accessed on 16 November 2020). [147]

World Government Summit et al. (2018), *Case Study: Free Agents and GC Talent Cloud – Canada, Embracing Innovation in Government,* https://www.oecd.org/gov/innovative-government/Canada-case-study-UAE-report-2018.pdf (accessed on 24 November 2020). [160]

Xertify (n.d.), *Xertify,* https://xertify.co/ (accessed on 17 November 2020). [196]

Young, J. (2018), *Academics Propose a 'Blockchain University', Where Faculty (and Algorithms) Rule,* EdSurge, https://www.edsurge.com/news/2018-10-25-academics-propose-a-blockchain-university-where-faculty-and-algorithms-rule. [102]

Zawya (2020), *Press Release: University of Dubai successfully publish e-Credentials of graduates on blockchain platform,* https://www.zawya.com/mena/en/press-releases/story/University_of_Dubai_successfully_publish_eCredentials_of_graduates_on_blockchain_platform-ZAWYA20200901071849/ (accessed on 17 November 2020). [187]

作者简介

斯特凡·文森特 – 朗克林

斯特凡·文森特 – 朗克林是经济合作与发展组织教育与技能司的高级分析师兼副司长。他当前分管该司在新冠疫情期间的教育工作，同时领导经合组织在教育数字化方面的工作，特别是"教育中的智能数据和数字技术：人工智能、学习分析及其他"项目——包括区块链在内。他还领导了围绕学科创新和变革管理的工作，通过"培养和评价教育中的创造力与批判性思维"项目，展示了可以为学校教师和大学教授提供什么样的支持、环境和工具来改善他们的教学和学生的学习。这是一个通过国际专业学习社区进行能力发展的例子。更概括地说，他致力于创新、研究，以及新趋势如何影响学校教育和高等教育层面学习与教育政策的未来。

瑞安·贝克

瑞安·贝克是美国宾夕法尼亚大学副教授，也是宾夕法尼亚大学学习分析中心主任。他的实验室主要研究在线学习和混合学习中的参与度和稳健学习，试图找到能在今天使用但可以预测未来学生成果的可操作指标。贝克开发了可在十几种在线学习环境中自动检测学生参与度的模型，并领导开发了用于实地观察学生参与度的观察协议和应用程序，该程序已被7个国家的160多名研究人员使用。他帮助开发的预测分析模型已经使超过100万名学生受益，超过10万人参加了他开设的慕课，他还参与合作了为期10年的纵向研究。作为国际教育数据挖掘协会（International Educational Data Mining

Society）创始主席，他曾是匹兹堡科学学习中心数据商店（DataShop）第一任技术总监，目前担任 *Computer-Based Learning in Context* 杂志编辑及另外两本杂志副主编、MOOC 复制框架（MOOC Replication Framework，简称 MORF）联合主任。贝克与 300 多名同事共同发表了论文。

英格·莫莱纳尔

英格·莫莱纳尔是荷兰拉德堡德大学行为科学研究所副教授，也是教育科学领域的专家。她在技术赋能学习领域有 20 多年的工作经验，承担了从企业家到学者的多种角色。

她在自适应学习实验室的研究重点是通过技术创新来优化学生的学习，工作核心是运用数据、学习分析、人工智能等研究如何随时间的推移来展开学习。人工智能为测量、理解、设计创新的学习场景提供了一种强大的方法。莫莱纳尔博士设想的人机协同系统用人工智能增强人类智能，为学习者与教师赋能，使教育变得更高效、更有效、更敏捷。在此过程中，政府、学校、研究与产业的合作是开发下一代教育系统的关键。莫莱纳尔博士刚刚获得欧洲研究委员会（European Research Council，简称 ERC）启动基金，用于开发首个人类-人工智能混合调控系统，在人工智能的帮助下训练年轻学习者的自我调节学习技能，她最近还入选了雅各布斯基金会（Jacobs Foundation）研究员。

莫莱纳尔博士拥有马斯特里赫特大学认知心理学和国际商务硕士学位与阿姆斯特丹大学教育科学博士学位。

西德尼·德梅洛

西德尼·德梅洛（计算机科学博士）是美国科罗拉多大学博尔德分校认知科学研究所和计算机科学系副教授。他的研究兴趣是个人和群体在参与现实世界的复杂任务时认知与情感之间的动态相互作用。他运用这一基础研究项目中收集到的信息来开发智能技术，通过协调人们的所思所感与所知所行，帮助他们发挥最大的潜能。德梅洛参与编写了7本图书，发表了近300篇期刊论文、著作章节和会议论文。他的工作得到了多项资助，目前他担任 *Discourse Processes* 杂志、*PloS ONE* 杂志副主编。德梅洛也是美国国家科学基金会（National Science Foundation，简称 NSF）国家学生－代理协同研究所（National Institute for Student-Agent Teaming）首席研究员。

皮埃尔·狄隆伯格

皮埃尔·狄隆伯格教授毕业于比利时蒙斯大学教育科学专业，曾是一名小学教师。他从1984年起开始研究学习技术。1986年，他成为应用机器学习开发自我改进教学系统的全球第一人。他在英国兰卡斯特大学获得了计算机科学博士学位，研究领域是人工智能在教育中的应用。随后，他进入日内瓦大学担任助理教授。狄隆伯格于2002年加入洛桑联邦理工学院，先后担任学习与学习技术研究支持中心主任、数字教育中心学术主管，他启动的洛桑联邦理工学院慕课计划注册人数超过200万。他是计算机与通信科学学院全职教授、人机交互学习与教学实验室（CHILI Lab）负责人、"双元制职业教育技术开发项目——领先双级推力"（leading house DUAL-T）项目负责人。2017年，狄隆伯格与洛桑联邦理工学院的同事们共同启动"瑞士教育科技碰撞器"（Swiss EdTech Collider）项目，作为80家初创学习技术公司的孵化器。作为创办者或合作创办者，他建立了4家初创公司，从事企业界的咨询工作，并加入了一些公司或机构的董事会。2018年，他作为共同创办人，建立了洛桑联邦理工学院的学习科学中心（LEARN），汇集地方的教育创新举措。狄隆伯格是国际学习科学学会（International Society for Learning Sciences）成员，目前担任洛桑联邦理工学院分管教学工作的副校长。

朱迪思·古德

朱迪思·古德是荷兰阿姆斯特丹大学人类因素和物联网（Human Factors and the Internet of Things）教授。她在萨塞克斯大学担任交互设计和融合（Interaction Design and Inclusion）教授期间写了本章。她拥有心理学和人工智能的背景，曾在欧洲和美国的大学工作。她的研究重点是更好地理解人们如何学习，以及创新技术的发展如何更好地支持人们的学习。在这一领域，她特别感兴趣的是如何充分支持有障碍人群，特别是自闭症人群。在此过程中，她的目标是制定有效的方法，让这些技术的终端用户从一开始就参与到它们的设计中。

托尼·贝尔帕米

托尼·贝尔帕米是比利时根特大学的教授，也是英国普利茅斯大学机器人学和认知系统学的教授。他在布鲁塞尔自由大学获得了计算机科学博士学位，目前带领一个团队研究认知机器人和人机交互。他领衔了 H2020 L2TOR 项目，研究如何利用机器人来支持儿童学习第二语言，还领衔了 FP7 ALIZ-E 项目，主要研究长期的人机交互及其在儿童应用程序中的使用。在 FP7 DREAM 项目中，他对机器人如何治疗自闭症谱系障碍进行了研究。从智能根植于社交互动这一前提出发，贝尔帕米和他的研究团队尝试进一步探索人工智能和社会人机交互背后的科学和技术，从理论研究到实际应用，最终取得了一系列成果。

田中文英

田中文英是日本筑波大学工程、信息和系统学院副教授。2003 年在东京工业大学获得博士学位后，他加入索尼公司，从事娱乐机器人的研发工作。2004—2007 年，他在加州大学圣地亚哥分校开始了人机交互（human-robot interaction，简称 HRI）的研究。其间，他在一所幼儿园进行的长期实地研究被认为是儿童与机器人互动的经典研究，CNN 电视台、*Nature* 杂志和 *Science* 杂志等主要新闻媒体都对此进行了报道。他于 2008 年转入学术界，此后一直在东京大学和筑波大学从事机器人教育工作。在担任软银公司顾问期间，他监督了派博（Pepper）机器人教育应用程序的开发。目前担任日本机器人学会外交事务主任。

作者简介

德克·伊芬塔勒

德克·伊芬塔勒是德国曼海姆大学学习、设计与技术教授兼主席,澳大利亚科廷大学联合国教科文组织高等教育学习与教学数据科学副主席。德克主要研究认知心理学、教育技术、数据分析和组织学习的交叉领域。他是 Technology, Knowledge and Learning 杂志主编、Applied Research in Higher Education 杂志高级编辑、International Journal of Learning Analytics and Artificial Intelligence for Education 杂志副主编。

联系方式为 dirk@ifenthaler.info。

亚历克斯·鲍尔斯

亚历克斯·鲍尔斯是美国哥伦比亚大学教师教育学院教育领导力副教授,他致力于帮助学校领导者以更有效的方式使用已有数据,从而帮助学校和地区将有限的资源用于满足特定学生的需求。他的研究重点是有效的学校和区域领导、组织和人力资源管理、数据驱动的决策、学生成绩和考试分数、学生毕业和辍学等方面的交叉领域。他也关注学校财政、教育设施和技术对学生成绩的影响。鲍尔斯博士通过应用数据科学、大数据分析来研究这些领域,如数据可视化分析、多层次增长混合模型、聚类分析热图数据仪表盘等。他在密歇根州立大学获得 K12 教育管理博士学位,在从事教学与教育研究工作之前,曾在生物技术行业做了 10 年的癌症研究人员,拥有生物化学、微生物学和分子生物学硕士学位与生物化学学士学位。

教育数字化转型： | OECD Digital Education Outlook 2021:
人工智能、区块链和机器人技术如何赋能 | Pushing the Frontiers with Artificial Intelligence, Blockchain and Robots

杰克·巴克利

杰克·巴克利是罗布乐思公司（Roblox）的评价和学习科学主管，该公司致力于通过游戏把世界联结起来，让任何人在探索数以百万计的沉浸式3D体验时，都能与朋友一起想象、创造和享受乐趣，这些体验都是由全球开发者社区创建的。在此之前，杰克·巴克利是游戏评价技术初创公司Imbellus的总裁兼首席科学家。他曾任美国研究院（American Institutes for Research，简称AIR）高级副总裁，领导研究和评估领域，目前仍担任多个项目的研究员。在加入AIR之前，他在美国大学理事会担任研究部高级副总裁，牵头SAT考试的重新设计。而更早之前，他曾担任美国教育部国家教育统计中心（National Center for Education Statistics，简称NCES）专员，负责美国教育各方面的评估，包括开展全国教育进展评价和协调参与国际评价。在NCES任职期间，他还担任了教育部领导层的高级技术顾问和数据战略团队的联合主席。此外，他还是纽约大学应用统计学终身副教授、波士顿学院教育计量学助理教授、情报界的分析方法论专家及美国海军水面作战军官和核反应堆工程师。

丽贝卡·坎塔尔

丽贝卡·坎塔尔是罗布乐思公司（Roblox）的常驻企业家，该公司曾收购了由丽贝卡创建并领导的一家基于模拟的评价技术公司Imbellus。丽贝卡坚信，更好的教育评价将推动更优的课程和教学，因而创办了Imbellus公司。Imbellus公司开发了一种高利害测试，用于测量问题解决、系统思考和决策等深层思考技能。丽贝卡领导Imbellus公司筹集了2300多万美元的资金，与财富500强企业签署了数百万美元的开发合同，并提供了可操作的、公平的、可靠的、有效的评价服务。在推出Imbellus之前，丽贝卡创建了一个专家级网络，该网络于2012年被格理集团（Gerson Lehrman Group，简称GLG）收购。丽贝卡曾就读于马萨诸塞州的公立学校和哈佛大学，目前居住在马萨诸塞州。

马蒂·麦考尔

马蒂·麦考尔是麦肯锡公司游戏创新实验室的专家。该实验室将科学分析与现代游戏设计相结合，通过创造沉浸式数字体验来吸引用户，并为客户提供有意义的见解。在进入麦肯锡工作前，她是Imbellus的首席心理测量师，这是一家生产基于游戏的软件的初创公司。而在此之前，她是智能平衡评估联盟（Smarter Balanced Assessment Consortium）的心理测量学主任，该联盟为各州的公立学校提供评估。她曾是美国西北测评协会（Northwest Evaluation Association，简称NWEA）的运营评估主任，该协会负责对学生整个学年的学术发展进行评价。她在NWEA工作前曾在俄勒冈州和华盛顿州担任心理测量师。

埃丽卡·斯诺

埃丽卡·斯诺是罗布乐思公司（Roblox）的学习和数据科学总监。在此之前，她曾在游戏评价技术初创公司Imbellus担任学习和数据科学总监。而在更早之前，她是斯坦福国际研究院（SRI international）的学习分析首席科学家，领导的工作重点是课堂内教育技术的评价和实施。埃丽卡在数据科学、认知科学、教育技术和学习科学领域拥有60多篇同行评议论文。此外,埃丽卡还是美国大学的兼职教授,教授商业预测分析学。

纳塔莉·斯莫伦斯基

纳塔莉·斯莫伦斯基现任海兰认证公司业务拓展部门主管。该公司致力于基于区块链技术的可验证数字凭证解决方案,其前身为学习机器公司。斯莫伦斯基在帮助创建、发展该软件公司后成功退出。

作为一名作家和公众演说家,纳塔莉关注身份、技术和政务的交叉领域。她的博士工作聚焦于人类发展和心理健康的经济层面。通过将科学视角引入分布式数字技术和社会转型,她帮助来自不同背景的读者、听众了解了个体之间应如何相互联系,以形成社区并构建未来的基础设施。

纳塔莉出版著作和公开演讲的清单可登录http://www.nataliesmolenski.com网站查询。她最新主导的"价值"(VALUED)项目设有专题网站。

译后记

第一次看到本书的英文原稿，我立刻被吸引住了，不由得思考像这样一本关于新兴技术在教育中应用的前沿图书，应该如何尽快地让更多的国内同行，尤其是更多的一线教师知晓。为此，我们着手组建了一支翻译团队。在这个过程中，有幸遇到了来自上海教育出版社和上海市师资培训中心的小伙伴们，使研读、翻译、校对变得很有趣、很有意义。

为了使译文能够做到"信、达、雅"，我们首先通过研读来了解本书的大致意思并达成共识。一开始，我们都把注意力放在书中的"人工智能""机器人""区块链"上，兴奋地讨论着这些新兴技术将给教育带来哪些新的可能性。但经过两三次研读，我们发现这种围绕技术讨论教育的思路会让我们的翻译走入"技术本位"的歧路，使译文变了味道。书中多处提到从教育出发来探讨技术的重要性，比如第一章就指出本书是"根据教育目标或问题而非技术来编写"，第六章在探讨技术如何满足自闭症、有书写困难等特殊群体需要时也提到先有需求才有技术。对此，我们整个团队结合全书的内容达成了这样一个共识：先从教育出发看技术，看教育的需求或问题有多少是新兴技术首先致力于去解决的，再从技术出发看教育，看这些技术是否能够满足师生的发展需要。事实证明，这一共识就像古代航海中的灯塔，确保我们在翻译过程中不会迷失方向。

其次，就是对单词、短语、句子，甚至是段落反复斟酌，尽量使译文在保持"原汁原味"的同时做到"传神"。在单词和短语的翻译中，第一要尽量保证专业术语准确无误，比如书中多处提到的智能辅导系统（Intelligent Tutor Systems）、第七章提到的社会临场感（social presence）、第九章提到的早期预警系统（Early Warning Systems）、第十一章谈到的分布式账本技术（DLT）等；第二要结合上下文来翻译关键短语，比如第五章多次出现的"classroom orchestration"，我们结合全文译为"课堂统筹"或"课堂教学统筹"。在标题或句子的翻译中，要尽量做好转化，使国内的读者能够读懂句子的意思。比如第七章的"Robot effectiveness: Age and learning domains"，我们觉得译为"机器人在不同年龄段和学习领域的有效性"既贴合原文，又易于理解。又如第五章的章名"Classroom analytics: Zooming out from a pupil to a classroom"，我们结合整章内容，最终译为"课堂分析：从学生行为到课堂生态的变焦"。在段落翻译中，我们有的作了语义补充，有的作了语序调整。比如我们将"While the pedagogical potential of robots for STEM education has been extensively explored since the 1970s"译为"自20世纪70年代以来，机器人在STEM教育中的教学潜力得到了广泛的探索和发掘"。

最后，为了让本书能够更好地启迪读者思考，我们还组织各章译者写了一些译后感，放在每章正文后。这些感悟大多包含两个方面，一是对原文的回应或概括，一是对翻译内容本身的反思或补充。比如苏娇、顾思羽两位老师在译后感中不仅简要概括了第三章的内容，还就个性化学习在国内外的发展进行了简述，同时对技术在个性化学习中可能需要注意的问题作出了补充性阐述。又如王丽霞老师在第六章的译后感中对特殊需要学生和特殊教育的概念进行了适当的补充，并结合原文及我国的实际情况作出了一些反思。

翻译是件吃力不讨好的苦差事，但我们愿意冒冒险，尽我们的绵薄之力，希望本书能够让大家更好地理解新兴技术在教育中面临的机遇与挑战，从而促进教育工作者们做好教育数字化转型的相关工作。另外也要感谢本书的翻译团队，他们在做好本职工作的同时主动承担了本次翻译工作，一起度过了多少个伏案疾书的夜晚，相信读者们可以从本书的翻译质量中体会到。尤其要特别感谢梁力萌老师，校对此书时，正值她怀孕初期妊娠反应较大之时，实属不易。最后，还要感谢上海教育出版社的刘芳副社长、公雯雯副编审、周琛溢编辑等人的专业付出，正是在他们的大力支持下才促成了本书的出版。

李永智
2023年2月

图书在版编目（CIP）数据

教育数字化转型：人工智能、区块链和机器人技术如何赋能 / 经济合作与发展组织编；李永智主译. — 上海：上海教育出版社，2023.2
ISBN 978-7-5720-1815-2

Ⅰ.①教… Ⅱ.①经… ②李… Ⅲ.①数字技术-应用-教育研究 Ⅳ.①G43

中国国家版本馆CIP数据核字(2023)第006284号

原书由OECD以英文出版，标题为：OECD Digital Education Outlook 2021: Pushing the Frontiers with Artificial Intelligence, Blockchain and Robots@OECD 2021, https://doi.org/10.1787/589b283f-en

本书非OECD官方译本，翻译质量及其与原著的一致性均由译者负责。若出现翻译与原文（英文）不符的情况，请以原文为准。简体中文版由上海教育出版社出版，版权所有，违者必究。

This translation was not created by the OECD and should not be considered an official OECD translation. The quality of the translation and its coherence with the original language text of the work are the sole responsibility of the author or authors of the translation. In the event of any discrepancy between the original work and the translation, only the text of original work shall be considered valid.

@2021 Shanghai Educational Publishing House Co., Ltd. (SEPH) for this translation.

本书所表达的观点和采用的论据不代表OECD或其他成员国政府的官方看法。
本书及所包含的任何数据和地图均无意侵犯任何领土的地位及主权，不影响任何国际边界的划分，也不影响任何地域、城市和地区的名称。
有关以色列的统计数据由以色列当局提供并负责。OECD使用这些数据无意损害国际法条款对戈兰高地、东耶路撒冷、约旦河西岸犹太人定居点的界定。
上海市版权局著作权合同登记号 图字09-2022-0231号

总策划　刘　芳
策划编辑　公雯雯
责任编辑　周琛溢
书籍设计　陆　弦

教育数字化转型：人工智能、区块链和机器人技术如何赋能
经济合作与发展组织　编
李永智　主译

出版发行　上海教育出版社有限公司
官　　网　www.seph.com.cn
地　　址　上海市闵行区号景路159弄C座
邮　　编　201101
印　　刷　上海盛通时代印刷有限公司
开　　本　700×1000　1/16　印张25　插页4
字　　数　448千字
版　　次　2023年3月第1版
印　　次　2024年9月第3次印刷
书　　号　ISBN 978-7-5720-1815-2/G·1657
定　　价　139.00元

如发现质量问题，读者可向本社调换　电话：021-64373213